JN293259

大不況下の世界
1929 - 1939

大不況下の世界
1929–1939
改訂増補版

The World in Depression

チャールズ P. キンドルバーガー
Charles P. Kindleberger

石崎昭彦・木村一朗 訳

岩波書店

THE WORLD IN DEPRESSION 1929 TO 1939
DIE WELTWIRTSCHAFTSKRISE 1929 BIS 1939
Revised and enlarged edition

by Charles P. Kindleberger

Copyright © 1973 and 1986 for the German and U. S. edition:
by Deutscher Taschenbuch Verlag GmbH & Co. KG, Munich, Germany
and
University of California Press, Berkeley, U. S. A.

This Japanese edition published 2009
by Iwanami Shoten, Publishers, Tokyo
by arrangement with Deutscher Taschenbuch Verlag GmbH & Co. KG, Munich, Germany
through Meike Marx, Yokohama, Japan.

改訂増補版序文

　本書の新版を出版するのは出版社の発案ではなく，私の発案によるものである．13年前に本書を初めて書いてから，この問題に関する文献はかなり増加した．私はそれらの文献から多くを学んだが，私独自の見解はほとんど変えていない．私はまた最近開催された2つのシンポジウムに参加することにより，主要2分野について私の知識を深めることができた．1つはジャンニ・トニオロが1981年に計画した1930年代の銀行・産業関係に関するシンポジウム，もう1つはローズマリー・ソープが1982年に主催した1930年代ラテンアメリカの経済的実験に関するシンポジウムである．

　改訂版を出すことに関心を持つにいたったのは，1つには私の論旨に疑問を表明している人々に答えるためである．その論者の一部はマネタリストであり，最近ではローランド・ファウベルがその見解を表明している[1]．他はドナルド・モグリッジのようなケインジアンである．モグリッジは1930年代の大不況対策には私の処方箋が提案しているよりは遥かに大規模な対策，マーシャル・プランに匹敵するようなもっと大規模な対策が必要であったと考えている[2]．私はここで論争を仕掛けたり，また現在知りうる以上の知識を求めたりすることなしに，この議論を進めることができるのを望んでいる．

　上述したことに関連するが，改訂版出版の真の目的は私の基本的な見解をもっと誠実に伝えることにある，と私は考える．その不況は起源においても国際的相互関係においても世界的現象であって，アメリカの景気後退が連邦準備制度の政策上の誤りによってアメリカの不況に拡大し海外にあふれ出たものではないということについて，多くの研究者を説得することが私にはできなかった．私は1世紀前の世界不況についてロビン・マシューズが述べた判断，「全体と

---

1) Roland Vaubel, "International Debt, Bank Failures and the Money Supply: The Thirties and the Eighties," 1984.
2) D. E. Moggridge, "Policy in the Crises of 1920 and 1929," 1982.

しての景気循環において，あるいはその個々の局面において因果関係の主因をどちらか一方の(いずれかの)国に帰するような明確な線を引こうとすることは無駄なことである」[3]という判断を1930年代に適用するものである．マネタリストは確かに，その不況についての彼らの説明にスムート＝ホーリー関税という国際的局面を追加した．同関税が経済に収縮的に作用すると仮定してのことである．勿論，関税は海外諸国の関税と輸入割当による報復を招くが，そういうことがない場合を想定して通常のマクロ経済モデルは関税を経済拡大的に作用すると見なしているのである[4]．

初版本の他の主題は反論されるのではなく無視された．その中には次の重要な主題が含まれる．1929年10月の株式市場崩壊が流動性の収縮を引き起こし，その流動性収縮が商品価格に影響して，商品価格が1929年8月から1930年8月まで1年間に世界的に12％ないし20％暴落したこと，その不可逆的な価格低落が銀行倒産に重要な影響を与えたこと，英ポンドが1931年9月から12月にかけて30％と大幅に切り下げられ(この切下げがドル，ライヒスマルク，金ブロック通貨の高騰を引き起こし)，アメリカ，ドイツ，金ブロックにデフレの衝撃を与えたこと，これら出来事の重要性は無視されたのである．

この不況を単一の現象と見なすこと，あるいは通常の景気後退が主として米通貨当局側の誤りゆえに大不況に拡大したと見なすことは重大な誤りである，ということを私は説得したいと思う．1929-30年の景気後退が通常の景気後退より激しかったということと，1931年から1933年の時期の不況が厳しかったということは，それぞれについて別個の説明を必要とするのである．大半のマネタリストは1929-33年を単一の期間と見て，貨幣ストックと実質国民所得を比較しているが，1929-30年には実質所得は10％低下し，物価は12％下落し，貨幣量は僅か5％の減少に過ぎなかったという事実に注目すると，非常に違った印象が伝わってくる．名目貨幣量を卸売物価で割った実質貨幣量は，

---

3) R. C. O. Matthews, *A Study in Trade-Cycle History: Economic Fluctuations in Great Britain, 1832-1842*, 1954, p. 69.

4) Karl Brunner, ed., *The Great Depression Revisited*, 1981 掲載の諸論文，中でもAnna J. Schwartz, p. 22 および Robert J Gordon and James A. Wilcox, pp. 80-83 および Allan H. Meltzer, p. 158 参照．

この時期に実際に増加したのである．しかしこのことは1929-30年にはケインジアンの見解が妥当する，ということを意味するものではない．ケインジアンは産出量と所得の減少は主として支出の変化(例えば住宅や自動車への消費者支出)から生ずると信じている．私はこのようなケインジアンの説明をマネタリストの説明と同様，複雑な世界を過度に単純化していると見る．1929-30年についての私の説明は貨幣量と密接に結びつける意味で金融的ではあっても，マネタリスト的ではない．

　当然のことであるが，私は多くの歴史的な難問を十分には解決することができなかったことを率直に告白せざるを得ない．

　(1) 1929-30年の景気後退について私は主として，株式市場崩壊に起因する流動性収縮によってそれを説明している．この流動性収縮が商品価格と大半の資産価格の急落を誘発し，その予期せざる影響により結局，銀行倒産が誘発されることとなった．1920-21年に起こった同様の商品価格崩壊は銀行倒産や長期不況を誘発しなかったのは何故か，という問題が残っている．一連の説明を提出することはできるが，何れも十分に説得的ではない．

　(2) 当時の世界経済においては，特に1931年の金融崩壊においては単に最後の貸し手が求められたばかりでなく，構造調整も必要とされたとモグリッジは主張する．しかしこの論点はいずれにしても証明することはできない．オーストリア，ドイツ，イギリスに対する取付けが時宜を得た大規模な国際援助によって中止されたとすれば，競争市場の基本的な回復力が作用して，不況がそれほど長期に，それほど深刻に持続するのは阻止されたであろう．これはしかし主張であって論証ではないし，モグリッジの代案は尊敬に値するものではある．

　(3) 1931年9月の英ポンドの切下げはイギリスの物価を引き上げることには失敗したが，非ポンド地域，中でもアメリカと金ブロックにおいては物価を大幅に下落させ，規制によって自国を防衛し始めていたドイツにおいては物価を小幅低落させた．本書ではそう述べているが，しかしドルが切り下げられた1933年には，物価はアメリカにおいて上昇し，海外においては引き続き安定していた．この相違は世界経済の回復にとっては決定的に重要であった．これら出来事間の相違についての明白な説明は考えつかない．

この序文の後に1973年版の序文を掲載する．そうする価値があると考えるからである．初版序文ではある同僚のアドバイスに基づいて最終稿段階で削除した初めの一段落の要旨をこの序文には挿入した．私はそれを削除したことについて今では見当違いのことをしたと考えるからである．本書本文も同様な方法で処理した．資料と分析が追加され，ほとんど削除されなかったが，本文掲載図表の一部を基礎付ける数値は今では余分なものと考えられるので削除した．結果として頁数は増えた．私はそれで良い本になっていると思う．

初版序文

「これは私の研究の出発点です」．ウォルフラム・フィッシャー博士が1930年代の世界経済史を書くように私に勧めた時，私はそう言って喜んで引き受けた．1つには，その世界不況についての知的関心が高まっていたからであった．どこの研究者もその出来事には関心を持たざるをえないのかもしれない．また1つには私の青年時代から専門家としての生活を始めた時期の複雑な出来事を私自身で解明したかったからであった．その複雑な出来事は私ばかりでなく多くの人々を経済学に引き入れたものなのである．

まず1928年3月のこと，そしてニューヨーク株式市場の出来高が初めて1日400万株に達した時期のことから述べよう．私はニューヨーク市郊外を去り，別の州の高等学校に通うことになったが，1928年2月末にその学校が流行性肺炎に襲われ，そのために3人の少年が死亡した．抗生物質時代前のことである．残った我々は3週間持ち堪えている間に家庭に送り返された．私はフラッシング*にいて何もすることがなかった．私の友達は他の学校に行くか，地方の高校に終日閉じ込められるかしていた．私は父の勧めにより，父が取引していたウォール街の証券会社で外交員や事務員としての仕事に就いた．私の週給についての記憶は薄れたが，多分10ドルないし12ドルであった．その中からロングアイランド鉄道の運賃を毎日33セント，地下鉄運賃を5セントそれぞれ差し引かなければならなかった．しかし市場はブームであり，株価は高値を更新していたため，給与手取り額はもっと増えた．営業所が6時を過ぎても開いている時，2週間毎日居残って事務処理の仕事を頑張って続けたので，私達は夕食代を1ドル支給された．夕食は帰宅するまで延ばすことができたし，そうすればそのお金は自由に使えた．そうせずに夕食をとれば，多分40セントほどでかなりよい夕食を食べることができ，残りは自分のものになった．

［訳注］＊ ニューヨーク市クイーンズ区の一地域．

この2週間のうち私が鮮やかに記憶していることは，毎日100万ドルの小切手をポケットに入れて，ナショナルシティ・バンクにそれを届けたことである．当時分かっていたことであるが，それは日々のブローカーズ・ローンを返済するためであった．その時から56年間，私は同様の高額の小切手を取り扱ったことはない．

1929年10月の株式市場の崩壊は私の記憶に何の感慨も残していない．私は世間の他のことについてと同様に，そのことについても知ってはいたが，大学2年生の私にとってそれはほとんど意味を持つものではなかった．私の家の貯えは限界に近づいていたというよりはむしろほとんど底をついていた．景気が下降していたにもかかわらず，海運業に従事していたおじの助力により私は翌年の夏，コペンハーゲンからレニングラードまで重量設備を運送し，その帰りにフィンランドのコトカ，ラウモ，ケミから木材パルプを運ぶ貨物船に働き口を得た．これがよくあるダンピングであったとは思わないが，しかしよくは分からない．それは1932年以後に起こる為替ダンピングの類ではなかった．その為替ダンピングについては第8章で論ずる．船がコペンハーゲンに到着後は船員が賃金をかたにビールや火酒を飲めたという事実のために，それはとりわけ忘れ難いものであった（甲板員としての私の賃金は月20ドルであった）．私はこの航海によって国際貿易に興味を抱くようになり，またツボルク・ビールの味を覚え，以後ずっとそれをたしなんでいる（私の友人の1人は1940年に，彼のおじの伝により船で働く職を得た．私を助けてくれたおじは海運会社の副社長であったが，友人のおじは海員組合の副委員長であった．縁故採用は1930年代を通して行われていたが，その縁故者の地位は変った）．

家の収入は減ってはいたが，大学の費用を支払うには十分であったし，またヨーロッパへの渡航費を負担する余裕もあったので，1931年夏には夏季奨学金を利用して学生国際連合のセミナーに出席した．このセミナーは正規にはサルバドール・ド・マダリアーガが主催することになっていたが，彼は丁度，スペインの駐米大使に任命されたばかりであったから，われわれ米欧諸国からきた大学生はアルフレッド・ジマン教授（後にサーの称号を受ける）が運営するジュネーブ国際問題研究大学院の大学院生の仲間に加わった．それは刺激的な経験であった．派遣されてきた講師の講義を始めとして，パトリック・スローンが

ソ連で1年間過ごすために山ほどのトイレットペーパーと縫い針を携えて出発する際に開催された晩夏の送別会にいたるまで一切のことがそうであった．

しかし私は第7章で述べる出来事について，非常にはっきりした認識を得たと言うことはできない．私はその夏に書き留めておいたノートを偶然見つけたが，それにはポール・ダグラス，アメリカから来たE. M. パターソン，モーリス・ボン，アンリ・オゼール，ダグラス・コプランド，その他多くの人々の講義が記録してある．経済学グループの中で私自身が発表した「アメリカの経済情勢」と題するセミナーの概要さえある．これらの走り書きはいずれも本書を書くのには役に立たなかった．私は国際決済銀行のことは知っていたが，それは主として同行の若い一職員がジュネーブのアメリカ村に住んでいるスミス家の愛嬌のある娘たちの1人に求愛するためにバーゼルからしばしばやってきた，ということによるものであった．

大学卒業後1932年2月に私は失業するという強烈な経験を味わったが，しかしそれは8週間ないし10週間の限られた期間のことに過ぎなかった．私は再び有力者の紹介によって事務員としての職を得た(学士号とファイベータカッパ*会員資格を持ちながらである)．現在ケインジアンとしてそれを明らかにするのは恥ずかしいことだが，私の就職先は国家予算の均衡を主張するアーチボルト・ルーズベルトやその他の保守主義者たちが創設した全米経済連盟という圧力団体であった．1932年7月に私は再び縁故によって，海上保険ブローカー，ジョンソン・アンド・ヒギンズ社に事務員としての別の職を得た．その職に就いた翌年に注目すべき2つの出来事が起こった．1つは第1種郵便料金が2セントから3セントに引き上げられたことであり，そのために同社はマンハッタン商業地区との通信方式を郵便局から自社社員に転換せざるをえなかった(それは私が弾力的需要表について初めて知った苦しい経験であった)．もう1つの出来事は事務所管理者から受け取った細長い紙片に，NRA(全国復興庁)の指示により——そして「それ以外のいかなる理由によるものでもない」という言外の意味をそこから私は読み取ることができたが——私の給料を週12ドルから15ド

［訳注］＊ ファイベータカッパは成績優秀な学生から成るアメリカ最古の学生友愛会．1776年設立，終身会員制．

ルに引き上げると書いてあったことである．

　1933年2月に私はその秋からコロンビア大学大学院で経済学を研究する手はずを整えておいた．経済学入門として私は『ニューヨーク・イブニング・ポスト』紙の経済部長ラルフ・W. ロウビーから貨幣金融論の夜間講義を受けた．1933年2月と3月の初めの週に彼はアメリカの銀行組織が崩壊していく有様を毎日説明して受講生を楽しませた．それは経済学を『ポーリンの冒険』のように面白くてたまらないものにしたのである．

　今では思い出すことができないが，多少勉強して私は1933-34年秋学期受講の国際銀行業の期末レポートに，デンマークとニュージーランドの為替切下げ競争という論題を取り上げた．ベンジャミン・H. ベックハート教授は私にそのレポートを改訂して公表するように勧めた．私が専門家の洗礼を受けたこの論文については第8章で言及する．変動為替相場反対という初期の思い込みがなお残っている．

　1936年6月に学科課程を終え博士論文に着手した後，私は米国財務省国際調査部に就職し，ハリー・D. ホワイトとフランク・V. コウのもとで働くこととなり，特に金ブロックの諸通貨を含む様々な通貨の購買力平価を計算した．これは臨時の勤務先であった．永続的な勤務先として私に開かれたのはニューヨーク連邦準備銀行であり，1936年10月1日のことであった．私の俸給は何れの仕事においても月200ドルまたは年2400ドルであった．ホワイト氏は私に財務省に残るつもりはないかと尋ねた．私は年俸2600ドルの専門職2等級の待遇であれば喜んで残りますと答えた．専門家は1等級から6等級までの等級に格付けされることになっていた．彼はこれを法外な要求と考えたのである．そこで私は財務省を去り，1936年10月1日にニューヨークで仕事を始めることになった．9月26日の三国通貨協定締結後5日目のことであった．

　ニューヨーク連邦準備銀行において私はヨーロッパ経済とニューヨーク為替市場の出来事を分析し，1937年4月の金恐慌とそれに続いて起こった秋のドル恐慌とを丹念に調べた．ヒトラーのプラハ侵攻前の1939年2月に，私はこの夏から国際決済銀行に出向するということに同意した．連邦準備制度理事会の友人たちの援助によって私は1940年6月のパリ陥落後，本国に召還された．

　すべてこれらのことは読者よりは私が非常に強い関心を抱いている事柄であ

るが，しかしそれは私が経済情勢の研究に入った場所はこうであったということを説明しているし，また本書が『失われし時を求めて』いる程度をも説明している．しかしながら本書は恐らく青年時代の経験に由来する偏見よりは，戦後教職についていた20年間に培われた知的特質を反映している．読者は本書にはこのように歪曲のもとになるものが2つあるということに十分警戒して頂きたい．

　1930年代について書くように依頼されているので，本書は不況下の世界経済を取り扱う．本書はそうせざるを得ない範囲においてアメリカの見地から書かれている．私はヨーロッパの資料が利用できる場合にはそれを利用したが，ソ連とアジアについての記述は多くない．そのため世界経済の画像は歪んでいるが，知らないことについて知っているようなふりをしてはならないのである．

　不況には社会的，政治的，そして個人的なドラマが充満しており，それらのドラマについてはスタッズ・ターケル，ジョン・ブルックス，ケネス・ガルブレイスが最近の著書において描いて見せているが，本書にはそれらのドラマはほとんど書かれていない．そのことについては私もよく承知している．計量経済学的な手法を使った経済史の本を論評した際に，そこには綿花を扱う人々の汗や船乗り達の唄う囃し唄がない，と私はかつて述べたことがあった．本書は上述の自叙伝的手記を除けば，株式仲買人やりんご売りについての生き生きとした秘話に乏しい．本書はまたラグ変数の重回帰分析によって仮説を厳密に証明しようとする新しい経済史の手法を使っていないという意味で計量経済学的でもない．本書は決定係数やダービン＝ワトソン検定などの表を使っての歴史ではなく，物語風の歴史である．その意味では本書は一層悪くなっている．

　最後に一言弁明すれば，私は不況が非常に広範囲に及び，著しく深刻なものとなり，大変長期間続いたのは何故かという問題の解法を私の専門分野，国際通貨メカニズムに見出している．どなたも驚かないで欲しい．

　歴史家でない私は歴史家やその周辺にいる私のような人々からいろいろ御教示を頂いた．私は歴史の専門家が部外者を歓んで受け入れ，その専門研究分野を守るのではなく部外者の研究に援助の手を差し伸べてくれたことに深く感銘している．何よりもまず私はケンブリッジ大学クレアー・カレッジのD. E. モグリッジと，マサチューセッツ工科大学の同僚ピーター・テミンに謝意を表さ

なければならない．両氏は本書の原稿を丹念に読み，それぞれの専門分野に応じてそれを改善した．テミンからは証拠と論証に関して重要な鋭い問題が提起された．モグリッジは私の質問に義務的に答えるばかりか，他の証拠に私の注意を喚起し，私の解釈に疑問を呈し，とりわけ証拠不十分の多くの箇所に関して公式記録を掘り出して追加的な資料を用意してくれた．

モグリッジとテミンは競争関係にないグループに属していると思われるので別として，私が御教示を受けた他の人々については，不公平かつ不愉快な差別を避けるためにその氏名をアルファベット順に挙げることにしよう．プリンストン大学・アトランタ大学のレスター・V. チャンドラー教授はニューヨーク連邦準備銀行のファイルから書きとめておいた山ほどのカーボン複写のノートを見せて私が仕事に取り掛かれるようにしてくれたし，また何回も行われた討論においては刺激的であり，かつ示唆に富んでいた．ニューヨーク連邦準備銀行のスティーブン・V. O. クラークは本書を読んで非常に有益な論評をしてくれたし，そのうえ幾つかの点について同行のファイルを調べてくれた．同じく不況について研究しているコーネル大学のヘイウッド・フライシグ教授は，公表前の彼の論文ともう1つの重要な論文草稿を私に見せてくれたし，また私の原稿にあった1つの重要な誤りを訂正してくれた．ニューヨーク連邦準備銀行の副総裁ジョージ・ガービーは1931年および1932年にドイツで公共事業の推進を求めたウォイチンスキーの著書に私が注目するように促し，また私がグロトコップの『大恐慌』を手に入れる前に同銀行にあった同書を私に貸してくれた．この同じ主題と密接に関連するが，ハーバード大学のアレクサンダー・ガーシェンクロン教授は1930年および1931年にドイツ経済省の上級参事官ヴィルヘルム・ラウテンバッハの景気拡大政策論の重要性を力説した．

今は国際復興開発銀行にいるヘレン・ヒューズ博士は彼女の未公表のオーストラリア経済史に関する2章の草稿を親切にも私に貸してくれた．小宮隆太郎教授は私の求めに応じて，日本が早くも1932年にケインズ無しのケインズ政策をいかにして実施したか，その謎の解答を見つけるために日本の資料をあちこち探してくれた．ウィスコンシン大学のピーター・H. リンダート教授は私の最初の草稿を鋭く論評してくれた．ストーニー・ブルックのニューヨーク州立大学大学院生ジェームズ・R. ムーアは1933年世界経済会議についての学位

論文を執筆中であったが，本物の歴史家たちの助言を得て作成した参考文献目録を親切にも私に提供してくれた．イリノイ大学のアドルフ・シュトルムタール教授はドイツのマルクス主義者の為替平価切下げ反対論にかんする非常に興味深い資料を提供してくれた．

またこの種の本を書くに当ってはセミナーや講義において様々な着想を試してみることも必要になる．私はアラバマ大学やケンブリッジ経済史グループ，コロンビア大学，コーネル大学においてそうしたし，また外交問題評議会やコネチカット州ソールズベリーの世界問題研究所（1931年設立の学生国際連合の後身），ニューヨーク・メトロポリタン経済学者グループで開催される討論会の参加者としてもそうした．そこでの意見の交換と討論は先に名をあげた人々の何人かもそこに参加していたが，私に強い刺激と多くの示唆とを与えた．

ハーバード大学はその近隣に住む学者がワイドナー図書館の豊富な蔵書を毎年1か月間無料で閲覧できる，という寛大な優遇措置を実施している．私はこの貴重な恩典を2度も利用した．同大学と同図書館員に謝意を表する．しかし私が時折，この町の上手にある蔵書豊かなその図書館とお付き合いするとしても，そのことは私がマサチューセッツ工科大学のデューイ図書館に熱中せずそれを信頼していなかった，ということを意味するものではない．同図書館の親切で熱心な協力はその蔵書の欠陥をほとんど補って余りがあり，バーバラ・クリンゲンハーゲン，ウィリアム・プレッソンその他の方々にはいつも感謝している．

今はベイリー夫人となっているメアリー・アン・リアンダンは1970年初夏に，私が使い切れないほど多くの統計を捜し出して私を助けてくれた．アン・ポープはすべてを手際よく整理し，初稿をタイプする仕事の大半を引き受けてくれた．最終稿はクリンゲンハーゲン嬢や私と同じもう1人の古顔イーネズ・クランダル夫人が作成してくれた．彼女はおよそ20年間，マサチューセッツ工科大学の学部秘書であったが今は引退した．

大いなる勇気を持って肉体的障害と闘いかつ大不況とも闘った今はなき私の父E．クロスビー・キンドルバーガーの霊に本書を捧げる．

凡　例

- 本書は Charles P. Kindleberger, *The World in Depression, 1929–1939*, Revised and Enlarged Edition, University of California Press, Berkeley, 1986, xxiii+355pp. の全訳である．
- 原文で強調のためイタリック体となっている語には傍点を付した．
- 原著者が引用などで補った語については，［　］で囲んだ．
- 原著者が引用した文献などで訳者が説明のため挿入した語については，〔　〕で囲んだ．
- 注意すべき訳語，日本語としてなじみの薄い訳語，原語を参考にしてもらいたい訳語には，丸括弧で原語を添えた．
- 固有名詞(人名，地名，国名など)については，できるだけ原音に近い表記としたが，日本で慣れ親しんだ表記がある場合には，それを用いた．
- 訳者の注については当該箇所に「＊」を付し，その頁下に注記した．また本文，原注内に直接訳注を記入する場合は〔　〕とした．
- 原著者が使用した文献で邦訳があるものについては，巻末の文献一覧の当該文献の後ろに［　］で邦訳の書誌を示した．また本文，原注内で原著者が邦訳のある文献を引用している場合には，その邦訳の頁数を記入した。ただしその原文訳出に当っては訳者の判断で適宜新たに訳出した．
- 索引は原著の索引を参考にしながら，とくに日本の読者の利用に資するように，訳者が新たに作成したものである．

目　次

改訂増補版序文／初版序文

第1章　序説 ──────────────────────── 1

第2章　第1次世界大戦からの回復 ──────────── 15
　1920-21年のブームと崩壊(16)／賠償(19)／戦債(26)／通貨の安定(29)／アメリカの対外貸付(43)

第3章　ブーム ────────────────────── 47
　金為替本位制(52)／フランスによるポンドの蓄積(54)／アメリカの金融緩和と株式市場(59)／対外貸付の停止(61)／1927年の世界経済会議(68)／ヤング案(69)

第4章　農業不況 ───────────────────── 75
　農業独自の不況はあったか(75)／農業と景気循環(77)／商品問題(79)／農産物価格の低落と金融逼迫(90)／金の喪失(94)／農産物価格と不況(98)／構造的デフレーション(99)

第5章　1929年の株式市場崩壊 ─────────────── 103
　株式市場(103)／金融引締め(107)／景気下降(110)／株式市場の崩壊(112)／流動性パニック(119)

第6章　深淵への滑落 ─────────────────── 125
　1930年初頭の回復(125)／関税(131)／アメリカの金融政策(136)／ドイツの政治的窮境(139)／ヨーロッパの他の諸銀行(143)／商品価格(146)

第7章　1931年 ────────────────────── 151
　クレディットアンシュタルト(153)／フーバー・モラトリアム(157)／ドイツに対する取付け(162)／攻撃は英ポンドに向かう(164)／英ポンドの切下げ(170)／ドルの金交換(176)

第8章　デフレの激化 ─────────────────── 181
　賠償の終焉(189)／イギリスが不況から脱出する(190)／スウェーデンの不況対策(193)／アメリカの金に対するフランスの圧力(196)／地方銀行(200)／輸出経済(203)／投資の減退(205)／1932年選挙と政治の空白期間(207)

第 9 章　世界経済会議 ——————————— 213
大統領就任演説(213)／金本位を離脱する(216)／世界経済会議の準備(218)／世界経済会議(230)／金価格についての実験(238)／価格の引上げ(242)

第 10 章　回復の始まり ——————————— 249
混乱する世界経済(249)／アメリカの回復(250)／枢軸国(256)／イギリス(260)／低開発諸国(262)

第 11 章　金ブロックの屈服 ——————————— 267
金ブロック(267)／不均衡是正策としてのデフレーション(268)／マルサス主義(270)／ベルギーの平価切下げ(271)／人民戦線(273)／平価切下げ後の状況(274)／三国通貨協定(277)

第 12 章　1937 年の景気後退 ——————————— 283
1936-37 年のブーム(283)／退蔵金の通貨への交換(285)／景気後退(292)／ドル恐慌(295)／景気回復計画(296)

第 13 章　分裂する世界経済における再軍備 ——————————— 299
解体される世界経済(301)／再軍備(304)／世界経済再建の努力(308)

第 14 章　1929 年不況についての 1 つの説明 ——————————— 313
投げ売り商品のために市場を維持すること(316)／景気対策的な対外融資(317)／安定的な為替相場(318)／マクロ経済政策の調整(320)／最後の貸し手(320)／イギリスの指導力(321)／アメリカの指導力の欠如(322)／国際協力(324)／指導国の交替(325)／諸小国とフランスの役割(327)／世界全体の利益と個別国の利益(329)／1980 年代および 1990 年代との関連(332)

訳者あとがき　335

文献一覧　339

人名索引　363

事項索引　369

第1章

序　説

　1930年代の世界不況からすでに50年経過しているが，奇妙に思われるのは経済学者がその世界不況をなお理解しておらず，あるいは少なくともその世界不況について意見が一致することができないことである．その見解の相違はしばしば明らかにされてきたが，『ジャーナル・オブ・ポートフォリオ・マネジメント』誌創刊50周年記念特集1979年秋季号が「大崩壊――原因，結果，関連性」と題して掲載した一連の記事ほどその相違を簡潔に記したものはない[1]．その崩壊に関する最初の記事3篇は編集者が述べているように特集記事として執筆を依頼したものであり，筆者はポール・サミュエルソンと私，それにミルトン／ローズ・D.フリードマンである．これらの著者はその見解が根本的に異なる．サミュエルソンは機知に富む小論の中で，1929年崩壊と不況に関する著述の大半は作り話を論じているに過ぎないという．彼は相変わらず"折衷的"であり，1929年の大崩壊はあの大不況を引き起こし激化させた幾つかの重要な，ある程度"偶発的な"要因の1つであったと主張する[2]．フリードマン夫妻はその不況には偶発的なものは何もないという．しかし1929年の大崩壊それ自体はその後に起こった事件にとっては重要でないと考える．両夫妻によれば[3]，そしてミルトン・フリードマンの他の著作，特に彼とアンナ・ジェイコブソン・シュウォーツの権威ある著書『アメリカ金融史――1867-1960年』によれば[4]，その不況はアメリカの金融政策によって引き起こされたこと

---

1) *Journal of Portfolio Management*, vol. 6, no. 1, 1979.
2) Paul Samuelson, "Myths and Realities about the Crash and Depression," 1979.
3) Milton Friedman and Rose D. Friedman, "The Anatomy of Crisis …and the Failure of Policy," 1979.
4) Milton Friedman and Anna Jacobson Schwartz, *A Monetary History of the United States, 1867-1960*, 1963.

になっている．私の小論だけはその不況が一連の複合的組織的原因に，範囲においては国際的な原因に，そして部分的には貨幣的あるいは少なくとも金融的な原因に根ざしているという見解を述べた[5]．

サミュエルソンがその不況の偶発的性質を強調する点については全然納得がいかない．金融恐慌は非常に規則的に起こっており，少なくとも19世紀においてはそうであったし，第2次世界大戦の終結前までそうであった．それは1816年，1825年，1836年，1847年，1957年，1866年，1873年，1890年，1907年，1921年，1929年，1937年に起こっている[6]．これらの金融恐慌の多くは大不況に転じた．1873年から1896年までの大不況は経済史家があの大不況として時折引用するが，それは起源，特徴，影響において恐らく特異なものであり，従ってこれらの点において1929年から1939年にいたる時期も独特な時期と見なすことができる[7]．しかし歴史をさらに遡れば，社会科学者が探し求める一貫性が見出される．第1次世界大戦の場合と同様に，ナポレオン戦争の終結に伴い1816年には1920-21年のデフレに匹敵するような短期の激しいデフレが起こったし，1819-21年にはポンドの平価復帰で頂点に達する金融調整期が到来した．それから1821年から1825年にかけて対外貸付が急増し，その後に1826年の株式市場崩壊と不況が来た．1920年代と1930年代に主要な経済的事件が起こった年次から，100年に3年ないし5年を加えた年数を差し引けば，興味深い類似性が現れる．1826年の不況は1929年の不況ほど深刻でもなければ広範なものでもなく，また1837年の不況やその後に起こった1848年の不況と比べてもそうであった．しかし不況到来のタイミングは驚くほど似通っている[8]．

---

5) Charles P. Kindleberger, "The International Causes and Consequences of the Great Crash," 1979.

6) Charles P. Kindleberger, *Manias, Panics, and Crashes: A History of Financial Crises*, 1978, esp. pp. 253-59（邦訳317-23頁）.

7) しかしJ. T. W. ニューボウルドの次の発見について注目されたい．1873年から1896年までの大不況の起源は12か月間にロンドンから9000万ポンドもの資金が引き出されたことによって生じた「短期金融市場の深刻な動揺」にある．そしてこれらの引き揚げられた資金はドイツが1872年普仏戦争賠償金受取の一部として蓄積していたものであった（J. T. W. Newbold, "The Beginnings of the World Crisis, 1873-1896," 1932, pp. 437, 439）．またWalter Bagehot, *Lombard Street*, 1917, pp. 291ff.（邦訳284頁以下）参照．

さらに，1840年代のヨーロッパの不況は世界の他の地域に深刻な影響を及ぼすことはなかったが，その起源と偶発的要因の役割については1930年代の場合と同様の論争がある．イギリスの歴史家たちは「1847-48年の商業恐慌」を主として熱狂的な鉄道投機の結果と考え，これに一連の穀物取引業者の倒産に関連する貨幣恐慌が混和されたものと見なす．ヨーロッパ大陸にはこれとはかなり異なる見解があった．キャメロンはそれを「まず第1に金融・銀行恐慌」と呼ぶが[9]．これに対して他の経済史家は1846年には小麦収穫がこの50年間で最悪となり，その後1849年にはこの50年間で最大の小麦収穫があった，ということを含めた実物的原因に注目する．フォーレンは金融的側面をほとんど無視し，「1848年恐慌は……事実上，一連の経済的政治的偶発事件によるもの」と考える[10]．もっと深く研究すれば，ヨーロッパ大陸の1848年恐慌と1929年不況との類似点を見出すことができるかもしれない．両者とも一組の制度と慣行が別の一組のものに移行する過渡的段階において，経済システムが機能不全に陥ったことを表すものであった．しかしこれは結論を先取りした議論である．

もう1つの形の「歴史的偶発事件」として，3種の異なる周期で規則的に繰り返されている循環が同時に不況局面に入るという純粋に偶然の出来事が起こるかもしれない．周期が50年にも及ぶコンドラチェフ長期循環の不況が9年周期のジュグラー中期循環の不況，および短期のキチン在庫循環の不況と同時に起こった．これは過度に単純化されているが，シュンペーターの見解である[11]．サー・アーサー・ルイスはこれらの何れにもよらずに，むしろ建設活動に依存する20年周期のクズネッツ循環によって，1873年および1893年のその著名な先例の場合のように1929年不況を説明する[12]．

---

8) Alexander Dana Noyes, *The Market Place: Reminiscences of a Financial Editor*, 1938, pp. 338-40.
9) Rondo E. Cameron, *France and the Economic Development of Europe, 1800-1914*, 1961, p. 125.
10) Claude Fohlen, *Une affaire de famille au XIXe siècle: Méquillet Noblot*, 1955, p. 62.
11) Joseph A. Schumpeter, *Business Cycles: A Theoretical, Historical and Statistical Analysis of the Capitalist Process*, 1939. シュンペーターはまた「特殊事情を説明する非本質的な出来事」について(p. 908[邦訳，V 1358-59 頁])，そして「付随事件や偶発事件，政策」(pp. 937ff.[邦訳，V 1402 頁以下])について考察している．

マネタリストはミルトン・フリードマンと同様に，1929 年の不況は決して偶然の出来事ではないと考える．彼らはその原因がヨーロッパやその周辺地域にあるのではなく，アメリカにあると考える．実体的要因よりは貨幣的要因に，諸制度の性質やそれらに求められている課題よりは政策に，国際システムの作用よりは国民経済にあると考える．さらにマネタリストはその原因をアメリカの金融政策に限定することによって，多くの分析が不況要因として指摘している事柄，第 1 次世界大戦後ヨーロッパが構造的混乱に陥ったことやアメリカが債権国に相応しい行動を取らなかったこと，特に 1930 年 6 月にスムート＝ホーリー関税法を制定したことを除外するばかりでなく，アメリカの金融政策に限って見ても彼らは株式市場投機と 1932 年のグラス＝スティーガル法の可決遅延を除外している．同法は中央銀行の債務を保証するのに必要な適格手形が不足する場合，連邦準備制度に対し金の代わりに政府証券を使用することを認め，国内の通貨用金の不足を克服するものであった．適切な金融政策が実施されたとしても，また通貨供給量がアメリカにおいて最適の速度で増加したとしても，景気後退や不況は恐らく起こったはずである．しかし 1929 年の世界的規模の大不況についてのフリードマンの説明は一国的であり，貨幣的であり，一種類の政策決定に結び付けられている．それは単一原因説である．私の判断ではそれは誤りである．最近ではアラン・メルツァーを始めとしてマネタリストは彼らの分析に 1 つの国際的局面，スムート＝ホーリー関税法を認めてきた[13]．しかしこの容認は取るに足らないものであり，その分析はほとんど全体的に貨幣数量説に依存している．

　その不況の原因を主として単一の根因または単一の起源に求めるこれと類似の説明は多数ある．フーバー大統領は大統領在任中も，また 20 年後に不況の回顧録を執筆中にも，その混乱の原因はヨーロッパにあり，第 1 次世界大戦の結果に対する調整の困難に始まり，1931 年の金融恐慌によって一段と強められた，と確信していた[14]．ヨーロッパで最も広く抱かれている見解によれば，

---

12) 本書初版についての彼の書評，*Journal of Interdisciplinary History*, 1975 参照．
13) Allan H. Meltzer, "Monetary and Other Explanations of the Start of the Great Depression," 1976，および上記改定版序文の注 4 に引用されている出典を参照．
14) Herbert Hoover, *The Memoirs of Herbert Hoover*, vol. 3: *The Great Depression*,

不況はアメリカで始まった．基本的にはアメリカが戦債の帳消しに応じなかったことから，もっと正確には1929年の株式市場の崩壊あるいは1927年と1928年の熱狂的な対外貸付から不況が始まったと見る．もっと緻密な分析をする人々は金本位制が適切に運営されなかったことに注目し，ある主張によれば金本位制が金為替本位制に転換したこと，他の主張によればアメリカが1927年に金利を過度に引き下げたことに注目している．

　通常の論争は単一原因説の2つの理論，ケインズ主義とマネタリズムの間で行われる．問題は鶏が先か卵が先かのような種類のものである．通貨供給量が増加しなかったことが支出の減少をもたらしたのか，それとも支出が他の影響を受けずに自動的に減少したことが貨幣供給の減少を導いたのかどうか，という問題である．フリードマンとシュウォーツは(私が誤りと考えている)この二分法の前者を正しいとして選択し，ピーター・テミンは後者が正しいと主張する[15]．ブルーナーの大不況再検討論においては，議論はほとんど全体がマネタリズム対ケインズ主義の見地から行われている[16]．テミンの研究は次のように主張する．支出(IS曲線または投資・貯蓄曲線)が最初に動いたか，それとも貨幣供給(流動性・貨幣についてのLM曲線)の下方シフトに原因があったのかどうか，その是非は利子率と国民所得に対してこれらの変数の均衡曲線を描く通例のIS-LM分析によって最もよく解決することができる，と主張する．貨幣が最初に減少すれば利子率は上昇するが，もし支出が最初に減少すれば利子率は低下する．この分析は一国に限定されており，ある国の金融危機が他の諸国に伝播するメカニズムを無視し，そして商品価格，資産価格，資本移動，あるいは為替相場も無視して行われる．その分析は通例，支出の自動的変化を何が引き起こしたかについては語らない．自動車や住宅のブームが力尽きたのかどうか，株式市場の崩壊が富を減少させたのかどうか，あるいは物価の下落は名目所得を急速に削減させたが，これに対応してどこかほかの所では実質所得が増加し，

　　　1929-1941, 1952. 当時の声明については，"Foreign Affair Message to Congress, December 10, 1932," in U.S. Department of State, *Foreign Relations of the United States, 1931*, vol. 1, 1946, pp. xff.
15)　Peter Temin, *Did Monetary Forces Cause the Great Depression?*, 1976.
16)　Brunner, ed., *The Great Depression Revisited*, 1981.

そのことが緩やかにではあるが変わった動きを誘発するのかどうか，これらのことについてその分析は何も述べない．大体においてこの論争はマネタリズム対ケインズ主義に特有の用語，相互に対立的に配置される2つの単一原因，貨幣対支出という用語で行われてきた．

　その大不況の説明として単一の原因や支配的な原因ばかりでなく，偶然のあるいは予想外の出来事をも拒否するとすれば，われわれには多くの問題が残されている．ある観点に立てば次のように質問することができる．その不況はいかにして何処で発生したのか，それが非常に広範な地域に広がったのは何故か，それが非常に深刻になり，そして非常に長期間続いたのはなぜか，という問題である．その不況が何処でどのようにして発生したかという問題は，政治的非難とは別に明らかに関心を引くものであるが，転じてこれらの問題はその近因と遠因，ならびにその原因の原因は何かという新たな難問を明るみに出すことになる．その不況が何処で発生したかという問題に関する解答は，アメリカ，ヨーロッパ，そしてその周辺に，あるいはそれらいずれかの2地域間または3地域間の関係に限定されると仮定しよう．その場合，われわれは次のことについて知る必要がある．第1に，その困難な状況を引き起こしたのは何か，第2に，経済システムがその困難な状況を処理するように対応できなかったのは何故か，経済システムがミクロ経済的な需給調整メカニズムを通して，あるいは金融財政制度によるマクロ経済的対応を通して自動的にその困難な事態を処理するよう反応することに失敗したのは何故か，また稼動中の自動的経済諸力を経済安定のために逆転させたり支持したりする政策対応によって，その困難な事態を処理するよう対応することができなかったのは何故か，そういう問題を明らかにしなければならない．例えば，その不況の起源は第1次世界大戦中に海外で食糧，原料，繊維などの生産がすでに拡大していたのに，戦後ヨーロッパにおいてこれらの生産が回復したことにあるという見解を取り上げよう．これは貨幣的説明ではなく実物的説明であるが，しかしある一部門または複数の部門の過剰生産が価格の低落を引き起こし，その価格低落が生産を削減し，資源再配分に導かなかったのはなぜか，ということを説明することができなければその見解は完全ではない．あるいは，アメリカが1928年にドイツとその周辺に対する貸付を停止したことが非難され，そしてその貸付停止は恐らくニュ

ーヨークの株価高騰を支えるコールマネー市場に資金が誘引されたことによるものであるとしても，その貸付停止はいかにして世界経済の歯車を逆転させるにいたったか，ということを説明する必要がある．そればかりでなく，その貸付停止の衝撃を相殺するような他の諸力が，例えば別の資金源泉からの借入れとか，自動的な市場メカニズムによる別形態の借入れといった諸力が起動しなかったのはどうしてか，あるいは政策決定の結果による衝撃を相殺するように金融財政措置が採用されなかったのはどうしてか，ということをも説明しなければならない．不況当初の影響力は2つの方法，すなわち自動的にあるいは政策決定によって押え込むことができるはずであり，その結果を説明するためには経済の自動的諸力が働かなかった理由と政策決定機構が失敗した理由の両方を明らかにしなければならないのである．

　経済政策が失敗することはよくある．生起する不況を時期別に説明する中で，後知恵ではあるが明らかに経済学的無知としかいえないような事例を何度も引用するであろう．それは特定国に限られない．デフレ論者はいたるところに見出される．例えばフーバー，ブリューニング，スノーデン，ラヴァルがそうである．悪い判断を下した事例は沢山ある．イギリスが1925年に戦前平価で金本位制に復帰する決定を下したことや，日本が1929年7月に同様の決定を行い，1930年1月にそれを実施したことはその例である．着想の悪い特効薬の事例としては，例えばアメリカにおいて復興金融公社(RFC)が新産金の購入価格を変更することによって商品価格を引き上げようとしたルーズベルト＝モーゲンソー＝ウォーレンの企てや，1936年にフランスで実施された週40時間労働制についてのブルムの実験がある．少な過ぎ遅きに失した事例としては，例えばイングランド銀行が1931年6月16日に1週間期限で行った（しかし何回も更新せざるをえなかった）オーストリア向けの5000万シリング（700万ドル）の融資がある．政権担当者はしばしば何をなすべきかについて何ら積極的な構想を持っていなかったし，また均衡財政，金本位制の回復，関税引下げといった常套的な政策で災難に対処しなかった．この点に関してホブズボームは恐らく過度に強調して次のように述べている．「船は船長と乗組員がその災難の原因について無知であればあるほど，またそれについて何かする能力を欠いていればいるほど決して沈没しなかった」[17]．現代的状況下では道理にかなう国内救済策

を知っている多数の経済専門家がいたし，少数の政府当局者もいた．イギリスにはケインズ，H. D. ヘンダーソン，モズリーが，フランスにはレイノーが，ドイツにはラウテンバッハ，ウォイチンスキーがおり，アメリカにも名前を思い起こすことは難しいが，恐らくそのような人物はいた．そして1933年の世界経済会議に提出された多くの計画案は10年後のブレトンウッズの諸決定を先取りするものであった．ルーズベルトはしばしば自らの無知を認めたが，教条主義的でないという長所を，もっとはっきりといえば，役に立つものを見つけるまでは次から次へと主張するという長所を持っていた[18]．

政策形成において原則を強調することは単純過ぎるのかもしれない．多くの場合，政策は経済原則についての公式の理解によってではなく，国民の態度によって決定された．その典型的事例は恐らく戦債であった．アメリカ国民は戦債の回収を要求する点においては，「他のどの対外政策問題よりもこの問題では意見が一致」していた[19]．フーバーとルーズベルトは戦債の帳消しを望まなかったが，たとえ両人がその帳消しを望んだとしても，そうすることは容易にはできなかったであろう（戦債問題についてのフーバーの無理解は彼の次の主張に反映されている．フランスが例えば1932年12月にニューヨークに返済額を超える預金をもっているから，フランスは戦債を返済しうる，という主張である．それは資本と所得

---

17) E. J. Hobsbawn, *Industry and Empire: An Economic History of Britain Since 1750*, 1968, p. 179（邦訳259頁〔この箇所の訳文は原文の内容を伝えていない〕）．

18) Raymond Moley, *The First New Deal*, 1966 の次の叙述参照．「経済学に関するルーズベルトの知識は限られていた」(p.6), そして「ルーズベルトも私も大学生に要求される初等経済学の試験に合格できたかどうか疑わしい．……われわれは何にもまして重要なその学問的分野について全くの素人であった」(p.244). また John Morton Blum, *From the Morgenthau Diaries*, vol. 1: *Years of Crisis, 1928-1938*, 1959 の次の叙述参照．「ルーズベルトは〔モーゲンソーに〕次のように言った．『君と僕とはもちろん，この問題について何の知識もないところから出発したが，僕たち2人はうまくやったし，われわれの目標を掲げる以上のことをすることができた』」(p.141). シュレジンガーはルーズベルトがいろいろなプレーを試みてタッチダウンへの道を見つけようとするクォーターバックに自分をなぞらえているのを引用している．Arthur M. Schlesinger, Jr., *The Age of Roosevelt*, vol. 2: *The Coming of the New Deal*, 1959, p. 193（邦訳159頁）参照．しかしレクスフォード・G. タグウェルは次のように主張する．ルーズベルトは経済学の課程をとっていた．「金融，交通，租税，保険のような特殊科目ばかりでなく，彼は経済理論についても初心者などではなかった」(Rexford G. Tugwell, *The Brains Trust*, 1968, p. 73).

19) Robert H. Ferrell, *American Diplomacy in the Great Depression: Hoover-Stimson Foreign Policy, 1929-1933*, 1957, p. 33 参照．

の区別を考慮に入れておらず，またフランス大蔵省が法令や予算手続きに違反せずにフランス銀行からドルや金をいかにして取得するか，ということをも考慮していない)[20]．同様にフランス議会は断固として1932年12月の戦債支払を拒否した．この支払拒否の意向はエリオが1932年12月14日に，その翌日に支払期限のくる戦債割賦金の支払を提案して失脚したことによって明らかにされた[21]．

　自動的諸力が経済システムを不況方向に動かす出来事を相殺することに失敗したということについては，金本位制に関連してはある程度は注目を集めたが，他の関連では余り注目されなかった．金本位制が失敗したのではなく，その運営方法が悪かったのであるという主張は広く行われている[22]．金を失った諸国は必ずしも通貨を収縮させなかったし，金を取得した諸国，特にフランスとアメリカは通貨を過度または過少に膨張させた．アメリカは1920年代に過度に，そしてインフレを誘発する程度にまで通貨を膨張させたという見解をマリー・ロスバードは主張する．そしてイギリスの歴史家ポール・ジョンソンはこの見解を模倣し，不況に関して興味深いが，私の考えでは間違った1章をロスバードに依拠して書いている[23]．もっと広く受け入れられている通常の見解では，

---

20) Hoover, *The Memoirs of Herbert Hoover*, vol. 3, p. 185. フーバーは次のように主張する．ルーズベルトがウォーム・スプリングスにおいて12月15日の割賦金支払を交渉再開の必要条件とは見なさないという主旨の不適切な声明を出さなければ，フランスは1932年12月にそれを支払ったであろう．支払うべき額は5000万ドルであり，ニューヨークにあるフランス保有資金は5億ドルであった．

21) Henry L. Stimson and McGeorge Bundy, *On Active Service in Peace and War*, 1947, p. 217 参照．エリオはスチムソンにとっては国際協調のために自国民の意向に敢えて逆らった真の英雄であり，大西洋のアメリカ側のいかなる人物よりも遥かに偉大であった．スチムソンはアメリカ政府の中の数少ない債務帳消し論者の1人であった．スチムソンとミルズが1933年1月にホワイトハウスに行き，フーバー大統領にある思い切った手段をとるように求めた時の説明については，Elting E. Morison, *Turmoil and Tradition: A Study of the Life and Times of Henry L. Stimson*, 1960, p. 433 の次の叙述を参照されたい．「しばらくの間，大統領は「偉大な国家文書」ができるのではないかと考えて興奮していたが，やがて考えを変えた．彼は次のように言った．スチムソンは「彼の立場からは幾千万マイルも離れたところ」にいる．「債務は通常の繁栄の流れに浮かぶ切れ端でしかなかった」と」．

22) Lionel Robbins, *The Great Depression*, 1934, esp. pp. 97ff. 参照．ロビンズ卿はその後，彼の初期の見解を訂正した．彼の著書 *Autobiography of an Economist*, 1971, esp. pp. 154-55 参照．

23) Murray Rothbard, *America's Great Depression* 3rd ed., 1975 および Paul Johnson, *Modern Times: The World from the Twenties to the Eighties*, 1983, ch. 7. ロスバード著

アメリカは大戦中とその直後に蓄積した金に基づいて実施できるほどには通貨供給を増やすことができず,世界,特にイギリスに対してデフレ圧力を加えたことになっている[24].

　それほど一般的に承認されていることではないが,国際通貨メカニズムの他の側面は対称的に動くものと想定される.例えば資本移動が停止すれば,それは資本輸入が止まった諸国にとってはデフレ要因となるが,貯蓄を海外に送金しないですむ諸国にとっては拡大要因になるはずである.同様に関税の賦課は輸出市場を喪失する国にとっては収縮要因であるが,関税を賦課した輸入国にとっては拡大要因になるであろう.特定の国際貿易商品の価格が下落すれば,それら商品に特化している諸国の所得と支出が減少するのは明らかであるが,これら商品を規則的に購入している諸国の所得と支出は増えるはずである.また,通貨価値の上昇はデフレ要因であるが,これに対応する他の諸国の通貨価値の下落はそれとは反対方向に動く.従って金や市場の喪失,物価の下落,あるいは通貨価値の上昇といった特定の不況要因に対応している経済拡大要因がなぜ適切に機能しなかったか,ということを明確に説明しないで,それらの不況要因を調べることによって世界不況を説明することは不適切である.これに関連して指摘しなければならない多くの要因があるが,それらは必要に応じて説明する.加速度係数,貨幣錯覚,弾力的期待,デフレの銀行組織への動態的波及などである.しかしこのような非対称性や正の増幅作用がある程度なければ,大きな不況は起こらない.

　金本位制が提供すると想定されているような,均衡維持のルールをもつ対称的なシステムは,各参加者が短期利益の極大化を求めるシステムに取って代わられるかもしれない.後者はアダム・スミスが心に描いていた競争システムであり,このシステムでは各人(または各国)は自己の福祉を増進することにより全体の福祉を増進する.そうなるのは相互作用がないためか外部経済のためかその何れかの理由による.しかし,少数の参加者(諸国)からなる世界システムはこのようにはいかず,全体はしばしばその各部分の合計とは異なるという合

　書表題の視野の狭さに注目されたい.
[24]　A. J. Youngson, *The British Economy, 1920-57.* 1960, pp. 223-24.

成の誤謬が結果に影響することになる．ある国が関税や通貨価値の切下げや為替管理によって自国の経済的利益の増進を図ると，自国が得た利益以上に相手国の福祉を悪化させるかもしれない．近隣窮乏化戦術は報復を招くこととなり，その結果，各国は自国の利益を追求したことにより一層悪い地位に陥る[25]．国家的な経済的利害関係は補足的な場合もあれば対立する場合もあり，1，2の国がその結果を左右することはできない．その結果はむしろこれら諸国の行動全体に依存するのである[26]．

これは典型的な非ゼロサム・ゲームであり，このゲームにおいてはどのような国であれ単独で長期の解決策を採用する国は，他の諸国にそれを利用されるであろう．すべての国は長期戦略を採用しなければならないという協定は理念としては申し分ないが，それは早晩ある特定の時点で様々な参加国に対し様々な程度の犠牲を求めることになるであろう．イギリスは1ポンド＝3.40ドルで通貨を安定させることを望んでいるのに，アメリカはその相場が4.86ドル近くになるまでその問題に関心を示さない．あるいは賠償と戦債と民間債務のネットワークの存在を想定してみよう．ドイツはイギリスとフランスに対して賠償を負い，アメリカに対しては民間債務を負っている．イギリスはドイツからの受取分にほぼ等しい額の債務をアメリカに負い，フランスからは戦債の支払を受ける．フランスはドイツから不当に大きな賠償を受け取ることになっており，それはイギリスとアメリカに支払う戦債をかなり超える金額である．この

---

[25] ルーズベルト大統領の最初の就任演説における次の発言参照．「我が国の国際貿易関係は非常に重要であるけれども，健全な国民経済の確立にとっては時期と必要性の点で二次的なものである．私は実際的な政策として最も重要なことから先に実施することを好む．私は国際経済調整によって世界貿易を回復する努力を惜しまないつもりである．しかし国内には緊急事態が起こっているから，国際経済調整の成果を待つ余裕はない」(Franklin D. Roosevelt, *The Public Papers and Addresses of Franklin D. Roosevelt*. vol. 2: *The Years of Crisis*, 1938, p. 14). また Blum, *From the Morgenthau Diaries*, vol. 1, p. 75 の次の叙述参照．「欧州諸国は全体として金購入政策に憤慨したが，しかしこの数年間，他国の経済的便宜に強い関心を示した国はなかった．そして1933年になると大統領への圧力は彼が何かをしなければならないほどであった」．また Hugh T. Patrick, "The Economic Muddle of the 1920s," 1971, p. 258 の次の叙述参照．「日本が近隣窮乏化政策を追求したという批判にはいくらかの価値があった．しかし当時の世界経済において隣国は自国の利益を追求しなければならなかった」．

[26] Oskar Morgenstern, *International Financial Transactions and Business Cycles*, 1959, p. 572.

ような状況のもとでドイツは民間債務を不履行にするよりは賠償を帳消しにしようとする．なぜならばドイツは幾らかの在外資産を所有しており，自国の債権を維持することに関心があるからである．イギリスは賠償を帳消しにする意思はあるが，しかしそれは戦債が免除される場合に限られる．フランスは賠償の受取を主張し，戦債の張消しを欲し，民間債務には比較的に無関心である．アメリカは戦債と賠償の関連を認めることはできず，危機の際には賠償と戦債の支払猶予を受け入れる用意はあるが，民間債務義務を尊重すべきことを求め，1年の支払猶予終了後には戦債支払の再開を要求する．公正な解決はありえない．必然的にそのシステムは機能停止に陥って，賠償，戦債，民間債務支払を清算するにいたる．まさにこれと同様に，多角的貿易システムに組み込まれている諸国がすべて輸出超過を達成しようとすれば，これら諸国は順次に次の貿易相手国からの輸入を削減するから，輸出超過達成の試みはすべての貿易を消滅させる傾向をもつ．

　このような状況において国際経済通貨システムは指導国を必要とする．その指導国は同国が内面化したあるルール・システムに従って，意識的あるいは無意識的に次のサービスを提供する．他の諸国のための行動基準を設定して他の諸国をそれに従わせること，そのシステム維持のために非常に重い負担を引き受けること，特に困難な事態が起こった際には過剰な商品を受け入れ，投資資本の移動を維持し，その手形を割り引くことによってそのシステムを支持する責任を負うことである．イギリスは1913年まで1世紀にわたってこの役割を果たした．アメリカは第2次世界大戦後から例えば1963年の金利平衡税まで，あるいは恐らく1968年の金プール放棄，1971年のドルの金交換停止，あるいは1973年の変動相場制の採用までの時期にこのような役割を果たした．本書の論旨は次の通り．世界不況が長期化した理由の一部，そしてそれが深刻なものになった説明の大半は，イギリスが国際通貨システムの保証人としての役割を続ける能力を喪失したこと，そしてその役割をアメリカが1936年まで引き受けなかったことにある．

　国際経済通貨システムについてのゲーム理論的解釈は同システム運用における非対称性を強調することと相俟って，次の一般的結論にも寄与するものである．当時の一般通念は投機が危険であること，物価を引き上げる必要があるこ

と，関税引下げが望ましいこと，為替相場を安定させる必要があること，これらの事情について関心を抱いていており，最近の大半の経済専門家が考えているほどには間違ってはいなかったことである．実際，株式市場投機は1929年以後にはもはや問題ではなくなっていたし，そして為替切下げは海外の金表示価格を引き下げるだけのことになるかもしれないにしても，その為替切下げを通して世界の価格を引き上げ，あるいは国内の価格さえをも引き上げるような方法について知っている人は誰もいなかった．関税休戦や為替切下げ競争停止の計画は世界経済を持続的に衰退させる諸力を食い止めることにはなるが，その正の増幅作用を逆転させる積極的措置ではなく全く消極的なものであった．1930年代の指導的な理論家や政策担当者が財政の均衡など多くの問題で誤りを犯し，かつ対応策が貧弱であったことは明らかであるが，しかし彼らの診断は今日，広く信じられているほどには不確かなものではなかった．

　年代順の構成か機能別の構成かいずれかを選択せざるをえない場合には，本書は主として前者を採用するが，特定の問題や出来事については各年または数年を組み合わせる．第2章は第1次世界大戦から1926年頃までの回復について，そして戦債，賠償，為替相場の安定，対外貸付の状況について論じ，不況の舞台装置を設定する．第3章は1927年の状況に集中し，特に中央銀行間協力の困難や国際資本市場，ニューヨーク株式価格上昇について集中的に論述する．第4章は主要な食糧と原料の状勢について考察する．その状勢は1925年と1928年の間に転換したと言うことができるからである．そして1929年は言うまでもなく株式市場崩壊の年であり，これが第5章の表題となる．

　1930年から1933年にいたる時期は各年次がそれぞれ別個の章の主題であり，各章で「深淵への滑落」(第6章)，「1931年」(第7章)，「デフレの激化」(第8章)，「世界経済会議」(第9章)についてそれぞれ論述する．その後は年代順の歩調が加速する．第10章は1934年と1935年を取り扱い，その表題は「回復の始まり」となる．1936年については「金ブロックの屈服」と題する第11章において論ずる．第12章は1937年と同年の景気後退を取り扱う．「分裂する世界経済における再軍備」は最終期の1938年と1939年を対象とし，第13章で論述する．最終章「1929年不況についての1つの説明」(第14章)は以上の分析の筋道を結論として総括する．

叙述構成が年代順ではなく分析的になっている場合には，ある問題が中央舞台に登場している前後の年次について問題を追求することは難しい．低開発諸国は主として第4章において，例えば一次産品価格に関連して取り扱われるが，しかし1932年および1934年の不況のどん底においても，あるいはその後の回復段階においても見失われてはならない．

このような年代順の叙述においては強調されるべき多くの転換点が存在する．1929年，1930年，1931年，そして1933年は転換点であり，これらの年には株式市場の崩壊，金融恐慌，1930年春の景気回復の失敗，回復を計画するための世界経済会議の失敗があった．大半の分析は1929年10月と1931年5-6月に集中している[27]．しかし回復が挫折した1930年第2四半期と世界経済会議が行われた1933年6-7月は，何故不況が非常に深刻になり，非常に長期間続いたか，そして何故回復が非常に不完全であったかについて説明するのに重要である．

---

27) 例えば，ハーバート・フーバーは不況を次の5段階に分ける．(1)1929年10月から1931年4月まで．(2)1931年4月から1931年7月まで(ヨーロッパからの震動)．(3)1931年8月から1931年12月まで(ポンドの崩壊)．(4)1931年12月から1932年7月まで(景気は底に到達)．(5)1933年3月の銀行恐慌を誘発したアメリカ大統領選挙戦(Hoover, *The Memoirs of Herbert Hoover*, vol. 3, p. 38)．

第2章

第1次世界大戦からの回復

　1925年という年は一般的に戦後の回復から不況前の短期の限定的なブームに移行する年として注目されている．この年はポンドが安定した年であり，これに追随して他の諸通貨が金本位制に復帰した年であった(アメリカでもその年はフロリダ土地投機の崩壊，戦後の住宅着工件数のピーク，最高の小麦価格といった事例に見るように，多くの重要な点で戦後ブームがピークに達した年であった)．しかし1924年もマルクが安定し，ドーズ案が採用された年として転換点になりうるし，あるいは1926年もアメリカとの間で最後の戦債協定が締結され，そしてフランス・フランが事実上安定した年として注目される．

　第1次世界大戦からの経済の回復はヨーロッパにおいては遅れた．それは戦争により若者のつぶよりの部分が失われたことによるものであり，また英連邦自治領や日本，アメリカにおいては経済成長が刺激され，ヨーロッパの地位が相対的に低下したことによるものであった．しかし1925年または1926年になると，ヨーロッパは1914年を回顧することを止め，自信を強めて将来を熟慮し始めた．回復はしたが，そこにはいくつかの紛争の種子が内包されており，それらが1929年に現れる世界不況の初期条件となった．これら初期条件として特に重要な要因は賃金引下げに対する労働者の強い抵抗，戦債と賠償，為替相場制度，国際貸付へのアメリカの参入であった．賃金引下げに対する労働者の抵抗は1921年頃から強くなり，賃金・価格の上昇を逆転させることは困難になった[1]．賠償と戦債はドーズ案と連合国間戦債協定によって解決されたように見えたけれども，安定を損なう要因であることが明らかになった．為替相

---

[1]　ピーター・テミンの主張によれば，第1次世界大戦はその分岐点として注目される．それ以前には企業家は賃金を固定費用とみなしたが，戦後には限界費用とみなした．Peter Temin, "Three Problems in Economic History," 1971, p.67.

場制度においてはポンドが過大評価されフランが過小評価されており、その結果、フランスはイギリスに対し多額の債権を蓄積することとなった。そしてアメリカの国際貸付への参入は部分的にはイギリスに代位するものであり、アメリカは大変な熱意をもってこれに参入したが、経験はなく、その指導原理をほとんど欠いていた。

1920-21年のブームと崩壊

1919年と1920年には短期の急激な世界的なブームが起こった。それは主として戦争の5年間に取り崩された在庫を補充するため、財貨の争奪が行われたことを反映するものであった。それは特にイギリスとアメリカで顕著であった[2]。戦時中に蓄積され使途を閉ざされていた金融資金が限られた在庫品に殺到し、物価は急騰した。ボルシェビキの手先がインフレを加速させ資本主義制度を転覆するために西ヨーロッパにおいて偽造通貨を使用している、という噂があった[3]。フランスやドイツ、その他ヨーロッパ大陸諸国の大半はこの争奪競争の圏外にあった。それに参加する財源がなかったからであった。それにもかかわらず、ドイツ鉄鋼業は早い時期にスウェーデンの鉱石生産者に対する戦時債務を清算するために努力し、そしてそれは将来も鉱石購入ができるようにするためであったが、その清算の企てはマルクを早期に減価させることになったのである[4]。在庫蓄積に加えて「無分別な投機」[5]があった。しかし物価急騰後、生産は急速に増加し、生活必需品が市場に出回るに伴って物価は急落した。

---

2) ミルトン・フリードマンとアンナ・ジェイコブソン・シュウォーツは次のように主張する。1920年と1929年の景気後退はいずれもその世界的特性にもかかわらず、アメリカで始まったと主張し、それを先導したアメリカの金移動を証拠として引用する (Friedman and Schwartz, *A Monetary History of the United States, 1867-1960*, 1963, p. 360)。この2つの景気後退についての彼らの見解は広く共有されているわけではない。これとやや異なる見解は1920年代初頭の金融政策を重視し、アメリカとイギリスにその責任を負わせている。それについては、Jørgen Pedersen, *Essays in Monetary Theory and Related Subjects*, 1975, pp. 188ff. 参照。
3) H. R. C. Wright, "Fears of Inflation in 1919: Wage Push and Conspiracy Theories," 1981 参照。
4) Gerald D. Feldman, *Iron and Steel in the German Inflation, 1916-23*, 1977, pp. 93-94.
5) Erik Lundberg, *Business Cycles and Economic Policy*, 1957, pp. 15-16 (邦訳 15-16 頁).

この物価の敏捷な騰落は物価指数にヘアピン型の線を記録することとなった．物価の低落は 1920 年夏，特に 1921 年春に起こったが，しかしすべての場合において物価は 1914 年水準をかなり上回っていた．

　従来の見解はこの小型のブームまたはバブルはもっぱら需要が誘発したものであり，投機と銀行信用の膨張がこれを支えた，と主張する．最近の見解によれば，このブームにはコストプッシュ・インフレの要素があり，それは特に戦後ヨーロッパで 8 時間労働制が採用されたことによるものであった[6]．労働時間短縮の要求は 1891 年の第 2 インターナショナルに遡り，フランス，ドイツ，イタリアなどの諸国がその先頭に立っていた．連合国においてすべての労働団体は勝利の果実を享受し，動員解除された兵士に雇用を拡大するため労働時間の短縮を支持した．労働時間はイギリスでは 13% 減少し，それも大部分は 1919 年の最初の数か月に実施された[7]．フランス政府は早くも 1918 年 4 月に 8 時間労働制を実施した[8]．イタリアでは労働時間の短縮は「政府が 1919 年 6 月 8 日，軍需工場と鉄道でそれを許可した後，ある産業から他産業において相次いで」急速に勝ち取られた[9]．

　社会主義インターナショナルは十分な休息を取った労働者が生産性を引き上げるから，8 時間労働制が生産を減少させることはないと主張した．その主張はドイツにおいて強調されており，そのドイツでは 1917 年と 1918 年に特に炭鉱・金属加工などの重工業において食糧の欠乏が生産量に悪影響を与えていたのである．ワイマール共和国が戦後，労働時間の短縮を実施したとき，それを補足する主張として長時間労働はドイツの賠償支払い能力を高め，望ましいことではないというのがあった[10]．

　完全に需要主導であったか，それともコストプッシュ・インフレの要素をかなり含んでいたかどうかは別として，そのバブルは破裂し，賃金と価格は急落

---

6) J. A. Dowie, "1919-20 Is in Need of Attention," 1975, pp. 429-30.
7) Ibid., p. 439.
8) Alfred Sauvy, *Histoire économique de la France entre les deux guerres*, vol. 1: *1918-1931*, 1965, p. 535.
9) Shepard B. Clough, *The Economic History of Modern Italy*, 1964, p. 203.
10) この段落は 1982 年 7 月 26 - 31 日にバークレーで開催された第 1 次大戦後のドイツ・インフレーションに関する会議での議論を参考にした．

した．しかしながら賃金をこれほど大幅かつ急速に引き下げることができたのはこれが最後であった．イギリスでは週平均賃金は1921年1月から1922年12月の間に38%(そして生計費は50%)下落した．この賃金圧縮の大半はスライド制賃金協約の結果であった[11]．これらの賃金協約は急速に人気を失った．幾つかの産業部門の実質賃金が戦前水準に達すると，労働組合は戦時中の物価上昇期に採用されたこの方式に反対した．ここで初めて経済システムは実質的に非対称性を持つにいたった．経済が完全雇用水準以上に拡大すると製造業では価格と賃金は上昇するが，経済が縮小する場合には価格と賃金には強力な抵抗力が働いて，失業が生ずることとなった．イギリスの実例は最も顕著であった．しかしドイツにおいても同様であり，戦後には失業という新しい現象が目立つことが注目を集めた[12]．

賃金率の引下げには抵抗があったが，圧縮への抵抗はそれだけではなかった．1919-20年のブームは資本的資産の価格上昇をもたらし，この上昇は固定費を増やした．住宅，船舶，そして特に企業の普通株は法外な価格で売られた．この活動は企業の合併や連合，私会社*の公募発行が一時的に活況を呈したことによるものであり，それに伴ってこれら企業は債券保有者，特に銀行に対する債務支払や通常の配当支払で将来重い負担を負うこととなった．イギリスではこのブームは石炭や鉄鋼，造船，繊維におけるドイツとの競争に打ち勝つことができるという展望によって育成された．これらの分野におけるイギリスの優勢は残酷にもごく短命で終わることが明らかになった．石炭業における希望は1921年4-6月の悲惨なストライキによって打ち砕かれた．造船業は他の諸国，特にスカンジナビア諸国の技術的発展によって，そしてその後のポンドの過大評価によって打撃を受けた．綿織物業では日本およびインドが利益の多い植民地市場に急速に侵入した[13]．

---

11) D. E. Moggridge, *The Return to Gold, 1925: The Formulation of Economic Policy and Its Critics*, 1969, p. 8.
12) Wilhelm Grotkopp, *Die grosse Krise: Lehren aus der Überwindung der Wirtschaftskrise, 1929-32*, 1954, p. 14.
 [訳注] * イギリスにおける公開会社(public company)以外の会社．1900年会社法以来認められてきたが，1948年会社法では株主数を50人以内に制限し，株式の譲渡を規制し，株式・社債の公募を禁じている会社を私会社という．以前の日本の有限会社に相当．

ドイツでは1922-23年のインフレに誘導されて，多くの企業家が借入資金に基づく巨大な企業連合を建設し，その企業家の中でもフーゴー・シュティンネスは著名であるが，これら企業連合はマルクが安定すると困難に陥った[14]．シュティンネス帝国は瓦解した．インフレの最中に債務をうまく返済していた他の諸企業は運転資本に欠乏することとなり，マルク安定後は高金利で多額の資金を借り入れねばならなくなった．ドイツ企業の大きな不満の種は「資本不足」であった[15]．

賠 償

1980年代から見ると，連合国がドイツから賠償金を取り立てる計画はあまり賢明なものではない．同時に，戦争と再建の費用までドイツに負担させることができるという考えにいたってはなおさらそうである．しかしながら当時，この方針の採用に当っては有り余るほど多くの先例があった．ドイツは1871年にフランスから50億マルクの賠償金を徴収したが，そのことがフランスを大きな困難に陥れることはなかった[16]．イギリスはワーテルローの戦勝諸国を主導して1815年の後，フランスから7億フランを取り立てた．今度はフランス人が取り立てる番になった．フランス人は2度も賠償金を支払っており，受け取る用意ができていた．

---

13) A. C. Pigou, *Aspects of British Economic History, 1918-1925*, 1948.
14) Gustav Stolper, *German Economy, 1870-1940: Issues and Trends*, 1940, p. 159.
15) Karl Erich Born, *Die deutsche Bankenkrise, 1931: Finanzen und Politik*, 1967, p. 15.
16) ドイツが賠償金を受け取ったためにドイツで起こったインフレーションに関して，ビスマルクは次のように語ったと伝えられている．「この次，われわれがフランスと戦争して勝つときは，われわれがフランスに賠償金を支払うことを求めよう」と．そして当時の独仏両国の外交官の間で次のような会話が交わされたという．ドイツの外交官は「われわれが何十億もの賠償金を受け取ったとは思えない」と言った．フランスの外交官はこれに次のように答えた．「われわれもそんなに支払ったとは思えない」と(Sauvy, *Histoire économique de la France entre les deux guerres*, vol. 1, pp. 131-32)．1871年の賠償引渡しはどのような方法により成功したか，そして第1次大戦後のそれはなぜ成功しなかったか，それらの説明については拙著，Charles P. Kindleberger, *A Financial History of Western Europe*, 1984, pp. 239-50, 297-306参照．ナポレオン戦争後のフランスの対英賠償支払いについては，Cameron, *France and the Economic Development of Europe*, p. 76に叙述されている．

連合国，特にフランスがドイツから賠償金の徴収を企てて不成功に終わった歴史はよく知られており，痛ましいものである．それは3期に分かれる．第1期は1919年のベルサイユ条約から1924年9月のドーズ案まで．第2期はドーズ案からヤング案まで(1924年から1930年まで)．第3期は1930年4月のヤング案開始から1931年6月のフーバー・モラトリアムまでの14か月余である．戦債はこれとは異なる．戦債についてイギリスは1932年12月と1933年6月にアメリカに割賦金を支払った．賠償は1931年6月に瀕死状態に陥り，結局1932年7月のローザンヌ会議において死を宣告されるにいたる．確かに世界不況は賠償を終焉させた．フランスの経済学者エティエンヌ・マントゥーは時期を逸したが，しかし激しい怒りをもってケインズの著書『平和の経済的帰結』に反発し，ベルサイユ条約の賠償決定は世界不況に対し何ら直接の関係はない，と主張している．恐らくその通りであろう．しかし賠償の歴史は間接的に多くの点で世界不況の起源と結びついており，その大筋は考慮に入れなければならない[17]．

ベルサイユ条約はドイツ賠償の金額を決定することはできなかった．どれほどの金額であれ決定される金額はドイツには(そしてアメリカや恐らくはイギリスにも)大き過ぎると思われたであろうし，フランスには少な過ぎると思われたであろう．同条約は賠償が外国証券と現物(すなわち輸出)と外国為替で支払われるという一般原則を設けることで満足し，他方で詳細な賠償金額を算定するために賠償委員会を設けることとした．この機関は1921年4月に1320億金マルクという数字を算出した．同委員会の連合国側委員はこれまでに79億マルクが証券，船舶，現物ですでに支払われたと算定したが，ドイツは200億マルクが支払済みであり，これを債権として主張した．この段階での差額はおよそ120億マルクであり，この金額をドイツは割譲した領土にある国営工場の評価額として要求したのである[18]．フランスはノール地方再建のためにドイツ人労

---

17) Etienne Mantoux, *The Carthaginian Peace, or the Economic Consequences of Mr. Keynes*, 1952, pp. 168-69 および J. M. Keynes, *The Economic Consequences of the Peace*, 1920.
18) マントゥーは賠償委員会とドイツ政府が別々に算定した時期別賠償支払表を示している(Mantoux, *The Carthaginian Peace, or the Economic Consequences of Mr. Keynes*, 1952, p. 152)．次表の通りである．

働者を使用するという提案を拒否した．この案は戦災地域再建委員ルシュールが発案し，ドイツ外相ワルター・ラーテナウの協力を得て作成されたものであったが，フランス国民は感情的理由から，また建設業界は注文欲しさからこれに反対した[19]．他方においてドイツは現物，特に石炭で賠償を支払うことが困難であることに気づいていた．もっとも，1926年にイギリスで炭坑ストが起こった時には石炭輸出は大幅に増加した．1922年には外国為替と現物引渡しによる賠償支払いが大幅に減少したので，フランスとベルギーの軍隊は1923年1月にルール地方に侵攻した．

ルールの占領は有効ではなかった．ドイツの雇用主と労働者は消極的抵抗や非暴力闘争を大規模に展開する中で生産と分配を妨害した．衝突事件まで起こった．1924年3月31日，復活祭前日の土曜日に，クルップ社を捜索していたフランス兵の一隊が労働者の群衆に「威嚇」され，彼らに発砲して十代の少年5人を含む13人を殺害し，52人を負傷させた．その葬儀は激昂したものとなった．占領期間を通してドイツ民衆よりはフランス軍に重圧が一段と強くかか

支払額 (10億金マルク)	賠償委員会	ドイツ政府
1918年11月11日から 1921年8月31日まで	9.7	42.1
ドーズ案のもとで	7.6	8.0
ヤング案のもとで	2.8	3.1
その他	0.8	14.6
合計	20.9	67.8

両者の数字の相違はそれぞれの独自解釈による．マントゥーによれば，最初の時期についてのドイツ側の数字にはスカパ・フロウ水域で廃棄するために沈めたドイツ軍艦の評価額85億金マルクが含まれている．

シャハトはルール占領関係の返済額290億金マルクに，没収された在外資産110億金マルクと上表に示したドーズ案による支払額80億金マルクを追加し，さらにベルサイユ条約で失ったドイツ植民地の評価額として800ないし1000億金マルクを追加する．Hjalmar H. G. Schacht, *The End of Reparations*, 1931, p. 22参照．以下で見るように，シャハトが賠償を考える際には植民地を考慮に入れた．ドーズ案およびヤング案より前，1924年末までに実施された返済額の完全な内訳は，Carl-Ludwig Holtfrerich, *Die deutsche Inflation, 1914-1923*, 1980, p. 145に示されている．

19) P. J. Grigg, *Prejudice and Judgement*, 1948, p. 71およびLord Salter, *Memoirs of a Public Servant*, 1961, p. 164参照．1919年7月の同様のドイツ案については，Sauvy, *Histoire économique de la France entre les deux guerres*, vol. 1, p. 140参照．

ったと言われた[20]．

　ドイツ政府は産業に補助金を支給し，銀行には給与支払が続行できるように証券を割り引いた．インフレーションはすでに1922年にはかなり進行していたが，それはハイパー・インフレーションに代わった．インフレが，急進するインフレからハイパー・インフレに転じた時期については，その見解に多少の違いがある．賠償委員会の報告書が出た直後の1921年5月から，あるいはフランス・ベルギーのルール占領が始まった1923年1月から，あるいは著しく非協調的な3件の出来事が起こった1922年6月からとの見方がありうる．その3件の出来事とは，1つはフランス政府が1921年5月の賠償支払計画の改正を拒否したこと，もう1つはJ. P. モルガンを長とする銀行家委員会がその報告書において賠償が削減されない限りドイツに対し借款を与えることはできないと述べたこと，さらに6月24日に外務大臣ラーテナウが暗殺されたことである．マルクの対ドル為替相場は5月の275マルクから6月には370マルクとなった．10月には485マルク，1923年6月には1万6667マルクとなった．グリッグはルール占領が「ヒトラー台頭の最も効果的で直接的な原因であり，これがなければ第2次世界大戦は起こらなかったであろう」と考えた[21]．大半の観測筋はルール占領それ自体よりは，インフレとその結果としての中産階級の窮乏化をその原因と見ている[22]．前者が後者を不可避的に伴ったかどうかはなお未解決の問題であろう．しかしハイパー・インフレーションは後の政策に影響を与えることとなった．それは1930年以後，不況の真最中にデフレーション反対の政策を実施することを困難にした．インフレーションが経済社会を荒廃させたという国民共通の記憶に基づいて，ドイツ経済をデフレ政策で正常化できると確信する人々は，適度の金融緩和政策や財政拡大政策にさえも反対し，それを容赦なく攻撃することができたのであった[23]．

　ルール占領中，フランスは1923年最初の4か月間に占領費用のほかに62万5000ドルを徴収した．これに対し1922年の同じ期間の徴収額は5000万ドル

---

20) Grigg, *Prejudice and Judgement*, p. 160.
21) Ibid., p. 172.
22) Mantoux, *The Carthaginian Peace*, p. 144.
23) Paul Einzig, *World Finance Since 1914*, 1935, p. 177（邦訳220頁）．

であった．5月からイギリスはその調停を試みたが，それは直接的効果をほとんど生まなかった．ハイパー・インフレは疾走し続けた．その結果はほとんど誰をも満足させるものではなかった．

　結局，12月にイギリス，フランス，ドイツは2つの委員会を設置することで合意した．第1の委員会はフランスの自尊心を満足させることを除けば重要性のないものであり，ドイツ市民が連合国の目をかすめてどれほどの資本を国外に持ち出したか(またそれを還流させる時機)を決定するために設立され，その委員長はレジナルド・マッケナであった．第2の委員会はドイツの予算を均衡させ，その通貨を安定させ，そして新しい実行可能な年間賠償額水準の決定方法を検討するために設立された．その委員長はアメリカ予算局の初代長官チャールズ・G. ドーズであった．アメリカはベルサイユ条約に調印せず，国際連盟にも加盟せず，戦後ヨーロッパの事件から急速に手を引いていた．しかし国務長官チャールズ・E. ヒューズは賠償と連合国の対米戦債とは何の関係もないと主張していたにもかかわらず，賠償問題を解決するために非公式に援助する意向を示した．共和党員のドーズには民主党員の法律家で企業経営者のオーエン・D. ヤングに加えて銀行業界や学界出身の補佐役数人が付いていた[24]．ロンドンの事情に通じている銀行業関係の観測筋や助言者，特に J. P. モルガン商会のトマス・ラモントとイングランド銀行総裁モンタギュー・ノーマンは，政治家と文官が合意した計画の叡智について重大な留保を付けた[25]．

　ドーズ案による年々の支払予定額は第1年目の10億金マルクに始まって，第5年目には25億金マルクに増加し，その後は世界景気の変動により(金価格が10％以上，上下に変動する場合には)多少変化することになっていた．ベルリンには賠償支払代理事務所が設立された．その役割は必要額をマルクで調達することを監督し，その外貨振替に重大な困難が生じた場合には介入して支払を延期することであった．ドイツの鉄道証券を担保にして8億マルクの公債が幾つ

---

24) 作業を手伝った1人のエコノミストのドーズ案論については，Joseph S. Davis, *The World Between the Wars, 1919-39: An Economist's View*, 1975, esp. pp. 55-69 参照．
25) Stephen A. Schuker, *The End of French Predominance in Europe: The Financial Crisis of 1924 and the Adoption of the Dawes Plan*, 1976, pp. 147ff., 272-83. この本の表題はその内容を伝えていない．

かの金融中心地で発行されることになった．この最後の条項はポアンカレを満足させるためのものであり，彼は鉱山，森林，産業設備などの形で生産的担保を絶えず要求していたのである．

ドーズ公債は決定的に重大な役割を演じた．そのうちの1億1000万ドルはJ.P.モルガン商会が引き受け，ニューヨークで販売された．その10倍にも達する応募があった．何よりもこれが点火装置となってニューヨークからの対外貸付が急増し，それは最初，ドイツに向かい，その直後にラテンアメリカと多くの他のヨーロッパ諸国に向かった[26]．この当時，アメリカがラテンアメリカに熱狂的に貸付を行ったことはある程度認識されていたのであり，借り入れている諸国は通常，それを「何百万人のダンス」という表現を使って特徴付け注目したのである[27]．

これまでの場合，賠償に関連する政治目的の起債が最初に成功すると，これに続いて対外貸付の奔流が生じた．ワーテルロー後の和解ではフランスはロンドンのベアリング・ブラザーズ商会に長期国債を割り引かせて賠償を支払った．この冒険の成功は1820年代にイギリスの対外貸付を活気づけた．普仏戦争後におけるフランスの対独賠償は大幅割引で発行されたあの有名なティエール国

---

26) Herbert Feis, *The Diplomacy of the Dollar: First Era, 1919-1932*, 1950, p. 42 参照．この本はその事例を多少，誇張して述べているところがある．J.P.モルガン商会はすでに1924年2月に日本に1億5000万ドルの借款を供与していたし，1924年3月にはフランスの安定を支援するために1億ドルの借款を供与していたからである．しかしドーズ公債に引き続いてクルップ社の債券が発行され，次いでシュタールフェライン，ティッセン，クルップの各社のために同様の債券が発行された．クルップ社の債券は2回も発行されており，その後はドイツ地方自治体の公債発行が続いた．

イルザ・ミンツはニューヨークで発行された外国政府債の質が1924年以後に悪化したことを明らかにしている．1920年から1924年までの間に発行されたこれら公債のうち，1937年12月31日現在で僅か18%が支払不能に陥っていたが，1925年から1929年までの間に発行された公債では同じ年月日に支払不能に陥っていた比率は50%であった．Ilse Mintz, *Deterioration in the Quality of Foreign Bonds Issued in the United States, 1920-1930*, 1951, p. 6.

27) Rosemary Thorp and Carlos Londoño, "The Effect of the Great Depression on the Economies of Peru and Colombia," 1984, p. 82 の次の叙述参照．「「何百万人のダンス」という用語は1920年代に最もよく使われた決まり文句であった．この10年に北米のセールスマンは疑念を抱かない政府にローンとアメリカ産品を押し売りし，これら政府は信用と商品が突如として利用可能になったことに圧倒されて無謀に借り入れた．これは全く1970年代に匹敵する現象である」．

債によって，35億フランの限度額まで調達された．これはフランスの商業銀行，投資銀行，民間人に巨額の利益をもたらし，第1次世界大戦勃発にいたるまで投資への関心を産業から外債を含む債券に転換させたのであった．

賠償は不況の直接の原因にはならなかったであろう．マントゥーはそのように主張しているが，しかし賠償は戦債と相俟って1920年代の各段階において，そして世界経済会議開催後3日目の1933年6月15日までの不況期間中において，国際経済を混乱させ悪化させた．ケインズの才気あふれる論争の書『平和の経済的帰結』は多くの点で事態を曲解していたようである．例えば，ドイツ人は彼らに賠償の支払能力がないという主旨の合理的な議論を聞けば，それを支払う気をなくすであろうというその主張には思い込みがあったかも知れないし，ウィルソン大統領を無能な病弱者と攻撃したことで同書はアメリカの孤立主義者を著しく元気づけたかもしれない．しかし同書が戦債を帳消しにし，賠償金を100億ドルほどの少額に設定し，その問題を国際協議事項から除外することが有効である，と考えた点では確かに正しかった[28]．

---

28) Keynes, *The Economic Consequences of the Peace*, pp. 135, 147, 200（邦訳116-17, 125-28, 169-70頁）参照．パリ会議についてのケインズ見解を批判する文献については，E. M. House and Charles Seymour, *What Really Happened in Paris: The Story of the Peace Conference, 1918-1919*, 1921 を引用する Mantoux, *The Carthaginian Peace*, esp. p. 45, J.-B. Duroselle, *De Wilson à Roosevelt*, 1960, p. 115, および Sir Arthur Salter, *Slave of the Lamp*, 1967, pp. 85, 86 を参照されたい．ソルターの見解によれば，ケインズの本はその主題を間違え，悲惨な結論に満ちている．ソルターはケインズが「その長老派教会の老人の迷いを解くこと」について書いた文節を特に削除するようにケインズの説得を試みた．ケインズは賠償問題の処理に関して必ずしも誠実には行動しなかったし，1922年に彼がドイツの賠償専門家カール・メルキオーと内密に作業した場合に特にそうであった，という示唆については，*The Collected Writings of John Maynard Keynes*, vols. 17-18, 1980 のスティーブン・A. シューカーによる論評を参照．

戦債を廃棄し，賠償を530億マルクに削減するというもう1つの提案がルシュールから出された．この削減額はケインズの100億ドル案と大きな隔たりはない．ルシュールは初めに被災地域再建委員となり，後にフランス賠償交渉委員，最後は大蔵大臣になった．この政治家は後にはひどく冷笑的になり，国民議会での1日を終えた後，「私は真実を告げることはできない．彼らは私に苦痛を与えたいのだ」と言った(Sauvy, *Histoire économique de la France entre les deux guerres*, vol. 1, pp. 144, 148)．

戦　債

　賠償と戦債についてイギリス，フランス，イタリア，ベルギーは両者を結びつけて考えたが，アメリカはそうは考えなかった．アメリカは「もっと良い動機に相応しい頑固さで」[29]両者を分離して考えた．アメリカはドイツからの賠償金を受け取るのを断った．同国は休戦前に戦時援助として連合国に供与した借款と貸出金について，また休戦後に供与した穀物や綿花，その他少額のものを含む必需品については返済を求めた．アメリカは政治問題と経済問題を混同することに反対したが，しかし対米債務決済を行わず，承認しない諸国に対してはウォール街が融資することに賛成しなかった．対米債務よりは少額の戦時債務が欧州連合国間に発生した．フランス，イタリア，そして(有効性に乏しいが)ロシアはイギリスに対し相当な金額の債務を負い，ベルギー，ユーゴスラビアなどはフランスに債務を負っていた．ソビーはその概要図(図1)を描いている．それにはロシアがイギリスとフランスに負う多額の債務(それぞれ25億ドルと9億ドル)が含まれている．

　イギリスの戦債帳消し案は最初ケインズの著書において主張された．それはロイド・ジョージとウィルソン大統領の書簡交換で終わる1920年の一連の公式折衝に提出され，また特に他の連合諸国宛に送付される1922年8月1日付けバルフォア覚書において提案された．バルフォア覚書にはアメリカが戦債の徴収を主張する限り，イギリスとしては自国に対する債務を徴収せざるをえないが，しかしイギリスの対米債務を限度とする，ということが記されていた．

　フランスの政策は賠償を「商品化する」こと，ドイツがニューヨークにおいて資金を借り入れ，それで調達した資金を対仏債務の清算に使用させることであった[30]．この種の「資金循環」は様々な場合に金融市場において自動的に行われてきた．早い時期には1870-71年の普仏戦争後，フランスがプロシャに

---

29) Sauvy, *Histoire économique de la France entre les deux guerres*, vol. 1, p. 167.
30) Schuker, *The End of French Predominance in Europe*, p. 19. ロイド・ジョージはベルサイユ講和会議でケインズが考案したのと同様の案を提出した．米財務次官補ルーファス・レフィングウェルはその提案を「全く馬鹿げた」ものと呼んだ(pp. 176-77).

図1　第1次世界大戦終結時における連合国間債務(100万ドル)

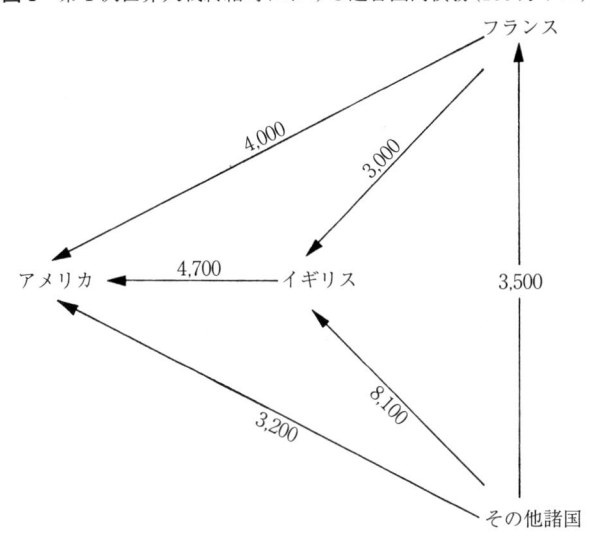

```
                            フランス
                         ↗         ↑
                  4,000        3,000
                ↙                      ↑
      アメリカ ←―― 4,700 ―― イギリス      3,500
         ↖                      ↑
            3,200         8,100
                  ↖         ↑
                    その他諸国
```

出所）Sauvy, *Histoire économique de la France entre les deux guerres*, vol. 1: *1918-1931*, 1965, p. 169.

対する賠償金支払用の資金調達のために発行したティエール国債に関連して生じたし，そして最近では石油輸出国機構(OPEC)が1973年と1979年に石油価格を引き上げた後，その棚ぼた利益をユーロカレンシー銀行に預金し，同銀行が石油輸入業者に融資した際にも起こっている．しかしフランスの負う政府債務をリスクの高いドイツへの民間融資に代置することに関心をもつ人物はアメリカには1人もいなかった．フランスの政府債務は回収できると期待されていたからである．

　アメリカはその政策をしばしば説明した．アメリカは交渉に応ずる用意はあるが，債務国とは個別的に交渉し，支払能力を考慮して別々に協定を結ぶことを求めた．アメリカ政府の行政部門はいかなる債権債務関係をも帳消しにする権限を持っていなかった．これは議会の問題であった．1922年2月9日に承認された法律に基づいて，しかし厳密にそれに従って承認されているわけではないが，アメリカは全部で13か国と協定を結んだ．1923年のフィンランドおよびイギリスとの協定に始まり，1926年にはフランスおよびユーゴスラビア

と協定を結んで終了した[31]。典型的な協定は 1923 年 6 月 19 日の米英間の協定であった。それは最初の 10 年間は金利 3%，その後は 3.5% により 62 年間で返済することを定めた。支払金合計額は実際に貸し付けられた金額に決済日までの金利 4.5% を加え，これに多少の調整額を加減して算定された。フランス，イタリア，ユーゴスラビアとの協定においては，支払能力低下の原則に基づいてかなり低い金利が課された。それらの金利は平均してそれぞれ 1.6，0.4，1% であった。

賠償と同様に，戦債も 1920 年代とその後の不況中に国際経済関係を悪化させることとなった。例えば，アメリカは戦債徴収の圧力をかける手段として，ニューヨーク資本市場の利用便宜など他の経済的要件を利用し，また 1932 年にはポンドの安定など他の経済的目的を達成するために戦債を利用した[32]。

戦債は賠償と相俟ってトランスファー問題を引き起こし，従って通商政策上

---

31) 詳しい説明については，Harold G. Moulton and Leo Pasvolsky, *War Debts and World Prosperity*, 1932 参照。協定のリストはアメリカについては同書 82 頁に，イギリスについては 115 頁の注に記載されている。仏米間戦債問題に関する公文書保管所の記録に基づく最近の説明については，Ellen Schrecker, *The Hired Money: The French Debt to the United States, 1917-1929*, 1978 および Denise Artaud, *La question des dettes interalliées et la reconstruction de l'Europe*(*1917-1929*), 1978 参照。

32) フランスは 1924 年 3 月，J. P. モルガンから借款を得た後，1924 年 11 月に再びニューヨークで資金を借り入れようとしたが，その借入れは阻止された。投資銀行家が債券発行について国務省の見解を求めたところ，国務省が非公式にそれを禁止したからであった。戦債問題を解決するために何の試みも行われてこなかったから，国務省はそのような借款を好意的に見ることはできないと投資銀行家とフランスに告げた。この禁止措置はワシントンのフランス代表団がアメリカとの協定締結に失敗した 1925 年 9 月に更新され，そして協定締結後はフランス政府が批准のためにそれを議会にあえて提出しなかったことから 1926 年 4 月に再度更新された。この場合にはその必要はなかった。対外融資についての通常の予防措置なしで通貨の安定は達成されていたからである。Feis, *The Diplomacy of the Dollar*, pp. 21-23 参照。ポアンカレはモローに次のように語った。アメリカはフランスの新聞に「巨額の費用」を投じてフランス世論を説得しその米仏協定を批准させようとしていると。これは自分のことは棚に上げておいて人を責める一例のように思われる (Emile Moreau, *Souvenirs d'un gouverneur de la Banque de France: Histoire de la stabilisation du franc*, 1954, p. 140)。

フーバーは何らかの代償がなければ戦債を帳消しにはしないという，彼の一貫した主張については，Moley, *The First New Deal*, p. 50 参照。モウリーは戦債の帳消しを「明確なものを関税譲許や仏英通貨の安定といった幻想的なもの」と交換することであると言った。これは戦債の明確な性質について多少の論争が起こったフーバー・モラトリアム後，1933 年 1 月のことであった。

の問題となった．戦債は債務国の予算に計上しなければならず，債権国にとっては財政を均衡させる場合に必要であった．アメリカはその受取り金から退役軍人にボーナスを支払うつもりでいた．歯痛と同様に戦債は注意を散漫にしたのである．

通貨の安定

　戦債・賠償問題が一応解決され，あるいは少なくともその解決に向けての動きがある程度進展したのに伴って，通貨の安定が達成されることとなった．ドイツでは不動産抵当融資は1922-23年のハイパー・インフレーションの中で一掃された．新通貨レンテンマルクが1923年11月にドイツの土地と建物を担保にして導入された．新通貨は徐々に導入され，旧マルクと並行して流通したが，それは通貨への信認を回復することによってインフレを止め，さらにインフレを逆転させることにさえ成功した．破産件数は1924年4月以後に急増するにいたった．1923年12月にライヒスバンク総裁に就任したシャハトは，イギリスの援助を得て1924年初頭に金割引銀行を設立し，同行が金マルクによる外国貿易に金融することとなった．

　1924年8月，ドーズ案の承認に伴いレンテンマルクはライヒスマルクに取って代わられ，旧1兆マルクは1ライヒスマルクに交換されることとなった．ドーズ案の一部としてライヒスバンクはドイツ政府から独立することとなり，8億マルクのドーズ公債で強化された．同行は第5条によって銀行券および預金債務に対し40％の準備を求められ，その4分の3は金で，4分の1は外国為替で保有することを要求された．シャハトはデフレ圧力を維持した．高金利とドーズ公債の成功は外国から一層多くの融資を引き寄せた．この資本流入を短期利子率と流動性に反応した貨幣現象と見なすことはできないであろうし，あるいは為替レートの過大評価に伴う貨幣現象と考えることもできないであろう．ドイツは戦争とインフレの結果，実物資本はなお欠乏していた．インフレ期に資本形成が相当進んだにもかかわらずそうであった．最初の段階では借入れは大部分が工業向けであった．その後，借入れは州と地方自治体に広がった．シャハトは非生産的借入れに対する反対運動を行った．例えば，1927年11月

に彼は「競技場，水泳プール，公共広場，大食堂，会議場，ホテル，事務所，プラネタリウム，空港，劇場，博物館など」の建設や「土地の購入」についてドイツの諸都市を非難する演説を行った[33]．この種の資本流入は資本不足の結果と言うことはできないであろう．しかし最初の資本不足が高金利を生み，これに刺激されて資本が流入した．そしてこの資本流入が結局，それ自身でその勢いを強めてきたのであった．

1925年春の平価でのポンドの安定は一層多くの論争を呼び起こした．その当時も論争があったし，今もなお行われている．議論における問題点はポンドの為替平価復帰がどの程度まで偶然によるものであったかどうかという点である．1924年秋にポンドを為替平価の射程距離に押し上げたのは不安定なポンド投機によるのか，それとも平価安定の方向に確固として前進する根深い勢力の影響によるのかということである．その種の勢力は強力であった．平価への復帰は「威信の問題，信条の問題，……ほとんど宗教の問題」として特徴付けられてきた[34]．もう1人のフランス人は金本位制復帰を通貨政策というよりむしろ傷付けられた自尊心の産物と述べている[35]．最近の1人のイギリス人はこれほど皮肉な見方はしていないが，その種の見解は本質的に道徳的であって，「戦前の金本位制の機構に対する深い信仰」に基づいていたと主張している[36]．

ロンドンのシティは勿論，世界の金融中心地としてその戦前の地位を回復することに関心があり，ある程度までそれに成功した．ドイツの準備はポンドの安定後，ポンドで保有される部分がますます多くなったし，オランダはポンド安定後，在外保有残高をニューヨークからロンドンに戻した[37]．

---

33) Schacht, *The End of Reparations*, p. 33. しかし1926年にシャハトはストロングに対して，ドイツの工業企業向けに，そして可能ならば信用度の高いドイツ地方自治体向けをも含めて2億ドルないし4億ドルの長期融資をアメリカから得ることができれば，マルクの安定を維持することができるであろう，と伝えた（Lester V. Chandler, *Benjamin Strong, Central Banker*, 1958, p. 335 参照）．

34) Sauvy, *Histoire économique de la France entre les deux guerres*, vol. 1, p. 121.

35) M. Perrot, *La monnaie et l'opinion publique en France et en Angleterre, de 1924 a 36*, 1955.

36) Moggridge, *The Return to Gold, 1925*, p. 68.

37) Stephen V. O. Clarke, *Central Bank Cooperation, 1924-31*, 1967, pp. 161-63 および Moreau, *Souvenirs d'un gouverneur de la Banque de France*, p. 136 参照．

イギリス主流の意見は可能ならば平価により金本位に復帰する，という立場を明らかにしていた．1918年1月に設置された「戦後の通貨及び外国為替に関するカンリフ委員会」は全会一致で平価復帰を目標として受け入れた．唯一の未解決の問題はそれが可能かどうか，そして可能だとすればそれを何時実施するかということであった．ポンドは1920年末の3.40ドルの底値から1923年春には4.70ドルに回復した．それはドイツのインフレとフランスのルール占領から逃避する欧州大陸からの資本流入によるものであった．失業率は15％に上昇した．政府が失業対策として経済拡大政策の実施を提案したこと，そして資本課税を公約した労働党政府が選出されたことは1923年後半に資金流出を誘発し，ポンドを4.30ドル以下に減価させた．1924年2月に労働党政府はカンリフ委員会報告書の諸原則を受け入れ，そこでポンド減価の動きは止められた[38]．しかし経済は拡大し失業は減少したが，そのためにポンドが大幅に減価することはなかったし，またポンドを大幅に下落させる必要もなかった．イングランド銀行は経済状況が改善されたことを利用して，政府に対し専門家委員会を設置することを求めた（同委員会の初代委員長はサー・オースチン・チェンバレンであり，彼が保守党政府の外相に就任した時，ブラッドベリー卿が後任の委員長となった）．この専門家委員会にはカンリフ委員会委員の大半が含まれた．この専門家委員会は2つの問題について勧告を行った．1つは戦争中に発行された政府紙幣をイングランド銀行の無準備発行に統合する問題であり，他は1920年の金銀（輸出統制）法が1925年末満了になった後に実施すべき方針の問題であった．紙幣発行の問題は延期可能であった．金輸出禁止を更新するか撤廃するかに関しては決定を延ばすことはできなかった．その撤廃はある数値で，恐らく平価で金本位に復帰することを意味するものであった．

　専門家委員会は1924年夏に聴聞会を開催した．ケインズとマッケナを除くすべての証人は，ポンドの平価を回復するイギリスの能力について楽観的であった．購買力平価を計算すると，イギリスの物価は10％ほど割高であることが明らかとなったが，イングランド銀行総裁モンタギュー・ノーマンを除いて

---

38) Robert Z. Aliber, "Speculation in the Foreign Exchanges: The European Experience, 1919-1926," 1962, pp. 188-90 参照.

ケインズを含むほとんどの公述人は，この物価水準の格差はアメリカの物価が上昇し，他方でイギリスの物価水準が安定的に維持されれば解消される，と考えたのであった．この物価格差の解消を保証するために，イギリスは戦債の支払分としてアメリカに1億ドルの金を特別に現送すべきである，という案までが1923年には提出されたが，ノーマンはアメリカがその金を不胎化することができるという理由でこの案に反対した．モグリッジはケインズの証言を「曖昧である」と特徴づけている．ケインズは次のことを恐れていたからであった．金輸出禁止が解除されポンドが平価に上昇すると，イギリスはデフレではなくインフレに陥る，なぜならアメリカでは物価が上昇しイギリスに対し金を失うからであると考えた．大半の公述人はアメリカの物価が上昇しなくても，イギリスの物価をさらに10％引き下げることは不可能でないと考えた．専門家委員会は1924年9月，報告書草案を用意し，その中で金本位制復帰に代わる実際的政策は存在しないと述べたが，しかし金本位制復帰はアメリカの物価が上昇するまで待ったほうがよいと提案した[39]．

この時，在任9か月でイギリス最初の労働党内閣は崩壊した．スノーデンに代わってウィンストン・チャーチルが蔵相に就任した．ポンドは再評価される，という一般の期待が受け入れられることとなった．投機はポンドを為替平価4.86ドル近辺の4.795ドルにまで競り上げたのである．ノーマンは時機が到来したと判断した．その方針を変更する機会はなお数回あった．ブラッドベリー委員会は2月5日，報告書を提出し，金輸出再開賛成の勧告を行った．1月29日，チャーチルはイングランド銀行のノーマン，ブラッドベリー卿，オットー・ニーマイヤー，大蔵省のラルフ・ホートリーに対して，主としてケインズとマッケナが疑念を抱いた点を中心にした一連の質問状を回送し，その中で金本位復帰の妥当性，復帰の時機，復帰の代償としてアメリカから何かもっと良い条件を獲得できないかどうかについて質問した．モグリッジはチャーチルがこのような質問を出したことについて，1つにはそれがチャーチルの決断の仕方であり，また1つにはビーバブルックの反対を懸念しての対応であると見る．このようなチャーチルの質問はモグリッジが考えているように単に記録を紙に

---

39) Moggridge, *The Return to Gold, 1925* 参照.

書き表したものなのか[40]，それとも最近のチャーチル伝が主張しているように誠実に疑問を表明したものかどうか[41]，明確に明らかにすることはできない．チャーチルは彼の質問に対する回答を再確認した後でさえ，金本位復帰に関してケインズが『ネーション』誌に発表した論文についてニーマイヤーの感想を求め，「財政困難に陥っているフランスは失業を抱えるイギリスよりも困窮しているのかどうか私には分からない」と辛辣な意見を述べた．3月17日にチャーチルは晩餐会を催し，ニーマイヤー，ブラッドベリー，ケインズ，マッケナ，グリッグがこれに出席した．その会合においてニーマイヤーとブラッドベリーは平価復帰賛成を主張し，ケインズとマッケナは反対を主張した．グリッグの見解では賛成者が多数であった[42]．金本位復帰の決定は結局，3月20日に行われ，4月28日に発表された．1925年金本位法は発表の日から事実上実施され，その後5月14日に法律として施行された．

　金平価とは異なる為替レートで金本位に復帰することについては全然考慮されなかった．ブラッドベリー委員会報告書はそのような政策が提案されても簡単に片付けられてしまうだけである，と述べている[43]．モグリッジは前労相トム・ジョンソンがポンドの金本位離脱後に述べたといわれている「彼らはわれわれが金本位を放棄することができるということをわれわれに決して告げなかった」という言葉を引用している[44]．認められていた選択は戦前平価復帰で「行くか行かないか」であったようである．ケインズでさえも戦前平価を受け入れた．レダウェイはその原因として，10月の労働党政権の崩壊という予想外の出来事が通貨の安定を損なう投機を誘発したことをその原因にしている（同政権はソ連との条約締結・借款供与の提案，および共産主義者ジャーナリストの訴追却下という問題に関連して崩壊した）．その崩壊は金本位復帰の時機には影響したかもしれない．しかし4.79ドルではなく4.40ドルの為替相場が数か月以上

---

40) D. E. Moggridge, *British Monetary Policy, 1924-31: The Norman Conquest of $ 4.86*, 1972, pp. 66-67.
41) Martin Gilbert, *Winston S. Churchill*, vol. 5: *1922-1939: The Prophet of Truth*, 1977, ch. 5.
42) Grigg, *Prejudice and Judgement*, p. 182.
43) W. B. Reddaway, "Was $ 4.86 Inevitable in 1925?," 1970, p. 23.
44) Moggridge, *The Return to Gold, 1925*, p. 9.

あるいは何年か続いたとしても，そのことによって意見が実質的に変わるような雰囲気にはないように思われる．ケインズとマッケナは親密な友人であり，ほとんどの問題について同じように考えており，彼らの意見は人々に傾聴されはしたが，人々を説得することはできなかった．ケインズは才気に満ちていたが一貫性がなく，この問題についての彼の証言は「曖昧」であった．10年後の世界経済会議においてさえ，あるアメリカ人が述べたように「ジョン・メイナード・ケインズはかなり一般的に過激論者と見なされていた」のである[45]．弱小国はすべて通貨の安定を求めていた(スウェーデンは待ちくたびれて他国より早く1924年3月に通貨安定を実施したが，同国の中央銀行総裁は以前から金輸出再開を主張してきた)．もっと重要なことはアメリカから絶え間なく金本位復帰の圧力があったことであり，それには金本位復帰の速度を早める圧力が含まれていた．ニューヨーク連銀総裁ベンジャミン・ストロングばかりでなく財務長官メロンや連邦準備制度の多くの他の役員も1924年12月と1925年1月には，その時期が到来したということをノーマンに知らせることに躊躇することはなかった[46]．ストロングの見解は1つには世界的考慮に基づくものであった．それは外国為替市場の混乱が外国貿易に与える悪影響を除去する必要性であった．また1つには2つの国内的理由に基づくものであった．それは(1)アメリカへの金輸入を逆転させる，(2)ロンドンの高金利の結果としてニューヨークにおいて国際貸付事業を拡大する，ということを期待してのことであった[47]．ケインズから攻撃されてチャーチルは後に自分が間違っていたことを認めた．当時，彼には選択の余地はほとんどなかった，と彼は考えたのである．

　振り返ってみれば，平価での金本位復帰は不可避の誤りとして記録されねばならない．しかし論者がすべてそう考えているわけではない．前述したように，レダウェイはそれを不幸な予想外の出来事によるものであると考える．ヤングサンその他数人の経済史家の主張するところによれば，その困難の原因は他の

---

45) James M. Cox, *Journey Through My Years*, 1946, p. 367.
46) Moggridge, *The Return to Gold, 1925*, p. 40.
47) Clarke, *Central Bank Cooperation, 1924-31*, p. 72. またストロングが懸念していたのはポンドがドルに対して徐々に下落するのではないか，そしてポンドの弱体化が特にインフレ反対の節度を弱めることを含めて新奇な着想を採用することを刺激するのではないか，ということであった．

諸国にあった．「金本位制を破壊したのはフランスの利己主義的愚行とアメリカの金融政策であった」[48]．問題はポンドが過大評価されたことではなく，フランス・フランが過小評価されたことであった．イギリス輸出貿易の苦境はポンドの相場水準が高すぎたからではなく，世界戦争による構造変化の結果であった．しかしながら，この見解は次のことを無視しているようである．ポンドが 10% 過大に評価されていることを示す当時の購買力平価の算定は，上述の構造的後退による平価計算の調整が必要であることを看過していたし，また物価と賃金が持続的に低下圧力を受けていると考える決定的誤りを内包していたのである．ポンドの過大評価は疑いもなくフランの過小評価と結合していたし，また株式相場が上昇し始めた 1929 年 3 月以後にアメリカが金融緩和政策を実施するのを結局放棄したこととも結びついていたのである．ポンドの平価復帰は戦前状態への復帰の試みとして恐らくは不可避のことであった．それにもかかわらずそれは重大な誤りであった．

　フランの安定は 1926 年夏から秋にかけて過小評価された水準で徐々に行われた．それはフランスにとっては恐らく結構なことであったが，国際通貨メカニズムにとっては災難を引き起こすものであった．しかしこうした断定はまた問題にされてきた．ソビーはフランの安定を誤謬の海の中の理性の孤島と呼んだ．そしてクレオパトラの鼻がもう少し高かった場合に起こったであろうことを熟慮して歴史を書き変えることには反対でありながら，ソビーはフランがもっと高い為替レートにあったとすれば，フランスはもっと早期に世界不況に陥っていたであろう，と考える傾向がある[49]．しかし彼の関心の焦点はフランスの歴史にあり，国際通貨システムの歴史にはなかったのである．

　当時，問題はどの水準で通貨を安定させるかではなく，通貨を安定させることができるかどうかであった．フランスの金融政策は混乱状態にあった．戦後の再建は被災地においては「ドイツ人が支払う」というスローガンのもとで進められていた．賠償を受け取るまでの間，再建のための支出は短期借入で賄われた．どの大蔵大臣も資金供与者向けに政府長期債券を発行することによって

---

48) Youngson, *The British Economy, 1920-57*, pp. 233-34.
49) Sauvy, *Histoire économique de la France entre les deux guerres*, vol. 1. pp. 96-98.

資金を調達することはできなかった．大半の政府債務は短期形態のものであったから，資金供与者は短期間のうちに彼らの資産を現金に換えることができた．何らかの政変が起こるたびに資本流出とフランの下落が誘発されることとなり，このことからアフタリオンは「外国為替心理説」を考え出し，為替相場は政府に対する国民の信頼に応じて変動すると主張したのであった．

　政府に対する国民の信頼は低かった．投機筋は1923年末の数か月から1924年初頭にかけてフランに対し重大な攻撃を仕掛けた．その投機攻撃はJ.P.モルガンの1億ドル融資に支援されて撃退された．これに関与したオーストリアとドイツの投機筋は莫大な損失を被ることとなった[50]．しかしその成功した防衛による利益は海外に持ち出すことが認められた．この1億ドル融資は最初の6か月期限が満了した9月に更新されなかった．なぜならば銀行家達はフランスがその資金を支配していたとは考えなかったからである[51]．さらに，フランス国内には深刻な政治的分裂があったばかりでなく，財政政策についての技術的な意見の対立があった[52]．1924年9月のドーズ案実施から26年7月までの間に，10人の異なる大蔵大臣がほぼ同数の政府において就任した．政府が予算を国民議会に承認させることができず，さらにフランス銀行の融資を拒絶された場合，大蔵大臣は辞任し，政府は一般的に崩壊することとなった．フランは対ドル相場18フラン，対ポンド相場90フランの水準から1925年を通して低落し，引き続き26年春まで低落した．1926年春にブリアン内閣の大蔵大臣に就任したラウル・ペレは，4月にその予算を議会に承認させることができたが，しかしフランの下落はむしろ加速した．4月には戦債協定がアメリカと締

---

50) Jean-Noël Jeanneney, "De la spéculation financière comme arme diplomatique: A propos de la première bataille du franc (novembre 1923-mars 1924)," 1978 および Schuker, *The End of French Predominance in Europe*, pp. 96-97 参照．オーストリアの銀行が被った損害については，Edouard März, "Comment" on D. E. Moggridge, "Policy in the Crises of 1920 and 1929," 1982, pp. 190-91 参照．

51) Schuker, *The End of French Predominance in Europe*, pp. 140ff. ジャン＝クロード・デベイルはもっと皮肉な見方をしている．J.P.モルガンはもっと有利な条件を引き出そうとしていたと (Jean-Claude Debeir, "La crise du franc de 1924: Un example de spéculation 'internationale,'" 1978 参照)．

52) 特に，Jean-Noël Jeanneney, *François de Wendel en république: L'argent et le pouvoir, 1914-1940*, 1976 および同 *Leçon d'histoire pour une gauche au pouvoir: La faillite du Cartel (1924-26)*, 1977 参照．

結され，5月にはイギリスとの間で暫定協定が締結された．4月半ばから5月半ばまでにフランの対ポンド相場は145フランから170フランに低落した．6月1日にペレは専門家委員会を設置し，フラン暴落を止める手段を考案することとなった．その委員会の報告書が現れる前にブリアン内閣は蔵相をペレからカイヨーに，フランス銀行総裁をロビノーからモローに代えた．フランの対ポンド相場は174フランに下落した．信認はなお得られない状況にあった．7月17日にブリアン政府はエリオ政府と交替した．フラン相場は220に低落した．7月21日にエリオ政府は倒れた．フランは対ポンド243フランの底値に達した(対ドル相場は49フラン強，あるいは1フランはほぼ2セントになった)．街頭で観光客を脅迫するパリ市民も現れるにいたった．

エリオの地位には威圧的な人物ポアンカレが復帰し，彼自身が大蔵大臣を兼務した．最初に彼は7月3日に公表された専門家委員会の勧告を覆し，増税ではなく減税を行った．この措置は有産階級の信頼をかち取った．資本移動は逆転し，フランは7月25日に1ポンド199フランに回復し，7月26日には190フランに達した．この段階で彼は増税を支持する専門家委員会の政策を採用した．

ポアンカレが政権を担当した瞬間からフランス・フランは強くなり，その相場は為替市場で上昇した．早くも8月7日には，フランス銀行はフラン相場の上昇率を緩やかにするために，フランス・フランで外国為替を買い入れる権限を付与されることとなった．しかし同行は大蔵省から為替取引から生ずる損失保証を得るまでは，外国為替の購入を実施しようとはしなかった．それは同行が英貨を1ポンド150フランで買い入れ，結局その買い入れたポンドを例えば125フランといった，買い入れたよりも高いフラン相場で売る場合に生ずる損失を大蔵省が埋め合わせる，という保証であった．このような保証は漸く9月末になって与えられた[53]．

フランス銀行がフラン価値を抑制する操作に入るということは，モローにとってはフランの戦前平価への復帰という構想の全面的放棄を意味した[54]．その

---

53) 8月7日の権限付与法の原文およびその実施規則については，Moreau, *Souvenirs d'un gouverneur de la Banque de France*, pp. 62n., 105n. 参照．
54) Ibid., p. 108.

ような戦前平価復帰の希望は疑いもなく根拠のないものであったが，しかしポアンカレはその希望を抱いてきたし，彼はそれを道義上の問題と見なした[55]．この問題は戦前平価からの離脱を選択する中で解決されることとなった．戦前平価から離脱したことはフランスがイギリスより知的に先んじた動きであり，これは恐らくイギリスよりも遥かに高いインフレ率に由来するものであった．戦前平価から離脱する問題が解決される前に，すでに為替相場を事実上どの水準で安定させるかの問題が議論されていた．早くも8月にはケネーがフランス銀行のために購買力平価を計算した[56]．リュエフは11月にポアンカレのために独自に別の購買力平価を計算し，その際のフラン相場は1ポンド130フランであった[57]．ケネーの計算はストロングに提供するために実施されたものであり，その計算によれば1ポンドは131ないし196フランの範囲にあり，その中で優先帯域は160ないし170フランであり，163フランを最良の数値と推定した．リュエフは100ないし150フランの範囲に到達し，ここから120の数値を導き出した．この数値は最終的な為替相場1ポンド＝124フラン，1フラン＝3.92セントに近く，7月21日の相場の2倍高であるが，それでも過少評価であった．

　しかしながら，この為替相場は知性的方法によってというよりは政治的な方法によって選択された．10月末に，ポンドに対し当時160と170フランの間にあったフランは上昇に転じた．ポアンカレは決断することができなかった．モローはインフレが中産階級の定額所得証券を大幅に目減りさせることがないようにするためには，フランの為替相場を過度に低くしないことが重要であることを意識していた．しかし他方において彼は実業家たち，特に自動車産業の実業家たちから，彼らをデフレ圧力にさらすほど高い為替相場を設定しないように圧力をかけられていた．専門家委員会の報告書は高すぎる為替相場について警告を発していた．高すぎる為替相場はイギリスの場合のように工業や商業，

---

55) Ibid., p. vi.
56) Ibid., p. 74. チャンドラーはストロングが間違ってこの研究をシャルル・リストによるものと考えていることを記録している (Chandler, *Benjamin Strong*, p. 374).
57) Jacques Rueff, "Sur un point d'histoire: Le niveau de la stablisation Poincaré," 1959 および彼の preface to Moreau, *Souvenirs d'un gouverneur de la Banque de France*, p. ix 参照．

農業にとって破滅的なデフレを誘発する可能性があるからであった．彼の回顧録の告げるところによれば，他の中央銀行は為替相場を最終的に安定させることについてほとんど議論せず，議論する場合には意見は纏まらなかった．ストロングとノーマンは7月最初の3週間，フランの危機が高進している最中にフランスで休暇を過ごしていた．ストロングが7月20日，モローを訪ねた時，また7月29日ノーマンがモローを訪ねた時にも，会談は中央銀行が独自性を維持すべきことの必要性と，適当な時期に安定借款を供与する可能性とに関するものであり，為替相場についてではなかった．連邦準備制度理事会のアドルフ・ミラーは8月にモローと為替相場について論じたが，彼の見解の内容は記録に残されていない．レジナルド・マッケナはフランの上昇を許容すべきであると述べ，サー・アーサー・ソルターはフランは上昇しすぎてはならないと述べた[58]．10月中ずっと迷っていたポアンカレは結局，労働総同盟会長レオン・ジュオーが来訪して輸出産業の失業増大について抗議した時，1ポンド120フランでフランを安定させるのに賛成したのである[59]．

　フランスに対し内外から寄せられた忠告の大半はフランスの問題に集中しており，フランスによる為替相場の選択が全体としての為替相場システムに与える影響についてではなかった．過失はイギリスがポンドを過大評価したことにあったのか，それともフランスがフランを過小評価したことにあったのか，あるいはその責任を両者が分担して負うのか，どう主張するにしても，ポンドの相対的な過大評価とフランの相対的な過小評価がそのシステムにとって危険なものであったことについてはほとんど疑問の余地はない．一国的見地からすれば，フランスはフラン相場を慎重に決定した．そのシステム全体としての見地からすれば，また後知恵によると，それは海外で保有される巨額のフランス資本の重要性を過小評価した．その巨額の在外フランス資本はロシア債券で損失を被った後，外国証券に再投資される気配はなく，フランスへの還流は起こり

---

58) Moreau, *Souvenirs d'un gouverneur de la Banque de France*, pp. 34ff., 48ff., 160, 170.
59) Rueff, preface to ibid. および Charles Rist, "L'experience de 1926 et la franc d'aujourd'hui," 1952, p. 66 参照．世界不況の一因は1926年にフランスがフランを安定させた為替相場にある，とのアロンの主張にリストは激しく反論し，世界不況にはもっと深い原因があって，その起源はフランスではなくイギリスであり，フランの役割は無視しうるばかりでなく存在しなかった，と述べている (pp. 70-71)．

そうなことであった．こうした状況の中で，輸出産業と輸入競合産業を刺激するフランの適度な過小評価は恐らく不適切なものであった．何故ならば資本がフランスから流出するにしても，資本の還流はその一部を実物財とサービスで，言い換えれば輸入超過の形で行うことが望ましいからであった．フランス資本の還流は輸出超過と相俟って為替相場システムを緊張させることとなった．何故ならば，それはフランス銀行の準備の増加によって賄われることとなるからであった．

イギリスはフランス以上にそのシステムを維持することに強い関心をもち，フランスはそれほどの関心や責任をもたなかった，という指摘は正当である．従って，ポンドについての決定はフランの場合よりそのシステムに対する重要性を考えると遥かに難しかった．しかしフランスの主要な誤りは選択される為替相場がフランスに与える影響だけを考えていたことであり，全体としてのそのシステムについては全然考えてなかったことであった．イギリスの選択は悪かったが，すでに行われていたという事実を前提として，フランスはそうしたのである．

イタリアも 1920 年代に金融の混乱に苦しんだ．第 1 に 1921 年危機があった．証券バブルが崩壊した時，多くの銀行は困難に陥った．大手銀行，バンカ・ディ・スコントが破産した．1922 年にはムッソリーニのローマ行進が起こった．ポンドの金本位復帰とフランス・フランの回復後，1926 年に彼はリラを安定させる準備を始めた．リラはフラン同様，1914 年には 1 ポンドは 25 リラ（ドルに対しては 1 リラは 19.3 セント）であったが，戦後には 150 リラに低下した．ムッソリーニはこれを 90 リラに，いわゆる「対ポンド平価 90 リラ」に回復することを求めた．ニューヨーク連邦準備銀行総裁ストロングはリラ相場安定を促す人々の 1 人であり，それは財務長官アンドリュー・W. メロンの指示によるものであった．イングランド銀行のモンタギュー・ノーマンと協力して，ストロングはリラの安定を支援するために中央銀行融資 7500 万ドルと民間融資 5000 万ドルの取決めに動いた[60]．通貨騰貴のデフレ効果によりイタリアの証

---

60) Chandler, *Benjamin Strong*, pp. 381-90 および Gian Giacomo Migone, *Gli Stati Uniti e il fascismo: Alle origini dell'egemonia Americana in Italia*, 1980. pp. 179-99 参照．

券価格はさらに一段と低下し，イタリアの銀行は一層弱体化した．イタリアの銀行は例によってその資産の中に工業証券を保有していたからであった．ノーマンとストロングは対ポンド平価90リラ，ドルに対しては1リラ＝5.263セントを高すぎると考えたが，イタリア銀行総裁ボナルド・ストリンガーに説得されてそれを認めた．同総裁はこれらの為替水準はすでに市場において達成されたことがある，と観測していたのである[61]．

　1920年代にその通貨を再評価しようとしたもう1つの国はスペインであった．リベラ首相独裁下，世界最高の関税水準の1つによって国際市場から切り離されていたスペインは，1924年12月から1926年12月にかけてその通貨ペセタを為替平価の72%から79%に，そして1927年3月には94%に引き上げた．この水準においてこれまでペセタを買ってきた投機筋は弱気に転じ，それを売った．1928年6月に独裁政権は5億ペセタ相当の外国為替と金で武装した外国為替介入委員会の介入によってその為替相場を維持しようとしたが，その努力は1929年に挫折し，外国為替準備はほとんど枯渇するにいたった[62]．

　ヨーロッパの他の諸国の通貨はポンド，フラン，リラ，ペセタの安定に伴って安定した．これら通貨の安定は主要通貨ほどには国際通貨システムにとってもつ重要性は小さい．しかしこれら通貨の安定がその国内のマクロ経済的条件にとってもつ重要性はそれとは別である[63]．国際的規模でもっと重要な意味をもつのは次の事実であった．ノーマンとモローは中央銀行がそれぞれ独自に影響力拡大のために競争していることを知っており，特定の安定化融資を組織するに当っては何れか一方が過度に長期間，指導権を握ったり，あるいは過度に大きな分担額を求めたりすることがないように心掛けていた，という事実である．ストロングは両者間を調停し，ポーランド借款の場合には行詰りを打開するために指導権を発揮せざるをえなかった．その後における誤解と反目の大半はこれらの衝突から生じたのである．疑い深いモローはノーマンを帝国主義者

---

61) Richard H. Meyer, *Bankers' Diplomacy : Monetary Stabilization in the Twenties*, 1970, p. 52.
62) Joseph Harrison, "The Interwar Depression and the Spanish Economy," 1983. pp. 306-7.
63) Meyer, *Bankers' Diplomacy*.

と見なした。短気なノーマンはモローを技術的な経済金融問題に政治を持ち込むと非難した[64]。フランスが全中央銀行連合のイギリス支配に抵抗するだけでなく独自の野心を持っていた,と判断することは難しい。さらに金為替本位制,為替相場の安定,ロンドンの金融的重要性(覇権)の回復といったシステムについてのイギリスの構想は,国際通貨システムの考慮によるよりはむしろ国家的考慮によって,あるいはその国際的考慮ばかりでなく国家的考慮によって導入された,と言うことができるであろう。ノーマンは世界経済の回復にイギリスが依存しているばかりでなく,その逆の関係をも考えていた。指導国にとっては世界全体の利益と自国の利益を区別することは,多くの場合難しいことなのである。

その通貨を平価に復帰させた最後の国は日本であった。それは非常に遅すぎた。日本においても1919-21年にインフレの進展により物価が騰貴した。物価は(1913年を100とする指数で)200から320に急騰し,それから190に反落した。日本は円の安定に乗り出したが,その問題は1923年9月1日の関東大震災によって一層困難なものとなった。1924年3月には「震災手形」の流通による金融緩和圧力のもとで円相場は再び放任された。円の減価は激しくはなく,1925年には金売却によって抑制された。しかし1928年のフランの法律上の安定後,日本は世界において金本位を離脱している唯一の大国であった。円の安定を求める内外の圧力は高まった。特に輸出入業者は円の小幅な減価にも敏感に反応し,対日融資を検討している外国の銀行家は金本位への復帰(しかし平価を切り下げての復帰)を促した。結局1929年7月に,新たに選出された浜口内閣は平価復帰の政策を発表した。為替投機により円相場は1929年6月平均の1

---

64) モローの回顧録のなかで最も興味深い部分にケネーによるロンドン訪問の報告を記録した箇所がある。ロンドンで彼はノーマンばかりでなく,ニーマイヤーやソルター,ストラコシュ,キンダスリーと会った。モローの報告によれば,ケネーは次のように観察した。イギリスの大構想はフランス銀行の支持がなくても,諸国通貨を安定させることにあり,そればかりでなく諸国の中央銀行を協力的な網状組織に結合することにあった。その組織は政治的考慮からさらには諸国政府から独立して,繁栄のために不可欠な本質的な諸問題,通貨の安定や信用の分配,物価動向の問題を規制することであった。モローはこの見解を「確かに純理論的であり,疑いなく幾分かはユートピア的であり,恐らくは権謀術数的でさえあるが,実現可能である」と特徴づけている(*Souvenirs d'un gouverneur de la Banque de France*, pp. 136-37)。

円=43.88セントから12月には48.96セントに競り上げられた．1930年1月11日に円は平価で金本位に復帰したのである[65]．

アメリカの対外貸付

アメリカの対外貸付はドーズ公債によって動き始めた，という主張はもちろん誇張である．すでに大戦中に外国政府はニューヨークとワシントンで借入れを行った．その借入れはアメリカ政府から借入れができるようになるまでは，概してJ. P. モルガン商会の与信枠を利用していた．戦後はドル建て外債による貸付が一時的に激増し，それは1922年には相当の額に達した．しかし1924年の対外貸付活動は初めて貸付額を年間9億ドル以上の高水準にまで引き上げた．この水準から対外貸付はさらに増加して，1927年と1928年には年間12億5000万ドル以上に増加した．カナダやアジア，オセアニアに対する貸付は顕著には増加しなかった．ラテンアメリカとヨーロッパに対する貸付は激増した．後述するように，この貸付活動が突然止まって，厄介な結果をもたらしたのである．

ニューヨーク外債市場の機能と戦前のロンドン市場の機能の間には大きな相違があった．この相違はシュンペーターが挙げている理由，アメリカの対外貸付は借入国に実物財やサービスを移転する新投資として行われたのではなく，賠償のような攪乱要因を相殺するために行われたという理由によるのでは決してなかった[66]．またこの相違はニューヨークの銀行家が使う高圧的な方法やドイツ，ラテンアメリカでの浪費的事業，これとは対照的に経験豊かなイギリスの銀行家が判断する多くの事業に由来するものでもなかった[67]．経済的見地からしてもっと興味深いことは次の事実である．イギリスにおいては対外貸付と国内投資は利子率の変動に対応して同調的に動く景気循環の転換点を除けば，代替関係にあったという事実である．戦後のアメリカにおいては対外貸付と国

---

65) この段落は主として，Patrick, "The Economic Muddle of the 1920s" による．
66) Schumpeter, *Business Cycles*, vol. 2, p. 703（邦訳，IV 138-39頁）参照．
67) J. W. Beyen, *Money in a Maelstrom*, 1949, p. 45 の次の叙述参照．「アメリカは新参者として活力に満ちており，新商品を持つ販売部門があった」．

表1 アメリカとイギリスの対外貸付(年次別，地域別，1924-29年)

(100万ドル)

		ヨーロッパ	アジア・オセアニア	アフリカ	カナダ・ニューファンドランド	ラテンアメリカ	合　計[1]
ア メ リ カ	1924	527	100	—	151	191	969
	1925	629	147	—	137	163	1,076
	1926	484	38	—	226	377	1,125
	1927	577	164	—	237	359	1,337
	1928	598	137	—	185	331	1,251
	1929	142	58	—	295	176	671
	合計	2,957	644	—	1,231	1,597	6,429
イ ギ リ ス	1924	159	314	66	20	31	590
	1925	53	216	72	10	68	419
	1926	120	226	32	29	129	536
	1927	105	238	136	34	126	639
	1928	164	232	80	98	96	670
	1929	105	139	51	74	78	447
	合計	706	1,365	437	265	528	3,301

注1)　分類できない少額はイギリスに含めてある.
出所)　League of Nations, *Balance of Payments, 1930*. 1932, p. 30.

内貸付とは景気の転換点を除けば，利潤と利子率の循環的変動に対応して同じ方向に動いた．ところが1928年中頃から1930年第1四半期にかけては特に両者が短期的に乖離するという事態が起こったのである[68]．

このような著しく対照的な両国の行動はアメリカの投資業界の豊かさとイギリス投資業界の経験とに関連していることであろうが，この関連を明らかにす

---

68)　Hal B. Lary, *The United States in the World Economy: The International Transactions of the United States During the Interwar Period*, 1943, pp. 92ff. および Alex K. Cairncross, *Home and Foreign Investment, 1870-1913*, 1953, pp. 187ff. 参照．ミンツ (Mintz, *Deterioration in the Quality of Foreign Bonds*, p. 11)はアメリカの対外貸付が1920年代には景気循環と負の相関関係にあったと主張する．しかし彼女の著作は1920年代および1930年代の8年ないし9年周期の循環に関するものではなく，むしろ1924年および1929年の景気後退を伴う短期循環に関するものである．彼女が対外貸付の加速度モデルに関連して述べるところによれば，オーストラリア，ドイツ，イタリアは事業活動が活発な時期に多くを借り入れ，これに対してアルゼンチン，ブラジル，オランダは経済活動が鈍化する時期に特に多くの借入れを行い，オーストラリアの起債は両時期においてほぼ等しく，フランスについてはその特徴を確定できなかった(p. 17)．対外貸付における景気循環同調モデルと反景気循環モデルについての一般的議論については，Charles P. Kindleberger, "The Cyclical Pattern of Long-Term Lending," 1982 参照．

ることは困難である．次の相違がもっと重要である．イギリスの貸付は供給モデルに従っており，一定量の投資資金が国内，国外の利用者にそれぞれ需要の強さに応じて配分される．これに対してアメリカにおいては投資可能資金の供給量は景気変動に対応して増減し，1924年以後は国内，国外の投資先にほぼ一定の割合で配分された．しかし経済をある時期に，ある場所である方法で動かし，他の時期と他の場所で他の方法で経済を動かさないものは何か，ということについては明らかではない．

　表1に見るように，1924年から1929年までの6年間にアメリカはおよそ64億ドルを，イギリスは33億ドルを海外に融資した．貸付の形態と動向は両国で異なる．1924年以後，イギリスの証券発行が減少したのは1924年11月から1925年と1926年の大半にかけて実施された資本輸出禁止によるものであった．アメリカの証券発行はヨーロッパとラテンアメリカに対して大幅に減少した．アジアとオセアニア，特にオーストラリアに対しては証券発行が1928年から1929年にかけて減少した．同期間にはイギリスも減少したが，アメリカの減少が大幅であった．

第3章

ブーム

　1925年または1926年までに景気は回復し,その後ブームが来た.このブームは一般的ではなく連続的でもなく,広範囲にわたるものでもなかった.その上,ブームは強まる緊張の兆しを内包していた.一次産品在庫の累積(第4章で論述),目もくらむような証券価格の高騰(第5章で論述),金融的政治的困難の激化という形で現れた.それでもそれはブームであった.

　主要な例外はイギリス,イタリア,日本であった.イギリスはこの経済拡大に参加したが,ほとんど成長せず,1920年代を事実上低迷状態で過ごした.失業はこの10年間を通して深刻であった.1926年のゼネスト前もそうであったが,その後特に深刻になった.1926年ゼネストは炭鉱ストから起こった.炭鉱ストはポンド安定後に物価と賃金を一段と引き下げようとしたことから起こった.石炭,鉄鋼,造船,繊維,住宅建設は不況であった.失業は特にウェールズとマンチェスター,そして北東部に集中していた.しかし失業を誇張してはならない.新興産業やロンドン,南東部は順調であった.自動車,化学,電気機器の産業では雇用は増大し,技術進歩があった.1929年という年は鉱工業生産が1928年を上回って急増した年であった.しかし全体として1920年代はイギリスにとって1929年を別とすれば,失われた10年であった[1].

---

[1] これはいささか誇張である.R.S.セイヤーズは次のように主張する.石炭,鉄鋼,繊維,造船は深刻な不況にあったが,化学,自動車,電気は繁栄した.イギリスがドイツやアメリカの技術革新を取り入れたからであった.その結果,実質生産性は大幅に上昇した(R.S. Sayers, "The Springs of Technical Progress in Britain, 1919-1939," 1950).イングバー・スベニルソンの計算によれば,実質所得は1921年の82から1929年には105に,8年間で28%増加した.しかし1929年の1人当り実質所得は1919年よりも低下しており,1921年は特に低かった(Ingvar Svennilson, *Growth and Stagnation in the European Economy*, 1954, table A. 1, p. 233).ショーン・グリンとアラン・ブースの最近の研究によれば,両大戦間期のイギリスの失業は構造的であって,ケインズ的ではなかった(Sean

イタリアは前章で見たようにリラ相場を意図的に引き上げようとした結果, 1926 年には株価の低落に苦しむこととなった. 1921 年の銀行危機に引き続いて産業金融は 1920 年代を通して逼迫していた.

世界の他の地域では日本がどちらかといえば不況に苦しんでいた. 成長速度はその前の 10 年間と, その後の 10 年間に達成された速度の僅か半分に過ぎなかった. 政府と金融当局が円相場を改善するため信用引締めを行ったからであった. 主要な原因は 1923 年 9 月 1 日の関東大震災にあった. そのため大規模な復興・信用拡大政策が実施され, 円は減価するにいたった. 1927 年に銀行恐慌が起こり, 政府が新たに実施しようとした信用緩和政策が突如中断されることとなった. 4 月から 5 月にかけて 3 週間のモラトリアムが実施された. 多数の小銀行が破産し, 一部の大銀行は合同した. しかし日本経済は世界の他地域とは密接に結びついてはいなかった. その混乱は他国には影響しなかったのである.

例外があったばかりでなくブームが中断されることもあった. アメリカは 1927 年に「景気後退」を経験した. 1923–25 年基準の鉱工業生産指数は 5 月の 111 から 11 月には 99 に低下した. 振り返って見ると, この出来事は通常の景気循環の特徴を欠いていた. それは主としてヘンリー・フォードが T 型車から A 型車に転換するために自動車生産を 6 か月間停止したことを反映したものであった. フォードは戦前から T 型車生産に集中してきたが, シボレーともっと効果的に競争するために, これを A 型車生産に転換したのである. この景気後退はアメリカにおいては金利引下げ政策への転換の決定に寄与し, ヨーロッパの金融的難局を打開するのを支援することとなり, 重要性がなかったわけではない.

これとは別にドイツにおいてはブームが 1926 年に中断し, そして再び 1928 年にも中断した. 1926 年の景気後退は明らかに国内に原因があった. 1928 年のそれは同年後半のアメリカの対独貸付の中断によって引き起こされたものとしばしば言われている[2]. しかしこの問題をもっと深く分析すると, 1928 年の

Glynn and Alan Booth, "Unemployment in Interwar Britain: A Case for Relearning the Lessons of the 1930s?," 1983 参照).

2) M. E. Falkus, "The German Business Cycle in the 1920s," 1975 参照. この論文は

ドイツの景気後退は国内に原因があり，そのために資本流入が止まったのである，というそれとは反対の結論が出る[3]．この問題は複雑である．1926年12月にシャハトはドイツ債券の外国人購入者に対する資本利得税の免除を撤回した．そのため1927年前半には対外借入が崩壊した．この崩壊ゆえに課税免除が回復されると，1927年後半と28年前半にはドイツへの資本移動は12か月期間ベースで最高水準に達した．資本流入が急増したのは延期された借入註文残高を充足するためであった．ボールダストンによれば，1928年後半に起こった資本流入の減少はニューヨーク株式市場の高騰によるのではなく，ドイツ国内市況が下降に転じ，そのため海外におけるドイツ経済の信用が悪化したからであった[4]．しかしこの減少の一部は市場の関心が外国債からアメリカの株式に転換したことによるのかもしれない．このことは後掲表2(62頁)に見るように，アメリカ以外の世界に対する外国の貸付が1928年第3四半期から大幅に減少したことから判断できる．

このブームはアメリカにおいて顕著であり，オーストラリアとカナダにおいても，そしてフランスにおいても顕著であった．低開発諸国においては商品在庫が蓄積され，原料価格が軟化し始めたことの中に困難の兆しが現れていた．アメリカにおいてもすでに言及した問題，1925年のフロリダ土地ブームの崩壊，それに伴って起こった銀行倒産，住宅建設着工件数の減少といった問題が起こっていた．住宅着工件数は1925年に95万に達してから27年5月まで減少し，その後1928年4月まで短期間回復したに過ぎなかった．

アメリカでは，ブームは自動車の周辺に形成された．自動車の製造ばかりでなく，タイヤその他の部品の製造，道路，給油所，製油所，ガレージ，郊外開発といった分野が活況を呈した．燃焼機関はトラックの使用で運送に普及し，またトラクターが馬に代わったことにより農場にも広がった[5]．ラジオ，冷蔵

Peter Temin, "The Beginning of the Depression in Germany," 1971 に反論したもの．このテミン論文の主張によれば，対独資本移動が減少した原因はドイツ国内にあり，外国にはない，すなわちニューヨーク株式市場ブームの開始にはない．

3) T. Balderston, "The Beginnings of the Depression in Germany, 1927-30: Investment and the Capital Market," 1983.
4) Ibid., table 7, panel h, p. 407.
5) 1920年代のブームと1930年代の景気下降の両時期について，自動車とその関連産業の役割を強調する見解については，W.W. Rostow, *The World Economy: History and*

庫，真空掃除機といった家庭用電気製品は20年代初めにはまだ知られていなかったが，1929年にはどこにでもある商品になっていた．もう1つの技術革新が映画でも起こり，1926年にはトーキーが導入された．もっと高価な商品の販売はこの時期に割賦信用が導入されたことによって促進された．1925年には割賦信用残高は13億7500万ドルであったが，1929年には30億ドルに達したのである．

このブームは印象的なものであったが，恐らく株式市場投機を除けば熱狂的ではなかった．実物資産の逼迫は適度なものであった．失業は1929年には3.1%であった．1929年1月に賃金は1925年1月の賃金を5%上回ったに過ぎなかった．商品価格は1926年から1929年にかけておよそ5%低落し，農産物では5%上昇し，他の商品ではおよそ8%低落した．株式市場に焦点を当てなければ，ブームは顕著ではなかった．そして株式市場においてさえ問題があって，後ほどそれが現れるのである．

このような見解は上昇するものは必ず下落し，上昇しなければ下落するはずがない，ということを主張する有力な学派の存在と密接に関連する．「不況を防止するための唯一の効果的方法はブームを防止することである，という見解は承認されている」[6]．「景気回復の条件は地域間均衡を維持し，ブームの発展を回避する金本位制である」[7]．「ブームを十分に説明しうる理論は不況をも説明できる．恐慌においてはブーム中に蒔かれたものは刈り取られねばならない」[8]．

マリー・ロスバードの主張によれば，1921年から1929年にかけてのブームはその性格上非常にインフレ的であって，それは連邦準備制度の金融緩和政策によって引き起こされたものであり，そして物価は上昇しなかったとしても，生産性がかなり上昇したことを考慮すれば，物価は低下しなければならなかったから，なおインフレが存在したことになる[9]．彼の著書のある章は事実，

Prospect, 1978, pp. 210-13, 335-37 (邦訳，上 194-97, 273-75 頁) 参照．
6) Robbins, *The Great Depression*, p. 171.
7) Ibid., p. 172.
8) Wilhelm Röpke, *Crises and Cycles*, n.d. (しかしこの本の序文はドイツ語からの翻訳であり，刊行年は1936年になっている)，p. 119 (邦訳118頁)．
9) Rothbard, *America's Great Depression*, esp. part 2, entitled "The Inflationary Boom,

「安定的な物価水準の魅力」という副題をつけている．他方，ヨーロッパにおけるその当時の見解によれば，アメリカは戦中，戦後に大量の金を取得した後，十分に金融を緩和し物価を引き上げるべきであったにもかかわらず，そうしなかったことが指摘されている．

　フリードマンとシュウォーツは，アメリカの株式市況を景気拡大とは明確に分離している．「20年代はインフレの10年であるどころか，その逆であった」．「連邦準備制度の金融政策は強気市場を終わらせるほど十分には抑制的ではなかったが，しかし活発な景気拡大を促進するには過度に抑制的であった」．彼らは20年代を顕著なインフレと景気拡大の時期と見ることには，特別の関心をもって反対する．何故ならば，貨幣ストックが増大しなかったからである．これは「以前のどの景気拡大とも，またその後のどの景気拡大とも適合しない現象」だからである[10]．この見解は別方向に極端に行き過ぎて，ブームの現実までも否定している．アメリカでは1929年の鉱工業生産は1913年水準を75%も上回る水準に達した．これとは対照的にドイツは10%，イギリスは9%，ベルギーは52%，フランスは39.5%であった．1913年ではなく1924年と比較すれば，ドイツは他のどの工業国よりも好調である．

　フランスのブームはフランの過小評価に支援され，1913年あるいは1924年よりも好調であったばかりでなく持続した．第1に，鉱工業生産は1929年ではなく1930年前半期にピークに達し，1931年後半期まで減速しなかった．第2に，1929年に到達された記録は第2次大戦後かなり経つまで維持された．このことはフランスのブームについてではなく，不況について多くのことを語るものである．しかし産出量が増加したことは否定できない．産出量は年次別生産指数で見ると，1927年の110（1926年の126からは低下）から1929年には139.5に上昇した．フランス財政は多額の黒字を計上し，フランス銀行に対する政府債務はすべて返済され，証券価格はフラン安定後，2倍に上がった．1929年末のフランス蔵相アンリ・シェロンの発表によれば，1926年7月には国庫には

　　1921-29." ロスバードの見解に倣う保守的な一般史家にポール・ジョンソンがいる．P. Johnson, *Modern Times*, ch. 7 参照．
10)　Friedman and Schwartz, *A Monetary History of the United States, 1867-1960*, pp. 98-99.

僅か100万フランの剰余金しかなかったが，1929年には170億フランの剰余金が蓄積されていた．この剰余金の蓄積はそれ以前の諸年次における国際収支の黒字に寄与したのであった．この国庫剰余金の存在が公表されるとその支出が急増し，それに支援されてフランス国内の繁栄は1930年まで持続することとなったが，しかしこれは国際収支を再び赤字に転換させることとなった[11]．

金為替本位制

国際連盟は1920年に国際金融の諸問題を討議するため，ブリュッセルで開催する会議を招集した．その議題は外国為替の購買力平価理論，潜在的な貸手と借手を仲介する国際銀行創設の可能性，および国際資本市場を復活させる方法に関するものであった．予想されていたことであったが，ドイツ賠償問題が未解決のままでは，何事も決定することはできなかった．

1922年にフランスとイギリスは国際金融再建に関する別の会議を招集し，ジェノバで開催した[12]．モンタギュー・ノーマンの意を体してイギリス代表は世界の金供給が十分かどうかについて懸念を表明した．金価格は戦前のままに固定されているが，採鉱費は戦時インフレゆえに上昇していた．さらに，物価水準の上昇により中央銀行の金準備に対する需要は増加した．専門家会議は各国通貨当局が準備を保有するに当っては外国為替を金に代用すべきことを明確に勧告した．事実，多くの中央銀行は以前にはロンドン，パリ，ベルリンに対する請求権の形で準備を保有した[13]．その勧告はこの慣行を制度化することであった．

しかし専門家会議はどこの特定の中央銀行が外国為替を保有しなければならないか，またどこの外国為替を保有しなければならないかについては勧告しな

---

11) Sauvy, *Histoire économique de la France entre les deux guerres*, vol. 1, pp. 105-6. ドイツが1871年のフランス賠償金から蓄積したいわゆるユリウスタワー，および1951年以後のドイツにおけるシェファーの剰余金に対するその類似性に注目されたい．Frederick G. Reuss, *Fiscal Policy for Growth Without Inflation: The German Experiment*, 1963, pp. 57-58 参照．

12) Stephen V. O. Clarke, "The Reconstruction of the International Monetary System: The Attempts of 1922 and 1933," part 2: "The Negotiations of 1922," 1973, pp. 4-18.

13) Peter H. Lindert, "Key Currencies and Gold, 1900-1913," 1969.

かった．外国為替は資産であり，かつ債務でもあるから，金や他の通貨などそれに代って選択される資産がある場合には，それは恐らくグレシャムの法則により不安定化する可能性のある敏感な債務である．国内貨幣理論においては，誰の債務でもない金のような資産としての外部貨幣と，国内で保有される政府債務のような，返済の期待できない債務としての外部貨幣とは区別される．国際経済においては金が唯一の外部貨幣であり，そしてそれは比較的に稀少であった．さらに，ポンドに代わって選択されうる通貨ドルは金と交換可能であった．

イギリス連邦の保有するポンドは恐らく外部貨幣，国内政府債務のように誰もがその返済を期待しない外部貨幣であった．しかし他の諸国が保有するポンド，中でもポンドからドルまたは金への転換を試みるヨーロッパ大陸の銀行家が保有するポンドは明らかに内部貨幣であり，全体の中での不安定要素であった．

外国の保有者に対して債務を負う中央銀行にとって問題の一部は，市場の状況から生じた．資産保有者が金ではなく外国為替を，そして他の外国為替でなくある外国為替を保有することを欲するのは，様々な理由によるものであった．これらの理由には安全，通商上の必要，便益，伝統，忠誠心，投機利得の期待が含まれる．しかしこれらの理由に加えて収益という理由もある．他の事情にして等しければ，資産保有者は最高の利回りを取得できる所でその資金を保有した．このことは次のことを意味した．外国人がその資金を引き揚げ，それを自国通貨または金に転換するのを阻止しようとする国は，競争的金利を維持しなければならない，ということである．

外国の中央銀行は民間の資産保有者に影響する諸要因のほとんどを考慮して行動するばかりでなく，さらに幾つかの要因をも考慮する．中央銀行は営利機関ではないと想定されており，その業務を行うために所得を必要とするにしても，収益を極大化するための緻密な計算は無視することができる．中央銀行は国全体のために行動するから，その保有資産の安全に対する責任は重要である．しかし中央銀行は経済政策の問題として，金から外国為替に乗り換えることやその逆を選択することができるし，あるいはある通貨から他の通貨に乗り換えることもできる．そしてそうした操作は自国市場と外国市場間の金利差や特定

の外国市場に影響する．また中央銀行はその政策で外国を援助し，あるいは外国に圧力を加えるといった純粋に政治的な理由のために，その影響力を行使することもできるであろう．

ドイツは当初，ドーズ公債のイギリス引受け分の代金としてポンドを取得した．シャハトとノーマンはドーズ公債の発行と金割引銀行の設立に関して緊密に協力した．そしてシャハトはライヒスバンクがその当時配慮しうる限度までポンドの平価安定を支援することにあらゆる便宜を図った．なぜならば，ポンドの騰貴はライヒスバンクの準備資産の価値を高めるからであった．しかし1926年末にかけてドイツに外国資本が過度に流入した時，シャハトは窮地に陥った．彼は外資流入が続くことを望んではいなかったが，しかし彼は国内金利の引下げによって外資流入を阻止することにも同じく気乗りしなかった．金利引下げは国内景気を過度に膨張させるであろうと考えたからであった．そこで彼は海外で金利を引き上げるためにポンドの金交換を選択した．こうすれば資本はロンドンにおいて保有されることになるであろう．

イングランド銀行は金利を引き上げようとはしなかった．それはライヒスバンクに金利を引き下げる意思がなかったのと同様であった．イギリスの失業は広範にわたっていた．それにもかかわらず金融を引き締めれば，大蔵省は抵抗するであろうし，政治不安が起こるであろう．そこでイングランド銀行は伝統的方法では対応せず，金が流出するのを放任した．ロンドン市場に対するドイツの影響力は大きくはなかった．しかしこの出来事は金本位制が有効に機能する時代が終わりに近づいている，ということを示唆するものであった．

フランスによるポンドの蓄積

フランの対ポンド相場124フラン強，対ドル相場25フラン強（1フラン＝3.92セント）での安定はもっと深刻な問題を引き起こした．過小評価されたフラン相場はフランスの輸出と輸入競争生産に補助金を支給するものであったから，国際収支の経常取引に活況をもたらすと同時に，対内資本移動を促進することとなった．資本流入の多くはフランが減価していた1925年から1926年初めにかけて流出したフランス資本の還流であった．その幾らかは疑いもなく，フラ

ンが今後一段と騰貴することを期待してフランを購入する外国資本であった．フランス銀行はフラン相場の上昇を抑制するために外国為替を購入し，これを貸借対照表上の「雑資産」項目で保有した．同行の規則には外国為替保有についての規定が無かったからであった．外国為替の購入は 1926 年 11 月から徐々に始まり，1927 年初めの数か月間に着実に進んだ．4 月末にはフランス銀行はイングランド銀行からの融資を返済した．この融資返済の動向から市場はフラン相場が今後とも上昇方向を辿るものと確信するにいたった．フランス資金を引き続き海外で保有し続けることはもはや有利ではなくなり，フラン相場が上昇すると考える外国資本家はそれに賭けた．フランス銀行の外国為替保有高は 1926 年 11 月の 530 万ポンドから 1927 年 2 月末には 2000 万ポンド，4 月末には 6000 万ポンド，5 月末には 1 億 6000 万ポンドに増加した[14]．

　このようなポンドの蓄積によってモローは強い立場に立つこととなり，ノーマンは弱い立場に置かれることとなった．フランス銀行は先手を打ってポンドの金交換を開始した．5 月末のパリ会議は両者の見解の対立を明るみに出した．ノーマンは人々がフラン価値の上昇に投機するのを抑制するために，フランスがフランを法的に安定させることを要求した．そしてフランスは以前シャハトがしたように，フランスへの資本流入を抑制する手段としてイギリスが金利を引き上げることを求めた．フランスはフランを安定させるつもりはなかった．ロスチャイルドのような銀行業者がおり，彼らは国際的安定の考慮ではなく国内的利害関係に基づいてフラン相場がなお一層上昇することを望んでいた．同様の理由によりノーマンは金利を引き上げることができなかった．彼が金利を引き上げようとすれば，大蔵省首脳，恐らくはチャーチルとの間でひと騒動が起こるであろう，と彼は言ったのである．

　ポンドの金交換が一段と進展する恐れはあったが，フランスとしてはイギリスを金本位制離脱に追い込むほど厳しく金交換を進めるつもりはなかった．他方，イギリスは戦債全額の徴収を提案して脅かした．フランスは戦債を予定通りに支払っていたが，1926 年のチャーチル＝カイオー戦債協定を批准してい

---

14) Chandler, *Benjamin Strong*, p. 371 および Clarke, *Central Bank Cooperation, 1924-31*, p. 111 参照．

なかったからである.

　ニューヨークを巻き込んで妥協が成立した. フランスは一定額のポンドを保有することに同意した. その額は外国の強気投機筋が結局あきらめてフランの持ち高を整理する場合に, フランスが彼ら投機筋にフランで支払うために必要とされる見積り額であった. それは 7000 万ポンドないし 8000 万ポンドと推定された. この金額のうち 3000 万ポンドは直ちに金と交換されることになり, ニューヨーク連邦準備銀行がそのうちの 1200 万ポンドの金をロンドン保有の金ストックからポンドと引き換えに供給した. この取引を成功させるために, フランス銀行は為替市場において支持価格を変更し, ポンド買いを不利に, ドル買いを有利にするように差別した[15].

　この協定は当面の状況を改善した. ノーマン, ストロング, シャハトはモローの代理人リストも一緒に 1927 年 7 月初め, ロングアイランドにあるアメリカ財務長官オグデン・ミルズの私邸において会議を開催し, もっと広範にわたる, もっと強力な協力方法を築くために協議した. その目的はドイツとイギリスに対する圧力がヨーロッパにおける金利引上げによってではなく, アメリカの金利引下げによって軽減されうるかどうかを検討することであり, 金融政策一般と全世界的に低落している商品価格との間に何らかの関連があるとすれば, その関連を調査することであり, フランス銀行がポンドとドルを大量に蓄積し増やしていることに対処することであった. この会議について十分に説明した著述は何もない. それは 8 日間続いたか, あるいは少なくとも続く予定であったが, それについてはモローの日記に簡単な記述があるに過ぎない. その日記はニューヨーク連邦準備銀行がロンドンとベルリンを(しかしパリではないとモローは記している)支援するために金利を引き下げること, ロンドンの金ストックを維持するためにロンドンの金価格と同じ価格でニューヨークから大陸ヨーロッパに金を供給すること, そしてフランス銀行が保有しているポンドをドルで購入することを決定した, と要約している[16].

---

15)　Clarke, *Central Bank Cooperation, 1924-31*, pp. 119-20, 167 参照.
16)　Moreau, *Souvenirs d'un gouverneur de la Banque de France*, p. 372. この最後の項目でモローはイングランド銀行がフランス保有ポンドを 2500 万ドルの額までドルで買う決定を行ったことに確かに言及していた.

金本位制は金を獲得した諸国が経済を一段と拡大し,金を喪失した国が経済を引き締めることによって自動的に機能するものと想定されていた.しかしながら,1920年代にはこの自動性が解明され始め,中央銀行間調整がその自動性を支援し,あるいはその自動性に代位するために必要とされるにいたった.それは勿論,最初の事例ではなかったが,最も顕著な事例の1つであり,第2次大戦後マクロ経済政策を調整する見地から行う通貨当局間協議の先例になったということができよう.それは1966年にはチェッカーズ*で,経済協力開発機構(OECD)で,そして国際決済銀行(BIS)で行われ,結局は1970年代末,1980年代には主要国首脳サミット会議で行われてきた.

連邦準備制度が1927年に行ったあの有名な金利引下げ措置についてはすぐ後に述べる.第1に,フランス銀行が外国資本のパリへの流入を誘発することなしに,国内公開市場操作を引締め方向で実施する方策を見つけたことは注目に値する.国内的見地からすれば,金はポンド同様に扱い難いものであった.しかしポンド先物買い予約はそうではなかった.従って,フランスへの資本流入が減少した後,1927年8月からフランス銀行は金融市場においてフラン証券売りによってではなく,先物カバーでのポンド売りによって市場に介入した.ポンドの先物買い(フラン売り)はパリ金融市場において先物売りに対してポンドの直物保有を有利にするように調整された.こうして民間資金はパリ市場から引き出されて,イギリス市場に流入することとなった.この政策はラグナー・ヌルクセが述べているように1928年6月のフランの法律上の安定の直前ではなく[17],1927年8月に開始された.1928年5月には,これらのフランス銀行の先物買い予約は4億4000万ドルに達し,1928年6月にはおよそ6億ドルに達した[18].

他国の金に対するフランス銀行の請求権総額はその保有する直物,先物の外国為替総額によって表されるが,それは1928年5月には14億5000万ドルに

---

17) League of Nations (Ragnar Nurkse), *International Currency Experience: Lessons of the Interwar Period*, 1944, p.36 (邦訳 47 頁).

18) Chandler, *Benjamin Strong*, p.417 および Clarke, *Central Bank Cooperation, 1924-31*, pp.121-22.

[訳注] * イングランド,バッキンガムシア州のチルターン・ヒルズにある英国首相の別邸.

達し，1か月後のフランの安定時にはこれより幾らか少なかった．この請求権はフランス銀行がそれを保有している市場に対して途方もなく大きな影響力を同行に与えた．1928年6月現在でこの請求権総額の3分の1ないし半分はイギリス当局には知られていない先物請求権から構成されており，その事実は国際通貨システムを一段と不安定にするものであった．イギリスはフランス銀行の公的請求権が金に転換される可能性のあることを知っており，その万一の場合に備えておくことは重要であった．民間保有ポンドは疑いもなくこれとは違うものと見なされた．しかし民間で保有されているポンドが公的機関に対する先物売りとして保有されている限り，それは公的に保有されているポンドと同様に金兌換のリスクを表すものであった[19]．イギリスはフランスの先物操作を知ることにより，彼らが苦しんでいる問題の規模を知ったということを示すものは何もない．イギリスは神経質になっていたけれども，十分には神経質ではなかったのである．

　この当時，フランス銀行とイングランド銀行はヨーロッパの弱小諸通貨の安定化計画においてどちらが指導権を取るかという，重要でない問題について相互に争っていた．ニューヨーク連邦準備銀行のストロング総裁はこの争いを鎮めることを求められた．彼は金融上の指導権に対するノーマンの陰謀と関心を料簡が狭いと考え，その意味でモローに同情した．しかし彼はモローが脅迫的であることに気付いた[20]．モローはストロングの友人であったが，ノーマンは

---

19) 民間の外国為替保有と公的外国為替保有についての最近の区別については，Review Committee for Balance of Payment Statistics. Report to the Budget Bureau. *The Balance of Payments Statistics of the United States: A Review and Appraisal* (E. M. Bernstein Report), 1965 参照．その区別も直接的な民間保有ドルと公的な先物契約で保有されるドルを区別することには失敗している．

20) Chandler, *Benjamin Strong*, p. 421 参照．数年後にモローは『レビュー・ド・デュー・モンド』誌に論文を寄稿し，早くも1927年5月にはイギリスを金本位制から離脱させる力をもっていることを自覚していた，ということを明らかにした．このことは Sir Henry Clay, *Lord Norman*, 1957, pp. 228-32 において詳しく引用されている．モローの日記における率直な記述については，1928年2月6日付け日記を参照されたい．その記録によれば，モローはイングランド銀行の帝国主義についてポアンカレと次のように論じた．「われわれはイングランド銀行に圧力をかける強力な手段をもっている．フランスとイギリスそれぞれに帰属する2つの金融的勢力圏にヨーロッパを分割することを考えているノーマン氏と真剣な会談を行っても，有益ではないのではないか」(Moreau, *Souvenirs d'un gouverneur de la Banque de France*, p. 489).

ストロングの親友であった．ストロングはどちらの味方にもならないようにしたが，そうはできなかった．彼はノーマンとではなくシャハトやモローとともに，ジェノバ会議で正当化された金為替本位制を世界経済にとっての不安定な基礎として一層強く考えるようになった．この状況のなかで特に身震いするような要素は，歴史においては個人の役割が重要であると信ずる人々にとって特にそうであるが，ノーマンがドイツ支持，そしてシャハト支持，反フランス，そして反モローであったという事実であった．フランス人はこれに最悪の感情で強く反応するにいたったのである．

アメリカの金融緩和と株式市場

1927年7月初めのロングアイランド会議は連邦準備制度に金利引下げを始動させることとなった．この金利引下げは単にイギリスへの資本流入を促し，同国の金喪失を止めるという目的のためだけに実施されたのではなかった．それは国内的に対処すべき問題はある方針で対処し，国際的に対処すべき問題は別の方針で対処する，という「ジレンマの状況」にはなかった．1927年の景気後退は連邦準備当局の考慮内にあったし，世界的な商品価格の低落もその考慮内にあった．連邦準備制度は1927年7月に始めて9月にまで及んだ公開市場買い操作によって2億ドルを購入し，同制度全体にわたって割引率を0.5%ポイント引き下げ，ニューヨーク連邦準備銀行の割引率を3.5%にした．

この措置が1928年春に始まるニューヨーク株式市場の高騰をどれほど刺激したか，ということについては論争の余地がある．ガルブレイスは割引率の引下げが株価の高騰をもたらしたという見解を即座に退ける[21]．フリードマンとシュウォーツの見解においては，その金利引下げは株式市場の高騰に寄与したかもしれないが，連邦準備制度の真の誤りはその後，その政策が半ばは株式市場に対して，半ばは景気水準に対して実施された時に起こったのであり，その結果として金融政策の2目標間で衝突が起こらざるをえなかった，と考える傾向が強い．彼らの見解によれば，通貨当局はフロリダ土地ブームを無視したよ

---

21) J. Kenneth Galbraith, *The Great Crash, 1929*, 1955, p. 16（邦訳 68-69 頁）．

うに株式市場を無視し，景気水準に焦点を合わせるべきであった．そうすれば1927年から1929年にかけてもっと大幅な拡大政策が持続することになったであろう．しかし2つの目標ではなく，いずれかの1つの目標を追求した方が事態は良くなっていたであろう．困難は1つの手段で2つの目標を追ったことから生じたのである[22]．

1928-29年の株式市場の高騰とその後の崩壊の全責任を1927年の措置に帰することは行き過ぎであるが，しかしその金融緩和政策をそれとは無関係なものとして片付けることもまた極端に過ぎる．金融政策は1928年春には引き締められたが，その引締めは株式市場を引き締めることにはならなかった．このことは金融政策と株式市場とが無関連であることを支持し，この問題を解決することではない．鞭を一当てすれば，神経質で興奮しやすい馬は逸走し，その後は手綱を強く引き締めることに抵抗する．この場合，神経質で興奮しやすいことはその刺激の性質や程度よりも重要である．株式市場は1924年から投機的絶頂に向かって徐々に興奮してきた．出来高が300万株に達した日は1925年には2回，1926年春には3回あった．1928年3月1日には400万株が取引された．ブローカーズ・ローンは1927年後半には24％増加して44億ドルに達した．新規発行はブームであった．

連邦準備は証券市場を無視すべきであった，と言うことも合理的でない．証券市場は間接的にではあるが，景気状況に影響するからである．国際金融経済と国内景気との間にあったようなジレンマは無かったとしても，景気と国内金融市場との間にあったジレンマに対処することは困難なものであった．ハーバート・フーバーは商務長官としての彼の立場から株式市場投機に警告を発した．シャハトがドイツの借入れに反対して説教したのと同様である．しかしクーリッジ大統領は動かされなかった[23]．そして株式市場がいかに神経質であり，興

---

22) Friedman and Schwartz, *A Monetary History of the United States, 1867-1960*, pp. 291ff. ピーダセンはフリードマンとシュウォーツの見解に同意しているが，異なる理由による．彼の考えによれば，株式市場は過度に高騰してはいなかった．さらに彼らとは違って，彼は株式市場崩壊の責任を連邦準備制度に負わせており，その崩壊はそのすぐ後の不況にとって重要であったと考える．Pedersen, *Essays in Monetary Theory and Related Subjects*, pp. 197ff. 参照．

23) Hoover, *The Memoirs of Herbert Hoover*, vol. 3, pp. 5-23. フーバーは連邦準備制度理事会のアドルフ・ミラーの助言を得た．アメリカの国際的地位についてストロングの助言

奮しやすい状態になっていたかについて，1927年中頃に予測する方法はなかったのである．

対外貸付の停止

対外長期貸付は1928年前半期を通してニューヨーク株式市場と歩調を合わせていた．国内社債発行は1927年中頃には株式発行が有利になって減少に転じていたが，外債発行は1927年第4四半期および1928年前半期に新たなピークに達した．その外債発行は1928年6月以後に崩壊し，特にドイツ，その他欧州諸国，アジア・オセアニア向けの発行が激減した．その動向は表2が示す通りである．カナダの借入れは1928年第3四半期に激減したが，回復した．ラテンアメリカ向けの新規発行は1929年第2四半期までの1年間は持続した．しかし1928年6月以後の変化は明白である．

ほぼこれに対応する変化が既発証券の取引，特にニューヨーク証券取引所で取引される普通株を中心とするアメリカ証券の取引において起こった．しかし資本の流出が止まっただけではなく，1927年の少額の資本流出は1928年，1929年には相当多額の資本流入に転じたのである．その数値は表3の通りであり，また同表にはアメリカの既発外国証券取引についての年次別データを1927-29年について示しておいた．これらの数値は表2の新規発行とは反対の動きを示す．これらの最後の数値は国内証券取引の場合とは全くではないが，多少異なる動向を示している[24]．

ヘイウッド・フライシグはエール大学の学位論文において，1928年6月30日までの18か月間から1929年9月末までの15か月間にいたる資本移動総変

には反対した．フーバーはストロングを「ヨーロッパの知的別館」と呼んだ．
24) バイアンが指摘するところによれば，オランダは低金利ゆえにニューヨークで多くの起債をしたが，外国為替には関心を持たなかった．ニューヨークの金利が上昇し，それら債券が安くなった時，それら債券は急速に発行後1年以内に買い戻された(Beyen, *Money in a Maelstrom*, 1949, p.13)．外国人向けの新証券発行は多くの場合，非常に早く外国人によって買い戻された．その結果，新証券発行の数値は既発証券取引の場合には訂正されないと，誤解を招く恐れがある．D. C. M. Platt, *Foreign Finance in Continental Europe and the United States, 1815-1870: Quantities, Origins, Functions, and Distribution*, 1984参照．

表2 アメリカの対外新資本発行, 1928－30年四半期ベース(額面価額, 借換えは除く)*

(100万ドル)

年次四半期	資本輸出国[1]	ドイツ	その他ヨーロッパ	ヨーロッパ合計	北アメリカ	ラテンアメリカ	アジア・オセアニア	合　計
1928								
I	13.2	46.7	109.5	169.4	40.5	86.4	15.6	311.9
II	32.0	153.8	94.2	280.0	74.8	74.3	100.6	529.7
III	16.1	14.2	19.5	49.8	6.8	81.9	0.4	138.9
IV	11.7	62.4	24.6	98.7	63.4	88.4	19.9	270.4
1929								
I	42.9	21.0	16.4	80.4	56.8	73.4	53.7	264.3
II	3.9	—	3.3	7.2	114.1	70.3	2.0	193.6
III	13.0	—	8.7	21.7	27.8	29.8	0.4	79.7
IV	24.2	8.5	—	32.7	96.1	2.5	2.3	133.6
1930								
I	—	43.3	26.6	69.9	42.9	39.3	11.5	269.3[2]
II	—	113.5	14.5	128.0	83.7	143.0	50.3	429.6[2]
III	—	10.0	25.0	35.0	49.0	16.1	—	100.1
IV	—	—	—	—	105.7	0.6	—	106.3

注1) ベルギー, チェコスロバキア, フランス, オランダ, スウェーデン, スイス, イギリス.
注2) 他の欄に分類できない「国際発行」を含む. その額は第1四半期, 第2四半期にそれぞれ1億570万ドル, 2460万ドル.
出所) League of Nations(Bertil Ohlin), *The Course and Phases of the World Economic Depression*, 1931, pp. 320–21.

化額の推計値を算出するために，それら年次内時期別に既発証券取引額を分類して示した．この統計処理の目的は勿論，1928年6月末に起こった長期資本移動における急激な変化の大きさを印象的に明らかにするためである．

新規発行の動向は直接に推計することができるし，直接投資の変化は小幅であり，容易に算定できる．問題は既発証券の取引による資本移動の変化を推計することにある．彼は1928年と1929年の年内における既発証券の取引を種々の仮定に基づいて分類する．第1の仮定は年間の数値を直接に四半期別に比例配分することである．第2の仮定では，ニューヨーク株式市場が安定しているか，または下落している時にはアメリカとヨーロッパの投資家は相互間でその証券を売るが，ニューヨーク株式市場の株価が上昇している時には株式を買う．

[訳注] * 原書の表には数値の誤記が6か所あり，出所を参照して訳者が訂正した．

表3 アメリカと諸外国間の既発証券の取引, 1927-29年

(100万ドル)

年次	国内証券			外国証券		
	外国人からのアメリカの購入	外国人へのアメリカの販売	アメリカの純購入(−)または純販売(+)	アメリカの外国人からの購入	アメリカの外国人への販売	アメリカの純購入(−)または純販売(+)
1927	624	594	− 30	143	336	+193
1928	490	973	+483	483	389	− 94
1929	917	1,295	+378	307	412	+105

出所) Lary, *The United States in the World Economy*, 1943, p. 107.

第3の仮定では,ニューヨーク株式市場が安定しているか下落している時にはヨーロッパの投資家はアメリカの証券を売り,他方でアメリカの投資家はヨーロッパの証券を買う.従って両国の勘定において資本はアメリカから流出する.これに対しニューヨークの株価が上昇している時には,それとは反対に両国の勘定において資本は流入する.フライシグはまたこれら株価変動に対する投資家の反応の大きさばかりでなく,その方向についても仮定を設けている.この3年における純資本移動の総額は不変である.最初の2・四半期と3・四半期に起こることについての仮定を後で変えることは,1928年6月までの18か月とその後の15か月との間の数値を変動させるばかりでなく,1929年最後の3か月の資本移動をも事実上決めることになる.それらの数値については表4に示した通りである.

これらの仮定は何れも現実に起こった資本移動を十分合理的に説明するものとしては明らかに有効ではない.それらの仮定は主として,数字をいろいろ作り出すのには良い.しかし表4の数値と表3の総売買高とを比較すれば,第3の仮定による結果は起こりえない.その第3の仮定に含意される1929年最後の3か月の資本流出額は,1929年の1年間に外国人から購入したアメリカ証券と外国証券の合計総額に等しい.さらに証券取引の性質上,通常の慣行は急速に変動する市場においても外国人は買いかつ売るのであり,純販売額または純購入額は一般に,同一方向への総移動額の20%以下である.第1の仮定による直接比例配分の数値は1928年6月以後の資本流入の変化を過小評価するが,第2の仮定による数値は多分それは相当額過大評価している.経験に基づく推測値として,私は最初の18か月では資本流入2億ドル,次の15か月では

表 4 既発証券におけるアメリカからの資本移動の変化, 諸仮定に基づく 1927-29 年特定期間別の数値

(100万ドル, アメリカの買いは −, 売りは +)

期　間	仮定1 (比例配分)	仮定2 (対抗的移動)	仮定3 (並行的移動)
1927年1月1日〜1928年6月30日	+ 350	− 50	− 800
1928年7月1日〜1929年9月30日	+ 500	+ 1,350	+ 3,050
（変動額）	(+ 150)	(+ 1,400)	(+ 3,850)
推定1929年10月1日〜1929年12月31日	+ 200	− 250	− 1,200
3年間合計	+ 1,050	+ 1,050	+ 1,050

出所）Heywood W. Fleisig, "Long-Term Capital Flows and the Great Depression: The Role of the United States, 1927-1933," 1969, Table 1, p. 33（概数）.

資本流入9億ドル, 変動幅7億ドル, 1929年最後の3か月間の推定資本流出額5000万ドルという数値を提示したい.

この状況によれば, 1927年1月1日から28年6月30日までの18か月間と, 28年7月1日から29年9月30日までの15か月間におけるアメリカの対外貸付には20億ドル近くの変動があった. 新規外国証券で12億7500万ドル, これから直接投資1億ドルを差し引き, 既発証券およそ7億ドルを加えて20億ドル近くである. これは相当な金額であった.

1928年6月にアメリカの対外貸付に打撃を与えたものは何であったか. その簡潔な解答は株式市場である. 投資家は株式に方向転換した. 株式購入を許されていなかった金融仲介機関はコール市場に資金を融資した. 金利は1928年春から急騰した. 連邦準備制度が1927年夏に公開市場証券を追加して安く売り, そしてさらに多くの証券を安売りし, 再割引率を3回にわたって引き上げたからであった. ニューヨーク証券取引所の出来高は増加した. コールマネー・ローンは1927年末の40億ドルから1928年央には52億7500万ドル, 同年末には64億ドルに増加した. 銀行はコール市場から資金をある程度引き揚げたが, ノンバンクがそれに代わって一層多くの資金を融資した. 金融会社ばかりでなく鉄道や事業会社も実物投資からコールローンに転換した. コールローンは安全で流動的(そう思われていた)で高利回りであったからである.

1920年代に遡る古くからの論争は, 株式市場ブームは資金を吸収するかどうかということに関するものである[25]. 株式市場の崩壊が景気を阻害するかどうかという問題は後ほど論ずることにしよう. ここでの問題は株式市場ブーム

も通常の事業取引から資金を転換させることによって景気を阻害するかどうか, という点である. 株式市場ブームは対外直接投資の場合にそうであったように投資資金を容易に調達できるようにすることによって, また配当と資産を増やし家計支出の増加に寄与することによって, さらに企業と家計の期待を高めることによって明らかに景気を刺激することができる. その否定的影響があるとすれば, それは主として金融政策への影響である. それは連邦準備制度が1928年前半に金融を引き締め, その圧力により資金を事業・家計支出から株式市場投機に転換させたことに明らかにされている. この最後の2つの要因は相俟って産業・商業分野の信用条件を引き締めるように作用する.

　株式市場が資金を吸収するという見解に対する原理的な反対は, 証券を買いそのために通貨を使う各個人や会社に対して, 証券を売り通貨を取得する別の個人や会社が存在するということである. 従って, 株式市場が通貨量を変化させることはない. 多くの原理的主張と同じように, この見解はそれ特有の条件では反論の余地はないが, その経験的妥当性は疑わしい. 通貨供給量が一方における金融的流通と, 他方における取引流通(ケインズの表現を使えば, 財とサービスへの支出に用いられる通貨を意味する)とに分割されるとすれば, 株式市場ブームは資金を取引流通から金融的流通に移動させることができる. 新規証券発行は勿論, その反対方向の運動を引き起こす. しかし株式市場に対する関心が強烈であれば, 投機する機会を求めて保有される資金量は増加し, 財の生産・分配・消費において正常に回転する資金量は収縮することになるであろう. 株式市場ブームは通貨供給量一般を減少させることはなく, 従ってそのことを調べる必要はないであろう. しかしそれは所得の流れを維持するために利用可能な通貨量を減少させることになるのではないか.

　この論争は一般に封鎖経済の関連の中で行われる. 他国市場との金融的関連をもつ開放経済においては, 株式市場ブームが海外から資金を吸収しうること

---

25) サミュエルソンはそれを「タルムード的困惑」と呼び(Samuelson, "Myths and Realities about the Crash and Depression," p.9), 彼の「古くからの論争の化石」の中の第5番目に挙げている. 株式市場は実質産出量と金利には関係なく貨幣の取引需要を増やした, という結論を出している精巧な計量経済学的研究については, Alexander J. Field, "Asset Exchanges and the Transactions Demand for Money, 1919-29," 1984 参照.

はほとんど疑いない．このことは外国人がアメリカ証券を買い越す場合にははっきりする．海外では金融的流通または取引流通において通貨量は減少し，アメリカでは金融的流通において通貨量は増加する．原理的主張に見られるこの対称性はここには当てはまらない．株式市場ブームが対外貸付を止める場合は，分析は少々複雑になる．ある外国経済がアメリカの金融的流通から海外の取引流通に入る通貨の流れに依存していたとしよう．これが今，中止される．その結果，外国の取引流通は相対的に収縮し，アメリカの金融的流通は拡大する．

さらに，国際取引に当てはまることは等しくアメリカの地域間移動にも適合する．株式市場ブームは原理的な推論が主張するように，通貨供給総量を変えることはないが，資金は地方から都市に移動することになる．

株式市場ブームの中での期待と富の増大と金融緩和は支出と繁栄を刺激するけれども，海外からの，地方からの，そして国内の取引流通からの資金の吸収はそのシステムに収縮圧力を加えることになる．

通貨需要の増加はニューヨークにおける様々な金利の上昇に見ることができるが，他方においてそのシステム内の通貨量 M_2 は横ばいであった．それらは表5に示した通りである．通貨量は1927年から1930年半ばまで多少とも安定的に維持されたが，これに対して不安定性の高い金利は2倍以上に上昇し，最優遇商業手形の金利は4％から6.25％に上がった．

すべてこのことの持つ意味は株式市場の高騰が利子率の上昇に導き，この金利の上昇がドイツとその周辺諸国への資本貸付を中断したということである（上記ボールダストンとテミンの見解にもかかわらずそうである）[26]．そして主導的金融センターからの資本輸出の増加が突然止まって，海外所得は低下することとなり，それはその不安定なセンターに影響することとなる．そのようなことは1825年，1857年，1866年，1873年に起こったし，1890年のベアリング恐慌では1929，1982の両年に起こったのと似たような出来事を伴って特に激しく起こった[27]．それは子供時代の「スナップ・ザ・ホイップ」という遊戯にかなり似ている．その遊戯では手を繋いだ子供達のラインは末端の1人の子供が立

---

26) 典拠として本章注2，注3および関連文献を参照．
27) Kindleberger, "International Propagation of Financial Crises: The Experience of 1888-93," 1984 参照．

表5 アメリカの通貨供給量と利子率,1927年–1930年6月(1927年は年平均,1928年から1930年6月は月平均)

(通貨供給量は10億ドル,利子率は年率%)

	通貨供給量 M_2[1]	最優遇商業手形(4-6月)	株式取引定期貸付(90日)	株式取引新規コールローン	米国債	社債利回り Aaa	社債利回り Baa
1927年	44.4	4.11	4.35	4.52	3.34	4.51	5.48
1928年							
1月	45.7	4.00	4.38	4.15	3.18	4.46	5.35
2月	45.8	4.00	4.56	4.33	3.19	4.46	5.33
3月	46.1	4.13	4.63	4.48	3.17	4.46	5.32
4月	46.5	4.38	4.94	5.06	3.20	4.46	5.33
5月	46.5	4.50	5.25	5.69	3.24	4.49	5.42
6月	45.9	4.75	5.69	6.32	3.29	4.57	5.55
7月	46.0	5.13	6.00	6.06	3.42	4.61	5.58
8月	45.8	5.30	6.25	6.91	3.48	4.64	5.61
9月	46.0	5.63	7.00	7.40	3.46	4.61	5.59
10月	46.3	5.50	7.13	7.12	3.47	4.61	5.58
11月	46.4	5.38	6.94	6.86	3.38	4.58	5.55
12月	46.6	5.38	7.50	8.86	3.45	4.61	5.60
1929年							
1月	46.2	5.38	7.15	6.94	3.52	4.62	5.63
2月	46.3	5.50	7.63	7.47	3.62	4.66	5.66
3月	46.2	5.88	7.88	9.80	3.74	4.70	5.79
4月	46.1	6.00	8.75	9.46	3.64	4.69	5.80
5月	45.8	6.00	8.75	8.79	3.64	4.70	5.80
6月	45.9	6.00	8.25	7.83	3.69	4.77	5.94
7月	46.4	6.00	7.75	9.41	3.64	4.77	5.95
8月	46.3	6.13	8.88	8.15	3.71	4.79	6.04
9月	46.3	6.25	8.88	8.62	3.70	4.80	6.12
10月	48.2	6.25	8.13	6.10	3.61	4.77	6.11
11月	45.0	5.75	5.50	5.40	3.35	4.76	6.03
12月	45.9	5.00	4.88	4.88	3.36	4.67	5.95
1930年							
1月	45.3	4.88	4.75	4.31	3.42	4.66	5.92
2月	45.5	4.75	4.75	4.25	3.41	4.69	5.89
3月	46.2	4.25	4.25	3.56	3.29	4.62	5.73
4月	45.6	3.88	4.13	3.79	3.37	4.60	5.70
5月	45.2	3.75	3.50	3.05	3.31	4.60	5.72
6月	45.3	3.50	2.88	2.60	3.25	4.57	5.78

注1) M_2は国民が保有する通貨と商業銀行が要求払預金・定期預金として保有している通貨を合計したものに等しい.
出所) 通貨供給量はFriedman and Schwartz, *A Monetary History of the United States, 1867-1960*, 1963, table A-1, pp. 712-13 による.
利子率はFederal Reserve System, *Banking and Monetary Statistics*, 1943, pp. 448-51, 468-70 による.

ち止まるまで走り続ける．他方の端にいる子供たちは遠心力が働いて，ますます速く走ることになり，ついに彼らは空間に投げ出される．

1927年の世界経済会議

　1920年代には全世界において関税が増加し，同時にこれを引き下げる圧力もあったが，その多くは不成功に終わった．それら関税は貿易が遮断された時に成長した新産業を保護するために，またオーストリア＝ハンガリー帝国の解体から生まれた新興諸国を保護するために，そして特に通貨が大幅に減価した諸国からの輸出の急増，いわゆる為替ダンピングに対して国内産業を保護するために戦後適用されたものであった．1920年のブリュッセルの国際会議，1921年のポロトローゼの国際会議，そして1922年のジェノバの国際会議は高関税の賦課に強く反対する勧告を行ったが，ほとんど効果はなかった．アメリカは1922年フォードニー＝マッカンバー関税を回避することはできなかったし，またイギリスは1916年にマッケナ関税を制定し，これを1921年産業保護法で正当化した．関税引上げは英連邦の周辺部分において特に大幅であり，これら英連邦は1923年および1926年の大英帝国会議においてイギリスに対して自治領産品を優遇する特恵関税を考慮するように迫った．ボールドウィン内閣が崩壊して1924年1月にはイギリス最初の労働党内閣が成立したが，同内閣の崩壊は自由貿易の伝統を放棄することを求める保守党の策動によるものであった．

　国際連盟はこのような関税の上昇傾向に不安を抱き，関税休戦を取り決めるために1927年にジュネーブで世界経済会議を開催することに着手した．この運動は主としてヨーロッパの運動であり，その問題は危機的ではなかった．関税が国際貿易を制限する以上に，対外貸付が国際貿易を促進していたのである．しかし関税は国際貿易システムにおける潜在的な阻害要因であり，特に最恵国待遇の放棄と特恵の普及が予想される中ではそうであった．この会議の1つの成果は輸入禁止を廃止する国際協定であったが，この協定は様々な国によって留保条件を付けられ，かつ発効に必要な批准を得ることができなかった．もう1つの成果は関税休戦であり，最終的には関税引下げを目指していた．これは

成功した．しかし 1928 年夏の大統領選挙運動において，ハーバート・フーバーは価格低落に苦闘している農民を援助するためにアメリカの関税引上げを公約した．1929 年 3 月の大統領就任後，彼はこの公約を果たすために議会の特別会期を招集した．下院歳入委員会の聴聞会はクーリッジ政権末期に開かれた．開始された日にちは 1929 年 1 月 7 日であった．この聴聞会の通達は関税引上げの対象品目を農産物に限定しなかった．こうして始まった作業は 15 か月後にスムート＝ホーリー関税法に結実したのである．同法は 1930 年 6 月に成立した．

　1927 年の関税引下げ運動にはそれを支える有力国がほとんどなかった．イギリスにはこの問題について 2 つの意見があった．労働党は関税引下げを支持したが，保守党政府は帝国特恵に魅惑されており，他方，自由党は無力であった．ヨーロッパ大陸はその高関税の伝統によりそれに関心を示さなかった．実際，1926 年以後に小麦価格が悪化すると，ドイツはドーズ案以前には徴収することを禁止されていた関税を再び賦課した．ムッソリーニは 1925 年 7 月に小麦戦争で戦端を開いた．そこでフランスは小麦には関税を，小麦粉には輸入割当を課し，製粉業者に対し輸入小麦には国産小麦を大量に混合することを要求した．小麦問題は 1927 年の世界経済会議で取り上げられたが，それについては何もなされなかった．アメリカは国際連盟の加盟国ではなかったばかりでなく，高関税の伝統を持つ共和党に支配されていた．関税引下げ運動には指導国は存在しなかった．その活動はなかったのである．

ヤング案

　1928 年 6 月に賠償支払総代理人 S. パーカー・ギルバートは彼の定例報告において，ドーズ案に代わって賠償問題を解決する時機が来ていると提案した．こう提案した理由は 1 つではなかった．ギルバートは賠償が主として借入れによって支払われていることに不安を抱いていた．しかし彼が融資の大幅減少を予知していたかどうかは分からない．ドイツはラインラントの占領や賠償支払代理事務所による予算の監視など，ドイツの主権に制限を課した取決めに不満を抱いていた．賠償総額はまだ決定されていなかった．フランスはドーズ債務

の商品化を望んでいた.ドイツ経済は回復したとはいえ,25億金マルクの年賦金がその経済にとって過重な負担であることは一般的に認められていた.新しい専門家委員会を招集し,1929年2月にパリで会議をもち,関係国政府に勧告するための「最終の決定的解決策」を用意する,ということが1928年9月に決定された.

中立的立場の委員長はアメリカのオーエン・D.ヤングであった.アメリカはこの会議に参加しなかったが,ヤングとは接触を保ち,戦債を議題からはずすことを彼に指示した.この点で彼は失敗した.債権国が取得する戦債について何らかの免除があれば,その純免除額の12分の8だけ賠償支払いは減額されることとなった.シャハトはドイツの代表であった.1929年4月16日の交渉における彼の提案は最後通牒と見なされた.その中で彼はドイツ植民地とポーランド回廊の返還を要求しているようであった.しかし彼が後に主張したところによれば,彼は植民地とポーランド回廊がなければドイツは賠償を支払うことができないであろう,と述べたにすぎなかった[28].

フランスは激怒し,会議は危機に陥った.その後の説明において,シャハトはフランスが新聞声明によってドイツ通貨を故意に攻撃し,フランスの諸銀行に対しドイツから預金を引き出すように指示したとしてフランスを非難した.そして彼は次のような陰気な結論を引き出したのである.「ドイツ通貨に対する……このようなフランスの攻撃は……今日(1931年)全世界に充満し強まっているあの信頼欠如の種子であった」[29].フランスがフランスの民間資金の引揚げによってマルクを故意に攻撃したというその声明は,ライヒスバンクの1929年の年次報告書でも繰り返されており,ピエール・ケネーはその事実について別の2つの情報源から明白な確認を得ている.オーエン・D.ヤングの

---

28) Schacht, *The End of Reparations*, pp. 66, 73-73, 139, and ch. 17 (pp. 231ff.) および Hjalmar Schacht, *Confessions of "the Old Wizard,"* 1956, p. 224 (邦訳,上469頁)参照.失われた植民地についてのシャハトの執着についてはまた Hjalmar Schacht, *The Stabilization of the Mark*, 1927, p. 245 and esp. p. 246 (邦訳① 248-49頁,特に250頁;邦訳② 196-97頁,特に197頁)参照.その箇所で彼は次のように述べている.「植民地活動は教育的かつ道徳的意義をもつものであり,……誰にとっても道徳的努力である.それは自己訓練と規律を意味する」.10年後においても彼はなお同じ論旨を繰り返している.Hjalmar Schacht, "Germany's Colonial Demands," 1937, pp. 223-34 参照.

29) Schacht, *The End of Reparations*, p. 91.

ファイルの記録によれば，ケネーは4月18日にヤング委員会書記フレッド・ベイトに対し，翌日正午までにドイツから2億ドルが引き揚げられると述べている[30]．もう1人のアメリカ人，賠償支払代理事務所の職員シェパード・モーガンの報告によれば，フランスによるドイツからの資金引揚げは何を意味するかと彼がケネーに尋ねたところ，「戦争さ」との答えが返ってきた[31]．

　シンプソンは最近の伝記の中でシャハトについて非常に好意的に述べているが，この件については述べていないし，またそこに居合わせた他の人々，例えばリースロスもそのことについては何も述べていない[32]．『エコノミスト』誌は「故意の攻撃」の噂を書いてはいるが，「パリまたはロンドンの何れかの銀行が短期資金を幾らか大量に引き揚げたという証拠はないから」その噂は「疑わしい」と述べている[33]．ケネーから出たとされている数値も同様に信用できない．2億ドルという金額は1929年初めから同年4月23日までの間にライヒスバンクが失った金の総額7億4500万ライヒスマルクにほぼ等しい．ライヒスバンクはその次の週にはさらに2億5100万ライヒスマルクを失った．これにはパニックに近い状態に陥った4月26日の金額が含まれている．しかしフランスはドイツに対し長期借款を供与しなかった[34]．その長期借款の撤回によりライヒスバンクの金準備はその要求払い債務の41%に低下した．これはドーズ案で設定された金準備40%の限界に危険なほど近い[35]．短期借款につい

---

30) Clarke, *Central Bank Cooperation*, p. 165.
31) Rolf E. Lüke, *Von der Stabilisierung zur Krise*, 1958, pp. 171-72.
32) Amos E. Simpson, *Hjalmar Schacht in Perspective*, 1969, ch. 2, "The Young Plan and After," pp. 28ff. および Sir Frederick Leith-Ross, *Money Talks: Fifty Years of International Finance*, 1968, ch. 10, "The General Strike and the Revision of Reparation," esp. p. 119. リースロスは「シャハト博士の癲癇と自己顕示癖」について述べている．その回顧録においてこの出来事に全然言及していないもう1人の関係者はポール・シュミット博士である．彼は後にヒトラーの通訳官になった人物であるが，当時，大蔵省出身者が就任するドイツの次席通訳官としてそこに出席していた．シュミットの言うところによれば，モローはポアンカレから厳密な訓令を受けており，急に怒り出した唯1人の人物（「短気者」）はベルギー代表のエミール・フランキであった．Paul Schmidt, *Statist auf diplomatischer Bühne, 1923-45*, 1949, pp. 166-67 参照．
33) *The Economist*, May 4, 1929, p. 966.
34) League of Nations, *Balance of Payments, 1930*, 1932, p. 92.
35) Heinz Pentzlin, *Hjalmar Schacht: Leben und Wirken einer umstrittenen Persönlichkeit*, 1980, p. 118.

ての数値は1931年6月の7億ライヒスマルクだけである．これは非常に遅れて実施されており，1929年の短期借款の請求額2億ドルに一致する．シャハトの主張するところによれば，フランスがその保有残高を引き揚げればドイツは賠償支払を停止することになる，とシャハトがパーカー・ギルバートを脅迫することによりフランスの残高引揚げを中止させたのであり，そしてそういう状況の中でギルバートはフランスにその措置を中止させることに成功したのである[36]．ドイツから資金が引き揚げられたことは明らかであるが，これは賠償会議が行き詰っているという懸念そのものから生じたのかもしれない．実際に何が起こったかは多少疑わしい．独仏間の中央銀行協力が崩壊したことは疑いのないところである．

興奮が静まり，ライヒスマルクは為替市場において抵抗力を付けたが，失った金を取り戻さなかった．シャハトは6月に専門家委員会の報告書に署名したけれども，多少懸念のあることを認めた．そう主張されているように，彼はドイツの金融的弱さゆえにそれに署名したとしても，フランスの脅迫はそれが実際にあったとすれば，短期的には成功したことになるであろう．しかしそれは国際通貨システムに犠牲を強いてのことである[37]．

ヤング案確定の細部は世界不況とは僅かの関係しかない．政治的にはそれはドーズ案とは著しく異なるものであった．ドイツに強制されたものではなく，ドイツが自由意志で受け入れたという意味でそうである．賠償支払代理事務所はドイツ財政の監視を止め，フランス占領軍はルールから撤退することとなった．経済的条件ではドイツが37年間に毎年16億5000万金マルクを支払うという提案と，連合国が59年間に毎年23億金マルクの支払を求める提案との間で妥協が成立した．賠償金支払は低い方の金額で始まり，高い金額に引き上げられていくことで合意された．年次支払は無条件支払金額と条件付き支払金額

---

36) Schacht, *Confessions of "the Old Wizard,"* p. 222（邦訳，上 466-67 頁）．ペンツリンによれば，シャハトの欲求不満の相当部分は次の事実による．賠償支払総代理人 S. パーカー・ギルバートはグスターフ・ストレーゼマン外相とヤング案について合意に達したが，同外相がシャハトにそのことを知らせなかったということである(Pentzlin, *Hjalmar Schacht*, p. 115)．シャハトはフランスの行動を「拙劣で愚か」と特徴づけた(ibid., p. 119)．

37) Edward W. Bennett, *Germany and the Diplomacy of the Financial Crisis, 1931*, 1962, p. 7.

に分割され，後者は外貨引渡しが困難な場合には延期できることになった．賠償金支払を外部から監視し，外貨引渡しを支援するために１つの銀行が設立されることとなった．このシステムを発足させるためにヤング公債３億ドルが発行され，その３分の２は債権国間で分割され，３分の１はドイツが利用することとなった．

　ヤング案は恐らく，もう１つの通貨ポンドに対する取り付けに関連する．専門家委員会の報告書は1929年８月のハーグ会議において連合国の討議に付され，それから専門家委員会が幾つかの未処理事項を解決した後，1930年１月に第２回ハーグ会議において最終的に承認された．それは1930年４月７日に発効した．第１回ハーグ会議の中心問題は労働党政府蔵相フィリップ・スノーデンが賠償金の分配についての専門家委員会の勧告を受け入れることに反対したことであった．イギリスの政策は同国が戦債支払金として返済する金額を賠償と戦債で回収することであり，その勧告ではイギリスのその政策が十分には達成されないことが問題であった．スノーデンはイギリスで人気があると彼が考える姿勢を打ち出して，同国の取り分を引き上げる新しい分配方法を主張した．首相ラムゼー・マクドナルドと外務省は国際摩擦を引き起こすこと，そして250万ポンドの80％についてその会議を決裂させることは良識に反すると考えた[38]．この討議が進む中でスノーデンはフランス蔵相シェロンの主張を「馬鹿げていて奇妙な」ものと呼んだ．この表現は英語で強烈なものであるが，フランス語ではもっと強烈な表現であった[39]．これが難局を誘発することとなった．その直後にケネーは他の２人の専門委員，イタリアのピレッリとベルギ

---

38) Grigg, *Prejudice and Judgement*, p. 228.
39) ドイツの通訳官としてハーグ会議に出席していたシュミットの主張するところによれば，"ridicule et grotesque" というフランス語は英語の "ridiculous and grotesque" の訳語としては不正確である．後者の表現はイギリス下院では使用できた．前者の表現はフランス国民会議では受け入れられないであろう．P. Schmidt, *Statist auf diplomatischer Bühne, 1923-45*, p. 178 参照．私はたまたまこの話をフランスの国際法教授レネ・ダヴィドに詳しく話す機会があった．その時，彼は誇張して説明した．その当時，彼はロンドンに滞在していた．彼が言うには，フランスの通訳官は彼自身の誤りに気づき，翌日謝罪し，新聞に訂正を申し入れた．彼の説明によれば，"ridiculous (馬鹿げた)" は "laughable," "funny," または "amusing" を意味し，他方，"grotesque (奇妙な)" は "bizarre," "curious," または "original" を意味する．従って通訳官は "ridiculous and grotesque (馬鹿げていて奇妙な)" を "amusant et original (面白くて独創的)" と翻訳すべきであった．

ーのフランキを伴ってリースロスを訪ね，フランス政府としてはヤング案の分配方式を変更しようとするスノーデンの企ては承認できないと述べた．彼は続けて次のように言った．スノーデンが彼の要求を変えなければ，フランス政府は保有しているポンドを金に交換し，それをパリに移送するつもりである．彼がその話を告げると，リースロスはベルを鳴らして使者を呼び，返事をせずにその人々を送り出した[40]．リースロスによればフランスは当時2億4000万ポンドを保有していたということであるが，フランスは9月にその幾らかを金で実際に引き出した，と考える人々がいる．大半の人々の見解によれば，イギリスは8月と9月に4500万ドルにも達する巨額の金を失ったが，それは連邦準備の割引率が最後に引き上げられた後，ニューヨークに資本が流出したことによるものであった．別の説明によれば，「馬鹿げていて奇妙な」という発言がロンドンにおいてフランスの金交換を誘発し，イングランド銀行は割引率を引き上げざるをえなくなった．ハトリー系会社の倒産ではなく，このことがイングランド銀行の割引率引上げとニューヨーク株式市場の崩壊を誘発したことになる．しかしわれわれの説明を先に進めよう．ここでヨーロッパとアメリカから目を転じて世界商品市場に注目しなければならない．

---

40) Leith-Ross, *Money Talks*, p. 124.

第4章

農業不況

農業独自の不況はあったか

 1929年10月のニューヨーク株式市場の暴落後,鉱工業生産の崩壊と1931年の金融恐慌は深刻な農業不況を誘発し,そして鉱工業生産においてはもっと一般的に深刻な不況を引き起こした.農業における実質所得の減少は鉱工業の場合と同様に広範にわたって厳しかったが,産出量は維持されており,価格はむしろ逆に一段と大幅に低下した.しかし1929年10月の株式市場の暴落前において,農業独自の不況が株式市場の暴落,鉱工業生産の減少,そして銀行の崩壊を引き起こす一因になったのではないかという問題は未解決のままになっている.サー・アーサー・ソルターなどの論者は景気循環と農業不況と金融恐慌がそれぞれ大部分,相互に独立して存在したと主張してきた[1].この見解は大不況を一連の歴史的な偶然の出来事に帰する学派に追従するものである.フーバー大統領は1930年12月2日の一般教書において,不況の起源をある程度はアメリカ国内の諸要因に,特に投機に帰したが,しかしまた他の根深い,主として世界的な原因として,特に「小麦,ゴム,コーヒー,砂糖,銀,亜鉛,そして多少は綿花」における過剰生産を指摘した[2].その後,彼は不況の原因を狭くヨーロッパと,価格を人為的に引き上げるカルテルによる過剰生産とに限定した.「ヨーロッパの政治家はこれらの問題に対処する勇気を持ち合わせていなかった」とフーバーは述べている[3].アジア・アフリカ問題専門家のや

---

1) Sir Arthur Salter, *Recovery: The Second Effort*, 1932, pp. 32, 37(邦訳 35, 40 頁).
2) U. S. Department of State, *Foreign Relations of the United States, 1930*, vol. 1, 1945, p. vii.
3) Hoover, *The Memoirs of Herbert Hoover*, vol. 3, pp. 61-62.

や偏狭な見解においては，小麦の過剰に加えて米の深刻な過剰生産，特に1928年の豊作後の過剰生産が農業諸国においてそれら価格を低落させ，これら諸国の購買力を減少させ，世界不況を引き起こした，という主旨のことが述べられている[4]．しかし通説によれば，農業不況は世界的規模の不況の結果であり原因ではない．その世界的規模の不況はアメリカの投機から，あるいは第1次世界大戦によって生じた構造変化から始まった，と一般的に主張されている．

　1929年以前の農業不況の程度を知るためには，その時期を確定するという厄介な問題が生ずる．世界的規模において農業所得に損失が生じたことがあったかもしれないが，それは鉱工業生産や金融情勢に関連がなかったかもしれないし，そしてそれは工業不況や金融逼迫に遭遇した時には改善の途上にあったのかもしれない．あるいは逆に，農業においては所得や生産が維持されてよく持ちこたえていたように見えるかもしれない．しかしそれは農業外部の軽微な後退に対して農業を著しく脆弱にするような，農業資産の債務負担によって漸く達成されたのかもしれない．さらに，不況が推移する各局面におけるように，例えば過剰生産の難局は価格メカニズムを通して自動調整されることなしに，一次生産者に対して価格，売上高，所得の累積的低下をもたらすのはなぜか，ということが明らかにされなければならない．

　以下の説明においては，不況を引き起こして拡大し，そしてその不況の克服を困難にする点において，農業，工業，金融の部門間の相互関係を相当重視する．その場合，特に現代ケインズ学派の次の見解は，一組の生産者の損失はその顧客の利益によって相殺されるから，このグループの価格変化はマクロ経済行為にとっては重要でない，という見解は拒否する．この問題を判断するに当っては，伝統的考え方が一次産品価格を引き上げることの重要性を指摘した点では正しかったが，それを実施する方法を間違った．個々の国々が輸入品に対

---

[4] A. J. H. Latham, *The Depression and the Developing World, 1914–1939*, 1981, pp. 184-85. 米の問題は輸入国がほとんど自給自足の状態になり，他方で輸出国が米の生産に特化して生産を拡大した，ということから生じた．レイサムによれば，とどめの一撃は小麦と米が両方とも1928–29年に豊作になったことであった．小麦と米を合わせると，生産量は1億6000万トンに達した．これに対し2年前には1億4400万，1920–21年には1億2800万トンであった(appendix table 13, p. 204)．

して輸入割当や関税を課すことによって，あるいは輸出品に対して補助金を与え，為替を切り下げることによって国内の農産物価格を引き上げようとしたことは，お互いが期待はずれに終わらざるをえなかったし，事態を一段と悪化させることとなったのである．ある国がその時の実際の(その時の価格での)需要水準に合わせて供給を削減する努力から生ずる何らかの利益は，他国の生産者によって刈り取られる可能性があった．協力して価格を引き上げる国際協定は成功しなかった．強力な指導国(と指導国の犠牲的行為)がなければ，協定違反国に利益を与えることのない有効な解決策に到達することは困難であったからである．それぞれの国が独力で農産物価格を引き上げることは不可能である，ということが明らかとなった．解決策はその全体システムに十分な潤滑油を供給し，資源の再配分を可能にするために世界的に支出を増やすことであった．

農業と景気循環

　1857年の景気循環，あるいは恐らく1866年の景気循環までは農産物の収穫は景気状況の尺度であった．豊作はパンの価格を引き下げ，従って工業労働者の賃金を引き下げ，同時に農業所得を拡大することによって工業製品に販路を提供した．他方において不作は不況を誘発した．状況によって相違があり，それは土地保有の特殊条件によるものであったし，またその国の経済が外国貿易に開かれているかどうかによるものであった．土地保有制度は地主・農民間の所得分配への効果によって農業支出の性格に影響した．外国貿易への依存度が高い場合には，収穫の変化による価格変動は抑制され，従って賃金は安定したが，農業所得は不安定になった．

　しかし19世紀中葉後のある時期においては，景気循環は農業所得からはほとんど影響を受けずに存在していたようであり，金融情勢あるいは工業在庫や設備投資や人口移動の状態に関係していたようであった．農業については全く気にしない傾向があった．経済学者が構造的混乱を強調した場合は，例えばイングバー・スベニルソンがそうしたように，それは農業生産や農業所得に関するものではなく，産業における過剰投資や再調整の失敗に関連するものであった[5]．

しかし西ヨーロッパ以外では農業は引き続き重要であった．農業は1929年にアメリカでは総雇用の4分の1を占め，農業輸出は農業所得の28％を占めた．英連邦自治領やアルゼンチン，ウルグアイを含む最近の開拓地域においては，農業雇用と農業所得はもっと高い比率をもっていた．世界貿易のほぼ5分の2は農産物，5分の1は鉱物原料であった．

農産物の価格システムが失敗したことについて説明することは容易である．それは1つには，戦時中の農産物不足を充足するためにヨーロッパ以外での生産が増大したという状況下で，ヨーロッパの生産が回復したことによるものであった．また1つには樹木作物のように，価格上昇に対応した新投資から最終収穫にいたるまでに長期の懐妊期間を要する生産物においては，価格システムは通常失敗するものである，ということによる．

過剰生産が進めば，生産地域の政府はその対策を実施する．価格が下落すると，輸出には補助金が支給されるかもしれないし，在庫が蓄積される場合もあるし，あるいは輸出（また時には生産）が制限されることも少なくない．ティモシェンコは全体としての農業生産に関して，政府は農産物を買い上げ，価格を維持しようとするから，過剰供給の指標としては価格よりは在庫量のほうが優れている，と述べている[6]．1923-25年を100とする世界農産物価格指数および在庫指数によれば，価格は1925年末から徐々に低下して，1929年7月から10月にかけておよそ70の水準に達したのに対して，在庫はその間に約75％も増加した[7]．その後，在庫保有の金融が逼迫するようになったので，価格低

---

5) Svennilson, *Growth and Stagnation in the European Economy*, 1954 参照．彼の同僚で同国人のエリック・ルンドベルクは第1次世界大戦後の炭鉱，造船，繊維における構造的要因の問題を簡単に片付けている．その理由として，そのような構造的要因は第2次世界大戦後も存在したが，需要が持続する影響のもとで重要ではなくなった，ということを挙げる．Erik Lundberg, *Instability and Economic Growth*, 1968, p.33参照．反対の見解としては，Moggridge, "Policy in the Crises of 1920 and 1929" 参照．この論文においては，1929年に流動性と需要は不十分にしか維持されなかったようである，ということが主張される．そこで彼の見解では，例えば第2次大戦後，アメリカの援助によりヨーロッパが実施したような構造調整が必要であった，ということになる．

6) Vladimir P. Timoshenko, *World Agriculture and the Depression*, 1933, p.25.

7) Ibid., table 10, pp.122-23. この指数（カッコ内はウェイト）は綿花(9)，小麦(6)，砂糖(6)，ゴム(3)，絹(2)，コーヒー(2)，茶(1)を含む．在庫指数は農場の在庫を除外しており，従って過小評価である．

表6 1929年の世界農産物輸出価額と各品目の輸出総額に占める比率

	価額 (100万ドル)	全体に占める割合 (%)
綿花と綿くず	1,400	11.2
小　麦	825	6.6
砂糖(ブドウ糖を含む)	725	5.8
羊　毛	700	5.6
コーヒー	575	4.6
生　糸	550	4.4
ゴ　ム	425	3.4
バター	400	3.2
米	400	3.2
タバコ(原料葉とくず葉)	350	2.8
トウモロコシ	250	2.0
上記品目計	6,600	52.8
総　額	12,500	100.0

出所）Henry C. Taylor and Anne Dewess Taylor, *World Trade in Agricultural Products*, 1943, Table 2, pp. 10-12.

下は一段と加速した．1929年11月から1930年1月までの数か月間に，価格指数は平均して64となった．それは同年7-10月の水準に対しておよそ9%の低下であった．そしてそれから大暴落が起こった．価格指数は1930年3月に58，6月に51.4，8月には45.5，そして1930年12月には38.9となった．1928年前半期からの低下率は50%に達した．1932年12月には同指数はさらにおよそ50%も低下し，1923-25年基準の24.4%となった．他方において在庫指数は同じ基準年次に対し260に上昇した．1930年，1931年，1932年の年間価格下落率はそれぞれ40，28，12%であった．これに対応する通貨供給量の減少率はM_2で見て12月平均から計算して4，14.8，8.8%であった．

商品問題

1929年の世界貿易における主要農産品は表6に示した通りである．そこには2億5000万ドル以上の全品目が含まれている．この品目リストは任意に選んだ．これら品目を記載してある元の総配列表は例えば小麦と小麦粉，トウモロコシとラード，羊毛と紡毛・梳毛等，一部の品目については原料と加工品を分離して示し，他の品目は一括表示してあるからである．これを一瞥すれば明

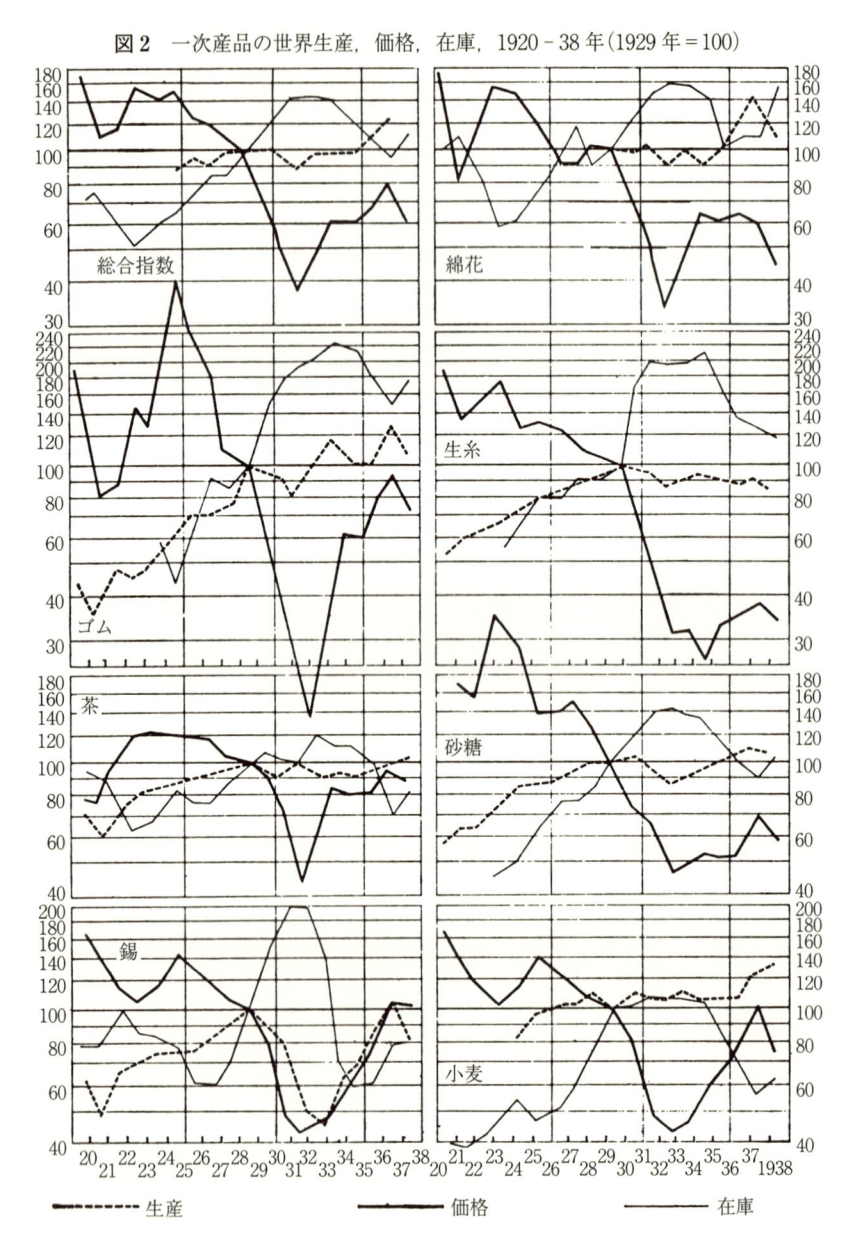

図2 一次産品の世界生産,価格,在庫,1920-38年(1929年=100)

総合指数　綿花　ゴム　生糸　茶　砂糖　錫　小麦

‒‒‒‒ 生産　――― 価格　――― 在庫

出所) League of Nations, *Economic Stability in the Postwar World*, Geneva, 1945, p. 85.

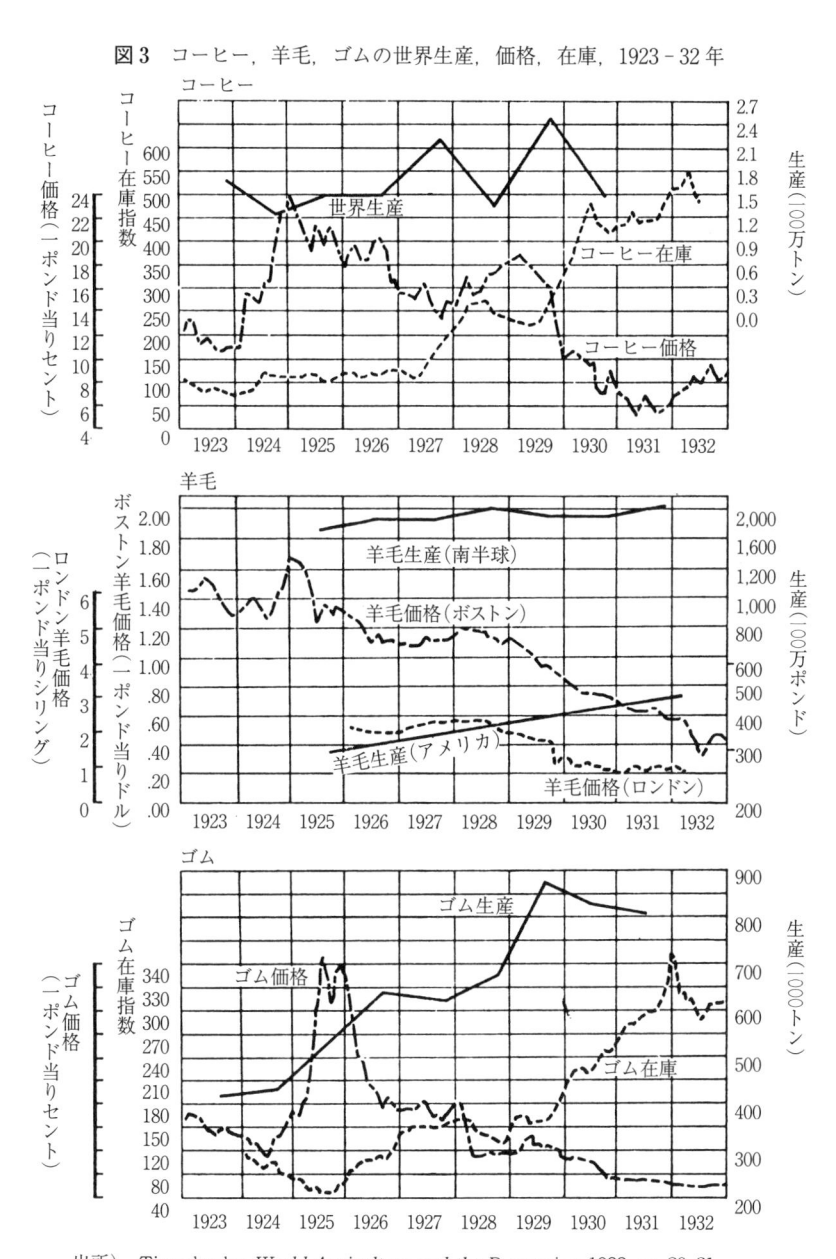

図3 コーヒー，羊毛，ゴムの世界生産，価格，在庫，1923-32年

出所) Timoshenko, *World Agriculture and the Depression*, 1933, pp. 20, 21.

らかなように，商品問題は決してヨーロッパだけの問題ではない．列挙した品目のうち小麦，砂糖，生糸，バターだけがヨーロッパで幾らか生産されている．さらに後で見るように，すべての一次産品において世界不況中に状況が悪化したが，それらは悪化する時期も，減少する価額も異なっていた．カルロス・ディアース・アレハンドロはラテンアメリカに言及して，個々の国々の独特な動きを「商品の運命」の結果と見ている[8]．

　図2は表6のリストにある綿花，小麦，砂糖，生糸，ゴムのほか茶と錫を加えて，それらの商品の世界生産，価格，在庫を示したものであり，併せて全商品の総合指数を示す．それらの数値は経済の不安定性についての国際連盟の研究からの引用である．1929年を100としていることに注目されたい．そのため曲線がすべて1929年で交わっているが，それはこの年が均衡の年であることを意味しない．在庫が急増し価格が急落している事実から，1929年が安定していなかったことは明らかであろう．

　図3は1932年に終わる短期間について，前図とは異なる1923-25年を基準年次として，ティモシェンコの研究に基づく3商品の動向について纏めて示している．これらの3品目のうちコーヒーと羊毛は国際連盟の図表にはないものであり，ゴムは比較のために再度取り上げてある．

　貿易価額からみて最も重要な商品は綿花であるが，その在庫は1929年まで特別に増加せず，価格は下落していない．1920年代初めにアメリカ南東部に綿花の害虫メキシコワタミゾウムシの襲来があって，綿花価格は騰貴し，これに刺激されてテキサスとオクラホマにおいては新しい機械耕作の方法によって，またブラジル，インド，ペルー，エジプトなどの新興諸国においてはもっと伝統的な方法によって綿花生産が拡大した．しかしアラバマ，ジョージア，サウスカロライナにおいて生産は大幅に減少した．そのために株式市場崩壊前，1929年にアトランタ連邦準備区において銀行倒産が起こったが，しかし綿花は全体としては非常に困難な状態にはなかった．その圧力は地方的なものであった．

[8) Carlos F. Díaz Alejandro, "Latin America in Depression, 1929-39," 1982, p. 336. 彼はその後の論文，"Latin America in the 1930s," 1984, p. 20 においてこれと同じ表現を使っている．

それにもかかわらず，綿花事情はアメリカにとって重要であった．ニューヨーク連邦準備銀行のベンジャミン・ストロング総裁は1926年春，下院銀行通貨委員会で証言して次のように述べた．「我が国の主要な輸出品は農産物であり，その中でも主要なものは綿花であり，その大半はイギリスに輸出されています」．それから彼は表向き1925年のポンドの安定に言及する中で，1927年に連邦準備制度理事会が金融緩和政策を実施することをほのめかし，そして1931年の出来事を予見する見解を述べる中で次のように続けた．「我が国の貿易にとって最大の脅威の1つは外国為替が低落することであり，そのことは決して看過されてはなりません」[9]．

　小麦の状況は綿花の場合とは非常に異なっていた．1925年から小麦価格は低落し，世界の在庫は増大した．1929年以後に価格は急落したけれども，在庫は多少横這いに転じた．生産は限定的だが増加した．表7に示したように，ヨーロッパ以外の小麦の耕作面積は第1次世界大戦中に大幅に拡大した．それはオーストラリアとカナダへの移民の流入によって，また馬用かいば需要の減少によって促進された．さらに，アメリカ内部においては東部の小規模農場から大平原地帯へ耕作地域の移動があった．この大平原地帯においては播種用トラクターや収穫用コンバインなどによる機械化によって，小麦1ブッシェルは東部の1ドルに対して60セントで生産できるようになった[10]．ヨーロッパでは耕作面積は回復しはしたが，十分ではなかった．

　アメリカとカナダでは小麦価格を全国的規模で支持する努力が実施された．アメリカは連邦農務委員会を設立し，同委員会が小麦を買い貯蔵した．これに比較しうるカナダの組織は小麦プールであり，その運営はウィニペグ*から行われた．マクナリー＝ホーゲン農業救済法案は国内価格を支持するためにアメリカの輸出に補助金を支給することを意図するものであったが，大統領はこれを拒否した．オーストラリアとアルゼンチンは自国農民のために価格を支持する金融的能力を欠いており，たとえ両国が海外から資金を借り入れることができたとしても，貯蔵施設がなかったから長期間にわたって小麦を保有するこ

---

9) Chandler, *Benjamin Strong*, p. 267.
10) Schumpeter, *Business Cycle*, p. 739（邦訳，IV 1095-96頁）．
［訳注］＊ カナダ南部の都市で英連邦最大の小麦の集積地．

表7 主要諸国と世界の小麦耕作面積,1909-14年と1924-29年の比較

(100万エーカー)

	1909-14年	1924-29年
海外輸出国	87.51	117.37
アルゼンチン	16.05	19.94
オーストラリア	7.60	11.97
カナダ	9.95	22.57
アメリカ	53.91	62.99
ヨーロッパ	187.13	183.13
ヨーロッパ輸出国	95.31	89.42
戦前のヨーロッパ輸出国	37.27	41.70
ヨーロッパ輸入国	50.48	47.39
戦前のヨーロッパ輸入国	4.07	4.62
合　計	274.64	300.50

出所) Wilfred Malenbaum, *The World Wheat Economy, 1885-1939*, 1953, pp. 236-37.

とはほとんどできなかったであろう.それゆえ両国は輸出せざるをえなかった.イギリス以外の欧州大陸市場は相次いで閉鎖されたから,両国は売れるところで売り,価格を引き下げざるをえなかった(同様な状況は米の場合にもあった.米の輸出国ビルマ,シャム,フランス領インドシナはその貿易の大半を華僑に握られており,貯蔵施設を持たず,毎年の収穫は次の収穫前に消費されねばならなかった)[11].

　小麦を貯蔵する金融力は恩恵だけをもたらすものではなかった.それは投機を誘発し,その投機は必ずしも報われるものではなかった.1928年秋にカナダはすでに大量の小麦を貯蔵していたが,小麦は記録的な大豊作となり,世界的に不足している硬質小麦は通常,他の主要輸出国の普通小麦に対してプレミアムをつけていたから,カナダは輸出を抑制することに決定した.このことはカナダ経済とその国際収支にとって高いものについた.カナダはニューヨーク市場において幾らかの証券を安売りし,そしてコールマネー市場からは資金を引き揚げることが必要となった.1929年1月には金が流出したので,非公式に金輸出を禁止するにいたったが,短期資金が流入したので,カナダ・ドルの減価は防止された.また1月にはソ連とアメリカにおいては暴風により冬小麦

---

11) Latham, *The Depression and the Developing World, 1914-1939*, p. 178.

が被害を受けると予想されたことから，輸出は一段と抑制されるにいたった．しかしヨーロッパの買い手は他の小麦に対する硬質小麦の高いプレミアムに反発して購入を中止し，供給先を転換した．5月初めのウィニペグ小麦取引所の暗い火曜日が小麦価格を暴落させるにいたった．価格が一段と低下したため輸出の減少を埋め合わせることはできなかった．小麦プールと民間穀物業者は何回も判断を誤り，アルゼンチンとオーストラリアの1928-29年の平年並み収穫を当てにして，1929年作小麦の販売を抑制し続けた．この政策は悲惨な結果をもたらした．小麦輸出は減少し，カナダ・ドルは弱体化し，金融は逼迫し，損失は広範囲に及ぶこととなった．硬質小麦が不足したことにより1929年7月には42%もの価格差を生んだのである．通常の価格差は小麦1ブッシェル1.25ドルの価格に対し10セントであった．しかしカナダは1929年末には貯蔵場所の不足により小麦を販売せざるを得なくなり，その価格差は数か月して正常に復したのであった[12]．

この当時，オーストラリアは1929年半ばにおける小麦と羊毛の価格崩壊後,「小麦増産運動」を実施して対応したが，この対応を擁護する余地はほとんどなかった．スカリン率いる労働党政府が1929年秋に国民党=地方党の連立政権に取って代わり，1930年に小麦耕作面積を22%拡大した．貯蔵施設はほとんど，あるいは全くなかったので，小麦は輸出しなければならなかったし，そのため世界小麦価格は一段と低下するにいたった．

国際的に小麦問題に取り組む様々な企ては行われたが，ずっと後まで成果は出なかった．1927年の世界経済会議では小麦が議題として取り上げられたが，決議にはいたらなかった．1929年に小麦価格が急落した後，1930年から1933年までの間に20回の国際会議が開かれ，小麦問題に真剣に取り組むこととなった．そのうち2回は専ら帝国特恵の問題を討議し，7回は東欧の小麦生産国の問題に限定され，11回は全般的な問題を取り上げた．ただし1933年には，そしてその後は北米の旱魃に促されて，国際会議は海外の主要生産国間において原則的に協定に達することができた．これは国際小麦協定として具体化され

---

12) Edward Marcus, *Canada and the International Business Cycle, 1927-1939*, 1954, pp. 12, 53-56 および Vernon W. Malach, *International Cycles and Canada's Balance of Payments, 1921-33*, 1954, p. 29 参照．

たが，それは耕作面積の詳細な削減にはいたらなかった[13]．

　世界小麦市場におけるもう1つの要因はソ連であった．穀物輸出は1913年にはロシア輸出の36%を占め，1920年代半ばにはそれよりやや少なかった．ソ連の政策は穀物輸出から工業品輸出に転換することを目指していた．完成品市場に割り込むこと，そして資本設備の輸入に必要な融資を得ることは困難であったから，ソ連は1927年，1928年に小麦輸出を強行する決定を行うにいたった．1年目の輸出は不作によって悪影響を受け，2年目は農民に対し余剰農産物を外国貿易機関に供出させることが十分にできず悪影響を受けるにいたった．1930年は豊作であったから，輸出は1929年の10万トンから1930年には229万トンに23倍も増やすことができた．しかし価格は引き続き低落しており，輸出額は1500万ドルから1億5000万ドルへ10倍増加したに過ぎなかった．小麦価格の下落は1931年も続いたから，広範囲に及ぶ農業の強制的な集団化は都市において，そして通常，穀物の不足する地域において食料の配給制を伴うこととなった．輸出量は522万トンに倍増したが，輸出額は増加しなかった．他のどこかで生産過剰に陥っている世界に輸出が強行されるに伴って，ソ連においては何百万人もの農民が餓死した．多くの国々，アメリカやカナダ，フランス，ベルギー，オランダ，東ヨーロッパにおいて対ソ連輸入反対運動が進められた．しかしドイツ，イギリスでは行われなかった．ソ連は低価格によるダンピング輸出によって資本主義制度を転覆しようとしているとして何度も非難された[14]．この場合においても，他のほとんどの場合と同様にソ連は自国の最善の利益と考えるものを求めて行動していたが，そのやり方は不器用であり，自国民には多大の犠牲を強いることとなった[15]．

　砂糖協定に至る動きは大体において小麦の場合に類似していたが，異なる組合せの諸国がこれに参加した．第1次大戦後，特にキューバとジャワにおいて

---

13) Wilfred Malenbaum, *The World Wheat Economy, 1885-1939*, 1953, ch. 11,"Solution by International Agreement."

14) フーバー大統領は1930年12月2日の一般教書において，ロシアが「ヨーロッパ市場に農産物輸出を増やしている」その販売の「方法」が不況の長期化と深化に寄与しているとして非難した．しかし，これはなお1930年のことであり，最悪の事態はまだ到来していなかった．

15) Michael R. Dohan, "Soviet Foreign Trade: The NEP Economy and Soviet Industrialization Strategy," 1969, esp. pp. 560ff. 参照．

糖業が急速に拡大し，それに引き続いてヨーロッパの生産が回復した．大陸ヨーロッパの生産回復が期待される中で，イギリスの新政策がそれに追加されることとなった．イギリスは1919年に甘蔗糖に帝国特恵を供与し，1924年10月1日からは国内の甜菜糖生産者に補助金を支給した．ヨーロッパの回復は非常に急速であったから，1920年代半ばにはチェコスロバキアはその伝統的な輸出品のために市場を見出すことができなくなった16)．不況で最大の打撃を受けたのはジャワであった．1920年代にジャワはオランダ人農学者による新種の開発から恩恵を受け，生産を増やした．しかしジャワは保護された市場を持たなかった．インドは保護政策によってその市場を閉ざした．インドでは骨炭を使用せず，従ってヒンズー教徒の禁忌に抵触しない白糖製造法が1930年に生産に導入された．そのためジャワの対印輸出は1928-29年の300万トンから3年後にはその6分の1に減少した．価格低落により至る所で紛争が起こった．キューバでは実際に不況が起こる前に，早くも1928年には暴動が勃発し，これはラテンアメリカにおいて50件もの革命騒ぎを刺激することとなった17)．国際協定締結の努力は1927年以後，絶えず行われてきたが，1931年5月の「チャドバン」国際砂糖協定＊までは何らの合意にも達しなかった．この砂糖協定は在庫の増大を抑制し，結局はそれを削減したが，しかし価格を安定させることも引き上げることもできなかった．

　ゴムとコーヒーは1929年前から在庫の増加と価格の低落が始まる農産品とほぼ同様の動きを示すが，それとは別に次の2要因が存在した．(1)1920年代初頭に価格が大幅に高騰したこと．それは懐妊期間ゆえに生産物が収穫されるまでに長期間を要したからであった．(2)価格安定政策が実施されたこと．コーヒーのそれは公式のものであった．ゴムの場合は，英領マラヤとセイロンにおける1923-24年のスチーブンソン計画がゴムの価格を前掲図(図3)に見るように諸商品のなかで最高水準に引き上げたが，それから価格は最低水準に下落

---

16) Vladimir P. Timoshenko and Boris C. Sweeling, *The World's Sugar: Progress and Policy*, 1957, p. 19.
17) Ferrell, *American Diplomacy in the Great Depression*, p. 222.
［訳注］＊ 1931年ブリュッセル国際砂糖協定．主要交渉者の名に因んでチャドバン協定と呼ばれる．

した．オランダ領東インド諸島は生産を制限せず，莫大な利益を上げ，栽培を拡大した．

　ゴムとコーヒーはいずれも新植樹が生産物を生むまでに長期間を要するという点では同じであり，そしてこのことが蜘蛛の巣循環を引き起こす．この蜘蛛の巣循環においては今日の価格上昇は長期間にわたって高止まりする．この価格の高止まりはゴムの場合は既存樹木による現地固有の生産によって多少は緩和される．その場合，樹液採取は価格によって変化する．1927年と1929年のコーヒーの豊作は価格安定計画がなかったとすれば，もっと早期に価格を低落させたはずである．ブラジル政府は1917年および1921年に価格安定計画を導入したが，それは1920年代半ばに植樹の急速な拡張を促す一因となった．1924年にブラジル連邦政府は価格支持政策を放棄したが，サンパウロ州政府がそれを引き継いだ．この政策が1929年9月までコーヒー価格を支持することとなった．その間，豊作により在庫は300万袋から1300万袋に増加し，そして不作により在庫は1030万袋に減少した．1929-30年の2回目の豊作により在庫はさらに1000万袋も増加した．その買付け資金はロンドンにおける1億ポンドのサンパウロ借款によって辛うじて調達された．1929年末にはコーヒーの価格は半分に低下したのである．

　羊毛は小麦と同様な傾向を示したが，その関係諸国がいささか異なる．羊の頭数は1920年代にはどの地域においても増加し，オーストラリアでは1頭平均の羊毛量は重量で16％も増加した．同国は世界でずば抜けた羊の大群を持っていた．価格は1924-25年以後緩やかに低下し，それから1929年8月に急落した後，さらに一段と急激に下落した．ロナルド・ウォーカーは主要6か国における羊毛利用産業の活動指数の動向により，羊毛価格の低落は供給拡大の結果でもなければ，他の繊維が羊毛に代替した結果でもなく，主に繊維全体に対する需要の結果であると主張する．彼はこの見解は唯一の「公正な結論」として主張し，自明の結論には反対している[18]．しかしドイツが海外借入を停止すると，1928年から1929年にかけてドイツの羊毛輸入量が19％も減少した，ということは注目に値する[19]．オーストラリアの羊毛生産の77％は輸出され，

---

18) E. Ronald Walker, *Australia in the World Depression*, 1933, p. 92.

それは同国総輸出額の 42% 以上を占め，国民所得の 14% を占めた．羊毛価格と小麦価格の暴落は株式市場暴落前の 1929 年 6 月と 8 月に起こっていたから，オーストラリアは世界の大多数の国々よりも早く不況に陥っていたことは確かである．

　前記リストには含まれていないが，最悪の打撃を受けた商品の 1 つはラードであった．トウモロコシは飼料として販売されるよりも多くが飼育場において豚を肥育するために用いられ，豚は豚肉とラード用に屠殺される．デンマーク，カナダ，ニュージーランドでは低脂肪のベーコンを取るために，豚は若くて体重の軽いうちに屠殺される．アメリカの農民はトウモロコシ栽培用に良い農地をもっており，その当時は豚の重量が十分に増えるまで家畜を飼育し，脂肪分の多い豚肉とラードを生産した．アメリカは 1929 年におよそ 25 億ポンドのラードを生産し，その 3 分の 1 を輸出した．その 2 大市場はドイツとキューバであり，両国はそれぞれアメリカのラード輸出の 26% と 10% を占めた．両国の所得は不況の初期に影響を受けた．ドイツは対外貸付中止の影響によるものであり，キューバは砂糖価格低落の影響によるものであった．アメリカの農民は豚の価格低落についてはラードと豚肉のアメリカ輸出市場が崩壊したことと密接な関係があると考えた（両品目の輸出が総生産量に占める割合は著しく小さい）．海外諸国の関税引上げは 1930 年 6 月のスムート＝ホーリー関税法に対する報復として相次いで実施されたことによるものであったが，ドイツとキューバの政策措置については国際収支の困難と自国農民保護の必要性によって十分に説明できる．1934 年と 1935 年の旱魃の後，アメリカはアルゼンチンからトウモロコシを輸入せざるをえなくなり，ラードの輸出市場を回復することはできなかった．しかし不況初期にはトウモロコシや豚，ラードの価格低落によって銀行倒産はミネソタやカンザスシティー，セントルイスの各連邦準備区＊の小麦地帯からアイオアとイリノイの農業部を含むシカゴ準備区に広がった．

---

19)　Ibid., p. 91. 1929 年にドイツはアルゼンチン羊毛輸出の 23% を占めて同国の主要市場であり，その輸出減少後もそうであった．Carlos F. Díaz Alejandro, *Essays on the Economic History of the Argentine Republic*, 1970, p. 12 参照．
　［訳注］＊　連邦準備区については 200 頁の訳注参照．

農産物価格の低落と金融逼迫

　農産物価格の低落，対外融資の停止，保護関税，これらはすべて相互に影響し合った．まず第1に，農家債務は深刻であった．アメリカの農場抵当債務総額は1910年の33億ドルから1920年には67億ドル，1925年には94億ドルに増加した．幾つかの州では農場の85％もが抵当に入っていた．カナダでは1931年に自営農場総数の3分の1以上が平均してその農場価額の40％に不動産抵当融資を受けていた．ドイツでは土地所有者はインフレ期に債務をすべて返済したが，その後新たに債務契約を結び，最大規模の農場はその資産価額の半分相当について抵当融資を受けていた．

　工業諸国内の農業部門に妥当することは農業国にも等しく適合した．アルゼンチン，オーストラリア，カナダ，インド，ニュージーランド，南アフリカ連邦の6大農業輸出国において，債務支払総額は1923年の7億2500万ドルから1928年には9億ドルに増加した．ブラジルとオランダ領東インド諸島は1928-29年に債務支払額が年間3億ドルに達し，ポーランド，ルーマニア，ハンガリー，ユーゴスラビアは年間2億ドル以上にのぼった．これら12か国全体で利子・元金の支払総額は14億ドルであったが，これを相殺する総受取額は少額でしかなく，カナダの場合は1億ドルであった[20]．対独貸付が停止したことにより，これら諸国の一次産品のための市場は縮小した．これら諸国自体に対する貸付が停止したことにより，これらの諸国は海外残高を引き出し，金を売却し，そして多くの場合は為替相場を引き下げ，他国に調整負担を転嫁するよう重圧を受けるにいたった．国際経済が適切に機能する場合には輸出が減少すると，それは対外借入の増加によって対応される．輸出が減少すると同時に対外借入れが停止すると，国内経済は二重の不利な条件のもとでその調整に苦しむことになる．

　この状態は資料の十分あるオーストラリアの場合で例証することができる[21]．

---

20) Timoshenko, *World Agriculture and Depression*, pp. 55-56.
21) 以下の叙述においては，Walker, *Australia in the World Depression* および Sir Douglas Copland, *Australia in the World Crisis, 1929-1933*, 1934 を参考にしたばかりでなく，

1923年から1928年までにオーストラリアの対外債務は4億2000万ポンドから5億7000万ポンドに，年平均3000万ポンドで増加した．一部の人々はこれを「対外借入のばか騒ぎ」と見なした．他の人々はそれを単に「過度の」借入れと考えた．債務支払は輸出の16.2%から19.2%に上昇した．困難の一因は借入方法にあった．連邦政府と州政府は通常，ロンドンの銀行に当座勘定を設けて資金を借り入れ，その借越し額が債券発行を可能にするほど十分多額になると，あるいは当座貸越しを認めた銀行が不安を感じるようになると，債券を発行して借入金を返済することにしていた．1927年にはロンドンで資金不足が起こり，その影響によりオーストラリアでは短期間，金融が逼迫した．しかしその一因は国内における消費者信用の急速な発展によるものであった．イギリスの経済使節団が同国を訪問し，同国の経済的困難の原因は伝統的なイギリス流の自由放任政策から離脱したことにあると指摘した．特に鉄道と中央銀行が国有化されたこと，賃金を決定するために仲裁制度が設けられたこと，関税が「無保護の一次産業に対し過度の，そして恐らくは危険なまでの重荷」を課してきたことを指摘した．その後間もなくしてオーストラリアは同国独自の委員会を任命した．この委員会は議長がJ.B.ブリグデンであり，委員には経済学者のコプランドとギブリンが含まれた．この委員会は関税を擁護した．それは関税がない場合よりは関税を掛けることによってオーストラリアは多くの人口を養うことができる，との理由によるものであったが，しかし同委員会は対外債務の金額とその高金利に言及し，その海外債務の負担増には懸念を表明した．

1929年には事態は一段と困難になった．1月にロンドンである外債を発行したところ，その僅か16%ほどが応募されたに過ぎず，その残額は引受け業者が引き取らなければならなかった．4月にはロンドン市場は外債の発行を拒否した．ロンドンの銀行は当座貸越しについて返済を求めた．オーストラリアの銀行は不承不承ながら徐々に前貸しを制限せざるをえなくなり，これが同国経済を圧迫することとなった．5月には失業が急速に増加した．11月には失業は

ヘレン・ヒューズ(Helen Hughes)のオーストラリア経済史未完成稿中の2つの章をも参照した．

図4　オーストラリア通貨，ポンド，金で表示したオーストラリアの輸出価格，1929-33年(1928年=100)

オーストラリア通貨表示 ───
ポンド表示 ─ ─ ─ ─
金表示 ・・・・・・・・・

出所）Copland, *Australia in the World Crisis, 1929-1933*, 1934, p. 30.

労働組合の加入者の13%に達した(この数値は1932年第2四半期には30%に上昇することとなった)．オーストラリア連邦銀行のロンドン資金は1928年の2400万ポンドから1929年6月には1600万ポンドに，9月には800万ポンド弱に減少した．商業銀行は11月にその保有する金を銀行券に交換するよう要求された．1929年12月には金の銀行券への交換が銀行と国民に強制されるにいたった．オーストラリアの通貨は減価し始めた．この過程はポンドにプレミアムを付けると婉曲に呼ばれた．オーストラリア連邦銀行は商業銀行にポンドを割り当て，次いで商業銀行が顧客にポンドを割り当てた．商業銀行の外部ではポンドがプレミアム付きで売買される市場が発達した．プレミアムは1929年12月の1%で始まり，1930年1月には2%に上昇し，1930年3月には公式のもので6.25%に上昇した(多くの為替取引ではそれよりも高いプレミアムがついた)．ポンド相場は1930年11月には一段と上昇して9%のプレミアムを付け，その後はさらに上昇して，オーストラリア通貨との差を広げた．ニューサウス・ウェールズ銀行は1931年1月に銀行カルテルから脱退し，市場で取引を始めた．

ポンド相場のプレミアムは 18% に，それから 25% に上昇し，1931 年 3 月にはついに 30.25% に達した．この時点でオーストラリア連邦銀行は対ポンド相場を固定した．しかし 1931 年 9 月にポンドが金本位を離脱した時にも，オーストラリアはポンドに 30.25% のプレミアムが付くようにポンドを買い支えた（オーストラリア・ポンドは 28% 減価した）．ポンドを買い支えたのは，オーストラリア・ポンドの低落から追加的な利益を得るためであった．図 4 に示したように，オーストラリアの輸出価格は金表示価格では 1928 年水準の 30% ほどに，ポンド表示価格では 40% 台に達し，オーストラリア通貨表示の価格では 50% の範囲に，そして時々 60% 台に入った．

為替切下げに対する支持はほとんどなかった．銀行家たちはポンドの為替平価には「神秘的ともいえる力がある」と感じていた．オーストラリアの新労働党政府首相スカリンは 1930 年初頭にロンドンに援助を求めたが，イギリスはサー・オットー・ニーマイヤーを団長とする新経済使節団を派遣しただけであり，この使節団はデフレーションを実施し，ポンド平価を維持することを勧告した．労働党政府蔵相 G. G. シアドーは事実上，唯 1 人の反対論者であり，彼は政府支出のために中央銀行が金融拡大政策を実施し，同時に国際収支赤字抑制のために為替切下げ政策を進めることを求めた．しかしギブリンやダイアソン，コプランドを含むオーストラリアの経済専門家グループは 1930 年 6 月，デフレーションと平等犠牲の計画を立案した．この計画は為替レートがそれ自身の水準を見出すべきことを定めたが，主としては効率を歪める関税の代用として，それを認めたのであった．この計画は政府の政策として最終的に受け入れられ，1931 年初頭には犠牲平等政策の一部として 10% の賃金切下げを実施することになった．

輸出が減少し，対外借入が不可能になったことにより，通貨準備は減少し，為替は減価することとなり，調整の負担は他国に転嫁されるにいたった．こうした事例はアルゼンチンとオーストラリアにおいてばかりでなく，両国と密接な関係にある 2 か国，ウルグアイとニュージーランドにおいてもそれぞれ起こったし，そしてこれら一対になっている諸国以外では，そして 1931 年以前にはブラジルやボリビア，ベネズエラ，スペインにおいても起こった．アメリカとソ連の穀物生産地帯は言うまでもないことだが，カナダやチリ，東欧諸国は

この重圧に耐えて，為替切下げを実施しなかった．第1のグループはその損失を回避したのではなく，むしろそれを他国に転嫁したのであり，金本位制は世界経済の周辺において崩壊し始めることとなったのである[22]．

金の喪失

　この時期について金・外貨準備が全体としてどうなっているかを統計によって調査することは困難である．アメリカ連邦制度準備理事会は金統計について1927年までは年末の数値を，1928年6月30日以降は毎月の数値を編集してきた．1928年6月にはフランス銀行の新しい報告書が発行された．金保有の統計数値はある国の国際収支がどういう状況にあるかを明確に告げるものではない．その国は外国為替を取得してきたかも知れないし，失ってきたかもしれないからである．しかし典型的には一次産品国は外貨保有高が増減するのを容認し，その保有する外国為替が危険なほど減少する場合に限って金を使用する．こういう場合に限って，金の喪失はその国が相当困窮していることを意味する．

　ラテンアメリカと極東は不況の全期間を通じて金を喪失した．それは金移動についての連邦準備当局のデータが示す通りである．表8はその数値を示す．

　しかしながら，小麦生産国が他の商品に特化している国よりも前に金を喪失したということは注目に値する．この表に含まれていないオーストラリアの事例についてはすでに言及した．カナダの金移動はアメリカとの複雑な金融関係によって影響を受けており，それゆえ恐らく重要でない．カナダの金喪失は1928年6月までの6か月間に大量であり，また株式市場崩壊前の1929年最初の9か月間においても大量であった．この表に示したラテンアメリカの巨額の

---

[22] William Adams Brown, Jr., *The International Gold Standard Reinterpreted, 1914-1934*, vol. 2, p. 902. The League of Nations, *Review of World Trade, 1934*, 1934, pp. 14-15 の記録によれば，主に一次産品と半製品からなる多数の商品についての平均金表示価格は1929年から1934年にかけて低落した．1934年の数値は1933年3月に金表示価格の上昇傾向が始まった後のものである．最大の下落率は生糸が84％，次いで銅が75％，バターが73％，小麦が71％であった．日本の未漂白綿製品，アメリカのガソリン，ブラジルのコーヒーは下落率68％であった．下落率が最小の商品は草刈り機10％，次いで錫32％，鋼製梁36％，石炭39％であった．勿論，為替減価国にとっては価格下落は小幅になった．

表8 ラテンアメリカと極東の金移動,1929-32年
(100万ドル,純輸出[-])

年　次	ラテンアメリカ	極　東
1929	- 178.5	- 28
1930	- 183	- 12
1931	- 190	- 179
1932	- 13	- 28

出所) *Federal Reserve Bulletin*, July 1931, p.394, for original data, and subsequent issues.

金喪失はほとんどすべてがアルゼンチンによるものである．同国は1928年6月まで借入れを進める過程で金を取得したが，その後急速に金を失った．1929年中に同国は総額1億7330万ドルの金を失った．その64％は株式市場崩壊前，すなわち9月末までに失った．ヨーロッパ最大の小麦輸出国ハンガリーも株式市場崩壊前の1929年に，その僅かな金保有高の5分の1である700万ドルを失った．オーストラリアの金喪失は同年最後の3か月間に記録された．この金喪失が株式市場崩壊と関係が無いことは，先に言及したようにオーストラリア連邦銀行のロンドン保有資金がそれ以前に減少していたことによって証明されている．

砂糖生産国ジャワは1929年9月以前に金を失った(その当時キューバには中央銀行がなく，米ドルがペソと並んで流通していた)．コーヒー生産諸国は1930年最初の6か月までは金を手離さず，生糸生産国日本もそうした．

ある程度これと同様の傾向はアメリカ国内のいくつかの連邦準備区間における準備の再分配において見出されうる．もっとも，そのデータは疑問の余地の無いものではない．1928年末から1929年9月の最後の週までの間に，ニューヨークは多くの他の準備区とともに準備を取得し，西部農業地域の準備区であるセントルイスやミネアポリス，ダラスはすべて準備を喪失した．さらに株式市場崩壊の影響が静まり，そして農業地帯に再び圧力がかかってからは，ニューヨークは再び準備を取得したが，シカゴやセントルイス，ミネアポリス，ダラス，ボストンは巨額の準備を喪失した．ただし，ボストンの場合はこの見解とは関連がない．

オーストラリアと同様にアルゼンチンも結局，為替の減価を阻止できなかっ

た. ペソ相場は 1928 年前半期の 1 ペソ = 97 米セントから同年末には 95.5 セントへと小幅低落し，1929 年 11 月までペソ相場はそこに維持された. 1929 年 12 月にアルゼンチンはウルグアイとともに金本位制を放棄した. これは長期間続く金本位制放棄の始まりであった. その月の平均為替相場は 93 セントになり，それから 1930 年 3 月には 85 セント, 1930 年 12 月には 75 セントになった. アメリカのトウモロコシ価格は両国が輸出で競争している第三国市場を通して相当強い圧力を受けたが，それにしてもスムート = ホーリー関税法による 25 セントのトウモロコシ関税がアメリカ市場からアルゼンチン産トウモロコシを閉め出したのであった.

　その理論によれば，為替の減価は自国通貨表示の輸出価格を引き上げ，あるいは外貨表示の輸出価格を引き下げ，またある場合にはこれら両方の効果を多少生み出す. 何が起こるかはその弾力性による. 世界価格に対する影響力を持たず，従ってその生産物の需要が時価で無限に弾力的であるような小国にとっては，為替減価の全体的影響は自国通貨表示価格の上昇として現れるであろう. 需要が非弾力的な商品の大輸出国にとっては，海外においてその価格は下落するであろう. 典型的には世界が繁栄していて輸出増加分を容易に吸収できるか，それとも世界が不況状態にあり，ある国の価格下落が他国の価格下落を誘発するかどうかによって，為替減価の影響は非常に異なる.

　1930 年代にペソの減価はアルゼンチンの物価を引き上げることはできなかったが，金表示の価格，つまりドル表示，ポンド表示の価格を引き下げた. オーストラリア・ポンドが 6% 下落し，アルゼンチン・ペソが 20% 下落したことによって，1929 年 12 月とその後の 1 年の間に小麦価格が合計 50% 以上も低落したのではなかった. 特にオーストラリア・ポンドは小麦価格低落の原因と見なすことはできない. 何故ならオーストラリア・ポンドは 1930 年 4 月から 10 月まではポンドに 6% のプレミアムを付けて安定的に維持されていたからであり，他方，ロンドンにおけるオーストラリア産小麦の価格は 1 クォーター 40 シリングから 30 シリング以下に低落していたからである. さらに，1930 年には他の商品の金表示価格もオーストラリア・アルゼンチン産商品の小麦，羊毛，皮革と同様に，あるいはそれよりも急速に低落したのである. ペソの減価とウィニペグ，シカゴ，リバプールにおける小麦価格の軟化との密接な相関関

係は，むしろ小麦価格からペソに作用したものであって，その逆ではない，とさえ考えられるのである．そしてそれにもかかわらず，両国の為替減価は真の困難を作り出した．マーカスはその関係に関する詳しい研究に基づいて，因果関係は為替の減価から世界小麦価格の下落に及んだのであって，その逆ではなかったと述べた[23]．1930年にはアルゼンチン・ペソがその動きを先導した．小麦価格が57米セントから41セントに低落した1930年12月から31年3月までにおいて，それを先導したのはオーストラリア・ポンドであった．

　オーストラリアは競争的通貨切下げを意図的に実施したことはなかった，とコプランドは主張する．その理由として，1930年にその為替減価は小幅であったが，金表示の輸出価格は50％も低下した，という事実を挙げる．そして金表示の輸出価格はそれとは無関係に引き下げられていたと彼は言う．1931年と1932年にはオーストラリアの金表示輸出価格はさらに35％低落しており，この事実の重要性が一段と高まったことを彼は認めるが，しかし為替の減価が金表示輸出価格の低落を誘発したという結論を受け入れようとはしない．両者とも国際的デフレーションの結果であったと考えるからである[24]．しかしことの本質は次の通りである．最初にデフレーションが始まり，それからある国，例えばアルゼンチンが為替切下げに追い込まれる．これはさらにデフレーションを押し進める．次いで別の国，例えばオーストラリアが為替を切り下げる．そこで国際的なデフレーションは一段と進む．需要が非弾力的な場合，諸国が相次いで通貨切下げを行っているところに商品の供給過剰が僅かでも追加されると，その供給過剰はデフレ圧力を強めることになる．

---

23) Marcus, *Canada and the International Business Cycle, 1927-1939*, p. 91.
24) Copland, *Australia in the World Crisis, 1929-1933*, pp. 103ff., esp. p. 107. ディアース・アレハンドロによれば，輸入関税付き為替切下げというアルゼンチンの政策は「ある程度，近隣窮乏化政策」であった（Díaz Alejandro, *Essays on the Economic History of the Argentine Republic*, p. 102n.）．しかしアルゼンチンは1930年代に外債を不履行にしなかったが，これに対してラテンアメリカの大半の他の諸国は外債を返済しなかった，ということは注目しなければならない．

農産物価格と不況

商品価格は低落し，在庫は増加し，資金の借入れは続けることができなくなり，債務支払は続行しなければならなかったから，一次生産国が1929年10月以前にすでに困難に陥っていたことは疑いのないところである．しかし世界全体にとって問題は次の点にある．例えば一次産品価格の低落は工業分野の実質所得を高め，それに伴って支出が拡大し繁栄に導くことにならなかったのは何故か，あるいは一次生産部門に対する貸付の停止は他の分野における融資の増加と投資の拡大を誘発しなかったのは何故か，という問題がある．多くの経済学者の主張するところによれば，一次生産者の損失は世界の他分野の利益によって相殺されるから，ある分野のデフレーションが広がることはない．「原則として農業国の損失に丁度等しい金額の購買力は，工業国の消費者が以前に農業国に輸出されていた工業品を購入するために使用することになるであろう」[25]．

この問題は次の問題と同種類のものである．株式市場ブームは支出を削減することになるのかどうかという問題，あるいは通貨騰貴国におけるデフレーションには通貨減価国の経済拡大が対応するように，通貨減価の効果は対称的になるのかどうか，という問題である．対称性は学者の研究においては存在しうるが，現実世界でそれを見出すのは難しい，という見解を本書はとる．そう考える理由の1つは貨幣錯覚である．貨幣錯覚は一次産品の価格低落によりその消費国の購買力が増加しているという事実を隠蔽するからである．もう1つの理由はデフレーションの進展の仕方である．デフレーションは価格低落国においては即座の対応を引き起こし，交易条件の改善する国，すなわち輸入価格の低落する国においては緩慢な対応を，多くの場合は広がるデフレーションによって圧倒されるような緩慢な対応を引き起こすからである．消費国はその実質所得が増加し，支出を拡大しうるということを結局は実感することになるであろう．しかしこの過程は時間を要する．その間，一次生産国は待つことができ

---

[25] Hans Neisser, *Some International Aspects of the Business Cycle*, 1936, p. 31.

ない．これら諸国は関税や輸入割当，為替切下げで対応することになる．

　一次産品消費国でさえ交易条件の改善を全面的に歓迎するとは限らない．輸入競争部門，典型的には農民を，ロマンチックで理想化された人間類型として役立つばかりでなく，しばしば政治力を持っている農民を保護するために，一次産品消費国は輸入割当や関税を課し，安価な輸入品に抵抗する．一定の貨幣所得のもとで価格低落による実質所得の増加を通して景気が拡大するという経済の動きよりは，デフレーションの動きが優位に立つのである．

　為替切下げは困難を一段と激しくする．多くの場合，為替切下げは積極的な景気拡大措置としてではなく，非自発的な措置として実施された．この事実が為替切下げの世界的影響を対称的なものにしなかったのである．一部の理論家の主張するところによれば，過大評価を是正するために為替切下げを実施することは世界にとってインフレ的であるが，これに対して通貨を過少評価にするための為替切下げはデフレ効果を持つという[26]．この区別はインフレの世界とデフレ優勢に傾いている世界との相違という，背景上の相違ほどには興味を引かない．1970年代と1980年代には，財貨はどちらかと言えば供給不足の状態にあり，世界はインフレ的であったが，為替切下げによって世界の物価は不変のままであり，国内の物価は上昇した．しかし1930年代は世界は買い手市場であり，売り手市場ではなかった．在庫は大量にあった．為替切下げは国内物価を引き上げることができず，しかしそれを横這いにしたかもしれないが，海外では物価を押し下げた．このような環境の中で，連続的に実施された為替切下げは世界経済にデフレ的に作用した．そして農産物価格への圧力が多額の不動産抵当融資を積み上げている銀行や保険会社の資金ポジションを悪化させるのに伴って，デフレーションが広がったのである．

構造的デフレーション

　第2次大戦後の一時期，低開発諸国において持続するインフレーションを説

---

26) Milton Gilbert, *Currency Depreciation*, 1939, p. 157. また Gottfried Haberler, *Prosperity and Depression*, 1937, p. 334（邦訳，下 399-400 頁）参照．

明するために，構造的インフレーションのモデルが開発された．初めは生産能力に対して僅かな需要超過が生ずるが，様々な事業分野がその不足分の負担を他に転嫁しようとするので，その国は連続的インフレのコースに乗ることになる．労働者は賃金を引き上げ，産業経営者は価格を引き上げ，農民は供給を抑制する．物価上昇により国際収支は赤字に転じ，為替は減価することとなり，外国品価格の上昇により生計費は上がり，労働者はさらに賃金引上げを求めるにいたる．マネタリストは次のように主張する．通貨当局が通貨供給量を拡大しなければ，その結果として例えば産業経営者は賃金引上げに要する信用を得ることができず，また消費者は高騰する工業製品価格に支払うための資金を借り入れることができなくなり，インフレの進行は止まるであろう．これに対して構造的インフレ論者は次のように答える．問題が生ずる各時点において小幅の信用膨張さえもが実施されないとすれば，大崩壊が起こるであろう．恐らくは経済的な，また恐らくは政治的な崩壊が起こり，通貨当局がその立場を主張するために依拠する確固たる基盤はなくなることになる．

　類推すれば，1925年から1929年にかけては構造的デフレーションとも呼ぶことのできる過程が世界の一次産品経済において起こった．超過需要ではなく超過供給があった．少数の国々は超過供給分を在庫として吸収することによりこの事態に対処しようとした．生産調整は実施されなかったので，これは困難を抱えこんだに過ぎなかった．他の諸国はそれぞれ，超過供給分を国内市場から排除することによって，あるいは価格はどうであれ作物を売ることによって超過供給の結果を回避せざるを得なくなった．そこで恐らく超過供給の国内への影響を為替切下げによって緩和することにした．この為替切下げが海外の価格を低落させるにいたったのである．その超過供給は経済システムに一種の構造的デフレーションをもたらしたのであった．

　デフレーションはある商品から他の商品に広がって農村全体に及び，そして農村から都市に広がった．1934年にT. W. シュルツは次のように発言し，それが引用されている．

　　綿花や小麦，ラード，タバコの外国市場が消滅すれば，バターや牛肉，
　　羊肉，鶏卵の価格が低落するのは時間の問題に過ぎない．アメリカ農業は
　　なお輸出グループによって支配されている．……都市もその影響を免れな

い[27]．

　デフレーションが輸出作物から国内向け作物に広がる仕組みについては明記されていない．しかし恐らくシュルツが考えていたことは，ある作物から他の作物への供給の転換であった．都市の失業に対する農業不況の影響については，シュルツは周知の購買力説で説明し，都市が交易条件の改善から利益を得なかった理由については明らかにしていない．

　マネタリストならば次のように主張するであろう．このデフレーションは性質上貨幣的であり，世界の諸国が通貨供給の収縮を阻止したとすれば，デフレ・スパイラルは止めることができたであろう．アルバート・ハーンは1931年に次のように書いた．「インフレーションの場合には最初は個々の物品が騰貴しているように見える．それと同じようにデフレーションの場合には，人々は通貨価値の上昇についてではなく，銅やゴム，農産品，自動車の価格が別々に低落していることについて話す」[28]．株式市場崩壊後はそうであったことをわれわれは認めよう．しかし1925年以後における農産物在庫の増大と価格の低落は，そこに構造的要因が働いていたことを明らかにしている．世界経済の構造的亀裂がそこには存在したのであり，それは商品の世界的過剰生産がある程度存在したことに示されている．しかし状況は非常に絶望的ではなかったから，1929年に価格が崩壊し，それに続いて銀行と貨幣供給が崩壊するといった事態が起こらなかったとすれば，その状況が調整されることはなかったであろう．商品の過剰，流動性危機，為替切下げ，そして最終的には銀行倒産と貨幣の崩壊が致命的な合成品を作り出したのである．

---

27) Commission of Inquiry into National Policy in International Economic Relations, *International Economic Relations*, 1934, p. 215 (quoted by C. E. Hearts, President, Iowa Farm Bureau Federation).

28) L. Albert Hahn, *Fünfzig Jahre zwischen Inflation und Deflation*, 1963, p. 84 で著者自身が引用している文章．

第5章

1929年の株式市場崩壊

株式市場

この不況が株式市場の崩壊によって先導されるとすれば，重要なのはニューヨーク市場の崩壊であった．カナダの株価は1926年から一段と上昇し，そのピークからの下落はニューヨーク市場の場合に比べて一層大幅であったが，それはいわば犬の尻尾であった．ヨーロッパの証券市場はほとんどの諸国においてニューヨークの場合よりも早期に下降に転じた．ドイツはずっと早く1927年に，イギリスは1928年半ばに，フランスは1929年2月にそれぞれ下降に転じた．ウィーンの株式市場はかつて1873年恐慌の連鎖を先導したことがあったが，今回は静かであり，1931年を待った．不況を先導したのはニューヨークであった．それは全世界に影響を及ぼしたが，しかしその影響は証券価格が緊密に連動して変化したことによるものではなかった．

その当時，ニューヨーク株式市場の高揚は華々しいものに見えた．ダウ・ジョーンズ工業平均株価は1928年初めの191の安値から12月には300の高値に上昇し，1929年9月には381のピークに達した．2年間で倍増したのである．その間2回，1928年12月と1929年3月に暴落があった．このような動きを見て投機筋は1929年10月に市場がまた例の調整局面に入ったに過ぎないと考える傾向にあった．1日当り出来高はピーク時には1928年3月の400万株から同年11月には690万株に増加し，1929年3月には820万株に達した．1929年における1日平均出来高は427万7000株であった．上場株数は11億株に過ぎなかったから，これは発行済み株数に対して119%の年間出来高であった．これは1962年の13%とは対照的である[1]．利益は十分に大きく，株価収益率は10倍ないし12倍という低めの倍率から20倍に上昇，市場人気株の場合に

はそれより高い倍率に達したが，この高い倍率は収益と配当が今後とも引き続き増加すると期待してのことであった．その株式市場は「投機のばか騒ぎ」だとか，「熱狂」だとか，「泡沫」だとか，現実から遊離していることを示すその他の用語で語られた．インサルのような詐欺師や，ニューヨーク最大の2つの銀行，ナショナル・シティとチェイスの頭取チャールズ・ミッチェルとアルバート・ウィギンズのような高い地位にある投機家達や，株価の持続的上昇とか繁栄とか新時代とかその他気軽に皮肉が言えるような愚かしい予言が，それぞれにふさわしい役割を演じたことは確かであった．事実，1929年のダウ・ジョーンズ工業平均株価のピーク381という数値は貨幣価値の変化を考慮に入れれば，1983-84年に1100-1400の範囲内にあった同指数に調和しないことはないし，また1970年の750より著しく高いわけでもない．株式市場が引き起こす危険性は株価と出来高の水準にあるのではなく，その水準を支える不安定な信用の仕組みと，その水準がアメリカと世界全体の信用に及ぼす圧力にあったのである．

　後知恵を利用して言えば，ニューヨーク市場は目もくらむような高さにあったとは見えないにしても，当時の観測筋にはそう見えた．フーバーは1925年以来，株式市場における信用の利用に警告を発してきたが，カルビン・クーリッジを説得して彼に株式市場投機に反対の旨発言させることはできなかった．クーリッジは事実，1929年3月に大統領職を退任するに当って，アメリカの繁栄は全く健全であり，株式は時価相場で安いことを強調した．フーバーは株式市場に付きものの危険性があるという彼の見解を連邦準備制度理事会の異端派の理事アドルフ・ミラーが支持し，そして彼が大統領になった時に同理事会は適切な措置をとったと主張する[2]．これは全く正確でない．連邦準備制度理事会議長ロイ・ヤングは1929年2月に過度の投機に反対して発言し，投機を助長しているブローカーズ・ローンを銀行が抑制しなければ，連邦準備当局が適切な措置をとると述べた．しかし3月に同理事会は5％から6％への割引率

---

[1] Robert Sobel, *The Great Bull Market: Wall Street in the 1920's*, 1968, p. 123（邦訳163頁）．ソーベルによれば，出来高は1907年には160％に，1901年には最高記録319％に達した．

[2] Hoover, *The Memoirs of Herbert Hoover*, vol. 3, p. 13.

の引上げを求めるニューヨーク連邦準備銀行総裁ジョージ・ハリソン(1928年10月ベンジャミン・ストロングの死去により彼の後任となる)の勧告を拒否した．それは財務省が4.5％の金利で資金調達を行った直後のことであった．ニューヨーク連銀は市場金利が再割引率以上に上昇したことについて，そしてニューヨークの諸銀行が10億ドルのフェデラル・ファンドを借り入れて満足しきっていることについて不安を抱いた．他方において，同連銀は金利引上げがヨーロッパ諸国の中央銀行の金準備に圧迫を加えることを恐れて，金利引上げに躊躇したのである．

このようなジレンマの苦悩はニューヨークにいるハリソンとヤング案協議のためパリにいるニューヨーク連銀取締役会長オーエン・D. ヤングとの間の交信記録に現れている．ヤングはニューヨーク連邦準備銀行が威信のためばかりでなく，コールマネー金利を抑制するためにも，株式市場を即座にそして効果的に規制しなければならないと主張した．コールマネー金利の抑制は同金利が世界の通貨情勢を支配し，最近金本位制に復帰したばかりの中央銀行の準備に脅威を与えていたからであった[3]．別の電報でヤングはハリソンがワシントンの連邦準備制度理事会の頭越しに，フーバー大統領かアンドリュー・メロン財務長官かに対し自行の立場を主張するように勧めた．これに答えてニューヨーク連銀事務局長C. M. ウーリーはヤングに対して，連邦準備制度理事会が金利引上げを拒否したこと，当行はできればフーバーとメロンに直接交渉すること，しかしこれでうまく行かない場合は，コールマネー市場に引き寄せられている外国資金を追い払うために当行において割引率の引下げを考慮することを知らせた[4]．置かれている立場は身を切られるように苦しいものであった．株式市場を抑制するための高金利か，コールマネーの魅力を無くすための低金利か，この何れかが事態打開のために期待されたのであった．

ロイ・ヤングが株式市場を鎮めるために公式に発言したのに続いて，連邦準備制度創設者の1人であり，クーン・ローブ商会の指導者であるポール・M. ウォーバーグが公式に同様の趣旨の発言をした．様々な徴候がウォーバーグに

---

3) Federal Reserve Bank of New York files, Owen D. Young(Paris)to Harrison, March 12, 1929.
4) Ibid., C. M. Woolley to Young(Paris), March 15, 1929.

図5 ニューヨーク株価, 1926-38年
(スタンダード・スタティスティクス工業株価指数, 1926年=100)

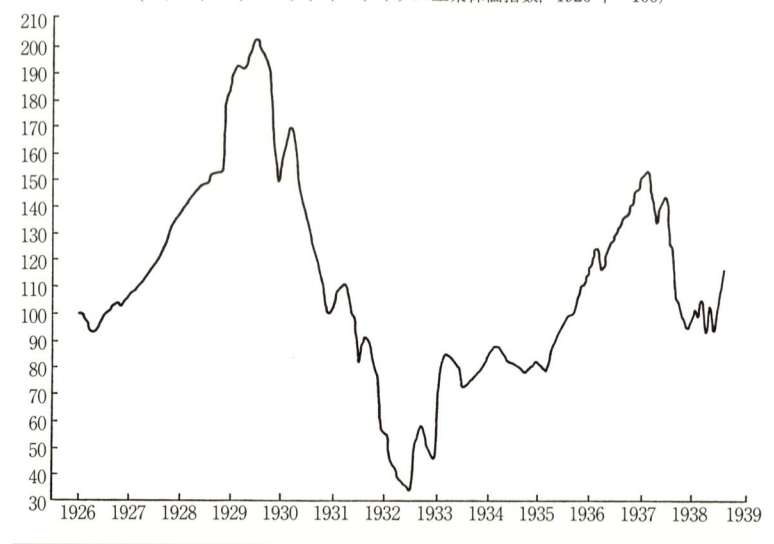

年次	1926	1927	1928	1929	1930	1931	1932	1933	1934	1935	1936	1937	1938
1月	102	106	137	193	149	103	54	46	84	81	114	148	100
2月	102	108	135	192	156	110	53	43	88	80	120	154	99
3月	96	109	141	196	167	112	54	42	85	75	124	154	96
4月	93	110	150	193	171	100	42	49	88	79	124	144	86
5月	93	113	155	193	160	81	38	65	80	86	118	138	86
6月	97	114	148	191	143	87	34	77	81	88	119	134	92
7月	100	117	148	203	140	90	36	84	80	92	128	142	106
8月	103	112	153	210	139	89	52	79	77	95	131	144	103
9月	104	129	162	216	139	76	56	81	76	98	133	124	104
10月	102	128	166	194	118	65	48	76	76	100	141	105	114
11月	103	131	179	145	109	68	45	77	80	110	146	96	114
12月	105	136	178	147	102	54	45	79	80	110	144	95	112

出所) 1934年までは, League of Nations, *Statistical Yearbook*, various issues; 1935-38年については, Standard Statistics index, 1934-36年基準を1926年基準に転換.

1907年恐慌を想起させたからであった. 株価は途方もない巨額の融資と熱狂的投機によって, 設備や資産や収益力の増加見通しとは無関係の水準にまで吊り上げられ, 余りにも高くなっていた. 市場は一息ついては編成し直して, 一段と高揚していった. 銀行家や床屋や靴磨きや大学教授が市場を語り盛り上げていった. ニューヨーク連邦準備銀行は結局, 8月9日に割引率を6%に引き

上げることができた．市場はそれに何の注意も払わなかった．9月1日にはニューヨーク証券取引所は会員席を増やし，自社株式の分割によって各会員に4分の1席を与えた．1会員席の価格は62万5000ドルの最高値を記録した．1926年当時の水準15万ドルの4倍以上にも達したのである．10%のブローカーズ・ローンがかなり大幅に増加したことに助けられて，市場はじりじりと相場水準を引き上げた．図5に見るように，スタンダード・スタティスティクス工業株価指数は1926年基準100に対してピーク時の月平均は216に達した．

金融引締め

　ニューヨーク市場の株価上昇に伴って，国際金融システムに対する圧力は高まった．ニューヨーク連邦準備銀行は1928年7月以来割引率の引上げを許されず，また公開市場証券を安く売り出すことも許されなかったが，同行は同年末後にニューヨーク市中商業銀行に圧力を加えて，これら商業銀行がコールローン市場向けに融資を行い，またコルレス先銀行向けに融資を行うことを制限することができた．表9が示す通りである．これらの銀行に取って代わったのは銀行以外の企業であった．銀行以外によるブローカーズ・ローンの圧倒的部分はアメリカ企業からきた．少なからぬ額が外国のアメリカ株購入に伴って海外からきた．それに関するデータはその移動の程度を辿るのには十分に詳しくはない．その内訳は転換点ではなく年末についてしか利用できず，従って適切な範囲についての数値を提供してはくれない[5]．しかしニューヨーク株式市場や1929年4月から5月にかけてのヤング案騒動が，そしてフランスの金兌換が国際通貨システムに大きな圧迫を加えたということは，一般に認められている．どれほどがこれら3要因のそれぞれに起因していたかは明らかでない．イタリアは1月に割引率を最初に引き上げ，イギリスは2月にまる1%ポイン

---

5) ラリーの記述によれば，海外銀行経由で，そのアメリカの代理店を通してブローカーに融資される外国資金は，預金の流入およびニューヨークの銀行のブローカーズ・ローンとして記録される (Lary, *The United States in the World Economy*, p. 114, n. 31)．このような3代理店が1928年末には1億1500万ドル，1929年末には5300万ドルのブローカーズ・ローンを実施した．

表9 資金源別ブローカーズ・ローン，1927-29年

(100万ドル)

	ニューヨーク市中銀行	ニューヨーク市外の銀行	その他	合計
1927年12月31日	1,550	1,050	1,830	4,430
1928年 6月30日	1,080	960	2,860	4,900
1928年12月31日	1,640	915	3,885	6,440
1929年 6月30日	1,360	665	5,045	7,070
1929年10月 4日	1,095	790	6,640	8,525
1929年12月31日	1,200	460	2,450	4,110

出所) Federal Reserve System, *Banking and Monetary Statistics*, 1943, p. 494.

ト引き上げ，それから3月にはイタリアが再度引き上げ，オランダも割引率を引き上げた．4月から5月にかけてヤング案をめぐるパリの緊張は中央ヨーロッパ，特にドイツ，オーストリア，ハンガリーにおいて割引率の引上げを誘発した．7月にはベルギー国立銀行が割引率を引き上げた．ニューヨークからの圧力はその間一貫して続いていた．1929年前半期にアメリカは2億1000万ドルの金を取得し，フランスは1億8200万ドルの金を取得した．

　ロンドンに対する圧力は特に強烈であった．ニューヨークの金利が高かったので，ドイツ，ハンガリー，デンマーク，イタリアからの様々な借手が，実際にはドルが必要な場合にポンド建て融資を求めていた[6]．ノーマンは金の争奪に懸念を表明した．イングランド銀行の準備はヤング案危機後の5月末に同年の最高額7億9100万ドルに達したが，その後は持続的に減少し，7月には急減した．ノーマンはヨーロッパ諸国の中央銀行がニューヨークにおいて連邦準備制度の支持をえて，あるいはその市場において長期資金を調達できるかどうかをハリソンに打診した．その審議が行われ，ある程度進んだが，結局断念された．その時期は明らかである．イギリスの新労働党政府が銀行券の保証発行枠を引き上げ，イングランド銀行の銀行券債務を支持する金を放出することによって，金の喪失に対処するという決定を下した時であった[7]．ノーマンは日記に「割引率と国際金利のことで時間のほとんど半分をとられた」と記録した．

---

6) Clay, *Lord Norman*, p. 251.
7) Clarke, *Central Bank Cooperation, 1924-31*, pp. 162-64.

労働党政府蔵相スノーデンは割引率の引上げに反対した．割引率引上げは景気を悪化させ，国際収支を改善せず，そればかりでなく諸外国の金利を一段と上昇させるだけであるという理由からであった．ノーマン総裁は必要不可欠の場合以外はいたずらに銀行金利は引き上げないと約束した[8]．事実そうであることが明らかになった．

8月9日にニューヨーク連邦準備銀行が再び動いた．ブームに沸く株式市場に対処するには金利の引上げが必要であった．かすかに現れている経済の弱さはその反対の方針を示唆していた．ハリソン総裁はヨーロッパの主要中央銀行宛に送った電報において，再割引率を5%から6%に引き上げるが，その後，恐らく株価の上昇が抑制された後には，当行は市況緩和のために手形を購入するつもりでいると説明した．「わが国内の情勢はそのような政策を求めているが，われわれはヨーロッパ経済もニューヨーク金利の引下げを必要としていることについては勿論，考慮している」[9]．

ニューヨーク株式市場はこの情報に全然配慮しなかった．ロンドンに対する圧力は続いた．ノーマンはイングランド銀行再割引率を引き上げる口実を探していた．ニューヨーク市場が新高値を記録した日，ニューヨーク・タイムズ指数では両大戦間期のピークを付けた日の翌日，9月20日にその機会が現れた．ロンドンでハトリー帝国が崩壊した．それはクラレンス・ハトリーなる人物が支配している一連の会社や投資信託や営業所——写真用品やカメラやスロット・マシーンや小口貸付の諸会社に持分を持つ営業所——からなっていた．投機熱に取り付かれたハトリーはユナイテッド・スチール社を買収し，これをイギリス鉄鋼業において大成功を収める基地として利用するために800万ポンドを借り入れようとしたが，それができないでいた．彼は自分の支配下にある様々な会社から詐欺的に得た担保を利用しようとして見破られ，破産に追い込まれた．ハトリー系会社の証券は株式取引所での取引を停止され，彼の仲間の金融業者と数名の共謀者は逮捕された．こうした不安な状況のなかで，イングランド銀行は9月26日に割引率を5.5%から6.5%に引き上げた．

---

8) Clay, *Lord Norman*, pp. 297-98.
9) Federal Reserve Bank of New York files, Harrison cable to Principal European central banks, August 10, 1929.

8月のフランクフルト保険会社は別として，そして他の倒産とは異なって，イングランド銀行の割引率の引上げは唯一の警告であった[10]．

その割引率引上げの圧力はスカンジナビアに広がり，スウェーデン，デンマーク，ノルウェーが割引率を引き上げた．9月末にはイングランド銀行の金準備は6億4000万ドルに減少した．4か月間でおよそ20％の減少である．8月5日にノーマンは大蔵省の委員会に対して，特にフランスとアメリカにおいて変化がなければ，イギリスを含むヨーロッパの一部諸国は金本位制を離脱せざるを得ないであろうと告げた[11]．このような状況のもとで，ニューヨーク株式市場の崩壊は大きな救いとなり，ノーマンは驚きを表明して，これらのヨーロッパ諸国は金本位制離脱に追い込まれないですんだ，と述べたのであった[12]．

景気下降

この間ずっと景気は下降していた．全米経済研究所はこの関連の景気循環のピークをドイツでは4月に，アメリカでは6月に，そしてイギリスでは7月に設定している．ベルギーの生産は3月にピークに達し，年末までに7％減少した．カナダでは1929年春から様々な不況圧力が相次いで発生し，そのため事業活動が低下するにいたった[13]．南アフリカでは景気下降は第2四半期に始ま

---

10) Noyes, *The Market Place*, p. 326. ヨーロッパの銀行が脆弱であることの兆候が全くなかったわけではなかった．1929年にボーデンクレディットアンシュタルトはクレディットアンシュタルトとの合併によって救済された．この点については第7章で論及する．またランカシャーの綿業銀行は非常に不調であったから，マンチェスターのウィリアム・ディーコンズ銀行の監査役が1929年1月8日にその貸借対照表への署名を拒否した時に，イングランド銀行は同銀行を救済せざるを得なかった．しかしながらこれは内密に行われ，何ら不安を引き起こすことはなかった．1929年4月にはさらにイングランド銀行とこの株式会社銀行所有者のコンソーシアムは，バンカ・イタロ＝ブリタニカを救済せざるをえなくなっていた．その困難な事態は世界的な暴落が起こる前にかなり進んでいた．ムッソリーニが多少の援助を求め，かつ援助も行った．ムッソリーニの「対ポンド平価90リラ」回復政策がその損失の一因であった．Richard S. Sayers, *The Bank of England, 1891-1944*, 1976, vol. 1, ch. 10, esp. pp. 253ff., 259ff. (邦訳，上第10章，特に351頁以下，361頁以下) 参照．

11) Clay, *Lord Norman*, p. 252.

12) Ibid., p. 254.

13) Marcus, *Canada and the International Business Cycle, 1927-1939*, p. 13.

った[14]．フランス以外はどの国においても金融は逼迫し，消費は横這いとなり，市場には新しい生産能力が現れてきたが，それに対応する需要ははっきりせず，在庫が累積していた．ただフランスだけでは生産が増加していた．

　状況はドイツにおいて最悪であった．1928年11月から12月初めにかけてライン・ウェストファーレン鉄鋼業においてロックアウトがあり，そのため産出量とその関連諸指数が低下した．次いで1928年12月から1929年3月まで厳しい寒気の時期が来て，ベルリンの平均気温は19世紀初頭に記録を取り始めて以来の最低となった．4-5月に資金が引き揚げられたため，金融は非常に逼迫したが，ヤング案問題の解決後に資金が還流し，金融は多少緩和された．しかし1929年夏には不況の存在は明白なこととなった[15]．在庫は株式市場崩壊以前に増加した．失業者数は190万人であり，アメリカの失業者数160万人より多かったが，人口はドイツが6400万人でアメリカの1億2200万人の半分に過ぎなかった[16]．8月にはフランクフルト保険会社が劇的な倒産を演じた．秋には企業倒産件数と不渡り手形件数が激増した．

　アメリカの景気減速は種々な原因によるものであった．これらの原因はある程度は収斂するが，重点の置き所に大きな差異があり，多少矛盾するところがある．住宅供給の減少は1つには家族形成の減少によるものであった．その家族形成減少をもたらした要因は1920年代初めの移民停止であり，また戦争によるある種の文化的影響であった[17]．さらに住宅供給減少の一因は資金不足によるものであった．固定設備投資が過度に拡大したのは株式市場ブームと事業投資への低利融資によるものであり，あるいは賃金に比べて過度に高い利潤が新設備に対する需要を喚起したことによるものであった．過少消費は過大投資の反面であり，それは所得の株式市場への転用から，あるいは利潤に対する賃金上昇の遅れから生じたのであった．その結果は投資機会の一次的枯渇であり，在庫の累積であり，あるいは不確実性の高まりであった．

---

14) J. C. DuPlessis, *Economic Fluctuations in South Africa, 1910-1949*, n.d.(1950 or 1951), p. 50.
15) Carl T. Schmidt, *German Business Cycles, 1924-1933*, 1934, p. 50.
16) Born, *Die deutsche Bankenkrise*, 1931, pp. 33, 38.
17) Clarence L. Barber, "On the Origins of the Great Depression," 1978.

景気は株式市場崩壊のずっと前から悪化していた．3月に連邦準備当局のある役員は次のように述べた．建築契約高は急速に減少しており，これは「常に一般的な景気下降の前兆である」[18]．3月はまた自動車生産がピークを付けた月であった．自動車生産は同月の62万2000台から，株式市場が絶頂期にあった9月には41万6000台に下落した．それは恐らく，金利の上昇とブローカーズ・ローン以外での信用制限によるものであった．鉱工業生産指数は6月から低落し，8月から10月までの鉱工業生産，物価，個人所得の低落は年率でそれぞれ20，7.5，5％であった[19]．景気悪化についてのこれらの最後の指標は株式市場崩壊前には明らかではなかった．この説明によれば，株式市場の高揚は景況を悪化させる一因であったかもしれない．しかしその崩壊は不況の一因というよりは，一息ついて編成し直すことの必要性を告げるものであった[20]．

株式市場の崩壊

1929年9月に月平均で株式相場はピークを記録し，1日当りで見た相場のピークは9月19日であった(ニューヨーク・タイムズの指数による)．その後横這いに動いた後，市場は10月3日に値を下げ始め，10月14日から1週間下げ続け，10月24日「暗黒の木曜日」にパニックに陥った．指導的な銀行家たちはプールを組織し，株価の崩壊を食い止めようと試みた．リチャード・ホイットニーは株式取引所の立会場のポストからポストに移動してそのシンジケートのために値付けをした[21]．しかし次の週に入って月曜日に株価は一段と下げ，10月29日の火曜日には新たなパニックに陥った．この「暗黒の火曜日」には

---

18) Federal Reserve Bank of New York files, C. M. Woolley to Young (Paris), March 15, 1929.
19) Friedman and Schwartz, *A Monetary History of the United States, 1867-1960*, p. 306.
20) Sir William Arthur Lewis, *Economic Survey, 1919-1939*, 1949, pp. 53-55 (邦訳67-70頁).
21) ドイツの諸銀行も株価を支持するために「1929年後半に」同様のコンソーシアムを組織した．しかしそれは株価を支持することができず，コスト以下の価値に低落した何百万マルクもの証券を積み上げることとなった．Manfred Pohl, *Hermann J. Abs: A Biography in Text and Pictures*, 1983, p. 26 参照．ドイツ株式市場のピークは1927年には175であった(1924-26年を100とする指数)．1928年6月にそれは148に，1929年9月には125に，そして12月にはニューヨーク株式市場に同調して107に低下した．

1640万株が取引された。この出来高はおよそこの40年間の最高記録となった。月末に市場はいくらか持ち直し、それから11月13日には年初来の安値に達した。ダウ・ジョーンズ工業平均株価は9月3日の381から198に低下した。年末終値は250となった。

10月24日の株価暴落前の2週間に、「銀行以外」によるブローカーズ・ローンは1億2000万ドル減少した。その大半は外国人による資金引揚げであった[22]。もしこの資金引揚げが株価暴落の引き金になったとすれば、この資金引揚げはスノーデンがシェロンの議論を「馬鹿げていて奇妙な」と特徴づけたことからフランス銀行がポンドの金兌換に動き、そしてイングランド銀行が割引率を引き上げる、といった1つの連鎖の最後の環であったのではないか。それともその資金引揚げはニューヨークにおける8月の割引率引上げからロンドンに圧力が加わり、その結果ハトリー系会社が破産し、次いでその影響によりロンドンの金利が上昇し、ニューヨークから資金が還流する、といった政治的というよりはむしろ採算ベースの連鎖における最後の環であったのではないか[23]。いずれにしてもパニックが起こってからは、「銀行以外」はブローカーズ・ローンを引き揚げることによってパニックを助長した。一部の会社は株価下落が株式取引所の閉鎖を誘発し、1873年の株式市場崩壊中に起こったように、当初は非常に流動的と思われていた自分の資産が凍結されることになるのではないか、と不安を抱いたのであった[24]。

ニューヨークの金融業者は株式の直接購入によってばかりでなく、追加証拠

---

[22] Friedman and Schwartz, *A Monetary History of the United States, 1867-1960*, p. 305n.

[23] ジュード・ワニスキーは合理的期待――市場は予期せざる出来事に対応し、ある適切な経済モデルの結果に適切に価値を調整するという合理的期待――に基づいて別の説明をしている(Jude Wanniski, *The Way the World Works: How Economics Fail-and Succeed*, 1978, p. 130)。1929年10月24日の株式市場崩壊についての彼の見解は次の通り。ある上院小委員会においてカーバイド関税の引上げに対する一部委員の抑制案が拒否され、そのことをニューヨーク・タイムズの国内欄が報道したが、10月24日の株価暴落はその上院小委員会の措置に対する反応である、というのである。この暴落はスムート＝ホーリー関税法案の完成とフーバー大統領によるその署名、それに伴う外国の関税報復を9か月前に期待したことになる。大多数の経済学専門家はこのような予見洞察については、そして将来の仮定的出来事に対してこのような激しい直接的な反応が起こることについては懐疑的である。

[24] Noyes, *The Market Place*, p. 333.

表10 主要市場の株価動向，月別，1929年9-12月

(異なる基準年次の指数による)

1929年	ベルギー	カナダ	フランス	ドイツ	オランダ	スウェーデン	スイス	イギリス	アメリカ
9月	112	316	526	125	118	167	239	144	216
10月	98	255	496	116	113	162	221	135	194
11月	92	209	465	112	98	155	212	121	145
12月	79	210	469	107	100	154	215	121	147

出所) League of Nations, *Statistical Yearbook*, various issues.

金請求を差し控え，部外者が返済を求める融資金を肩代わりすることによっても株価を支持しようと努力した．10月だけでニューヨーク市中銀行はこれらの融資金を10億ドル以上も肩代わりした[25]．パニックを止めようと努力しているニューヨーク市中銀行をニューヨーク連邦準備銀行は援助した．同連銀は1週間の操作額を2500万ドルに限定している公開市場委員会の作業指針に違反して，10月30日に終わる1週間に1億6000万ドルの証券を購入し，11月末までに合計3億7000万ドルの証券を購入した．これらの措置はその後，連邦準備制度理事会によって承認されはしたが，しかしハリソンの越権行為は後にニューヨーク連銀とワシントン当局との間の責め合いと紛争の種になった．

公開市場買い操作の拡大に伴って，再割引率は11月1日には5％に，11月15日には4.5％に引き下げられた．ニューヨークにある外国の保有残高と融資額の整理は続いた．1929年10月31日(市場崩壊後であるが，それに最も近い統計公表日)から1930年第1四半期末までの間に4億5000万ドルが引き揚げられ，これとは別に外国中央銀行は民間から1億ドルを買い上げた[26]．回収された資金の半分はイギリスの勘定向けであった．

株式市場はそれ独自の影響を及ぼしたか．10月29日に連邦準備制度理事会のハムリン理事とジェームズ理事は，株式市場の崩壊が実体経済を不況に陥れるのではないかと懸念したが，同理事会の他の理事たちはそのようなことが起こるとは考えなかった[27]．40年以上も経った後においても，この多数派の見

---

25) Sobel, *The Great Bull Market*, p. 149(邦訳198-99頁〔この引用箇所の邦訳は適切でない〕).
26) Lary, *The United States in the World Economy*, pp. 117, 119.
27) Elmus R. Wicker, *Federal Reserve Monetary Policy, 1917-1933*, 1966, p. 147.

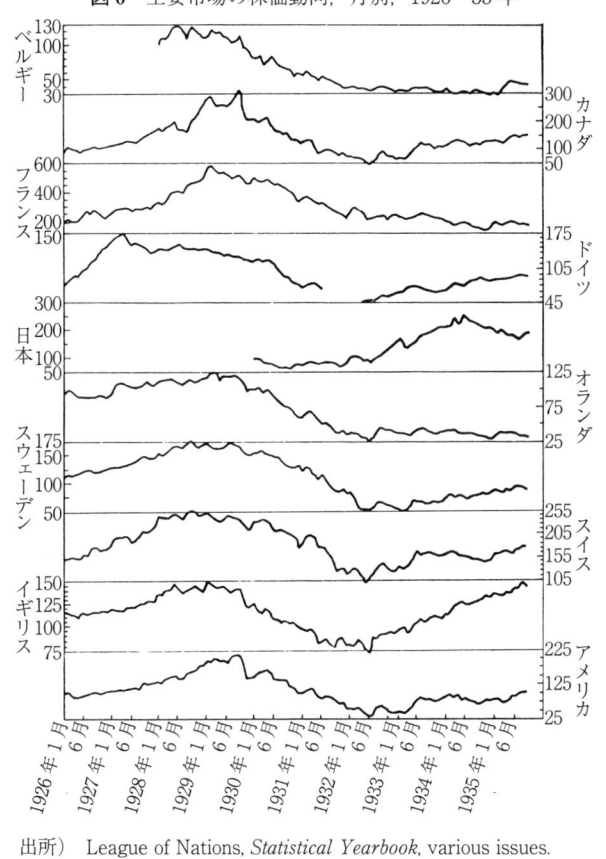

図 6　主要市場の株価動向，月別，1926-35 年

出所）　League of Nations, *Statistical Yearbook*, various issues.

解は次のような強力な分析的支持を受けている．

　　1929 年の株式市場の崩壊は重大な出来事ではあったが，それが大不況を引き起こしたのではなかったし，その不況の激しさの一大要因ではなかった．激しいが先例がなくはない収縮は悪い金融政策によって破局に転じたのである……．

　　株式市場で何が起ころうとも，それが金融的崩壊を引き起こしたり随伴したりするのでなければ，大不況を招来するはずはない[28]．

　フリードマンは 1929 年秋にニューヨーク金融市場の緊張を緩和するために

図6 続き

基準	ベルギー	カナダ	フランス	ドイツ	日本	オランダ	スウェーデン	スイス	イギリス	アメリカ
	1928年 1月=100	1924 =100	1913 =100	1924-26 =100	1930年 1月=100	1921-25 =100	1924年 12月31日 =100	名目 =100	1924 =100	1926 =100
1926年										
1月		92	205	72		95	111	154	116	102
2月		99	210	79		97	113	158	114	102
3月		94	200	83		96	112	160	113	96
4月		93	200	92		93	114	158	111	93
5月		91	205	91		91	117	158	113	93
6月		93	223	97		91	121	169	115	97
7月		96	259	106		91	124	169	113	100
8月		101	246	117		91	124	176	114	103
9月		106	263	120		91	122	177	116	104
10月		104	253	132		92	123	173	116	102
11月		106	234	140		92	124	175	117	103
12月		107	222	139		91	125	175	116	105
1927年										
1月		109	244	158		94	127	185	120	106
2月		114	249	169		104	127	197	119	108
3月		117	270	163		105	127	198	119	109
4月		121	288	175		104	130	198	119	110
5月		125	279	168		103	134	200	122	113
6月		122	269	152		102	136	190	122	114
7月		121	279	158		102	139	193	122	117
8月		131	275	155		103	146	198	124	112
9月		146	281	148		107	149	211	126	129
10月		155	283	143		112	146	210	131	128
11月		158	271	128		110	146	213	131	131
12月		162	305	136		109	146	223	131	136
1928年										
1月	100	173	333	143		111	155	243	137	137
2月	110	168	320	138		115	150	242	136	135
3月	108	172	362	136		116	154	242	141	141
4月	121	177	408	143		118	158	247	143	150
5月	127	184	413	147		117	163	249	148	155
6月	129	170	414	148		111	163	244	143	148
7月	121	170	396	144		109	161	240	139	148
8月	108	167	444	143		113	170	250	140	153
9月	126	185	458	143		115	176	256	143	162
10月	120	201	459	141		112	170	255	146	166
11月	115	229	476	140		113	168	251	143	179
12月	111	237	498	142		115	170	253	139	178
1929年										
1月	112	286	579	139		120	172	254	149	193
2月	121	293	585	134		125	167	249	148	192
3月	118	266	564	133		125	165	239	143	196
4月	119	269	541	133		116	164	231	143	193
5月	111	269	546	128		121	165	236	144	193
6月	109	264	524	131		121	169	246	141	191
7月	104	271	500	129		121	173	243	138	203
8月	107	294	506	127		122	171	242	142	210
9月	112	316	526	125		118	167	239	144	216
10月	98	255	496	116		113	162	221	135	194
11月	92	209	465	112		98	155	212	121	145
12月	79	210	469	107		100	154	215	121	147
1930年										
1月	79	209	501	113	100	100	157	232	124	149
2月	80	206	487	113	99	101	157	233	119	156
3月	70	210	485	111	90	98	160	236	116	167
4月	77	221	495	114	79	100	155	234	120	171
5月	80	196	474	114	79	94	153	223	119	160
6月	75	165	448	109	68	85	148	209	112	143
7月	70	162	454	102	65	82	147	211	112	140
8月	66	153	436	95	66	76	137	212	106	134
9月	64	160	428	93	60	75	134	209	110	139
10月	62	129	395	87	57	73	129	202	103	118

基　準	ベルギー	カナダ	フランス	ドイツ	日本	オランダ	スウェーデン	スイス	イギリス	アメリカ
	1928年1月=100	1924=100	1913=100	1924-26=100	1930年1月=100	1921-25=100	1924年12月31日=100	名目=100	1924=100	1926=100
11月	53	129	378	83	65	67	129	195	105	109
12月	57	120	349	78	69	60	132	178	99	102
1931年										
1月	55	125	366	72	69	60	123	188	96	103
2月	61	129	369	77	74	67	130	204	94	110
3月	56	128	359	83	80	69	129	207	96	112
4月	53	107	343	84	79	64	120	200	94	100
5月	46	89	318	74	77	56	110	180	80	89
6月	54	91	326	67	82	50	120	181	82	87
7月	49	95	309		86	51	108	169	86	90
8月	45	94	300		81	45	99	157	82	89
9月	40	79	264		78	37	85	123	78	76
10月	39	74	245		65	37	82	129	87	65
11月	35	87	239		68	39	86	132	92	68
12月	36	74	217		78	35	79	117	81	54
1932年										
1月	38	74	253		97	37	83	124	82	54
2月	39	71	294		99	37	78	131	81	53
3月	37	72	272		97	36	56	129	86	54
4月	34	58	253	45	89	28	52	116	83	42
5月	31	51	225	46	90	27	51	103	77	38
6月	32	49	229	46	86	25	51	106	73	34
7月	34	57	235	46	92	28	58	121	88	36
8月	41	70	243	49	96	35	66	131	86	52
9月	41	74	245	56	106	39	66	138	90	56
10月	38	63	231	54	109	37	63	131	90	48
11月	34	63	235	55	126	37	61	127	92	45
12月	37	58	247	59	157	35	57	126	91	45
1933年										
1月	35	61	239	61	169	35	54	135	95	46
2月	33	58	229	61	152	33	50	129	96	43
3月	31	59	215	67	149	32	52	133	92	42
4月	34	70	218	71	157	31	59	140	93	49
5月	37	89	238	72	160	35	66	155	96	65
6月	38	107	251	70	166	39	65	166	101	77
7月	38	122	253	69	174	40	65	158	108	84
8月	38	117	251	65	174	39	63	160	106	79
9月	35	119	241	61	193	36	64	160	110	81
10月	33	104	233	60	206	34	65	158	115	76
11月	33	113	225	62	211	34	64	156	114	77
12月	32	111	224	65	210	37	65	156	113	79
1934年										
1月	37	119	212	68	215	39	72	160	118	84
2月	32	124	210	72	215	39	76	162	116	88
3月	30	129	194	75	237	39	71	162	122	85
4月	30	133	200	73	223	38	76	159	124	88
5月	32	128	201	72	229	36	74	157	127	80
6月	32	126	194	75	253	34	71	157	124	81
7月	30	117	185	77	236	34	73	155	124	80
8月	34	120	179	79	232	33	74	153	125	77
9月	33	119	170	82	220	33	76	152	127	76
10月	31	122	164	81	214	32	82	148	128	76
11月	30	125	158	78	197	29	80	148	132	80
12月	29	126	163	78	202	28	83	152	131	80
1935年										
1月	31	130	198	81	192	30	86	160	137	81
2月	29	129	188	83	186	34	84	160	133	80
3月	38	126	185	85	193	34	80	164	130	75
4月	44	131	190	87	178	34	83	167	138	79
5月	48	144	215	88	178	34	86	160	137	86
6月	46	145	207	91	163	33	90	170	141	88
7月	44	144	188	92	162	32	90	171	141	92
8月	42	146	191	93	172	32	87	174	148	95
9月	43	147	185	90	187	30	85	172	141	98

行ったハリソンの努力を考慮していない．彼の見解では，パニックの時期におけるそのような手加減は重要ではない．重要なことは通貨供給量をいつでも一定に維持することである．しかし，これは後回しにしなければならない問題である．1930年10月ないし12月までアメリカの通貨供給量は減少しなかった．この時期に不況は大きかったかもしれないし，大きくなかったかもしれないが，不況は急速に深化しつつあったことは確かなことであった．

　ニューヨーク株式市場の崩壊はまず国際金融関係者に衝撃を与え，その崩壊を緩和する対策が実施された．イングランド銀行は10月29日から年末までに割引率を3回引き下げた．オランダとノルウェーは2回，オーストリア，ベルギー，デンマーク，ドイツ，ハンガリー，スウェーデンはそれぞれ1回引き下げた．この金融緩和傾向に対する例外はカナダであった．カナダでは米ドルに大幅なプレミアムが付いていたからであった．ニューヨーク市場におけるカナダ人投機筋の追加証拠金支払は，ブローカーズ・ローン市場から引き揚げられる資金がもたらすドル供給よりも大きな需要を作り出した[29]．

　金融恐慌は多くの経路を通ってある国から他の国へ伝播する．(1)地域的に分離されているが裁定取引によって連結している市場においては，国際的に取引される証券と商品は低落する．(2)ある国の市場への参加者が他国市場の参加者から心理的影響を受けるので，実際に取引が行われていなくても，それらの証券と商品は低落する．(3)他の諸国に影響する支出からの所得は外国貿易乗数を通して変化する．つまり所得の減少は輸入の減少を通して他国に影響する．(4)国際収支の通貨面が衝撃を受ける．例えば，ある国の厳しい金融引締めは海外から金を引き寄せ，海外に金融収縮を強いる．最初の2つの経路は非常に急速に作用する．最後の2経路は遅れて作用する．表10と図6はニューヨーク株式市場の崩壊が海外に急速に伝播したこと，カナダとベルギーにおいては同程度に，他の諸国には緩慢に伝わったことを示している．

---

28) Milton Friedman in *Newsweek*, May 25, 1970, p. 78.
29) Marcus, *Canada and the International Business Cycle, 1927-1939*, pp. 64, 69. カナダはニューヨーク株式市場の高騰に投資される資本の流出によって，1929年には金本位制を事実上離脱せざるを得なかった．Ronald A. Shearer and Carolyn Clark, "Canada and the Interwar Gold Standard, 1920-35: Monetary Policy without a Central Bank," 1984, esp. pp. 293ff. and fig. 6.7 参照．

高騰する株式市場は金融を逼迫させることにより景気を損なうことができる，という点については第3章で述べた．株式を売る企業は資本を一層容易に調達しうるにしても，そうなのであった．そういうことであれば，低落する株式市場は金融緩和によって景気を助長しうることになるであろう．証券発行の誘因を弱めることによるその効果は，金利低下によるその利点を上回ることはありうる．しかし経済は必ずしも対称的に動くとは限らないし，また株式市場の低落がその上昇よりも短期間だけ起こるとすれば，それは違ってこよう．一段と急速で強力なデフレーションの勢いに襲われれば，金利低下の景気促進効果は現れようがない．

流動性パニック

　外国の資本家やアメリカの地方銀行と株式会社はニューヨーク市場からコールマネーを引き揚げ，そのため個人投資家は巨額の損失を被り，そこで彼らは消費支出を削減した．ニューヨーク株式債券市場を容易に利用しうることを当てにしていた諸企業は，流動性を求める競争に参入して支出を削減した．生産は激減し，在庫は整理された．流動性パニックは不動産抵当融資に拡大した．その当時，アメリカでは抵当融資は通常，未償還3年債務により融資され，融資額の3分の1が年々支払われねばならなかった．住宅所有者はその債務を完済するための現金をほとんど持ち合わせていなかった．抵当権所有者が資金を必要とし，住宅所有者が別のどこかで新規に融資を得ることができない場合は，譲渡抵当権が行使された．そしてこういう場合が実際に頻発したのであった．住宅や新築ビルの価格は急速に低落した．これら不動産価格の低落は株式相場の損失による資産効果や人口増加の減少やクズネッツ循環によって説明されうるよりも遥かに急速であった[30]．

　下落の速度は印象的であった．鉱工業生産は1929年10月の110（季節調整済みの数値）から11月には105に，12月には100に低落した．これは1920年以降における同指数の最も急速な下落であった．その大部分は自動車の動向によ

---

30) William F. Butler, "Is Another Great Depression Possible?," 1969, p. 5 参照．

表11 主要商品のアメリカ価格の変化，1929年9-12月
(%)

輸入品		輸出品	
ココア	-15.4	トウモロコシ	-15.1
コーヒー	-31.1	綿花	-5.6
銅	-9.3	小麦	-3.6
皮革	-18.4		
鉛	-8.8		
ゴム	-20.5		
生糸	-10.0		
砂糖	-6.8		
錫	-12.3		
亜鉛	-16.7		

出所) 後掲表14より算出．

るものであった．自動車生産台数は8月の44万台から10月には31万9000台に，11月には16万9500台に，12月には9万2500台に減少した．1920年代にはモデル・チェンジは年末に行われたが，生産の最低点は通常，11月であって12月ではなかった．

　鉱工業生産の場合より印象的だったのは，商品価格の低落と輸入の減少であった．農産物価格は連邦農務委員会の価格支持操作の結果として1930年1月までは下落しなかった，とフーバーは主張している[31]．実際，平均価格で見ると，小麦の場合は11月前半に14セント下落したものの，9月から12月までに僅かに3セントないし5セントの下落に過ぎず，綿花は同期間に5％下落しただけである．しかしトウモロコシの価格は9月に92セント低下した後，10月から12月までに14セント下落し，コーヒー，ココア，ゴム，生糸，皮革，錫のような外国産品は大きな打撃を受けた．

　連邦農務委員会は一定の役割を演じたのかもしれない．同様に，ブラジルのコーヒー価格安定計画のような価格支持装置の崩壊もある役割を果たしたであろう．しかし商品価格の急速な低落において決定的な役割を果たしたのは金融であった．その当時，大半の輸入品はニューヨークその他の諸港に委託販売により積送され，到着次第販売された．買い手はその購入資金を銀行の融資に依

---

31) Hoover, *Memoirs of Herbert Hoover*, vol. 3, p. 50.

表12 主要国の卸売物価変化率(年率%), 1929年8月-1930年9月

アメリカ	フランス	日本	カナダ	イギリス	ドイツ	イタリア
-12.2	-6.7	-22.3	-16.0	-14.9	-10.8	-14.3

出所) Schwartz, "Understanding 1929-1933," 1981, table 5, p. 24.

存した.しかしニューヨークの諸銀行は地方銀行と「銀行以外」が突然に中止したブローカーズ・ローンを引き受けなければならなくなって,商品の買い手に対する信用限度額を削減した.個人による商品の売り投機はある役割を演じたかもしれない.しかし重要な点は,アメリカ国内で融資される輸出品の価格が輸入品価格ほどには下落しなかったことであり,そして輸入品の中でボストン,ボルチモア,ニューヨークなどの諸港に集中している精製輸入業者が主として融資している唯一の商品,砂糖が委託販売商品ほどには下落しなかったことである.その数値は表11に示してある.

ニューヨークにおける商品価格の下落は輸出商品の低落,裁定取引,心理的伝染により海外に波及した.海外の価格下落は表12に見るようにアメリカとほぼ同じか,あるいはそれを上回った.商品価格の低落は次いで貿易に影響した.アメリカの輸入は驚くべき速さで減少した.1929年9月の輸入額は3億9600万ドル,その直前3か月平均3億6000万ドルを上回っていたが,12月には3億700万ドルに20%減少した.ドイツの輸入は1930年第1四半期までは減少しなかった.その動向はアメリカの輸入動向とともに図7に示した通りである.ドイツの輸入が減少しなかったのは輸入期間のずれによる.輸入品はその到着後に購入されるのではなく,海外で購入され,それから船積みされるのであり,その場合にある種の期間のずれが生ずる.アメリカの輸入が急速に低下したために,1929年10月から輸出減少が輸入減少に追いつく1930年1月までの4か月間には,毎月1億ドル以上の貿易黒字が生み出されることとなった.

こうしてデフレーションは1つの連鎖においては株式市場の下落から生産の削減,在庫整理へと進展したし,他の連鎖においては株式価格から商品価格へ,さらに輸入額の減少へと進展した.両者とも急速であった.株式市場と商品市場との関連は幾分か心理的であり,また疑いもなく当初は幾分か信用機構によるものであった.というのは銀行と企業が流動性を求めて苦闘したからであっ

図7 アメリカとドイツの商品輸入，月別，1928-30年（100万ドル）

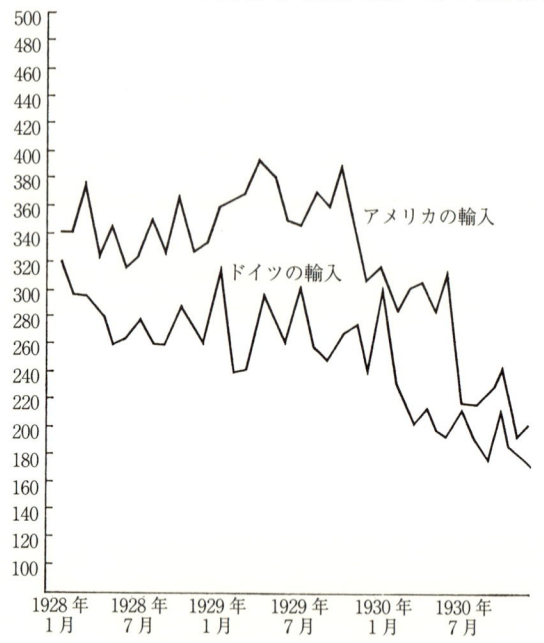

	アメリカ			ドイツ		
	1928	1929	1930	1928	1929	1930
1月	341	359	317	321	312	311
2月	342	364	283	298	243	236
3月	379	371	304	295	244	199
4月	327	396	306	281	299	212
5月	348	381	282	260	271	198
6月	317	350	320	266	258	195
7月	323	347	218	283	305	217
8月	353	373	217	260	257	190
9月	325	357	227	261	248	176
10月	368	396	245	290	364	236
11月	328	332	197	271	277	175
12月	334	307	201	264	240	163

出所） League of Nations, *Statistical Yearbook*, various issues; League of Nations, *Monthly Bulletin of Statistics*.

た．1929年末には信用市場は急速に緩和され，この圧迫源泉は無くなった．それは遅すぎた．先進国が低開発国からの輸入を削減し，その低開発国が先進国からの輸入を削減するという正の増幅装置がかなり働いており，勢いを増しつつあった．株式市場はその上昇局面では低開発国への資本移動を中断し，下降局面においては流動性危機を引き起こし，この流動性危機は低開発国の輸出を急速に減少させることとなった．この動向はアメリカに反作用した．年が変わるとアメリカの輸出は急激な減少へと転じたのである．

他方において株式市場と景気状況との間には企業にとっては信用利用可能性を通して，そして証券所有者に対しては資産・所得効果を通して関連があり，1930年には疑いもなくこの関連が影響を及ぼし始めた[32]．それらはいずれも，1929年には実業家の期待に反して，作用する時機を持ち得なかったものである．景気拡大的に働くこれらの関連はすでに進行中のデフレーションの累積的な諸力によって圧倒されるにいたった．

1929年末に景気，商品価格，輸入が突如として崩壊した事実に照らしてみれば，当時の株式市場がデフレ機構の一部ではなく，1つの表面的な現象であり，1つの合図であり，あるいは1つの誘因であった，と主張することは困難である．そのことについて独断的であってはならないが，しかし株式市場の崩壊をある過程の出発点と特徴付ける伝統的考え方には何かがある，という結論を避けるのは難しい．株式市場の崩壊によってコール市場と株式所有者に対する国内国外の貸し手側は流動性の奪い合いに駆り立てられた．この動きが進む中で注文は取り消され，ローンは回収された．連邦準備当局が公開市場において証券を買い，ニューヨークにおいて再割引率を引き下げるためにとった措置は，信用市場を急速に好転させた．しかしこの時にはすでにデフレーションは脆弱な商品市場と耐久財産業に伝播されていた．株式市場の崩壊は貪欲な人々が欲に心を奪われたためであると歴史家に皮肉を言わせるために興味を引くのではなく，それ自身の活力で進行する1つの過程を開始させたものとして興味を引くのである．

---

32) Frederic S. Mishkin, "The Household Balance Sheet and the Great Depression," 1978 参照．

第6章

深淵への滑落

1930年初頭の回復

　ニューヨーク株式市場は図5(106頁)が示すように1930年初めの数か月間は安定しており，鉱工業生産や輸入，雇用を含むその他の様々の指標も同様であった．雇用は実際に前年12月の水準から回復した．価格は第1四半期中にはココア，コーヒー，ゴム，皮革，生糸，銅，錫など多くの商品において引き続き低落したが，しかしそれは1929年最後の3か月におけるほど急激なものではなかった．5月1日にフーバー大統領はアメリカの状況についてその困難を通り過ぎてはいないが，最悪期は脱したものと確信していると述べた．彼は第1の点では正しかったにしても，第2の点ではなおさら間違ってはならなかったが，間違ってしまった．

　国際貸付は低開発諸国に対しても，またヨーロッパ，特にドイツに対しても回復した．アメリカ，イギリス，オランダ，スイスの外債発行総額は1928年の21億ドル，1929年の13億ドルに比較して1930年には全体で17億ドルに達した．同年第2四半期には外債発行額は最大となり，融資総額は7億2700万ドルに達した．この金額は1928年第2四半期の記録的数値7億5000万ドルに匹敵するものであった[1]．そのうちの3億ドルは6月に発行されたヤング公債であった．1億ポンドはサンパウロ州が1929年の豊作で急増したコーヒーの余剰分に金融するために，ロンドンで借り入れたものであった．3月にドイツ政府は農業支援と失業救済に関連して財政難に直面し，スウェーデンのマッチ独占企業クリューガー・アンド・トール社から1億2500万ドルを借り入れ

---

1) Robbins, *The Great Depression*, p. 72.

た．同社はこれをアメリカのリー・ヒギンスン商会で割り引いた．そのほかニューヨークで借り入れた諸国はラテンアメリカ，オーストラリア，日本であり，イギリスでは自治領諸国が借り入れた．国際資本市場は1年半脇道にそれた後，当分の間は再び機能するかのようであった．それは必要とされていたのである．株式市場ブーム中に国際資本市場がその機能を停止したために，多数の証券発行が延期されており，設備稼働率が低水準にあったにもかかわらず，一部において証券発行を求める動きがあった．1929年10月にドイツの経済復興について書いたジェイムズ・W.エンジェルは，1929年4-5月にヤング案に関するパリ会議が支持した外債発行の大部分は1929年秋から冬にかけてアメリカにおいて売りに出されるであろう，と予想した．彼は続けて，外債発行は時には弱さを反映するものであるが，今回のドイツの借入れは豊かな収益を生み出すドイツの国力が再建されたことを表すものであると結論した[2]．

ヤング公債は1924年のドーズ公債とは著しく異なっていた．ドーズ公債の場合には10倍もの過大な応募があり，対外貸付の波動を誘発したが，ヤング公債の場合はそれどころではなく，総額のうちアメリカの引き受け分1億ドルは発行直後に減価した．さらに，アメリカが利子率を引き下げている間に資本はフランスに流出した．フランス資本市場は5月の国際決済銀行向けの資本発行とヤング公債発行とに関心を示した．両者ともフランスの募集額より多くの応募があった．しかしその勢いは持続しなかった．ヤング公債発行による資金動員はフランス市場を逼迫させた．資金逼迫により同市場は対外貸付から転換することとなり，短期資金はニューヨークとロンドンからパリに引き寄せられた．7月末にニューヨーク連銀のハリソンはモローに対し，自分はアメリカの利益のためにではなく，全問題を大局的見地から考えてフランスへの金流出に不安を抱いている旨打電した．特に彼はフランスが対外融資をもっと増やすことを希望した．フランス銀行は9月に辞任するモローの後任者に予定されているモレを通して回答した．フランスは金流入を望んでいないし，それは大部分，季節的なものであると信じている，とモレは主張した．対外貸付を拡大することは困難であった．特に不況により資金需要は減退していたし，ウィーンが戦

---

2) James W. Angell, *The Recovery of Germany*, 1932, p. 359.

前債務をまだ清算していないことなど幾つかの重要課題を処理する必要があった3).

　不況に関するある見解によれば，国際長期貸付の持続的回復が極めて重要であった．不況に先行するブームないしインフレが不況の原因であると考える人々は一般的に，貸付を緩和しようとはしなかった．彼らはそのシステムを絞り機にかけ，過去の誤りを清算し，無用の長物を取り除くことが必要であると考えた．この隊列にはロビンズやハイエクのような経済学者がいたし，アメリカ政府内には財務長官アンドリュー・メロンがいた4)．彼らに反対していたのはマネタリストや市場安定論者，介入主義者から計画経済論者にいたる多くの異なる学派の人々であった．しかしこれらの人々はすべて市場を整理するよりもむしろ市場を支持することが効果的であると考えた．問題は根本的なものである．安定した世界においては，世界経済の一部における景気後退はその不況国が貸付を拡大することによって均衡を回復する．その貸付は他の諸国の国際収支赤字に金融し，それによって投資が維持されることになる．イギリスは1914年以前の時期にこのようなメカニズムを動かしていた．1929年以後はそうすることができなくなった．アメリカは世界の他の諸国の生産物に対する支出を削減した．しかしアメリカもフランスも融資によってそのシステムを維持することができなかったし，維持しようともしなかった5).

　何故そうなったか，その理由は全く明らかでない．アメリカの1924年と

---

3) Federal Reserve Bank of New York files, Harrison cable to Moreau, July 31, 1930; Moret cable to Harrison, August 2, 1930.

4) 「財務長官メロンが先導する"放任清算主義者"は次のように考えた．政府は介入してはならないし，その暴落それ自身に事態を整理させなければならない．メロン氏はただ1つの公式をもっていた．「労働者を整理し，株式を整理し，農民を整理し，不動産を整理せよ」．彼は次のように主張した．人々がインフレ的精神錯乱にとりつかれた時，彼らの精神状態からそれを取り除く唯一の方法はそれを崩壊させることである．彼は言う．「それはそのシステムから腐敗を除去するであろう．高い生活費と高級な生活は崩壊するであろう．人々はもっと一生懸命に働き，もっと道徳的な生活を送るであろう．社会的な価値は調整され，企業人は能力の低い人々の中から敗残者を取り除くであろう」」(Hoover, *The Memoirs of Herbert Hoover*, vol. 3, p. 30)．ポール・ジョンソンによれば，これはフーバーが大統領在任中に受けた唯一の賢明なアドバイスであったという (P. Johnson, *Modern Times*, p. 244)．

5) Hans Neisser and Franco Modigliani, *National Incomes and International Trade: A Quantitative Analysis*, 1953, pp. 131-34.

1927年の小さな不況はアメリカとイギリスの対外貸付によって緩和された。1930年初めの数か月間に新しい動きがあった。ナイサーとモジリアーニはイギリス以外のどの国も補正的融資を行う仕組みを持っていなかったと述べている。この説明はフランスには妥当するかもしれない。アメリカには市場機構は存在していたが，それは1年半の臨時休止中に対外融資が減少したことによって傷付いたのかもしれないし，また生き過ぎた行為によって信用を幾らか落としたのかもしれない。しかしその装置は十分に適切に動き始めた。それがどうして停止するにいたったのであろうか。

1つの理由は多くの潜在的な借手がその信頼性を失った，ということであった。破産や債務不履行が起こり，通貨が切り下げられ，政変が起こり，そして中でも商品と資産の価格が低落したことによって，多くの国内事業と諸外国は融資リスクをとるに値する魅力を失った。金利はアメリカでは比較的に安全な商業手形で低下し，国債では安定していた。1930年8月から二級社債(Baa)の利回りは上昇し始めた。同様の現象はそれより早く外国債に起こっており，優良債券は安定し，それよりリスクの高い債券は価格が下落し，利回りが上昇した。その事実は図8, 図9に示した通りである。アメリカ内国債のデータはフリードマンとシュウォーツの著書から借用したものであり[6]，外国債券についてはジェフリー・サックスから借用した[7]。高格付け債と低格付け債との乖離は期待の激しい変化と信頼の喪失を反映するものである。その乖離は特にA外債とBaa外債(しかしAaaまたはAaではない)において特に顕著であった。Baa外債は1929年中には低下し，1930年4月まで急速に回復し，それから再び低下し始め，11月から12月には崩壊した。シュンペーターが述べているように「人々は大地が足下で崩れるように感じた」のである[8]。

これと同様に直接投資においても信頼は失われた。「周辺諸国」に対するアメリカの債券融資は1929年から1930年にかけて(ラテンアメリカに対しては7100万ドルから2億2500万ドルに，アジア，オセアニア，アフリカに対しては1700万ドルから7700万ドルに)増加したけれども，直接投資は減少した。1929年にア

---

6) Friedman and Schwartz, *A Monetary History of the United States, 1867–1960*, p. 304.
7) Jeffrey Sachs, "LDC Debt in the 1980s, Risk and Returns," 1982, p. 227.
8) Schumpeter, *Business Cycles*, vol. 2, p. 911(邦訳，V 1363頁)。

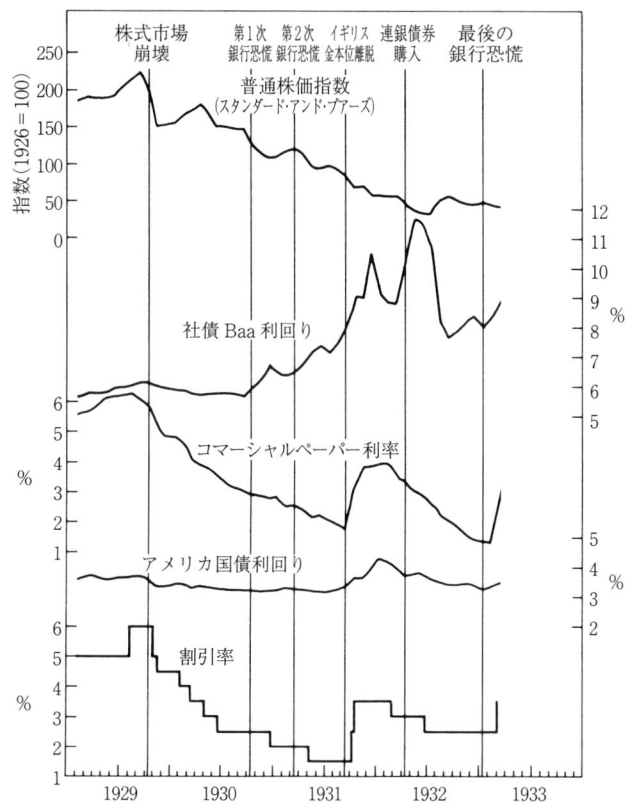

図8 普通株相場，債券利回り，ニューヨーク連邦準備銀行の割引率
（月別，1929年‐1933年3月）

```
株式市場  第1次  第2次  イギリス  連銀債券  最後の
崩壊      銀行恐慌 銀行恐慌 金本位離脱 購入     銀行恐慌
```

- 普通株価指数（スタンダード・アンド・プアーズ）
- 社債 Baa 利回り
- コマーシャルペーパー利率
- アメリカ国債利回り
- 割引率

出所）Friedman and Schwartz, *A Monetary History of the United States, 1867-1960*, 1963, p. 304.

メリカ企業はラテンアメリカの事業に2億500万ドルを投資したが，1930年には4100万ドルを投資したに過ぎなかった．これに対応するアジア，オセアニア，アフリカについての数値はそれぞれ6500万ドル，1400万ドルである[9]．1930年にはロンドン市場は外国政府向けの債券発行に対して閉鎖された．

---

9) Heywood W. Fleisig, "The United States and the World Periphery During the Early Years of the Great Depression," 1972.

図9 アメリカの高格付け内国債と比較した
格付け別外債利回り

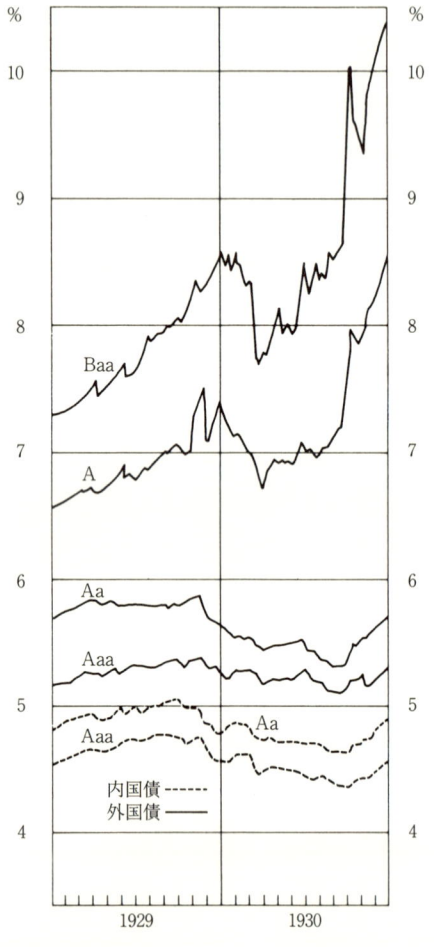

注) 各曲線は債券40銘柄について満期までの平均利回りによる．外債40銘柄のリストには国債20銘柄，市債15銘柄，社債5銘柄が含まれる．
出所) *Moody's Manual of Investments: Government Securities* (New York: Moody's Investor Service, 1931), p. 12. Reprinted in Jeffrey Sachs, "LDC Debt in the 1980s," 1982, p. 227.

1930年3月以後間もなくして商品価格は再び低落し始めた．その時期は商品によって異なるが，6月にはその値動きの方向と程度がはっきりした．収益機会は急速に収縮していた．不況は無収益点を通過し，通常の事業向け融資によっては回復できないところに来ていた．

関　税

1927年の世界経済会議で原則的に合意をみた関税引下げが実施に移される間の暫定措置として1929年に関税休戦が提案され，その細目を取り決めるための会議は結局，1930年2月に開催された．その時機が良くなかった．スムート＝ホーリー関税法は1929年5月に下院を通過し，上院において集中審議の最中であった．アメリカばかりでなく英連邦自治領も関税引上げを計画中であり，「協調的経済行動のための準備会議」に出席しなかった．同会議に出席した27か国のうち，1931年4月までは関税を引き上げないという最終協定に署名した国は11か国に過ぎなかった．批准期限は1930年11月1日であり，その時までに署名した国はイギリス，スカンジナビア4か国，ベルギー，スイスの7か国に減少した．

他の諸国はスムート＝ホーリー関税法が成立する前に関税を引き上げたけれども，アメリカ議会における法案審議の経過は綿密に注意深く追跡され，大統領による拒否権行使の機会は非常に重要視された．30か国以上の外国政府が正式に抗議した．同法への報復の一部はその成立を予期して実施された，とジョーンズは述べているが，その理由と口実を区別することは難しい[10]．フランスとイタリアは1929年3月に自動車関税を引き上げた．インドは1929年2月に反物の関税を引き上げた．オーストラリアにおいては1930年4月に新たな一般的な関税引上げが実施されたが，その引上げは1929年11月と12月に実施した一連の特定関税引上げに追加するものであった．しかしスムート＝ホーリー関税が1930年3月に上院を通過し，4月には両院協議会で討議され，最終的に可決されて1930年6月17日に大統領の署名を得て法律として成立した

---

10)　Joseph M. Jones, Jr., *Tariff Retaliation: Repercussions of the Hawley-Smoot Bill*, 1934.

ことは，報復の波を解き放った．ジョーンズはスペイン，スイス，カナダ，イタリアの反応を詳細に論じている．スペインはブドウ，オレンジ，コルク，玉ネギに対するアメリカの関税に関心をもっていて，1930年7月22日にワイス関税を可決した．スイスは時計，刺繍品，靴の関税引上げに反対して，アメリカ輸出品の不買運動を実施した．カナダは多くの食料品と丸太・木材の関税に反発し，この問題により1930年8月には政権が交替し，その後1932年オタワ協定にいたるまでに3回にわたって関税を引き上げるにいたった．イタリアは麦藁の帽子・ボンネット，フェルト帽，オリーブ油の関税に反対し，1930年6月30日にはアメリカ（およびフランス）製自動車に対し報復措置を採用した．またキューバ，メキシコ，フランス，オーストラリア，ニュージーランドも新しい関税を制定した．

　1932年の大統領選挙戦中，ルーズベルトは1932年9月29日，アイオア州スーシティーでの演説においてスムート＝ホーリー関税を不況の原因として攻撃した．同法の可決に指導的な役割を演じたペンシルバニア州選出上院議員の名に因んで「グランディ〔世間体を気にした因循姑息な〕関税」と呼んでそれを非難し，他の諸国が債務支払を貨物で行うことを同関税は妨げることによって，これら諸国を金本位制離脱に追い込んだ原因になったとしてそれを攻撃した．これはアメリカが債権国に相応しい行動をしなかったという，ごくありふれた告発であった．ルーズベルトはさらに続けて次のように主張した．これら諸外国は金本位制を離脱してから，一層多くの貨物を輸出しており，このことは関税が通常の価格引上げ効果ではなく，むしろ価格引下げ効果を発揮したことを意味していると．これらの批判に対するフーバーの回答は言い逃れであった．フーバーは民主党が関税を引き下げてアメリカ農業の地位を弱めようとしているとして民主党を非難した．彼は同法案に署名したにもかかわらず，完全な関税法などはないと述べたのであった．彼は回顧録において，スムート＝ホーリー関税は株式市場崩壊後9か月して制定されたものであり，不況とは関係がないことを強調しているが，この議論はその可決に1年半を要したことに照らして見て根拠薄弱である[11]．一般的に彼はその問題を重要でないものとして簡単

---

11) Hoover, *The Memoirs of Herbert Hoover*, vol. 3, p. 291.

に片付けている．

　戦債・賠償に対する1930年関税の重要性は明らかに過大に評価されている．当時，1028人のアメリカの経済学者がフーバー大統領に同法案を拒否するよう求めたが，これらの経済学者たちとは違って現在，大半の経済学者は関税を支持するか，それに反対するかについて国際収支論を援用しようとはしない．関税は所得と支払いに対してマクロ経済的効果を持ち，その効果は関税が相互報復によって積み上げられると累積することになるが，ある一国の関税引上げの主要な影響は資源配分と所得分配に現れる．さらに海外貿易に対するマクロ経済効果は不利なものであるけれども，それは所得に対する有利な国内のマクロ経済効果によってある程度まで相殺される．旧所得水準では輸入は減少するが，その輸出減少は支出が海外から国内生産物に転換されることから生ずる所得の増加によって一部は回復される．ルイスの主張するところによれば，1930年に関税を引き上げたことは誤りではなかったけれども，1933年に関税は引き下げられるべきであった[12]．

　このような考え方は現在，マネタリストがその問題を考察する方法ではない．アラン・メルツァーを先頭にますます多くのマネー重視の経済学者はスムート＝ホーリー関税法を重視する傾向にあるが，サー・アーサー・ルイスのケインズ的外国貿易乗数を無視しており，そしてその大半が報復関税には明確には言及しない[13]．関税問題に関する上院小委員会における少数の批判票がそれぞれ10月24日の暗黒の木曜日と29日の暗黒の火曜日の株式市場暴落を引き起こしたというワニスキーの見解については前に注記したし，それはこじつけであると述べた．マネタリストはそれほど極端なことまでは言わない[14]．サックスが力説するのは，関税が外国の輸出を削減し，海外の交易条件を悪化させ（これは報復を想定していない），外国の債務不履行を引き起こす一因になった，という点である[15]．外債Baaの2回目の低落（図9参照）はフーバーがスムート

---

12) Lewis, *Economic Survey, 1919–1939*, pp. 60–61（邦訳76–78頁）．
13) Meltzer, "Monetary and Other Explanations of the Start of the Great Depression."
14) Brunner, ed., *The Great Depression Revisited*, 1981に掲載の論文，特にSchwartz (p. 22), Gordon and Wilcox (pp. 82ff.), やや曖昧であるがMeltzer (p. 150), Karl Brunner (pp. 331–32)を参照．
15) Sachs, "LDC Debt in the 1980s," p. 226参照．

＝ホーリー法に署名する3か月前に起こっているという事実は，関税がその外債下落，利回り上昇の原因ではなかったということを必ずしも意味しない．この合間における期待が懸念材料として寄与したのかもしれない．

　スムート＝ホーリー関税法は外国の報復を考慮にいれればデフレ要因であった，という点については見解に相違はない．実質的な失敗はその当時の指導性にあった．フーバーが1928年の大統領選挙戦において農業関税を考慮したことについては恐らく許容されよう．シュンペーターが述べているように，関税は共和党の「常備薬」であった．誤りはその常備薬を特効薬として取り扱い，それを求めるすべての人々に投与したことにあった[16]．民主党は共和党とともにその責任を分担しなければならなかった．何故ならば共和党はホワイトハウス同様，同法案を制御できなくなっていたからである．シャットシュナイダーは同法制定に関する彼の古典的研究を次の言葉で結んでいる．「圧力を管理することが政治をすることである．圧力を野放しにすることは責任を放棄することである」[17]．フーバーとアメリカは責任を放棄した．同法案に署名したことは「世界史における転換点」であった[18]．経済技術的理由からそうなのではなく，世界経済に責任を持つものがいないということを明らかにしたがゆえにそうなのである．

　経済的手段と一政党との文化的一体化はアメリカにおいては一層大幅な高率関税を導入することとなったが，イギリスにおいてはその一体化が関税を抑制することとなった．失業は1929年3月の120万4000人から1年後には170万人に増加した．1929年7月から政権を担当した労働党政府は自由貿易を公約していた．1930年1月にマクドナルドが任命した経済諮問委員会はケインズを長とする対策委員会を設置し，同委員会が基本的な経済状況を診断し，対策を勧告することとなった．幹事役のヒューバート・ヘンダーソンが不況進展の状況について報告書を書いた．彼は不況の原因は高金利であり，低金利によっ

---

16) E. E. Schattschneider, *Politics, Pressures and the Tariff: A Study of Free Private Enterprise in Pressure Politics as Shown in the 1929-1930 Revision of the Tariff*, 1935, pp. 283-84.
17) ibid., p. 293.
18) Salter, *Recovery: The Second Effort*, pp. 172-73（邦訳219-20頁）．

て不況が克服されうると考えた．その小委員会の知性，ケインズとG.D.H.コールは国内投資の刺激，関税と輸入統制，輸出補助金を支持した．彼らの同僚の景気状況判断はこれとは対照的であって，イギリスの困難な状況は高課税と高賃金，社会サービス，労働組合規制によるものであり，労働党政権下でそれら要因が一段と強まると期待されることから生ずるものであった[19]．野党保守党はケインズの関税支持を歓迎した．多年にわたって主役を演じた保守党はイギリスが全面的に関税を賦課し，帝国(後のイギリス連邦)内産品に対しては関税を撤廃ないし軽減し，帝国特恵に転換することを求めてきた．彼ら保守党のスローガンは自治領への移民と帝国向け融資・貿易の特恵を意味する「移民，金融，市場」であった[20]．

しかしながら，マクドナルドとスノーデンは経済学者が提案した特効薬のいずれにも説得されなかった．1930年10月に下院が開会した時，開院式の勅語は政府の重大関心事を表明したが，それには何の計画も提示されなかった．労働党の一般議員はそこに社会主義が何も提案されていなかったことについて，自由党の指導者ロイド・ジョージは公共事業が何も提示されなかったことについて，保守党は保護主義が全く表明されなかったことについて，それぞれ不満を述べた[21]．

1930年10月の大英帝国会議において，その1か月前にアメリカ産品125品目に緊急関税を制定したカナダの首相ベネットはカナダ・英帝国最優先政策を強く主張した．イギリス政府はカナダに協力しようとはしなかった．オランダ

---

[19] ケインズは1923年にはポンドの平価復帰に反対する自由貿易論者であり，1930-31年には為替レートの引下げを主張せず，関税と輸出補助金の支持者であった．ポンド切下げ後，彼は関税を強力には主張しなくなったが，彼の立場を全面的に逆転させることはなかった．ベリー・アイケングリーンはケインズのこのような変化の中に知的一貫性の痕跡があることを見つけている．Eichengreen, "Sterling and the Tariff, 1929-32," 1981 および "Keynes and Protection," 1984 参照．この後者の論文をマーク・トマスが論評している(Mark Thomas, "Discussion of "Keynes and Protection"," 1984)．しかしトマスはケインズが彼の態度を自由貿易に根本的に転換したという一般的主張が誇張でないことを確認している．また Alec Cairncross and Barry Eichengreen, *Sterling in Decline*, 1983, pp. 53ff. 参照．

[20] Ian M. Drummond, *Imperial Economic Policy, 1917-1939: Studies in Expansion and Protection*, 1974.

[21] Grigg, *Prejudice and Judgement*, pp. 243-45.

と協力してイギリスは11月に協調的経済行動のための第2回国際会議において, 両国が自由貿易を引き続き約束する代償として同会議の他の参加国が関税を, 特に繊維と鉄鋼の関税を25%引き下げるべきことを提案した. 翌春, 受け取ったその回答はどっちつかずのものであった. 通商政策におけるイギリスの指導権は国内では理論的に覆され, 帝国内では実際に覆され, ヨーロッパでは効果を挙げえなくなっていた.

イギリスは貿易制限の分野において世界的指導性を発揮することを止めた時, 極端な行為に出た. オランダ, ベルギー, ルクセンブルクが最恵国約款には違反するけれども, 外国の通貨下落の及ぼす圧力に対して為替平価を防衛する必要から, 10年間に年5%の相互的な関税譲許を行うウーシー協定に仮調印したとき, 貿易差別に対する厳しい反対国アメリカはその権利を留保した. イギリスはその交渉担当者が帝国内特恵計画を作成するためにオタワに行く途上にあったにもかかわらず, 互恵主義を要求した. これがウーシー会議を破壊することとなった.

アメリカの金融政策

1929年11月にフーバー大統領は減税を行うことを決定し, 企業に対しては賃金を引き下げずに投資を維持することを要求する決定を行った. ニボーは「ケインズでさえこれ以上のことはできなかったであろう」と論評している[22]. この含意ある政策のどの要素もこれ以上は, あるいは長期間にわたっては推進されなかった. 景気対策の主要手段は低金利であった. 他の諸国においては, 特にドイツにおいて当局は企業の信頼を維持するために財政均衡主義を受け入れた.

ニューヨークの再割引率は1929年11月に2度引き下げられた後, 翌年の2月, 3月, 5月, 6月にそれぞれ0.5%ずつ4回も引き下げられた. その結果,

---

[22] Maurice Niveau, *Histoire des faits économiques contemporains*, 1969, p.231. フーバーに非常に批判的な意見については, Rothbard, *America's Great Depression*, ch.7参照. 彼は次のように述べている. その計画はインフレ的であったし, フーバーは「アメリカにおけるニューディールの創始者と見なされねばならない」(p.168).

再割引率は 1929 年 8 月の 6% に対し 1930 年 6 月 20 日には 2.5% に低下した．それが 1931 年 5 月には 1.5% に低落することとなった．連邦準備制度に対する銀行債務は 1929 年 6 月の 10 億ドルから 1 年後には 2 億ドル弱に減少した．この銀行債務の減少は株式市場崩壊後の公開市場操作，流通からの通貨の還流，そして極東とラテンアメリカ，特にブラジルからの金流入の結果であった．ニューヨーク連銀は 5 月ではなく 4 月に再割引率を 3.5% から 3% に引き下げるように連邦準備制度理事会に要求した．これは満場一致で拒否された．6 月にハリソンは政府証券をもっと積極的に購入するよう公開市場委員会に要求した．彼の要求は 4 対 1 で否決された．夏も終わりに近づいた頃，ニューヨーク連邦準備銀行の他の幹部達はその話題に戻り，もっと大規模な公開市場操作を推進するようにハリソンを熱心に説いた．彼はそのことに懐疑的であった．全体としてニューヨーク連銀とワシントンの連邦準備制度理事会は公開市場操作によって実施されるべきことを金利の引下げによって達成しうると期待した[23]．1930 年 7 月にハリソンは経済拡大を支持する長文の書簡において信用条件のことを論じ，通貨供給量には全く言及しなかった[24]．

　フリードマンとシュウォーツは 1930 年 1 月と 10 月の間に連邦準備制度は大規模な公開市場操作を実施すべきであったと主張する[25]．この結論は貨幣ストックに比べて信用条件は重要でないという分析に基づいている．金利は歴史的に見れば低いかもしれないが，投資機会に比べれば高く，従ってそれは融資を促進することができない．重要なのは通貨供給量である．しかしこの基準と彼らの統計解釈によれば，銀行倒産の衝撃により通貨供給量が減少し始める 1930 年 11 月までは別の金融政策を実施すべき理由はなかった[26]．それにもかかわらず，その通貨供給量の減少は 1931 年 3 月までは小幅であり，しかも名目値でそうであったに過ぎなかった[27]．名目通貨量を物価水準の低下で実質化した実質通貨量は 1929 年 8 月から 1931 年前半期まで実際に持続的に増加した．

---

23) Wicker, *Federal Reserve Monetary Policy, 1917-1933*, pp. 150-53.
24) Friedman and Schwartz, *A Monetary History of the United States, 1867-1960*, p. 370.
25) Ibid., p. 392.
26) Ibid., p. 309.
27) フリードマンとシュウォーツによれば，通貨供給量は横這いに転じたあと 1930 年 10 月に減少し始めた．このことは彼ら自身の数値に基づいて受け入れることができない．

この事実は大半のマネタリストによって無視されたけれども，ローランド・ファウベルが言うには，そのことは実質ドル残高に対する需要の増加によって容易に説明することができるのである[28]．しかしこの需要増加の源泉は明らかにされていない．

銀行倒産は1925年から，特に中西部において連続的に起こってきた．中西部においては商品と農場の価格が第1次世界大戦中から戦後にかけて大幅に上昇した後，下落し始めたことがその背景にあった．ホワイトは何千もの独立した小銀行が群境や州境を越えて組織されることを禁ずる単一銀行制がそれらの銀行倒産の原因であるという[29]．これら銀行の倒産率は1929年10月後に上昇し，次いでそのことが商品価格に強い圧力をかけた．しかし通貨供給はほとんどそれに影響しなかった．

フリードマンとシュウォーツは1930年12月にニューヨークの合衆国銀行が倒産したことから第1次銀行恐慌が始まったとする．そしてその倒産は中西部の銀行倒産によって影響を受けた預金者の不安心理によるものと考える．しかしそれより1か月早く別の重要な倒産があった．それはテネシー州ナッシュビルのコールドウェル商会の倒産であり，その倒産がテネシーやアーカンソー，ケンタッキー，サウスカロライナ，イリノイに所在する一連の提携関係にある銀行，保険会社，産業会社を破滅させるにいたった．コールドウェルは彼の連

（10億ドル）	国民保有通貨と要求払い預金	通貨と商業銀行預金	通貨・商業銀行預金・相互貯蓄貯金・郵便貯金
1929年8月	26.471	46.278	55.303
1930年9月	25.042	45.080	54.502
1931年3月	24.758	43.882	53.839
1931年12月	21.894	37.339	47.913

出所）Ibid., basic tables, pp. 712-13.

28) Vaubel, "International Debt, Bank Failures and the Money Supply," p. 253. ファウベルは民間長期証券と実物資産から割引適格の低リスク短期証券に劇的な資金移動が起こったはずであると認識する．「そうだとすれば，政府証券と交換に通貨を発行すること[拡大的公開市場操作または再割引を実施すること]よりも，(財政赤字に金融するために)貨幣と政府証券を発行することが一層適切であったであろう」と注記している([ ]内はファウベルの強調)．Ibid., p. 253, n. 4. このような劇的な転換が1930年に起こったということは図8，図9から明らかであろうし，通貨量だけを考慮する単純な主張を損なうものである．

29) Eugene Nelson White, "A Reinterpretation of the Banking Crisis of 1930," 1984 参照．

鎖組織内の銀行と保険会社が提供するピラミッド型信用に基づいて低格付け地方債に攻撃的に投資した．株式市場が崩壊し，債券市場において高リスク債と低リスク債の利回り格差が拡大したことによって，彼は1929年10月以降，行き場を失って漂流している現金を大急ぎで寄せ集めていた[30]．ウィッカーはコールドウェルの失敗は株式市場崩壊の結果ではなかったと主張するが，彼の論文が根拠にしているマクフェリン論文はこれとはほとんど全く反対の結論を出している[31]．それは高リスク融資を引き受けることによって急速に成長しようとした攻撃的銀行の実例であって，これと同様の困難な状況の中で今度は不動産関連においてであるが，1930年12月に合衆国銀行が倒産するにいたったのである．コールドウェル社と合衆国銀行は農業分野対象の銀行と同様に，現金と交換に売りに出す割引適格手形や政府債を持っていなかった．商品価格と高リスク金融資産の価格を支えるためには，ある種のデウス・エクス・マキナ＊が必要とされたのであった．事態は通貨を豊富かつ安価に供給するだけでは解決されるものではなかった．信用の価値は展望を逆転させることによって改善されねばならなかったのである．

ドイツの政治的窮境

ドイツが1920年代末に海外からの長期借入を制限した時，短期借入を制限することはできなかった．その理由は明らかでない．ドイツ国内は危機には直面しておらず，シャハトでさえもそう考えていたとバイアンは述べており，「意識が「抑制されて」いたのは，これが最初でもなければ最後でもなかったであろう」と付け加えている[32]．1930年末には対独短期信用は145億ないし150億ライヒスマルクに達していたが，これに比べて長期融資は108億ライヒ

---

30) John Berry McFerrin, *Caldwell and Company: A Southern Financial Empire*, 1939; 1969 参照．
31) Elmus R. Wicker, "A Reconsideration of the Causes of the Banking Panic of 1930," 1980.
32) Beyen, *Money in a Maelstrom*, p. 45.

［訳注］＊ 古代演劇で急場の解決に登場する宙乗りの神．困難な場面に突然現れて急場を強引に解決する救いの神，または人物や出来事．

スマルクであった[33]．その結果，ドイツは1929年4月のヤング案に関するパリ会議に関連して詳述したように国際情勢においてばかりでなく，国内の出来事についても政治動向に対して敏感であった．ドイツには外国為替心理説を発展させたアフタリオンのような人は1人もいなかった．1924年から1926年にかけてのフランスと今回のドイツとの大きな相違は，フランスの場合は国内資金が流出したのに対し，ドイツの場合は外国資金が流出したことであった[34]．

　1930年3月に失業問題から危機が起こった．1927年に失業保険条項が制定された時，一時的に80万人もの多数の失業者を支援することが必要になる場合があるかもしれないということは予想されていた．1930年初頭に失業者数は190万人であった．失業保険基金は赤字であり，ドイツ政府によって補填されねばならず，そのため政府財政は赤字に転じた．社会民主党は4％の賦課金徴収によって失業保険基金への拠出金を引き上げることを提案した．この4％の賦課金は主として，雇用契約により失業から保護されている国家公務員に対し課されるものであった．連立政権内では社会民主党と公務員を代表するドイツ人民党とが衝突し，ブリューニングがその調停を試みた．ミュラー政府が倒れると，ブリューニングは社会民主党を含まない新しい連立政権を引き継ぎ，デフレを推し進めた．デフレが要求されたのは，ヤング案のもとでドイツが債務を負担していたこと，インフレへの恐怖心が1923年から持続していたこと，価格が低下すれば賃金を引き下げて利潤を回復できると考えたことによるものであった．財政は均衡されねばならなかった．旧税は所得，売上高，ビールについて引き上げられ，新税が未婚者，倉庫，ミネラルウォーターに対して課された．支出は削減された[35]．

---

33) Rudolf Stucken, *Deutsche Geld- und Kreditpolitik, 1914 bis 1963*, 1964, p. 71n. これらの数値は1933年の調査によるものである．この調査は7月末の数値については，通常引用されるレイトン－ウィギンズの数値より高い結果をもたらし，80億ライヒスマルクではなく131億ライヒスマルクであった．

34) ディートマー・ケーゼは国際収支のデータから，国内資本の流出は外国資本の引揚げよりも重要であったと主張する．この主張は相当額の「誤差・脱漏」項目を国内資本逃避に結合することによっている．ところが，その項目の大半は外国人が貿易信用を更新しなかったことを表している，ということをケーゼは知っているにもかかわらず，そうしているのである (Dietmar Keese, "Die volkswirtschaftlichen Gesamtgrössen für das Deutsche Reich in den Jahren 1925-36," 1967, pp. 70ff.)．

35) この段落は主として，Born, *Die deutsche Bankenkrise, 1931* による．

デフレ政策は決定的に重要な2年間にわたって実施された．しかしデフレ政策が不適切なことは直ちに明らかになったはずであった．1930年3月の雇用数は1929年3月より53万7000人減少したが，1928年12月‐1929年12月間の雇用減少数は17万6000人であった．ブリューニングが政権を掌握してからは，その数は4月には143万2000人に増加し，最初の緊急令公布後の8月には200万人に達した．ブリューニングが1930年12月に一段と厳しいデフレ措置を採用した後，雇用減少数は1929年3月‐1931年3月間で280万人に達したのである[36]．

ドイツのあるグループはその負担を分担しなかった．農業，特に東ドイツの大規模農業がそうであった．この階級は保護や低利融資，オストヒルフェ(東部援助)政策による特別の配慮を受けていた．ドーズ案のもとで賠償支払のためにドイツ産業に一定の税金が賦課されていた．ヤング案がドーズ協定に代わった時，その税金は廃止されたが，しかし1万3000人の大土地所有者に対し利子と税金を軽減する東部援助に転換された．不況の真最中にその額は1億7000万ライヒスマルクに達した．その金額は輸入制限に比べれば，恐らく取るに足らないものであった．輸入制限は1932年にドイツの農産物価格を世界価格水準以上に20億ライヒスマルクも引き上げたが，その最終負担者は東部援助よりもはっきりしていた．

歳入引上げと歳出削減の過程は政治的であり，ブリューニングは緊急令による統治期間中，ワイマール憲法第48条に基づいて国会(ライヒスターク)に計画を提示しなければならなかった．1930年6月18日，国会は緊急令の廃止を可決した．ブリューニングはこれに国会の解散をもって応え，法定選挙日より2年早く9月14日に新選挙を実施することを要求した．これは惨憺たる結果をもたらすこととなった．

9月の選挙において国家社会主義ドイツ労働者党(ナチス)は議席を12議席から107議席に増やし躍進したが，またその反対派である共産党も54議席から77議席に議席を増やした．ブリューニングの中央党は議席を僅かに増やした

---

36) Keese, "Die volkswirtschaftlichen Gesamtgrössen für das Deutsche Reich in den Jahren 1925-36," p. 39.

が，他の連立諸党は大幅に議席を失った．社会民主党は 145 議席をもって第 1 党の地位を維持した．連立諸党はあわせて 171 議席を得たに過ぎなかった．早速，2 つの結果が現れたが，2 つとも重大なものであった．第 1 は外国資金の引揚げであり，第 2 は引き続き政権担当の道を選んだブリューニングが統治手段として国家主義的政策を一段と強化する決定をしたことであった[37]．これは主として賠償反対からなるものであったが，後には海軍再軍備と独墺関税同盟を含むにいたった．賠償に対する攻撃は借款交渉中に一時的にぼかされた．公職を辞任したシャハトはアメリカでヤング案反対の遊説旅行を行い，賠償を攻撃した．しかし，それはフランスにおいて激しい反発を呼び起こし，フランスの新聞は対独信用の引揚げをもって脅迫した．イギリスの反応はもっと穏やかなものであり，1930 年 12 月 10 日付けの覚え書においてイギリスは賠償義務についてのドイツの解釈に反論した[38]．外国資金が引き揚げられたために，ドイツはリー・ヒギンスン商会を幹事とするシンジケートから新たに 1 億 2500 万ドルの信用を組成しなければならなかった．これは 10 月 11 日に完了した．

ドイツの商業銀行は 1930 年 6 月には約 180 億ライヒスマルクの預金を持っていた．これは 1926 年の預金が月平均でその額の半分以下であったのに比べて一段と高水準にあった．1929 年には預金の 38% が外国資金であった．自己資本・預金比率は 1 対 10 であったが，これに対し以前は 1 対 7 の水準であり，イギリスの慣行では 1 対 3 であった．流動性比率は戦前水準の 7.3% から 1929 年には 3.8% に低下した．第 2 次準備もまた 49% から 37% に低下した[39]．短期形態のある資産は事実上は長期であった．しかし正確な額は不明であるが銀行引受手形のかなりの部分は表向きでは国際貿易関連財貨の船荷証券に基づいて海外で支払われることとなっていたが，実際上は振出し銀行の信用以外には何の裏付けもない金融手形であった[40]．

---

37) Heinrich Brüning, *Memoiren, 1918-1934*, 1970, p.199(邦訳，上 231 頁)参照．この本の叙述によれば，賠償改正の必要性についての間接的な発言は協力関係にある諸政党を安心させ，またその当時(1930 年 10 月)は改正反対の反発を引き起こすこともなく，アメリカとイギリスにおいて理解されたことは明らかであった．

38) Bennett, *Germany and the Diplomacy of the Financial Crisis, 1931*, pp. 22, 26.

39) Born, *Die deutsche Bankenkrise, 1931*, pp. 19-22.

40) Beyen, *Money in a Maelstrom*, p. 82. バイアンによれば，外国の銀行は手形に担保がな

ドイツの商業銀行の預金は8月には3億3000万ライヒスマルク，9月には2億2500万，10月には7億2000万，合計12億8000万ライヒスマルクも減少した．ライヒスバンクは10億ライヒスマルクの金を喪失した．その資金ポジションは同年末には借款によって安定したが，なお引き続き弱かった．そしてそれら商業銀行は証券市場で低落し続ける自行株式を買い入れたために資金ポジションを改善できなかった．これら銀行は年末には巨額の証券値下がり損を償却しなければならないことになっていた．その間にダルムシュタット・ウント・ナチオナルバンク（ダナートバンク）は自行発行済み株式資本6000万ライヒスマルクのうち2800万を買い上げたし（31年夏までに），コメルツ・ウント・プリヴァートバンクは7500万ライヒスマルクのうち3700万を，ドイッチェバンク・ウント・ディスコントゲゼルシャフトは2億8500万ライヒスマルクのうち3500万を買い上げた．その結果，これら銀行の流動性は悪化し，資本・預金比率は低下した[41]．金利は同年前半期にはアメリカの信用緩和に伴って低下していたが，後半期には引き締まった．例えば，1月物の金利は1929年12月の8.78％から8月には4.43％に低下したが，年末には7.24％にまで戻した．政治的にも金融的にも経済的にも緊張は高まりつつあった．

ヨーロッパの他の諸銀行

　他のヨーロッパ諸国の銀行は1930年に様々な問題に直面した．イギリスのウィリアム・ディーコンズ銀行とオーストリアのボーデンクレディットアンシュタルトが1929年に救済されたことについては前に述べた．ウィリアム・ディーコンズ銀行は実際に困難に陥ったイギリスの唯一の銀行であった．株式銀行は1919-20年の産業融資が焦げ付いたことから困難な10年を経験することとなったが，全体としてイギリスとフランスの銀行はヨーロッパ大陸の他の諸

いことを知っていた，とドイツのある会社が述べた．1933年に私がコロンビア大学で受講した貨幣銀行論のクラスでラルフ・W.ロウビーは，ニューヨークのある銀行家がドイツのコルレス先が彼の銀行宛に振り出した多数の手形を合計したところ，一連の半端な額の合計がおよそ何百万もの額になった，という大筋の話をした．

41) Born, *Die deutsche Bankenkrise, 1931*, pp. 60-61.

国のような,特にドイツとイタリアにおいて顕著であったような困難を免れた[42]．フランスの民間銀行のうち1行ないし2行に問題があり,有力銀行1行の破産が承認された．しかしフランスの大半の銀行は1926年以後の資本の還流により巨額の流動性を保有することとなり,産業融資を行わないという伝統に支援されて,1930年代に入ってもよく流動性を維持していた[43]．

困難に陥ったのはドイツ,イタリア,オーストリア,ハンガリー,スペインのいわゆる兼営銀行または産業銀行であった．これらの銀行は産業に巨額の長期融資を行い,産業株式を購入した．この慣行は貸出を短期信用に限定し,一時的資金不足に融資するイギリス銀行業の伝統とは全く異なるものであった．問題はスペインにおいては深刻でなかった．スペインは1920年代の景気拡大においても,1930年代の景気収縮においても似たような状況にあった[44]．しかしイタリアの経験は特別に深刻であり,そしてそれはアメリカで大問題が起こるかなり前にヨーロッパにおいて重大な銀行危機があったことの解明に役に立つ．

これに先立つイタリアの諸銀行の苦境は対ポンド為替平価を150リラから90リラに大幅に引き上げる「対ポンド平価90リラ」回復政策に遡る．これは深刻なデフレーションを引き起こし,イタリア証券市場に大きな打撃を与え,イタロ・ブリタニカ銀行を危機に陥れた．そして金融当局の要求に応じて4大商業銀行が証券価格の安定に乗り出すこととなった．この努力を続ける中でこれら大銀行は2億リラの損失を出した[45]．困難はさらに一段と深まりイタリア資本市場を弱体化させることとなった．そこで1914年の戦争勃発時に,そし

---

42) Gianni Toniolo, "Per un'analisi comparata delle cause delle crisi bancarie nell'Europa dei primi anni Trenta," 1982, esp. pp. 226-28, 231-34. この論文はローマ銀行がその百年祭を祝うために開催した会議の議事録,両大戦間期の銀行と産業に関する数巻本の中の一巻に掲載されている．専門家の論文数編の英訳版が「ジャーナル・オブ・ヨーロピアン・エコノミック・ヒストリー」の特集号「両大戦間期の銀行と産業」(1984年)として出版されている．

43) Jean Bouvier, "Le banche francesi, l'inflazione e la crisi economica, 1919-1939," 1982, esp. fig. 3, p. 18, and fig. 4, p. 19.

44) Gabriel Tortella Casares and Jordi Palafox, "Banche e industria in Spagna, 1918-1936," 1982.

45) Gianni Toniolo, *L'economia dell'Italia fascista*, 1980, pp. 215-16(邦訳141-42頁).

てまた 1921 年の危機の際に金融当局が行ったと同様の直接介入が実施されることとなった．1926 年からの累積損失と証券価格の低落により，イタリアの諸銀行は 1929 年には衰弱した状態にあった．早くも 1930 年 3 月には不良資産を分離するために様々な措置が実施された．主要銀行の首脳は年次会合において，ともかく危機を回避する能力について確信的に演説したけれども，彼らはまた彼らの顧客を困惑させたり，あるいはそっけなく切り捨てたりしないように注意深くかつ慎重に行動することについて話した[46]．1930 年の夏には多数の中小地方銀行が倒産し始め，イタリア銀行の指導により，あるいは 1926 年に創設された清算機関イスティトゥート・ディ・リクィダチオーネが供与する国家保証により他の銀行に買収された[47]．

状況が悪化していることについて同年末までなお公式には論議されなかった．1930 年 12 月 31 日にはベニス銀行が清算され，ロビゴ地方農業銀行はイタリア用語で言えば「救済」された．クレディト・イタリアーノとその子会社バンカ・ナチオナーレ・ディ・クレディトには 3 億 3000 万リラが融資されることとなった．後者はクレディト・イタリアーノが同年春に創設したばかりの子会社であった．これらの救済措置は以前の 8 回の救済操作において提供された援助額の 2 倍に達した[48]．銀行の苦境は続き，1931 年春にはバンカ・コンメルチアーレ・イタリアーナに及んだが，これはパニックを引き起こさないために秘密裏に処理され，そして同銀行にはさらに政府融資返済延期の恩典が供与された．政府の介入は一段と増加する多額の産業資産を直接的に，またイタリア銀行を通して引き取ることとなった．この巨額の産業資産は結局，1933 年にイタリア産業復興公社(IRI)の創設に利用された．それはいわばアメリカの復興金融公社のイタリア版である．

ヨーロッパにおいて厳しい銀行危機が 1930 年 11 月，12 月のアメリカの銀行恐慌よりも早く，あるいは同時期に起こっていたという事実は，アメリカで広く受け入れられている不況アメリカ起源説についてさらに疑問を投げかける

---

46) Ibid., pp. 206-7(同 136-37 頁)．
47) Gianni Toniolo, "Crisi economica e smobilizzo pubblico delle banche miste (1930-1934)," 1978, pp. 300-1.
48) Ibid., p. 301, n. 64.

ことになるであろう．

商品価格

　ルイスによれば，1930年前半の回復が持続しなかったのは商品価格が引き続き低落したことによるものであった[49]．この指摘はルイスが価格について別の所で，ある分野の損失は他の分野の利益であるから価格は重要でない，と述べていることと矛盾している[50]．フライシグの述べるところによれば，貧困者から富裕者に所得移転が起これば，利得者は損失者が貯蓄を減らしたよりも多くをその移転所得のうちから貯蓄に回すから，支出総額は収縮することになる[51]．これはささやかな学者的な意見ではある．本質的真理は一般通念に見出されるのであって，商品価格の低落は「信頼を損ない，銀行倒産を誘発し，貨幣退蔵を促し，様々な道筋を通して投資を阻害する」ことによりデフレ的である[52]．最初に示したルイスの見解は今日，特にマネタリストによって広く共有されている貨幣錯覚についての不信である．価格変化は損得相殺されるから無視しなければならない．そうでないと信ずることは貨幣錯覚を信ずることであり，それは受け入れることはできない．しかしその当時の一般通念には支持しうる点が多くある．価格が低落している時，利得あるいは少なくとも利得の実現は損失よりも遅れる．損失者の銀行は倒産する．利得者は新銀行を設立しない．対称性の法則は妥当しない．

　しかしこれを受け入れるとしても，われわれはなお1つの難問に対処しなければならない．価格の低落は1930年代の不況を引き起こした1つの重要な要因であったとすれば，1920-21年の価格の低落はどうしてこれに匹敵するような不況を引き起こさなかったのか．この議論からイギリスは除外しよう．なぜならば，イギリス市場は1919-20年のブームにおける銀行信用の急速な拡

---

49) Lewis, *Economic Survey, 1919-1939*, p. 55（邦訳70頁）．
50) Ibid., p. 46（同57頁）．
51) Fleisig, "The United States and the World Periphery During the Early Years of the Great Depression," p. 35.
52) Lewis, *Economic Survey, 1919-1939*, p. 56（邦訳71頁）．

表13 アメリカの物価指数，1919-21年と1925-32年

(年平均，特定年次と特定商品グループ)

	1919	1920	1921	1925	1929	1930	1932
総合物価指数 (スナイダー＝タッカー) (1913年＝100)	175	193	163	170	179	168	132
卸売物価 (ウォーレン＝ピアソン) (1910-14年＝100)							
全商品	202	226	143	151	126	107	97
主要30種	217	231	126	157	141	118	74
農産物	221	211	124	154	147	124	68
繊維製品	240	293	168	192	161	143	130
建築材料	209	272	177	184	173	163	130
燃料・照明	198	311	184	183	158	159	133

出所）U. S. Bureau of the Census, *Historical Statistics of the United States, 1789
-1945*, 1949, table L-1-14, p. 231.

大後の価格下落によって実際に損害を受けたからである．アメリカにおいては，1920-21年の株式市場の崩壊は1929年の場合と同様に商品価格に伝播した．しかし商品価格の崩壊は1922年とその後には問題にならなかった．しかし1930年後半にはそうはいかなかった，と私は主張したい．その背景を知るために，様々な物価指数により両期間の物価を比較して見よう．表13に示した通りである．

　1920-21年の価格の動きは1929-30年の場合よりも著しく急激にピークを付けている．これについては3つの説明がある．第1に，1920-21年には基本的資産と所得は価格の上昇や低落の何れに対しても調整する時間をほとんど持たなかった．第2に，この初期のブームと崩壊は在庫中心のものであり，むしろ著しく短期であり，さらに過剰在庫が生じ，そして長期投資に対する強い需要があった．1930年には長期投資に対する需要は弱かった．第3に，1920-21年の物価下落は住宅，資本投資，耐久消費財における売り手市場において起こり，そしてその市場は1920年代初頭を通して実際に存続した．しかし1925年以後には価格は長期買い手市場において緩慢に低落し始め，そして結局は1929年に崩壊するにいたった．1930年12月にケインズはこの2つの出来事の相違について講演し，1921年の価格下落はブーム期の異常に高い

表14 主要商品の価格(1929-30年の特定月)

	重量単位当り価格	1929年			1930年			
		6月	9月	12月	3月	6月	9月	12月
ココア	ポンド当りセント	10.51	10.79	9.13	8.67	8.31	6.26	6.16
コーヒー	ポンド当りセント	23.5	22.5	15.5	14.0	13.4	12.0	10.5
銅	英トン当りポンド	74.3	75.3	68.3	69.2	50.0	46.3	46.8
トウモロコシ	ブッシェル当りセント	—	91.9	78.0	74.5	79.0	91.7	64.9
綿花	ポンド当りセント	18.04	17.62	16.64	14.74	13.21	10.15	9.16
皮革	ポンド当りセント	16.8	19.6	16.0	14.2	15.2	14.6	10.7
鉛	ポンド当りセント	6.80	6.69	6.10	5.56	5.31	5.35	4.95
ゴム	ポンド当りセント	20.56	20.19	16.06	15.25	12.38	8.19	8.94
生糸	ポンド当りドル	4.96	5.20	4.68	4.68	3.56	2.93	2.69
砂糖	ポンド当りセント	3.52	3.98	3.71	3.43	3.28	3.14	3.29
錫	ポンド当りセント	44.26	45.38	39.79	36.81	30.30	29.64	25.27
小麦	ブッシェル当りドル	1.50	1.37	1.32	1.15	1.05	0.87	0.77
羊毛	ポンド当りセント	—	—	—	98	92	91	86
亜鉛	ポンド当りセント	6.64	6.78	5.65	4.94	4.45	4.27	4.09

出所) 銅以外はすべて *Commodity Yearbook, 1939*, 1939. 銅については *Yearbook of the American Bureau of Metal Statistics, 1930*, 1931 参照。

利益水準から起こったものであるが,これに対して1929年と1930年にはコストはほとんど低下していなかったのに,価格はそのコスト以下に低落した,ということを明らかにした[53]。しかし,この見解は暗黙のうちに理論化しようとする大きなリスクを冒しており,この両出来事を分析的に識別する課題はなお終わっていない。

表14は1929年6月から1930年末まで各四半期末の月平均別に,多くの重要商品について価格低落の傾向を示している。一様の動きは見られないが,しかし大半の場合,1929年9月から12月までの低落は急激であり,また1930年3月から6月まで,あるいは6月から9月までの低落も同様であった。コーヒー,綿花,ゴム,小麦は1929年9月と1930年12月の間に50%ほども低落し,そのためブラジル,コロンビア,オランダ領東インド諸島,アルゼンチン,オーストラリアの輸出,所得,中央銀行準備は破滅的影響を受けることとなった。銅と生糸の価格下落はそれほど顕著ではなかったけれども,チリと日本への影響は厳しかった。フライシグによれば,チリの銅の場合のように外国の投

---

[53] J. M. Keynes, "The Great Slump of 1930," 1930, p. 136(邦訳151-52頁).

資家が輸出向け生産に大きく寄与している場合には，価格低落は外国の利潤に打撃を与えることになり，地域経済はその打撃から保護される54)．この説明によれば，ココアやコーヒーや生糸の価格低落は銅やゴムや錫の場合よりも小農生産者に対し一段と厳しかった．後者の場合には価格下落の影響はその多くが投資収益の低下を通してヨーロッパやアメリカに転嫁されるからであった．チリの場合にはこのことは僅かな助けにしかならなかった．同国は1928‐29年に輸出額の45％を占めた硝酸ソーダの輸出が同時に70％も減少するという影響を受けたからである．この大幅な輸出減少は不況の影響によるばかりでなく，ドイツにおける合成硝酸の開発の影響をも受けたからであった55)．生糸価格の下落は日本にとっては特に苦痛であった．日本は1930年1月に円相場の平価復帰を行ったからであった．生糸は1929年に日本の輸出額の36％を占め，農業総生産額の19％に寄与していた．5家族のうち2家族は現金所得をそれに依存していた．生糸の輸出額が1929年の7億8100万円から1930年に4億1700万円に減少したことによって，日本は1930年11月までに1億3500万ドルの金を喪失したのであった．

　問題はこれら商品価格が低落し続けたのはなぜか，ということである．金利は1930年前半に低下したが，投資が十分に刺激されるほどに急速には低下せず，そのため一次産品生産者は商品を市場に出さずに保有し続けることはできなかった．古い在庫保有の負担は重く，そのことが1920‐21年の場合とは全く異なる状況を生み出した．1920‐21年の場合には価格は競り上げられていて，その後期待が裏切られたため低落するにいたったが，数年間にわたって蓄積された在庫の負担はなかった．1930年前半における為替切下げはコーヒー，皮革，小麦，羊毛の世界価格にデフレ圧力を加えることとなり，銅，トウモロコシ，綿花，皮革，鉛，小麦，亜鉛についての関税引上げと輸入割当制限は，制限された市場に不変の輸出供給を強いることとなった．

　新規融資は価格が低落していたため停止するにいたったし，新規融資が行わ

---

54) Fleisig, "The United States and the World Periphery During the Early Years of the Great Depression," p. 42.
55) Stephen G. Triantis, *Cyclical Changes in Trade Balances of Countries Exporting Primary Products, 1927-1933*, 1967, p. 32.

れなかったために価格は引き続き下落した．低開発諸国には融資を得る機会がなく，その金・外貨準備は使い果たされたので，低開発諸国は市場の付ける価格ならどのような価格ででも，売れ残りの一次産品を売らざるをえなかった．デフレは螺旋状に高進した．

　しかしこの過程はなお十分には明らかにされていない．融資が減少したのは需要側に起因するのか，それとも供給側に起因するのか．金利の急速な低下は前者を示唆するが，しかしニューヨーク資本市場がそれを引き受けてもよかった．ロンドン資本市場は価格が低落している世界では将来の債務支払が危ないから低利で融資しようとはしなかったからである．経験豊かな資本市場であれば，景気後退の際に融資を復活し続けようとしたであろうが，ニューヨークは以前に融資を過度にやり過ぎたため，今回は逆方向に行き過ぎてしまったのではないか．商品価格が低落したことと，1930年春の長期融資の一応の回復が停止したこととは，それらが1931年金融恐慌を引き起こしたものであるから，不況の長期化と深化にとって決定的に重要である．それらの説明はなお明快ではないが，それは通貨供給量とは何の関係もなかったのである．

第7章

1931年

　価格の低落は1930年末から1931年に入っても続いた．この傾向を多少とも強めた要因はアルゼンチン・ペソの持続的減価であり，またオーストラリア・ポンドとニュージーランド・ポンドの新たな暴落であった．断固とした楽観主義者は価格の反騰にある程度希望を託すことができたであろう．ノルトヴォレとして知られるドイツの梳毛事業会社ノルトドイッチェ・ヴォルケメライは価格がもっと上がることを予想して，1931年初めにダルムシュタット・ウント・ナチオナルバンク（ダナートバンク）から借り入れた資金で1年分の羊毛を購入した[1]．しかしデフレーションは広範囲に及んでおり，さらに拡大していた．商品価格の低落に伴い，企業利益は低下し，それに伴って証券価格も低下した．証券価格と商品価格が下落したので，多くの銀行融資は回収不能に陥った．圧力は全銀行組織に対して高まったが，その当初においては過度に借り入れたり，過度に貸し付けたり，あるいはリスクのいかがわしい企業に融資したりしていた銀行組織と銀行に対して特に圧力は強かった．ヨーロッパにおいてそのような銀行は多数にのぼった．

　バンク・アダムは1930年11月にパリでその門扉を閉ざした．そしてバンク・ウストリックが倒産して，スキャンダルが明るみに出た．それに3人の政府高官が巻き込まれ，短命の新内閣が成立することとなった[2]．次いで1931年1月にラヴァル政府が成立し，デフレを推進した．対外短期債務の負担はヨーロッパ中に重くのしかかっていた．11月に第1次パリ銀行危機が起こった時，金融市場の逼迫はロンドンからフランス資金を引き寄せるにいたった．そ

---

1) Born, *Die deutsche Bankenkrise, 1931*, p. 75.
2) Sauvy, *Histoire économique de la France entre les deux guerres*, vol. 1, pp. 413ff.

の資金流出額は巨額であったから、金を急速に現送して為替を金現送点内に維持することができなかった[3]．フランス銀行は市場の援助に出動したが、当時、国際決済銀行在任中のケネーはイギリスがフランスの保有ポンドの一部を長期負債に借り替えるためにフランスで起債することを提案した．ノーマンは 1930 年 12 月にこの問題をモレとともに検討したが、成功しなかった[4]．1 か月後、ライヒスバンク総裁ルターはベルリン駐在アメリカ大使に書簡を送って、アメリカの対独短期債権およそ 3 億 5000 万ドルないし 4 億 7500 万ドルの借替えを提案した．この提案にワシントンは何の反応も示さなかった[5]．さらにもう 1 つの提案にいわゆるノーマン・プランがあった．これはサー・ロバート・キンダスリーの発案になるものであり、国際決済銀行がパリとニューヨークで資金を調達するために一子会社を設立し、「救済と復興を政策目標とすることに合意した借入国」を援助するためにその資金を使用するというものであった．スキデルスキーによれば、その子会社は約 2500 万ポンドないし 5000 万ポンドの資本金と、およそ 1 億ポンドの借入金を持ち、これら資金はドイツと東欧、およびイギリスの伝統的市場であるオーストラリアと南アフリカを援助するために使用する、ということが構想されていた[6]．それはフランスにおいてもアメリカにおいても情熱的な関心を喚起しなかった．フランスはフランス・フランで対英長期借款を供与する意思はあったが、間接的な借款を供与するつもりはなかった．フランス資金が貸し出されるのであれば、貸し出すのはフランス自身でなければならなかった．イギリスはポンドではなくフランで借り入れる意思はなかった．債権国が為替リスクを引き受けなければならない理由は全く明らかでないにもかかわらず、フランで借りようとはしなかったのである．ニ

---

3) 1930 年における金現送点の正確なポジションは変化することとなった．フランス銀行が純金の代わりに標準金を受け取るのを拒否したからである．金現送点はその当時、金の精製コストと、精製能力が完全利用されている場合に標準金を精製するのに要する遅延コストとによって決まった．あるいはドイツのような第三国における特別の輸送費を含めた標準金と純金との交換可能性によって決まった．Paul Einzig, *International Gold Movements*, 1931, ch. 12, esp. pp. 101ff. 参照．とりわけこの点に私が注意を払うにいたったのは、D. E. モグリッジの指摘による．

4) Clarke, *Central Bank Cooperation, 1924-31*, p. 178.

5) Ibid., p. 177.

6) Robert Skidelsky, *Politicians and the Slump: The Labour Government of 1929-1931*, 1967, pp. 285-86.

ューヨークでは連邦準備銀行の外国業務責任者ジェイ・クレインが，国際管理については大きな見解の相違があり，外国証券の購入を承知しようとしないニューヨークの意向を変えることはできないであろうと書いた．J. P. モルガン商会は国際決済銀行に対して，フランス同様に同商会も政治的影響を受け易い一機関にその判断を委ねるつもりはないと打電したのである[7]．

クレディットアンシュタルト

　1873年5月や1914年7月の場合と同様に，独仏英間において緊張が高まると，その亀裂はそれが起こる時にはオーストリアに現れた．1931年初春にオランダの一銀行はウィーンのクレディットアンシュタルト宛に，銀行引受信用状の手数料を1か月0.25％から0.375％に引き上げざるを得ない旨の丁重な書簡を書いた．バイアンによれば，それは先見の明ある書簡ではなく，臆病な書簡であり，その銀行はクレディットアンシュタルトが融資を引き上げられた利率で更新せずに全部返済することに決めた時には多少驚いた[8]．その融資を返済しなかったならば，クレディットアンシュタルトは3か月後にその資金を利用することができたはずであった．

　オーストリア経済は1920年のサンジェルマン条約以来，混乱状態にあった．その財政は国際連盟の援助借款を必要とし，そのために1922年から1926年まで国際監視におかれていた．あるオーストリア経済史家の見るところによれば，国際連盟委員会の設定した条件は純粋に金融的であり，その借款は少しずつ手渡されたのであり，その資金援助は第2次大戦後のマーシャル・プランによる援助とは著しく対照的であった[9]．オーストリアの伝統として銀行は産業と緊密に結合しており，銀行は流動資本ばかりでなく固定資本をも供給したが，オーストリアの諸銀行はズデーテンラントとトリエステにおける最も有利な営業地域を失っていた．産業資本は戦後インフレのなかで使い果たされ，金融資本は1924年にフランス・フランに対する売り投機に失敗する中で消耗された．

---

7) Clarke, *Central Bank Cooperation, 1924-31*, p. 180.
8) Beyen, *Money in a Maelstrom*, 1949, p. 52.
9) März, "Comment," 1982, p. 190.

その結果,アルゲマイネ・インドゥストリーバンクやアウストロ゠ポルニッシェ・バンク,アウストロ゠オリエントバンクが倒産し,またボーゼルなる人物が所有する個人経営のウニオーン・バンクも倒産し,それに伴ってコルマー商会やケットナー,ブラザーズ・ノヴァクは重大な危機に陥った[10]. メルツはこの出来事を「7年後にクレディットアンシュタルトの崩壊で最高潮に達する一連の銀行倒産の冒頭の一撃」と呼んでいる[11].

1924年以後,オーストリアには経済の実質的な回復はなかった. 失業は1925年と1926年には高水準に止まっており,1927年と1928年には僅かばかり減少したが,それから1929年には再び増加した. この時期全体では平均して10%ないし15%の失業率であった. オーストリア政府は経済政策を何も持っていなかった[12]. 賃金は1925年から1929年までに24%上昇し,これが失業増加の一因となった. 社会的便益の年間費用は2億5800万シリングから3億8300万シリングに増加した. そのため税負担は重くなった. 銀行組織はオーストリア゠ハンガリー帝国の解体とインフレによって打撃を受けたが,その場限りの対応を行い,海外からの短期信用に大きく依存するにいたっていた. 特にクレディットアンシュタルトは規律が緩んでおり,英米系金融機関からの融資資金を顧客に安易に利用させていたといわれていた[13]. 国内資本市場はオーストリアとハンガリーの両国においては適切には機能していなかった. 銀行は短期の形で産業に信用を供与し,それはしばしば実際には長期融資となっていた. 貸付残高が返済されなくなると,銀行は例によってその債務を借入企業の株式に転換した. クレディットアンシュタルトがボーデンクレディットアンシュタルトを合併した後,前者はオーストリア産業のおよそ60%を所有し,「オーストリア産業の君主」と呼ばれた[14].

銀行業の弱点は世界物価が低落する前にはっきり露呈していた. 1924年以

---

10) Jeanneney, "De la spéculation financière comme arme diplomatique," p. 25.
11) März, "Comment."
12) K. W. Rothschild, *Austria's Economic Development Between the Two Wars*, 1947, p. 47.
13) Vera Micheles Dean, "Austria: The Paralysis of a Nation," 1933, p. 259.
14) Rudolf Nötel, "Money, Banking and Industry in Interwar Austria and Hungary," 1984, p. 162.

後，弱小銀行は相次いで大銀行に，時にはもっと強大な銀行に買収された．1927年初めにボーデンクレディットアンシュタルトはウニオーン・バンクとフェアケーアバンクを合併した．1929年にはボーデンクレディットアンシュタルト自体が突然，クレディットアンシュタルトに合併された．ボーデンクレディットアンシュタルトはクレディットアンシュタルトに巨額の産業企業融資をもたらしたが，その巨額融資は市場評価を無視するという方策によってようやく維持されうるものであった．ドイツの銀行の場合と同様に，ボーデンクレディットアンシュタルトはその株価と預金者の信頼を保つために自行の株式を買い支えた．クレディットアンシュタルトがボーデンクレディットアンシュタルトを買収した時，8000万シリングの資本金を獲得した．しかしまた同行は1億4000万シリングの累積損失をも背負い込んだ．もっとも，同行がこのことを知ったのは後のことであり，イギリスの公認会計士がその事実を明らかにした時であった．1931年5月に損失額はなお1億4000万シリングであり，資本金は1億2500万に公示積立金4000万を加えて総額1億6500万シリングに達していた．オーストリアの法律では，銀行がその資本金の半分の損失を出せば，銀行は「その貸借対照表を提出」しなければならない，あるいは廃業しなければならないことになっていた[15]．クレディットアンシュタルトを救済するために，オーストリア政府とオーストリア国立銀行とロスチャイルド商会は，そして後者はアムステルダム支店の援助を得てのことであるが，それぞれ1億シリング，3000万シリング，2250万シリングの資金を供給した．しかし1931年5月11日にこの支援活動が発表されると，取り付け騒ぎが始まった．一部は外国人によるものであり，一部はオーストリア人によるものであった[16]．

　オーストリアのクレディットアンシュタルトが倒産したのは，提案された独墺関税同盟に反対してフランスが預金を引き揚げたからである，ということが広く主張されている．独墺関税同盟の提案は1927年の世界経済会議のために作成されたドイツの調査報告書に遡る．それは1929年8月のヤング案に関する第1次ハーグ会議においてドイツ外相クルチウスとオーストリア首相ショー

---

15) Fritz Georg Pressburger, "Die Krise der Österreichischen Creditanstalt," 1969, p. 83.
16) Walter Federn, "Der Zusammenbruch der Österreichischen Kreditanstalt," 1932.

バーとの間で討議され,再びその翌月ショーバーのベルリン訪問のさいに両者間で討議された[17]. 当初,独墺関税同盟は独墺関係の改善策と見なされ,1930年9月の選挙におけるナチスの躍進から選挙民の関心をそらすための積極的対外政策の一項目として,ブリューニングによって取り上げられた. ドイツ官辺筋は単なる関税同盟に対し,フランスがベルサイユ条約に違反するとして反対したことにいたく驚いた様子であった. ベルサイユ条約が禁止していたのは,それより遥かに広範囲の独墺合邦措置だけであったからである. この驚きが本物であったかどうかについては多少の疑問がある[18]. しかし,ドイツが純真であったにしろ不誠実であったにしろ,フランス外務省はそれに反対したが,しかしその指示によりフランスの諸銀行がその預金を引き揚げることはなかった[19]. そもそもそのような預金はほとんど無かったようだし,在外預金総額は1930年末の4億6600万シリング(6700万ドル)から1931年4月末には4億4200万シリング(6300万ドル)に減少したに過ぎなかった[20].

クレディットアンシュタルトが窮地に陥っているというニュースが知られるにいたったので,取り付けが始まった. オーストリアは取付けに対処するために外国為替が必要となり,1億5000万シリング(2100万ドル)の借款を求めた. 同国は国際連盟金融委員会に訴えた. 同委員会はそれを国際決済銀行(BIS)に付託した. BISはゲイツ・W.マガラー総裁の指導の下で,10大中央銀行から1億シリング(1400万ドル)の借款を得る手はずを整えた. この手続きにはおよそ5月14日から31日までかかった. 5月14日にマガラーがニューヨーク連邦準備銀行にその提案をしたさいには,彼はすでにライヒスバンク,イングランド銀行,ベルギー国立銀行から了解を得ていた. 借款取決めがさらに遅延したのは,フランスが独墺関税同盟の破棄を要求した結果であったのか――大半の観測筋はそう考えているが――それとも単にクレディットアンシュタルトの債権者間で債権の据置きを調整し,かつクレディットアンシュタルトの債務に

---

17) Julius Curtius, *Sechs Jahre Minister der Deutschen Republik*, 1948, pp. 118-19.
18) 国務省に対するサケット大使の1931年3月24日付け公文書の記述参照.「ドイツの新聞の一部は明らかに,その協定を条約義務回避への第一歩と見なしている」(U.S.Department of State, *Foreign Relations of the United States, 1931*, vol. 1, 1946, p. 570).
19) Born, *Die deutsche Bankenkrise, 1931*, p. 56.
20) Federn, "Der Zusammenbruch der Österreichischen Kreditanstalt," p. 421.

ついてオーストリア政府の保証を得るのに時間がかかったためだけなのか——クラークはそう主張しているが[21]——そのいずれであったかは明らかでない．借款総額の少なさとその遅延とが相俟って惨憺たる結果をもたらすこととなったのである．

6月5日にはその借款は使い尽くされ，オーストリア国立銀行はさらに信用供与を要求した．なお金融逼迫が続く中で同中央銀行は6月8日に割引率を6%に，そして6月16日には7.5%に引き上げた．新借款が今回は6月14日にBISによって用意されることになったが，オーストリア政府が2年ないし3年期限の借款を海外で1億5000万シリング調達しなければならないという条件が付された．この時点でフランスはオーストリア政府がドイツとの関税同盟を放棄すべしとの条件を持ち出した．オーストリア政府は拒否し，政府は倒れた．新政府が誕生した．しかしその間，6月16日にイングランド銀行のノーマン総裁はオーストリア国立銀行に1週間期限で5000万シリング(700万ドル)の信用を単独で供与した[22]．この意思表示はフランスが政治と金融を混同することに対する非難であった．これがノーマンに対するフランス銀行の敵意を強め，同行によるポンドの金交換に導いたと広く考えられている．この動向の結果はどうあれ，重要な点はそのことが，つまり"1週間に700万ドル"が最後の貸し手としてのイギリスの終焉を表している，ということである．「恐慌のさいには自由に割り引け」と言ったウォルター・バジョットの忠告が想起される．その借款は毎週更新され，6月，7月から8月にいたったが，ポンドは圧迫を受けており，国際連盟が7か国政府から2億5000万シリングの借款を取り決め，その際イングランド銀行はその返済を求めたのである．

フーバー・モラトリアム

シャハトは1930年10月，対独賠償が不当であることを訴えるアメリカ遊説旅行の途中，財務長官メロンを訪ねた．その際，メロンは2年ないし3年のモ

---

21) Clarke, *Central Bank Cooperation, 1924-31*, p. 189.
22) ボルンはノーマンが総額1億5000万シリングを融資した，と誤って考えている (Born, *Die deutsche Bankenkrise*, 1931, p. 66)．

ラトリアムを実施すれば，ドイツはもっと容易に賠償を支払うことができるようになるかどうか尋ねた．賠償支払を一時的に延期する考案はその当時，広く論議されていた[23]．9か月後のフーバーの提案は最初のものではなかった．

　1931年5月末にはオーストリアの金融危機は広く周辺に波及し，ハンガリー，チェコスロバキア，ルーマニア，ポーランド，ドイツの諸銀行に対する取り付けを誘発した．アメリカの債権者たちはオーストリアとドイツの違いが分からないのではないか，と一部の人々は怪しんだ[24]．しかしフーバー大統領は事情に通じており，彼の弁明が信用できるとすれば，彼は先見の明があった．サケット大使が5月7日にベルリンから到着し，ドイツは資金が枯渇し，通貨危機に陥り，債務返済を迫られ，預金の更新を拒否され，金融情勢は破滅的に進展している，というブリューニングからのニュースをもってきた．これはクレディットアンシュタルト事件前のことであった．5月11日，なおクレディットアンシュタルト危機のことを知る前のことだが，フーバーはスチムソンとメロンに何か対策はないものか尋ねた．彼らは何も提案しなかった．フーバーは連邦準備制度理事会に助言を求めた．彼らはフーバーが幻影を見ているのではないかと思った．6月5日，フーバーはメロンにモラトリアムの実施を提案した．財務長官はそういうことをするとヨーロッパを混乱状態に陥れると言って反対した．ヨーロッパの新聞はアメリカの政策が金を吸い上げて，ヨーロッパの金融組織を衰弱させた，と主張し続けていた．フーバーは「これは真実ではなく，ヨーロッパが自分自身の失敗の責任をアメリカに負わせるもう1つの事例であることが分かっていた」[25]．しかしフーバーがその回顧録で2回も用いた言い方によれば，「嵐で大揺れの時代に，世界と言う甲板上で固定されていないカノン砲が動き回る」かのように金と短期資金が移動した，ということを彼は認める用意はあった[26]．

　ドイツに対する圧迫は5月に始まった．銀行預金は5月中に154億4800万

---

23) Bennett, *Germany and the Diplomacy and the Financial Crisis, 1931*, p. 23.
24) Ibid., p. 117.『ドイッチェ・アルゲマイネ・ツァイトゥンク』1931年5月27日号，6月10日号を引用．
25) Hoover, *The Memoirs of Herbert Hoover*, vol. 3, pp. 64-67.
26) Ibid., p. 67. また p. 189 参照．

ライヒスマルクから150億7000万ライヒスマルクに減少した．ライヒスバンクは金を失わなかった．1つには，新設のベルリン電力電灯会社が外国のシンジケートから1億2000万マルクの資金を調達し，それを充当したからであった．これはドイツ最後の民間借款となった．窮地に陥ったのは大銀行であった．5月にはダナートバンクから9700万ライヒスマルクが，ドレスナー・バンクからは7000万ライヒスマルクが，ドイッチェ・バンクからは5900万ライヒスマルクが引き揚げられた．クレディットアンシュタルトの時代に，銀行融資により急速に拡張してきた百貨店チェーン，カルシュタット会社が窮地に陥ったと報道された．5月末にはノルトシュテルン保険会社が崩壊し始めた[27]．

　6月は困難な月であった．最初の6日間に，ライヒスバンクは1億6400万ライヒスマルクの金を喪失し，それから事態が悪化した．問題はある程度まで自らが招いたものであった．6月5日にブリューニング政府は公務員の給与を引き下げ，失業手当を削減し，新しい危機税を賦課する緊急令を公布した．この不快な決定を和らげるために，政府はドイツが賠償支払能力の限界に達していると明言した．これは国内向けの声明であった．援助を求めるためにライヒスバンク総裁ルターと外務大臣クルチウスを伴ってロンドンを訪問していたブリューニングは，外国の信用が引き揚げられないとすれば，ドイツ政府は早くとも1931年11月以前に賠償について何らかの措置をとる意図は全くない，と言った．彼はドイツが新たな外国借款を必要としていることについて語った．ノーマンは重大な問題はオーストリアが提起しており，ドイツはどうにか切り抜けるであろうと述べた．

　しかしながら，ノーマンはドイツにおける国内政治情勢を考慮に入れていなかった．6月10-11日に社会民主党，共産党，中央党は緊急令によるブリューニングの統治権を排除するために国会の開催を要求した．このアウフルーフ（告示），つまり「国会招集」は巨額の資金流出を引き起こした．4日間でライヒスバンクは4億ライヒスマルクの金を喪失した．6月13日にライヒスバンクは割引率を5%から7%に引き上げた．この措置は資金流出の動きを緩和し

---

27) カルシュタットとノルトヴォレの危機においては，当時，デルブリュック・シックラー商会のパートナーであり，後にドイッチェ・バンクの長になったヘルマン・J．アブズが一定の役割を演じた．その危機の説明については，Pohl, *Hermann J. Abs*, pp. 27-30 参照．

た．6月17日には資金の引揚げの勢いは衰えたが，これまでの資金流出によってドイツは14億ライヒスマルクの金を失った．それは5月末における金準備総額の半分以上に相当し，金準備率は60%から48%に低下した．さらにまたノルトヴォレ社の倒産が発表された．この羊毛加工会社はこの年の初めに羊毛価格の上昇に賭けていた．同社はダナートバンクから巨額の資金を借り入れており，その在庫品を原価で同社のオランダの子会社ウルトラマリーネ社に移すことによって欠損を隠蔽しようとしたばかりでなく，アルゼンチンとブレーメンにあるその支社間において巨額の請求権を創出することによって帳簿上の総資産を膨張させた．最終的な損失の大きさは明らかにされなかった．6月17日に同社は損失2400万ライヒスマルクを2250万の積立金で穴埋めする，と発表しただけであった[28]．資金の引揚げは再び増大し，ライヒスバンクは6月19日に9000万ライヒスマルクを失った．

　6月20日に事態は再び逆転したが，それは短期間であった．早くも6月5日にフーバー大統領は自らが指導権を握って，すべての政府間債務にモラトリアムを実施するための「大胆で断固たる提案」をメロン，ミルズ，スチムソンに示した．財務省は冷淡であった．ミルズは財政を均衡させるためには債務支払が必要であると述べた．フーバーは前進した．彼は連邦準備制度理事会議長ユージン・マイアー理事，ニューヨーク連邦準備銀行ハリソン総裁，前モルガン商会役員でメキシコ駐在大使のドワイト・モローを彼のグループに加え，6月6日から16日にかけて助言を求めた．このグループは2年間のモラトリアムを望んだが，断固とした反ヨーロッパで孤立主義者であるボラー上院議員の立場を汲み取って1年間のモラトリアムを選択した．スチムソンはフーバーが恐怖に取り付かれて，共に仕事をするのが非常に難しい，と述べている．フーバーが恐れていたことの1つは，モラトリアムが戦債と賠償を結び付けることになるのではないかということであった．ドワイト・モローはフランスにはそのことを前もって相談しておくべきであると強く主張したが，最大のショック効果を引き出すために，そうしない決定がなされた．ヒンデンブルク大統領がフーバーにモラトリアムを求める書簡を書くように手はずが整えられた．クロ

---

[28] Born, *Die deutsche Bankenkrise, 1931*, p. 75.

ーデル大使には6月19日に知らせた．モラトリアムは6月20日に発表された[29]．

　フーバー・モラトリアムはフランスに爆弾のように打撃を与えた．ラヴァルに過激主義者を操縦するだけの老練さと力量がなかったならば，フランスの反応はさらに一段と厳しいものになっていたであろう，とスチムソンは思った．しかし，フランスはモラトリアムを受け入れることを直ちに拒否した．フランスはヤング案のもとでの賠償支払計画にある条件付き支払分と無条件支払分とで異なる取り扱いをすべきだと主張し，「1日や2日」もかかりそうな審議を求めた．メロン財務長官はヨーロッパ滞在中であり，細部について交渉するためパリを訪問した．会談は長引き，国際金融市場における好意的反応は弱くなった．6月25日には1億ドルの信用供与が取り決められ，国際決済銀行，イングランド銀行，フランス銀行，ニューヨーク連邦準備銀行がそれぞれ2500万ドルを7月16日までに拠出することとなった．これは6月23日発表のライヒスバンクの声明書には間に合わなかった．そしてイングランド銀行が500万ドルの翌日返済預金を提供しなかったならば，その声明書は40%以下の準備率を記載することになったであろう[30]．6月30日までに借款のうち7000万ドルがすでに使い尽くされた．7月5日にはその全部がなくなっていた．フーバーはモラトリアムについて各国と個別に交渉し，フランスを孤立させようとした．7月6日にフランスは同意し，モラトリアムは発効した．

　フランスが言うことにも実際に一理あった．アメリカ政府はフランスの協力を求めた時，フランスは賠償金で1億ドルを失うにすぎないが，アメリカは2億5000万ドルを失うと述べた[31]．これに応えてフランスは賠償の1つの原

---

29) Morison, *Turmoil and Tradition*, pp. 347-50 および Stimson and Bundy, *On Active Service in Peace and War*, pp. 202-6 参照．
30) Clarke, *Central Bank Cooperation, 1924-31*, p. 193. ニューヨーク連邦準備銀行がライヒスバンクに5000万ドルを貸し付けることは連邦準備制度理事会によって許可されていた，とクラークは述べている．ルターはもっと遥かに多くの借款を求め，1億ドルしか供与されなかったとき，その金額が不適切であることが明らかにならないように，保留されている額を発表するよう求めた．ところが，不注意から貸付額が知られてしまった．外国資金の引揚げは6月27日に再開された．Born, *Die deutsche Bankenkrise, 1931*, pp. 82-83 参照．
31) U.S. Department of State, *Foreign Relations of the United States, 1931*. vol. 1, p. 46.

則が無条件年賦金を商業債務と同等と見なすことになっているのに，モラトリアムはそれを劣位においている，という点に特に言及した．フランスは賠償支払額の52%を受け取っており，それを失うが，商業債務ではごく僅かな比率を占めるにすぎず，それが保護されたのであった[32]．

ドイツに対する取付け

信用供与もモラトリアムへのフランスの同意もドイツに対する取付けを止めることはできなかった．6月30日のライヒスバンク声明書は外国人がドイツ諸銀行に対する彼らの債権をいかに大量に引き出したかを明らかにした．7月1日にノルトヴォレ社の損失の程度が発表された．7月5日には国際決済銀行所在地バーゼルの一新聞は，ドイツのある銀行が危ないと報じた．数日後にダナートバンクが名指しされた．ドイツの銀行恐慌が爆発した．7月9日にルターは援助を求めて，飛行機でロンドン，パリ，バーゼルに旅立った[33]．

イングランド銀行は援助することができなかった．フランスは援助する用意があった．しかし援助の条件として，ドイツが信頼を回復するために何らかの意思表示をすること，特に独墺関税同盟を放棄し，装甲巡洋艦の建造を中止し，軍事的示威運動をナチ党員のそれをも含めて禁止することが求められた．ブリューニングは2日間ベルリンに帰った．7月13日に銀行は一時的に業務を停止した．7月16日に銀行が業務を再開した時，外国の預金は凍結され，割引率は7%から10%に引き上げられた．7月18日にダナートバンクを除くすべての銀行は，ゴルトディスコントバンク(金割引銀行)傘下のハフトゥングスゲマインシャフト(保証会社)に参加した．ダナートバンクはその攻撃的な戦略ゆえに他の銀行によって完全に嫌悪され，結局は倒産することが認められた．新しいアクツェプト・ウント・ガランティーバンク(引受保証銀行)が設立され，

---

32) 当時の説明はフランスの立場に非常に同情的であるが，もっと広範囲の影響を無視している．その説明については，Hamilton Fish Armstrong, "France and the Hoover Plan," 1931 参照．

33) これは政府高官が飛行機旅行をした最初の事例である．それはフーバー大統領がヨーロッパ滞在中のスチムソン長官，メロン長官と会話するために，大西洋横断電話を初めて公式に使用してから1か月後のことに過ぎなかった．

ライヒスバンクで手形割引ができるように手形に第三者名を署名し，引き揚げられた外国信用に取って代わることとなった．この銀行は8月1日に15%の割引率で営業を開始し，早速，商業・貯蓄銀行向けに12億500万ライヒスマルクを割り引いた[34]．

フランスとドイツにおいてはドイツの銀行危機の解決には新規融資が必要である，という意見では纏まっていた．しかし融資の条件については大きな相違があった．フランスは仏英米政府が保証する民間融資にドイツの政治的保証を付ける案に執着した．ドイツはドイツ経済にとって既存の短期融資の安定化を保証し延長することに加えて，新規融資の供与が必要であることについては納得したが，政治的条件から自由な融資を求めた．フランスは5億ドルを考慮していたが，ドイツは10億ドル程度を考慮していた[35]．

スチムソン国務長官はヨーロッパで休暇を過ごすために6月27日ワシントンを出発し，その問題が起こった時にはヨーロッパ諸国の首都を歴訪中であった．彼はドイツに新規融資を供与するという考えには賛成であり，政治的条件を付けることには反対であった．しかし，彼はフーバーの支持を得ることができなかった．フーバーはアメリカの財政赤字見積額が16億ドルに達することを知り，こういう状況下において対独融資の追加を議会に承認させることには無理があると考えた．さらに彼は民間融資が不可能なことも考えた．その代わりに彼は既存信用の安定化を提示した．イギリスでは労働党政府外相アーサー・ヘンダーソンは融資の構想を支持していたが，ノーマン総裁はイングランド銀行が「金融的崩壊を回避するために適切な金額をオーストリア，ハンガリ

---

34) Pohl, *Hermann J. Abs*, p. 33.
35) ポール・M. ウォーバーグは彼の財産の半分を費やして，ニューヨークのウォーバーグ銀行からハンブルグのウォーバーグ銀行に救済融資を行った．その説明については，James P. Warburg, *The Long Road Home: The Autobiography of a Maverick*, 1964, pp. 92, 98 参照．ウォーバーグの述べるところによれば，ニューヨークの諸銀行はドイツの最も弱い銀行，これがダナートバンクであることは後で分かったことだが，その銀行を支援するために使う資金として5000万ライヒスマルクを用意した．しかしブリューニングは彼の目に涙を浮かべて，しかし説明もせずにこの救済融資の申し出を断った．その理由は後で明らかにされた．ダナートバンクがヒンデンブルク大統領の息子オスカーに，わけの分からぬ1000万ライヒスマルクの不正融資をしていて，政府はこれを明るみに出したくなかったからであった．

一，ドイツにすでに貸してある」と主張した[36]．彼がまた危惧していたことは，ドイツが政府保証の融資を得れば，オーストラリア，インドその他の多数諸国もそれを要求してくるであろう，ということであった[37]．7月20日，ロンドンで閣僚級会談が開かれた．その経過の中で新規融資案は米英両国が同意しようとしなかったので，いつの間にか消滅した．この会談の成果は6月25日の中央銀行借款1億ドルの3か月延長と，外国債権引揚げについての債務弁済繰延べ協定であった．これら外国債権がどれほどの額になるかを確認するために，アルバート・ウィギンズを長とする特別委員会が任命され，国際決済銀行がそれに協力することとなった．ウォルター・レイトンがウィギンズ委員会の報告書を作成した．その記述によれば，1931年7月末にドイツには外国資金が230億ライヒスマルク残っており，そのうち80億マルクは短期資金であった．外国人に対するドイツの債権は85億ライヒスマルクに達し，その5分の1は短期であった．ドイツに対する外国債権を凍結する債務弁済繰延べ協定は当初は6か月期間で締結されたが，その後はほとんど自動的ベースにより持続的に更新された．

　スチムソンはあの「モラトリアムの興奮」を好み[38]，外国債権の弁済繰延べ協定を「彼の生涯において最も手際のよい，最も成功した[交渉]」と考えた[39]．彼の見解によれば，モラトリアムは「フーバー氏が行った最善のもののうちの1つ」であった[40]．この最上級の賛辞は認めることはできない．しかしスチムソンが他の交渉や他の事柄について何か言おうとしているのであれば，話は別である．

攻撃は英ポンドに向かう

　7月半ばにポンドが下落した．その通常の説明は7月13日のマクミラン・

---

36) Federal Reserve Bank of New York files, Norman cable to Harrison, July 3, 1931.
37) Clarke, *Central Bank Cooperation, 1924-31*, p. 199.
38) Morison, *Turmoil and Tradition*, p. 353.
39) Stimson and Bundy, *On Active Service in Peace and War*, p. 209.
40) Ibid., p. 208.

レポートの公表が外国保有ポンド残高の程度を世界に開示したことにより，ポンド保有者が不安を抱くにいたった，というものである[41]．新聞がその数値を報じていなかった，という事実からしてこの解釈には無理がある[42]．幾つかの資料はオーストリアとドイツから政治的条件を引き出すことに関して，イギリスがフランスの立場を支持しなかったことにフランスが報復を行った，という意味のことを述べている[43]．これは恐らく正しくない．ポンドに対する圧力はベルギー，オランダ，スウェーデン，スイスといったヨーロッパ小国の商業銀行から来たように思われる．これら諸国の商業銀行は在独資金を凍結されて流動性を失い，金準備を増やすためにポンドを売った[44]．マクミラン・レポートはどちらかといえば，イギリスのポンド債務を過小評価する傾向があった．その政策提言は混乱していた．ケインズとマッケナははっきりと拡大政策を支持し，同時に現存為替相場を維持することをも支持するが，関税賦課と輸入制限を提案した．多数派は為替相場を維持することを支持したが，アーネスト・ベヴィンは平価切下げを提唱した．その勧告の要点は英仏米3か国が同時に支出を拡大しなければならない，というものであったが，少数派は関税賦課と，または平価切下げを強調し，一段と国家主義的色彩を明らかにしていた．

外国為替市場においてポンドに対しもっと深刻に悲観的な影響を与えたのはメイ・レポートであった．このレポートは労働党政府の予算案に勧告を行うための，サー・ジョージ・メイを議長として1931年3月に設立された委員会の仕事であった．その草案は7月24日にスノーデンに提出され，1週間後に公表された．同委員会の多数派も少数派も1億2000万ポンドの財政赤字が出ることに同意したが，それが減債基金積立金を含めた数字であるという事実については両派とも無視した．多数派はその予算案を政府の浪費の点から非難し，失業保険を(節約総額1億ポンドの3分の2程度まで)削減することを提案したが，他方，労働党少数派は予算案がデフレ的であると非難し，富裕者に課税するこ

---

41) Great Britain, Committee on Finance and Industry, *Report*, Cmd. 3897, 1931.
42) Skidelsky, *Politicians and Slump*, p. 340.
43) Born, *Die deutsche Bankenkrise, 1931*, p. 66. また Bennett, *Germany and the Diplomacy of the Financial Crisis, 1931*, p. 152.
44) Willard Hurst, "Holland, Switzerland, and Belgium and the English Gold Crisis of 1931," 1932.

とを提案した．このレポートは外国の融資を求めた．そのための努力はもっと早くに始まっていて，7月24日には連邦準備制度との間で5000万ポンドの借款が取り決められ，7月26日にはサー・ロバート・キンダスリーがフランス銀行から同額の借款を得るためにパリに向かって出発した．これら2つの借款は8月1日に発表された．イングランド銀行は7月23日に割引率を2.5%から3.5%に，そして7月30日には4.5%に引き上げた．合計して同行は7月後半期に2億ドルの準備を失った．大量失業が存在したためイングランド銀行は危機対策の手段として割引率政策を使用するのを止めた，とダビド・ウィリアムズは論評している[45]．海外において流動性が逼迫し，ポンドの信認が動揺している状況では，割引率を10%に引き上げてもポンド危機を抑制することはできなかったであろう．伝承によれば，イングランド銀行の割引率10%は月からさえも金を引き寄せるといわれているものなのである．

ポンド危機はノーマン総裁不在中に最高潮へと進んでいった．ノーマン総裁は7月29日に発病し，病状回復後は健康回復のため転地した．7月27日の日記に彼が書いた最後の言葉は「金支払停止の恐れあり」という記録であった[46]．

上記借款1億ポンドは銀行休日後の8月4日に外国為替市場が再開された時にはまだ使われていなかった．フランスの融資額はフランス銀行と商業銀行の負担分に分割されており，フランスは両者の負担分が同時に等しい金額で引き出されることを要望した．このように資金が引き出されれば，フランス貨幣市場はイギリス当局の為替支持の状況を知ることになろう．そこでイングランド銀行はその問題が解決されるまで，フランス提供の融資を使用するのを延期した．その手続きに数日を要した．イングランド銀行はまた政府に圧力を加える手段としてもポンド支持を遅らせた．同行は政府とは意見が全く合わなかったからである．そうしている間に信用供与の心理的効果は失われ，ポンドに対する圧力は続いていた[47]．

メイ・レポートはイギリスと海外のデフレ論者を勇気付け，古典的政治闘争の舞台を設定した．マクドナルドとスノーデンはイギリスがもっと多くの借款

---

45) David Williams, "London and the 1931 Financial Crisis," 1963, pp. 523, 527ff.
46) Andrew Boyle, *Montagu Norman*, 1967, p. 266.
47) Clarke, *Central Bank Cooperation, 1924-31*, pp. 207-9.

を得なければ金本位制は維持できない,と確信するにいたった.イングランド銀行とニューヨークやパリの民間の銀行家たちはイギリスが信頼を得るためにはメイ・レポートの多数派が大筋を述べている方法,すなわち失業手当の削減によって赤字を是正しなければならない,と確信するにいたっていた.ヘンダーソンはこの政策に強く反対し,その代わりに収入確保のため10%の関税を提案した.イングランド銀行は外国の融資を得るためには失業手当の大幅な削減が必要であると報告した.労働組合は平価切下げと世界経済から帝国経済への内向きの転換とを支持するアーネスト・ベヴィンに率いられ,労働党政府に対する支持を撤回した.労働党政府は8月24日に倒れた.パリとニューヨークからのそれぞれ2億ドルにのぼる借款は8月28日に供与された.それはマクドナルドを引き続き首相とし,スノーデンを引き続き蔵相とする挙国一致内閣の成立後のことであった[48].労働党内の分裂は深刻であった.左派は右派を「銀行家の策略」に屈従したと非難したからである.銀行家達はポンドの信認を回復するために一定の措置が適切であるかどうかについて海外から学んだだけである,と応えた[49].この論争は典型的なものである.貸し手は望ましい経済的結果を達成し,その融資を保護するために条件を課すことを考えるが,しかし借り手はその条件を純理論的な,イデオロギー的な,政治的に押し付けがましいものと見なすのである[50].

　9月10日に挙国一致内閣は年間8000万ポンドの増税を行い,7000万ポンドの経費削減を実施することを盛り込んだ新予算案を提出した.しかし,数日してドイツで新たに倒産が起こり,これは伝播してアムステルダムを緊迫させることとなり,次いでアムステルダムがロンドンから資金を引き出した.9月16日にはインバーゴードンの海軍兵士間に給与削減の懸念から不穏な動きが起こった.この動きを新聞は英国海軍の暴動として誇張して伝えた[51].あの英国海

---

48) 挙国一致内閣成立の詳しい説明については,R. Bassett, *Nineteen Thirty-One: Political Crisis*, 1958 参照.
49) Grigg, *Prejudice and Judgement*, p. 257.
50) John Williamson, ed., *IMF Conditionality*, 1983.
51) David Divine, *Indictment of Incompetence: Mutiny at Invergordon*, 1970 によれば,それは反乱というよりはストライキであった.ヴァンシタットはそれを「デモンストレーション(示威運動)」と呼んだが(Lord Vansittart, *The Mist Procession: The Autobiography*

軍が暴動を起こすとなれば，19世紀自由主義のもう1つの大黒柱，ロンドンのシティが運営する金本位制もそう長くは続かないのではないか．資金引揚げの速度は一段と速まった．9月21日にイギリスは金本位制を離脱した[52]．当初，この金本位制離脱は6か月間のことと想定されていたのである．

フランス銀行は7月のイギリスからの資金引揚げに関係していなかったと同様に，この9月の資金引揚げには全く関係がなかった．リースロスはフランス銀行が8月28日の借款供与にいかに協力的であったかについて述べている．フランス銀行はポンドが金本位を離脱した9月21日当時になお6500万ポンドを保有していた．そしてフランス銀行総裁クレマン・モレは10月に大英帝国ナイト爵を叙勲されたのである[53]．

諸小国の中央銀行の役割をボルン，ベネット，ハースト，アインチッヒその他の人々が批判してきた．アインチッヒはオランダ銀行のヴィッセリングにまつわる話を伝えている．ヴィッセリングはイングランド銀行に金保証を要求し，オランダ銀行保有のポンド総残高1100万ポンドを金で受け取りにくるように軽蔑的な提案を受け，それを断った．その後，簡単に言えばオランダ銀行はサー・アーネスト・ハーベイからヴィッセリング宛の下記電報に記されている暗黙の保証を盾に取って，イングランド銀行相手に訴訟を企図した．

> 親展──この前の水曜日(8月26日)の会談に関連して貴殿はわが政府がニューヨークとパリにおいて巨額の借款を取り決めたことに関する今日の公式声明を確かにご覧になったことと存じます．私はこの声明がロンドンにある外国資金の安全性について一切の疑念を払拭するのに役に立つものと信じています[54]．

---

 of Lord Vansittart, 1958)．しかし「ヨーロッパはイギリスで革命が起こり，軍隊の給与は未払いで，暴徒は飢えていると考えた」と彼は述べている (p. 425).
52) 毎日の金・外国為替損失額の表については，Cairncross and Eichengreen, *Sterling in Decline*, p. 68 参照.
53) Leith-Ross, *Money Talks*, p. 139n. この著者の付記するところによれば，中央銀行間協力は彼の何人かの前任者達よりは遥かに緊密であったという．この断定はクラークの主張とは多少矛盾している (Clarke, *Central Bank Cooperation, 1924-31*, esp. p. 220)．クラークによれば，中央銀行間協力は1928年半ばまでは有効的であり，その後は失敗であった．
54) Public Record Office, Treasury File T 160/439/F12712 Dutch Sterling Balance at Bank of England, Aide-mémoire left by M. R. Van Swinderen at Foreign Office, January 21, 1932. Paul Einzig, *The Comedy of the Pound*, 1933. p. 44 にはこの電報がほとんどそ

スイス国立銀行は9月20日に30万ポンド以外のすべてのポンド資金を売った[55]．口伝えの話によれば，ベルギー国立銀行はポンドが切り下げられるかどうかについて，その事件が起こる1週間前に尋ねて「否」と告げられた．その後，その件について抗議したところ，違法な質問をすれば，違法な返答を受け取るものだと，同行は告げられたということである．この話が本物でないことは確かであるけれども，この記録には意味深長な論評が含まれている．ベルギー国立銀行は1930年末にロンドンに2500万ポンドの預金を保有しており，それはベルギーの外国為替保有総額の62%を占めていた．同国立銀行はポンドについて懸念を抱いていた．1930年9月から1931年9月までに同銀行は少量の金，20億ベルギー・フラン，および2000万ドルの金を購入し，一部のポンドをドルまたはフランス・フランに転換し，ロンドンの保有残高を1930年末の保有額のおよそ半分ほどに削減した[56]．ボードゥアンが述べているように，ベルギー国立銀行は「イングランド銀行が不満を言いたくなる水準にまでこの数値（ポンド保有残高）を減らすことに絶えず専念してきた」．ポンドが金本位を離脱した時，ベルギー当局は9月21日に会合を開き，ベルギーがその保有する残りのポンド残高を整理することは非友好的な行為になるから，そういうことはできないと決定した．「こうしてベルギーは国際連帯の課す義務に照らして怠慢と思われるような行為を抑制することとなった」[57]．さらにベルギーの大蔵大臣はイギリスが前の平価と大幅には異ならない為替平価で金本位制を急速に立て直すであろうと考え，そこで彼はベルギー国立銀行がポンド保有によって生ずるいかなる損失をも引き受けることに同意した[58]．イングランド銀行との連帯は苦情の種になりうる事柄に対しては調整されたが，それはドルには及ばなかった．この問題は間もなくして現れることになる．

ままの表現で記載されている．正確な照合はD. E. モグリッジが行った．
55) Clarke, *Central Bank Cooperation, 1924-31*, p. 214, n. 104 および the annual report of the Swiss National Bank, *Federal Reserve Bulletin*, April 1932, p. 252 参照．
56) Herman van der Wee and K. Tavernier, *La Banque Nationale de Belgique et l'histoire monétaire entre les deux guerres mondiales*, 1975, ch. 5, esp. pp. 437-40.
57) Fernand Baudhuin, *Histoire économique de la Belgique, 1914-1938*, 1946, vol. 1, pp. 249-50.
58) Van der Wee and Tavernier, *La Banque Nationale de Belgique*, p. 241.

英ポンドの切下げ

　ポンドは4.86ドルから異常な速度で下落した．数日のうちに25%下落して3.37ドルとなり，それから僅かばかり回復して3.90ドルとなった．通貨当局は市場に介入しようとはしなかったし，秩序ある状態を維持しようとさえしなかった．多くの人々は戦後フランス・フランやイタリア・リラが下落したのに匹敵するような低落を予想し，彼らの保有するポンドを整理しようとした．フランス銀行がその整理に加わった．アインチッヒによれば，フランス銀行は為替保証と引き換えにポンド売りを慎む旨申し入れたが，イギリス政府は外国為替について言質を与えようとはしなかった[59]．12月にポンドの為替相場は3.25ドルの底に達した．これはポンドの為替平価を30%も下回っており，12月平均のポンド相場は3.47ドルとなった．これはポンドの金本位離脱に直ちに追随しなかった諸通貨が40%騰貴したことを意味するものであった．グリッグは後に次のように論評した．「イギリスは金本位を離脱したが，それは上品な仕方で行われたのではなく，30%あるいはそれ以上もの破局的な下落を伴った．当時，世界が結合力と安定性についてどのような基礎を持っていようとも，このようなポンドの下落はそれを破壊するものであった」[60]．

　1931年12月に大蔵大臣はイングランド銀行ノーマン総裁が提案したポンド関連の政策を採用した．その政策は通貨当局がなすべきこととして，不必要な為替売買を慎むこと，損得の問題は無視すること，準備が危険なほど低水準に減少する恐れがあっても意図的な為替切下げは回避すること，ポンドにそれ自身の長期的な水準を見出させること，為替相場を早まって固定しようと努力しないことを定めた[61]．この政策は1939年の戦争勃発時まで維持された，とクレイは述べているが，これには他の諸国に対するポンド減価の影響についての配慮が全く欠けている．

---

　59)　Einzig, *The Comedy of the Pound*, pp. 32-33, 43-44. フランスのポンド残高についての大蔵省の記録ではこのもっともらしい説明は確認されない．
　60)　Grigg, *Prejudice and Judgement*, p. 184.
　61)　Clay, *Lord Norman*, p. 405.

全部で25か国がイギリスに追随して金本位を放棄した．その大半は英帝国，スカンジナビア，東欧の諸国と，アルゼンチン，エジプト，ポルトガルといった貿易相手国であった．カナダは米ドルとポンドの中間を取り，その通貨は米ドルに対しては小幅減価し，ポンドに対しては騰貴した．特にその通貨がスウェーデン・クローネに対し騰貴したことによりカナダは(新聞用紙関連で)打撃を受け，またその通貨がアルゼンチン，オーストラリアの通貨に対し騰貴したことにより，カナダは(小麦関連で)困難に陥った．南アフリカ連邦の通貨は米ドル，金ブロック通貨，ドイツのマルクとともに減価しなかった．

ドイツにおいては適切な政策はどのようなものでなければならないか(そしてどのようなものでなければならなかったか)について，そして適切な政策には何を考慮に入れなければならないかについて，その当時争われたし，それ以来ずっとその歴史的文献においても争われてきた．ドイツはヤング案で金に固定された為替相場を維持することを約束した．フランスはこれを法的束縛と見なした．イギリスはそうは考えなかった．アメリカはライヒスマルクの平価切下げに反対したが，イングランド銀行，そのアメリカ人顧問オリバー・M. W. スプレイグ，そしてJ. M. ケインズは1932年1月のハンブルグでの講演において平価切下げを促した[62]．国際決済銀行のドイツ代表エトガル・ザリンは平価切下げの主張者であり，平価切下げを促すためにベルリンに旅した．彼は国際決済銀行で表明されたイギリスの見解に恐らく影響を受けていた．大多数のドイツ人もポンドの減価によって引き起こされたライヒスマルク増価のデフレ圧力を緩和することを主張した．この主張者にはカルル・クレーマー，ウォルター・グレベル，ルドルフ・ダールベルク，ウェルナー・ゾンバルト，ウィルヘルム・グロトコップ，ハインリヒ・ドレガー，ウィルヘルム・レプケ，そして

---

62) Jürgen Schliemann, *Die deutsche Währung in der Weltwirtschaftskrise, 1929-1933: Währungspolitik und Abwertungskontroverse unter den Bedingungen der Reparationen*, 1980, pp. 183-90. シュンペーターは「事情に通じているはずの人」の意見として，イギリスがライヒスマルクの平価切下げに反対であったことを引用している．しかしシュンペーターはその意見に懐疑的であった(Schumpeter, *Business Cycles*, p. 943[邦訳, V139-40頁])．20年後にブリューニングはある対談においてグロトコップに，イギリスがドイツの平価切下げをヤング案に違反するものと見なしていたと告げた．しかしながら，ドイツが平価切下げを求めたとすれば，その問題についての別の意見として平価切下げを擁護することは十分にありえた．

アルブレヒト・フォルストマンが含まれていた. しかし彼らは局外者であった[63]. 体制側は平価切下げに反対であったし, そしてそれには多くの理由があった. 平価切下げはヤング案に反するものであった. それは外債元利払いの国内コストを引き上げるであろう. アメリカとフランスは平価切下げに反対であったし, フランスは対独信用を引き揚げるかもしれなかった[64]. しかし平価切下げ反対の主要な理由はブリューニングの要望であり, インフレへの恐怖であった. ブリューニングは賠償支払が困難であることを示し, 賠償支払に不利に作用する国際収支に何らかの援助を求めようとした. 政界各層はすべて為替切下げをインフレと結び付けた. 1920年代初頭に両者が密接に関連していたからであった. 平価切下げを勧告した者は誰でも「生命の危険にさらされそうになった」. そのスローガンは一般に「為替レートには手を触れるな」であった[65]. ルターは9月21日に休暇から帰ってきて, 内閣がすでにマルクをポン

---

63) Schliemann, *Die deutsche Währung in der Weltwirtschaftskrise, 1929-1933*, pp. 238-48, esp. p. 236, n. 2. シュリーマンは次のように観察している. ダールベルクとグレベルは1930年12月に20%の平価切下げを公然と提案した. その当時, ポンドの減価は30%をかなり下回っていた(p. 241). その出来事からおよそ40年後のブリューニングの回想記には, 賠償が停止された後にライヒスマルクを20%切り下げるとのルターとの内密の了解を記録している. Heinrich Irmler, "Bankenkrise und Vollbeschäftigungspolitik (1931-1936)," 1976, p. 307(邦訳, 上376頁)参照. 20%の平価切下げは国際収支を黒字化することにほとんど寄与しなかったであろう, 政治的経済的障害をもたらすこともなかったであろう, とシュリーマンは判断している(p. 358).

64) Born, *Die deutsche Bankenkrise, 1931*, p. 45. アメリカの関係当局が反対であったかどうかは明らかでない. チェース・ナショナル・バンクの保守派エコノミスト, ベンジャミン・M.アンダーソンは「ドイッチェ・フォルクスビルト」紙記者の取材訪問を受け, アメリカにおいては平価切下げが銀行券増発のきっかけになるとして歓迎されるであろう, と述べた(ibid).

65) Hahn, *Fünfzig Jahre zwischen Inflation und Deflation*, pp. 103, 106-7. ブリューニングとルターは政策決定について十分な機会を持っていたかどうか, あるいは外的環境と世論によって制約されていたかどうか, この論争は事実上今日まで続いている. ブリューニングの著名な弁護者クヌート・ボルヒャルトはブリューニングが策略をめぐらす余地は限られていたと主張する(Knut Borchardt, "Zwangslagen und Handlungsspielräume in der grossen Wirtschaftskrise der frühen dreissiger Jahre: Zur Revision des überlieferten Geschichtsbildes," 1979). ボルヒャルトは1984年の論文 "Could and Should Germany Have Followed Great Britain in Leaving the Gold Standard?" において, この主題を再度取り上げている. これとは反対の立場については例えば, Carl-Ludwig Holtfrerich, "Alternativen zu Brünings Wirtschaftpolitik in der Weltwirtschaftskrise," 1982を参照. イルムラーによれば, ドイツが1931年に選択肢を持っていたかどうか, という問題に対する解答は今日, 自明のことと見なされているようである. しかしその当時, そのことは熱

ドに固定しない旨決定したことを知った．そう決定したのはインフレ終息後8年，国民はなお平価切下げに強く反対するであろうとの理由からであった．彼はこの決定に完全な同意を表明した[66]．ブリューニングは11月に行ったある演説において「ポンドが下落した現在，われわれは奮起して平価を切り下げねばならないという意見」を持っている人々が多数いることを認めたが，「私はどのようなものであれインフレ政策を実施することには最後まで反対する」と述べた[67]．指導的なマルクス主義理論家で社会民主党員の前蔵相ルドルフ・ヒルファーディングは，ウォイチンスキーとの討論において次のように主張した．

> ロンドンが世界の経済的中心としての役割を放棄したことは愚行である．……ドイツの主要な課題は引き続き自国通貨を擁護することである．彼は為替切下げの結果として今後イギリスの失業は増大すると予言した．

ウォイチンスキーは反論して，イギリスの信用は一段と強化されるであろうし，他の諸国は為替平価を切り下げ，輸出を増やし，失業を減らすであろうと述べたところ，ヒルファーディングは「ナンセンス」と叫んだ[68]．その誤りはドイ

心に論争されていた．ポンドの金本位離脱に追随することに反対するすべての理由の中で，インフレの恐怖が最も強かったと彼は推定している（Irmler, "Bankenkrise und Vollbeschäftigungspolitik (1931-1936)," pp. 305-6［邦訳，上 373-74 頁］）．ゲルハルト・クロルはブリューニング内閣が為替の安定かインフレかの何れか1つを選択する問題を課した際に，幻影と戦っていたと主張する（Gerhard Kroll, "Die deutsche Wirtschaftspolitik in der Weltwirtschaftskrise," 1966, p. 401）．

66) Hans Luther, *Vor dem Abgrund, 1930-1933: Reichsbankpräsident in Krisenzeiten*, 1964, pp. 53-55.

67) Heinrich Brüning, "Kleine Reparationen mehr," A Speech before the Reichsparteiausschuss of the German Center party on November 5, 1933, in Wilhelm Vernekohl, ed., *Reden und Aufsätze eines deutschen Staatsmannes*, 1968, p. 75. 10月の金兌換はフランス外務省がドイツ賠償についてのフランスの見解を支持するようにアメリカに圧力をかけるための手段であった，というブリューニングの見解（Brüning, *Memoiren, 1918-1934*, p. 431, 邦訳，下 532 頁）に注目されたい．

68) W. S. Woytinsky, *Stormy Passage: A Personal History Through Two Russian Revolutions to Democracy and Freedom, 1905-1960*, 1961, p. 468（邦訳，[2]317 頁）．不況対策に関するマルクス思想の保守的性格の説明については，Adolf Sturmthal, *The Tragedy of European Labor, 1918-1939*, 1943, part 3, "Labor in the Great Depression," and ch. 7（邦訳Ⅰ，Ⅱ，第3部「大不況における労働運動」および第7章）参照．シュトゥルムタールは『経済恐慌と失業』（ベルリン，1930 年）という本を書いた社会主義の指導的専門家フリッツ・ナフタリが，恐慌がそのコースを走るのは必然的であるという趣旨のことを述べているのを引用している（pp. 86-87［邦訳，Ⅰ 97-98 頁］）．「通貨をいじくりまわすな」というのは，左翼のほとんどが同意するスローガンであった．これは1つには自由放任の原則に

ツにとって高いものについた．1961年にドイツ・マルクの切上げが行われた直後に，ハーンは5％の切上げが産業側にこれほどの反対を呼び起こすとすれば，40％平価切上げのデフレ圧力はいかばかり大きく感じられたことか，と述べている69)．

　ドイツ政府はデフレ政策を追求し，イギリス政府もそうした．金ブロックとアメリカは重大な国際収支問題に直面した．イギリスとドイツの場合にはそれぞれ為替下落と債務弁済繰延べ協定のためにその問題は起こらなかった．両国は存在しないインフレと戦った．為替切下げによって生じたイギリス価格と世界価格との必然的な乖離は，世界価格あるいは金表示価格が低下したことから生じたものであり，ポンドで表示された価格，あるいはポンドに従って平価を切り下げた諸国の通貨で表示された価格が上昇したことから生じたものではなかった．

　これと対照的な動きを示したのは金ブロックと日本であった．金ブロックの中で，以前に対ポンド相場を150リラから90リラに引き上げたイタリアは，このいわゆる対ポンド平価90リラ相場についてはすでに述べたが，今では70リラ相場に達しており，これを60リラ相場に引き上げた．エルネスト・チアンチは1926年の対ポンド平価90リラ相場が今もなお活発に議論されているのに対して，リラをポンドと同時に引き下げることができなかったことについては比較的に見過ごされていることに注目している．彼の見解によれば，1931年に平価を切り下げなかったのは，ドイツの学問的政治的論争で提示された理由のいずれかによるものではなく，もっぱら威信に，そしてそれについての虚偽の威信によるものであった70)．1934年にイタリアはドイツに従って外国為替管理を実施するにいたった．

　ポンドの下落に伴って投機筋は円売りを始めた．日本銀行は3か月間に金で6億7500万円を失った．日銀は12月13日に金輸出を禁止し，1931年12月

　　よるものであり，また1つには1923年インフレの記憶によるものであった．このインフレの時に賃金は物価上昇についていけず，労働組合のファンドは一夜にして全価値を失ったのである(pp. 87-88 [邦訳，Ⅰ 99頁])．
69)　Hahn, *Fünfzig Jahre zwischen Inflation und Deflation*, p. 80.
70)　Ernesto Cianci, in the "Debate," in Banco di Roma, *Banca e Industria fra le due guerre*, vol. 1, 1981, p. 163.

17日に金本位制を停止した．パトリックの叙述によれば，それに続いて起こった事柄は日本の行動や経済分析の記録からは予想もされなかったことであり，世界がかつて経験したことのないような財政政策，金融政策，外国為替相場政策の組み合わせが非常に見事で大変うまくいった事例の1つとなった[71]．

1920年代にごく少数の反対派は円の平価復帰に反対し，為替レート切下げを要求する運動を行った．石橋湛山と著名ジャーナリスト高橋亀吉が指導するこの少数の反対派はグスターフ・カッセルの見解に，そして後にはケインズの見解に依拠していた．ケインズの『貨幣改革論』は1924年に，『貨幣論』は1932年に日本語に翻訳された．これらの著作は公共支出の理論に先鞭をつけるものではなかったけれども，管理通貨を主張していることを石橋と高橋に印象付けたのであった．

円の平価復帰が失敗したことに伴って異端派の見解が前面に現れた．ジャーナリスト高橋は蔵相高橋是清——元首相(1921-22年)で元蔵相(1913-14, 1918-22, 1927年)，そして円相場の切下げを求めて政権の座についた新内閣の蔵相となった——の理論に当初は批判的であった．しかし政治家高橋は変動為替相場制の下では赤字財政が実施可能なことを直観的に理解した．そして当時の彼の著述が示すところによれば，彼は1931年『エコノミック・ジャーナル』誌のR.F.カーンの論文に当たったような徴候は何もないのに，ケインズ的な乗数のメカニズムをすでに理解していた．日本の国際収支は変動為替相場によってばかりでなく，1932年7月と1933年3月に成立した外国為替管理法によっても保護されていた．日本銀行は割引率を1932年3月の6.57％から1936年4月には2.29％に引き下げた．日本銀行の保証発行高は1億2000万円から10億円に引き上げられた[72]．しかしリフレーションを進める主要な装置は政府支出であった．高橋財政のもとで中央政府支出は1932年，1933年，1934年の各年次に20％増加し，合計すると国内純生産の31％から38％に増加した．この財政拡大は景気を回復させるのに十分であったが，軍事支出を無制限に要求する軍国主義者達を満足させるにはいたらなかった．その結果，彼ら軍国主

---

71) Patrick, "The Economic Muddle of the 1920s," p. 256.
72) Eigo Fukai, "The Recent Monetary Policy in Japan," in A. D. Gayer, ed., *The Lessons of Monetary Experience, Essays in Honor of Irving Fisher*, 1937, p. 391.

者は 1936 年, 82 歳の老政治家高橋を暗殺した[73]. オランダ領東インドのような地域の輸入における日本のシェアは, 為替低落の結果として 1930 年の 12% から 1933 年には 31% に増大し, 同年に東インド政府は保護政策を採用するにいたった[74].

ドルの金交換

ポンドが切り下げられた日, 1931 年 9 月 21 日にフランス銀行のモレ総裁はドルを金に交換しても構わないかどうかを, ニューヨーク連邦準備銀行に尋ねた. ハリソンは構わないと彼に保証した. 9 月 22 日にフランス銀行は 5000 万ドルを金に交換し, ベルギー国立銀行は 1 億 660 万ドルを金に交換した. フランス銀行はニューヨーク連銀の対外業務担当者クレインに対して, フランス銀行がベルギーとスイスに幾らかの量の金を先物で売っており, その報告書に損失を計上しないために引渡し前にドルを金に換えておきたいと説明した[75]. 連邦準備制度の報告書に金の喪失が計上されるのは不可避となり, そのことが報告されると, 外国為替市場は混乱に陥った. 10 月 1 日にフランス銀行はさらに 2500 万ドルを, 10 月 8 日にはさらに 2500 万ドルを, そして 10 月 13 日に

---

73) 上記文節の骨子は小宮隆太郎が私に伝えたもの. 小宮は高橋財政のリフレーション政策に関する標準的な歴史書がないということに気づいた. *Who's Who in Japan, 1930-1931*〔Tsunesaburo Kamesaka, *The Who's Who in Japan, 1931-32*: 14th annual edition, The Who's Who in Japan Office のことか〕の記事によれば, 高橋は 1854 年 7 月生, 横浜で英語を勉強し,「1867 年に研究のためアメリカに留学, 彼の悪辣な保護者である不実なアメリカ人〔原文のまま〕によって数か月間, 奴隷として取り扱われ, 翌年帰国. 1875 年大阪英語学校長. 特許局長. 1890 年にこれを辞任. ドイツ人詐欺師が詐取した銀鉱を開発するためにペルーに渡る」. 日本における彼の銀行業での経歴は 1891 年に始まり, 公務の経歴は 1904 年に始まった. その年に彼は「英米における外債募集の金融代理人となる. 重要な任務を帯びて両国に 2 回派遣される〔原文のまま〕」. 高橋の経歴と見解の概要については, Dick K. Nanto and Shinji Takagi, "Korekiyo Takahashi and Japan's Recovery from the Great Depression," 1985 参照.

74) A. Neytzell de Wilde and J. Th. Moll, *The Netherlands Indies During the Depression: A Brief Economic Survey*, 1936, pp. 57, 58. この地域への日本の輸出増加は円相場下落前に, しかし対米生糸輸出が半減した後に始まった. 綿製品では日本は 1928 年にオランダ領東インド市場の 30% を占め, 1931 年には 48%, そして 1933 年には 76% を占めた (p. 54).

75) Federal Reserve Bank of New York files.

は2000万ドルを金に交換し,それをニューヨーク連銀においてイアマーク＊した.10月7日にモレはハリソンに「フランス銀行が連帯と礼儀上からロンドンに保有していたポンド残高にかなりの損失が出ましたので,私は原則としてこの[ドル残高の金兌換]問題を特別に重視せざるをえないのです」と説明した[76].連邦準備制度理事会のハムリン理事がユージン・マイアーに提出した覚え書で引用されているパリからの報告書は,フランス銀行との討論や新聞論説に基づくものであり,その要点は「[連邦準備が]ドルをその現在価値で支持し維持する保守的政策を引き続き実施し,インフレに訴えることがなければ」フランス銀行としてはそのドル保有を維持するつもりでいる,というものであった[77].これは反発を引き起こした.12月18日にハリソンはニューヨーク連銀としてはいかなる公約もするつもりはないという趣旨の書簡をマイアーに出した.フランス銀行は自由にドルの金交換ができることとなり,ニューヨーク連邦準備銀行は金融政策を自由に選択し実施できるようになった.フランス銀行がニューヨーク連銀に保有していた引受手形と預金は1億9000万ドルであったが,それが8600万ドルに減少した.その前にハリソンが告げられていたことは,フランス銀行の理事たちが収益の減少について心配するので,フランスとしてはこれ以上金を引き取らないことに決定した,ということであった[78].
9月半ばから10月末までに連邦準備制度が失った金は7億5500万ドルに達した.連邦準備制度理事会のスタッフ,W.R.ガードナーからマイアー理事に提出された1931年12月17日付け覚え書は,ベルギー国立銀行が金で1億3100万ドル,オランダ銀行が7700万ドル,そしてスイス銀行が1億8800万ドルを取得したと記し,これら中央銀行間の狼狽ぶりに言及していた[79].残り大部分の金はフランスが取得した.1932年のフランス銀行年次報告書には,「アメリカが大量の資金引揚げに直面した1931年秋に,本銀行はドル資産の処分を差し控えた」と記されているが,この記述が何を意味するのか理解し難い.

---

76) Ibid.
77) Ibid., memorandum of November 24, 1931.
78) Ibid., letter of December 18, 1931.
79) Ibid.
[訳注]＊ ある国の中央銀行がその保有する金の一部を他国中央銀行の所有する金として取り分けて保管すること.

アメリカの通貨当局は割引率の引上げによる古典的方法で金喪失に対処した．割引率は10月9日に一度に1％ポイント引き上げられ，次いで1週間後にさらに1％ポイント引き上げられたが，ニューヨーク連銀の割引率は3.5％になったに過ぎなかった[80]．ハリソンはこの引上げをさえ苦にして，公開市場操作によってその効果を相殺するよう迫った．しかし連邦準備制度はヨーロッパの信認を損なうことを恐れて躊躇した．ヨーロッパの信認が損なわれれば，金の回収と通貨退蔵が一段と進展するかもしれなかったからである[81]．11月末の会議で公開市場委員会は2億ドルの買い操作を認可したが，12月に購入された額は7500万ドルに過ぎなかった．主要金融中心地以外の諸銀行が大量に再割引を行った．銀行倒産は広がった．

　フリードマンとシュウォーツはイギリスの金本位制停止後に生じたアメリカの金供給への圧力はアメリカの経済生活においては重大ではなかった，アメリカの経済生活は1931年3月から1932年半ばまで一貫して悪化し続けてきたのである，と主張する[82]．この判断は受け入れ難い．通貨供給量が急速に減少したばかりでなく，商品価格も証券価格も輸入も，そしてこれらよりは程度は小幅であるが鉱工業生産もその平価切下げ前よりはその後において一段と急速に低落した[83]．アメリカの金準備に対するヨーロッパ，特にフランスの圧力は1932年初めの数か月間に再開されることとなった．しかしその圧力はその時は相殺されたようであった．ドルの騰貴と資本流出という二重の衝撃がデフレ圧力を維持し加速したのであった．

　さらに，そのデフレ圧力は総通貨量を多少とも引き下げるように浸透するものである．国内・国外の二級債券の金利は国債や優良社債の金利が低水準に低下する時に上昇した．従ってすべての生産者と消費者の通貨量はともに均等に

---

80) エミール・デプレは彼の論文集の序文において次のことを詳述した．彼が書いた草案に，W. ランドルフ・バージェスの署名を求めて1931年10月に船上からニューヨーク連邦準備銀行宛に打った電報は，割引率引上げに強く反対する内容のものであり，それは連邦準備制度理事会によって検討され，1日だけその決定を引き延ばした．「このような政策形成への発案は委員としての私の任期中よくあったことのようであった」．Emile Despres, *International Economic Reform: The Collected Papers of Emile Despres*, 1973, p. xii 参照．

81) Wicker, *Federal Reserve Monetary Policy, 1917-1933*, p. 169.

82) Friedman and Schwartz, *A Monetary History of the United States, 1867-1960*, p. 322.

は変動しなかった．ある研究によれば，アメリカにおいて大企業は流動性が欠乏したのではなく，流動性が過剰になった[84]．別の研究によれば，銀行信用の収縮は利用可能な通貨量の減少のみによって説明されうる以上に，産出量の減少を引き起こした[85]．なお，最近の別の説明はあの古いテーマを想起させる．支店銀行を禁止するシステムのために，何千もの非効率的な小銀行は貧弱な融資しかできなかったという説明である[86]．しかし当然のことだが，集計量で妥当する一般概念はそれを分解すると，効力を失うものである．

---

83) 次の表を参照されたい．
アメリカの経済指標，1931年3月－1932年6月（季節調整済み，1923－25年＝100）

	鉱工業生産	建設契約高	工場雇用	工場給与支払総額	貨車積載量	物価	通貨流通高と要求払預金（調整済み，10億ドル）	輸入（未調整，100万ドル）
1931年3月	87	77	78	75	80	76	24.8	205.7
1931年8月	78	59	74	64	72	72	23.4	168.7
1931年9月	76	59	73	62	69	71	23.4	174.7
1932年6月	59	27	60	43	52	64	20.4	112.5

出所）*Federal Reserve Bulletin*, various issues.

84) Helen Manning Hunter, "The Role of Business Liquidity During the Great Depression and Afterwards: Differences of Between Large and Small Firms," 1982.

85) Ben S. Bernanke, "Non-monetary Effects of the Financial Crisis in the Propagation of the Great Depression," 1983. この論文は商品価格と金融資産の価格が債務デフレーションに影響しうることについては明示的には取り扱っていない．例えば，価格系列は全く示されていない．しかし，1930－33年債務危機について考察する有効な1つの方法は債務負担に比べて借り手の担保財産が累進的に減価するものとして考えることである，とその論文は述べている（p. 265）．さらにこの論文は他の出来事の中でもイギリスの金本位離脱が「アメリカの鉱工業生産の動向に（関係があったとすれば）非常に間接的に連結していた」ということを主張する点において，本章の主題とは異なる．

86) White, "A Reinterpretation of the Banking Crisis of 1930," 1984. 非常に説得力のある反証ではないが，この解釈に対する1つの反証は1930年11月に120社の銀行その他の金融会社からなるコールドウェル・チェーンが崩壊したことである．

第8章

デフレの激化

　1930年代初頭，当時の一般通念は商品価格と資産価格の低落を重要に考えていた．このような見地からケインズは下記のような言い回しでそのことについて述べている．当時，ケインズは「一般理論」についての研究を始めており，その理論は全体として価格を無視する傾向にあるが，当時は価格を重視したのであった．

　　われわれの通貨協定を茶番と化し，世界の金融機構を窮地に追い込んでいるこの神経症とヒステリーは[原文のまま]，過去2年間にわたって貨幣価値の崩壊が進展した結果として銀行の実質資産が徐々にかつ着実に破壊されていることにその根因を持っている．

　　銀行というものはデフレがある程度まで進むと，それに耐えることができなくなる．そして世界の重要な地域において，そして少なからずアメリカにおいて銀行の資金ポジションは人々の目から多少隠されているが，全体状況のなかで事実上，最も弱い要素になりうる．現在の事態は何かこれを打破するものがなければ，大幅に前進することができない状況にあることは明らかである．この事態を放置すれば，世界の諸銀行間に実際に重大な亀裂を生ずることになろう．

　　私の信ずるところによれば，現代の資本主義は貨幣価値を以前の数値に近づくように改善するある方法を見出すか，それとも広範囲な破産や債務不履行，そして大半の金融構造の崩壊を見るか，その何れかの選択に直面しているのである[1]．

---

1) J. M. Keynes, "The Consequences to the Banks of the Collapse of Money Values," 1931, in *Essays in persuasion*, vol. IX, pp. 151, 157（邦訳179, 186頁），quoted by Richard F.(Load) Kahn, *The Making of Keynes' General Theory*, 1984, pp. 132-33（邦訳207-8頁）．

ケインズは株式市場崩壊後アメリカにおいて銀行の流動性が凍りついたことによって，商品価格やその他資産価格が低落した，という経緯をほとんど評価しなかった．さらに1931年夏，ポンドの金本位離脱前に書いたものでは，時期が早すぎたせいでアメリカ，金ブロック，ドイツにおいて金表示価格による通貨騰貴の影響を考慮していない．さらにデフレが進展したのは，フランスが課した輸入割当制が非弾力的な一次産品供給の捌け口を狭めたからであり，そしてすべての諸国が関税を課したことによるものであった．イギリスは1931年にポンドを切り下げたばかりでなく，1932年にはさらに関税を引き上げた．それはその何れの進路を選択すべきかについて長い間議論してきている時に，両者をともに実施するという傾向のもう1つの実例を提供したのであった[2]．デンマークは1931年10月に，スウェーデンは1932年2月に同様の政策を実施した．1931年10月から1932年3月までの数か月間にオランダ，フランス，ベルギー，ルクセンブルク，スイスが全品目の関税を引き上げ，輸入割当を実施し，スイスの場合には重要なドイツ・スイス貿易協定を廃棄した．ドイツは出超額が1931年9月，10月には月間およそ4億ライヒスマルクに達していたが，翌年1月には1億に，2月には9700万に激減し，財政支出拡大の源泉が除去されるにいたった．

デフレーションは海外に原因があったばかりでなく，国内でも実施された．引受保証銀行とライヒスバンクは経営危機に陥った銀行に資金を提供した．ライヒスバンクは第三者としての引受保証銀行の署名による保証に基づいて16億ライヒスマルクを供給し，その利率を1931年7月と8月の10%ないし15%の水準から引き下げた．しかし大幅な引下げではなく，10月には8%，12月には7%に引き下げた．デフレーションはなお当時の秩序であった．

ルターは真正直なデフレ主義者であった．彼の自叙伝の第7章は「ブリューニングの政策——他に選択肢はなかった」と題されている[3]．ブリューニング内閣においてトゥレビラヌスはこの表現を「畜生，他に仕様がねえ」というロ

---

[2] しかし，ケインズ自身はポンドの金本位離脱により関税は不必要になると考えていた．『タイムズ』紙，1931年9月28日号への彼の書簡参照．それはJ. M. Keynes, *Essays in Persuasion*, pp. 243-44(邦訳288-90頁)に再録されている．

[3] Luther, *Vor dem Abgrund, 1930-1933*, pp. 131ff.

図10　世界貿易の螺旋状の収縮，1929年1月-1933年3月(75か国の総輸入額，月額，単位100万旧米金ドル)

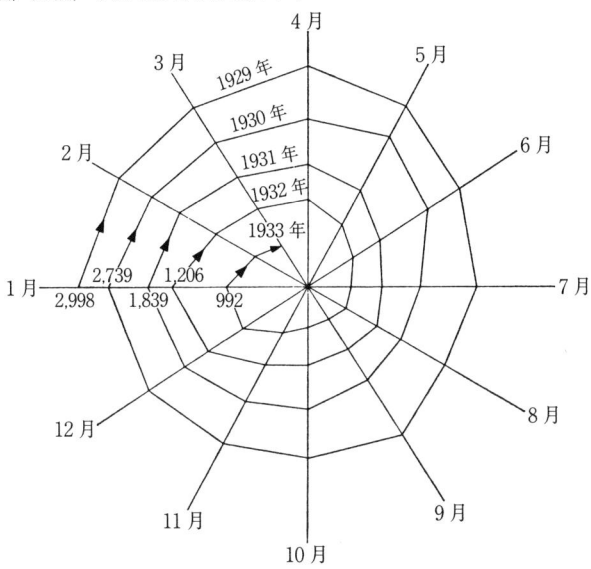

	1929年	1930年	1931年	1932年	1933年
1月	2,997.7	2,738.9	1,838.9	1,206.0	992.4
2月	2,630.3	2,454.6	1,700.5	1,186.7	944.0
3月	2,814.8	2,563.9	1,889.1	1,230.4	1,056.9
4月	3,039.1	2,449.9	1,796.4	1,212.8	
5月	2,967.6	2,447.0	1,764.3	1,150.5	
6月	2,791.0	2,325.7	1,732.3	1,144.7	
7月	2,813.9	2,189.5	1,679.6	993.7	
8月	2,818.5	2,137.7	1,585.9	1,004.6	
9月	2,773.9	2,164.8	1,572.1	1,029.6	
10月	2,966.8	2,300.8	1,556.3	1,090.4	
11月	2,888.8	2,051.3	1,470.0	1,093.3	
12月	2,793.9	2,095.9	1,426.9	1,121.2	
平均	2,858.0	2,326.7	1,667.7	1,122.0	

出所）　League of Nations, *Monthly Bulletin of Statistics*, February 1934, p. 51.

ンドン子の言い草を引用してまねている[4]。

　しかし他に選択肢はあった．経済省の役人ウィルヘルム・ラウテンバッハは公共事業を行うために銀行信用を数十億ライヒスマルク拡大する計画を持っていた[5]．このような信用創造の提案はその後ワーゲマンによって取り上げられた[6]．労働組合を代表するウォイチンスキーは初めには1人で，後にはバーデやタルノウとともに国際的規模か国家的規模かのいずれかで公共事業を行う計

---

[4] Gittfried Reinhold Treviranus, *Das Ende von Weimar: Heinrich Brüning und seine Zeit*, 1968, p. 173. 他に選択肢が存在したかどうかについては，同書第7章注2に記されているように，ライヒスマルクを切り下げるかどうかの議論のなかで今日まで討論されている．確かに，その政策決定は国内マクロ経済のデフレ政策を意味するようであった．なぜならば，過大評価された通貨のもとで国際収支赤字を防止するためには外国為替管理が必要であり，その当時はその効率性が（少なくともドイツのような規律正しい国において）評価されていなかったからである．

[5] ラウテンバッハ計画の原文に最も近い文書は彼の覚え書，"Defizitpolitik? Reichsbank-zusage als Katalysator. Der Verzweiflungsweg—ohne Auslandskapital!"［赤字政策？　絶望から脱出する触媒としてのライヒスバンクの保証——外資依存なしで！］, in Wilhelm Lautenbach, *Zins, Kredit und Produktion*, 1952, pp. 137-56 である．この覚え書は1931年8月9日版に印刷されており，9月9日版の改訂版は両者の違いが比較できるように対応する欄に印刷されている．そしてそれは失業に関するブラウンス委員会（レプケもこれに参加）のために書いた "Auslandskapital als Katalyst"（触媒としての外国資本）と題する，それより早い時期に書かれた，日付なしの小論文に続くものである．この小論文は海外融資による公共事業を通して行う景気回復を論じたもの．
　ラウテンバッハの著書 *Zins, Kredit und Produktion* は彼の死後，ボルフガング・シュトゥッツェルが編集したもので，ドイツ経済省のラウテンバッハが経済思想に貢献したことを評価するレプケの序文を掲載してある．ラウテンバッハの着想の十分な説明はまた Grotkopp, *Die grosse Krise* にもある．この本には33名の氏名索引と38頁の注4に簡単な伝記が付いている．
　ラウテンバッハ計画は1931年9月15日にライヒスバンクの会合で活発に討論され，特にザリン，ヒルファーディング，レプケが反対した．しかしポンドの金本位離脱後，ザリンはルターとラウテンバッハ計画を討議するために10月3日にバーゼルからベルリンに来た．ザリンはラウテンバッハ計画を国際決済銀行の一部の幹部が支持していると言った．Luther, *Vor dem Abgrund, 1930-1933*, p. 23 の彼の序文参照．また George Garvey, "Keynes and the Economic Activities of Pre-Hitler Germany," 1975 参照．
　ボルヒャルトはケインズ以前のケインジアンとしてのラウテンバッハの評価について異をとなえ，ラウテンバッハが（イギリスの金本位離脱前に）コストと価格の引下げを要求し，イギリスの金本位離脱を鋭く批判し，ドイツの金本位維持を主張した文章を引用している．Borchardt, "Zur Aufarbeitung der Vor- und Frühgeschichte der Keynesianismus in Deutschland," 1982 参照．

[6] Grotkopp, *Die grosse Krise*, pp. 179ff. ワーゲマンの提案は1934年のドイツ銀行改革の基礎をなすものであった．

画を夢中に考えていた，と彼が述べている[7]．ルターは彼らの主張をすべて論破した．そのさい彼は古典派の経済理論を豊富に援用した[8]．しかし重要な点はブリューニングが賠償を免れる手段としてデフレを採用したということであった．ブリューニングを誹謗する者達は次のように述べた．彼は国防軍（ライスヒスヴェーア）の傀儡であって，1930年3月のヤング案批准後2週間してクルト・フォン・シュライヒャーによってその地位を与えられ，賠償を終焉させるローザンヌ会議の6週間前，すなわちブリューニングが断言したようにゴール100メートル手前の1932年5月に，農業政策を見え透いた口実としてフォン・シュライヒャーによって辞任させられたのである[9]．

---

7) ibid. および Woytinsky, *Stormy Passage*, pp. 466ff.（邦訳，[2]316頁以下）参照．バーデによれば，ウォイチンスキーは国内公共事業のためのウォイチンスキー＝タルノウ＝バーデ計画に最も重要な貢献をした．その計画は1931年12月に起草されたが，1932年4月13日までドイツ労働総同盟（ADBG）がこれを発表しなかった．彼の論文, Fritz Baade, "Fighting Depression in Germany," in Emma S. Woytinsky, ed., *So Much Alive: The Life and Work of W. S. Woytinsky*, 1962, p. 64-65 参照．ウォイチンスキーは1931年初めに著書, *Internationale Hebung der Preise als Ausweg der Krise* を書き，年末には『国際労働評論（International Labor Review）』誌に一論文 "International Measures to Create Employment: A Remedy for the Depression" を書いた．彼の多様な同僚の中にゲルハルト・コルムがいた．ウォイチンスキーは著書 *Stormy Passage*（p. 471[邦訳，[2]322頁]）において，労働組合がカール・マルクス以来の経済理論の最高権威と常にみなしてきたヒルファーディング（p. 465[邦訳，[2]315頁]）が「コルムとウォイチンスキーが公共事業によって不況を緩和しうると考えるとすれば，彼らは単に自分達がマルクス主義者ではないということを示しているに過ぎない」と述べたことを引用している．
　中でもウォイチンスキーはケインズ＝カーン乗数について十分に練り上げられた見解を持っていた，とグロトコップは主張し，公共事業の推進では彼らに独創性があったと断言している．しかしケインズとヘンダーソンは1929年に小冊子 J. M. Keynes and H. D. Henderson, *Can Lloyd George Do It?*, 1929（邦訳101-49頁）において不況対策のための公共支出という見解を明らかにした．もっとも，それは乗数なしの説明であった．乗数は1931年6月にカーンが発表した（R. F. Kahn, "The Relation of Home Investment to Unemployment," 1931）．ケインズ自身は勿論，早くも1930年にこの考え方に通じており，1931年6-7月にノーマン・ウェイト・ハリス財団の講演でそれを公的に論じた．彼の論文 "An Economic Analysis of Unemployment," in Q. wright, ed., *Unemployment as a world Problem*, 1931 参照．カーンが1930年8月にその仕事を始めた乗数理論の発展についての説明は，Kahn, *The Making of Keynes' General Theory*, ch. 4（邦訳，第4講）参照．

8) 膨張主義者で商人のハインリッヒ・ドレガーはほとんどすべての経済学教授連を痛烈に批判した．彼らが信用創造による雇用の拡大を「無効で，実行不可能で，不適当で，少なくとも不得策である」と見なしたからである．Grotkopp, *Die grosse Krise*, p. 38, n. 3 からの引用．

9) Bernhard Menne, *The Case of Dr. Brüning*, 1943 参照．メンネはブリューニングをド

共産主義者たちが主張しているように，1930年9月選挙後のブリューニングの政策がワイマール共和国に対する陰謀の一部であったかどうかはともあれ，それはまず第1に賠償の撤廃に全力を集中することであったし，この目的達成の手段としてデフレーションを利用することであった[10]．ルターが述べているように，急進派を出し抜くためには対外政策で成功する必要があった．ブリューニング政府は3つの目標を(次の優先順位で)持っていた．(1)対外政策，賠償を終焉させること，(2)経済政策，失業を解消すること，(3)対内政策，過激派に対し中道派を強化すること．ブリューニングには第2と第3の優先目標に進む前に賠償を解決することが極めて重大であるように思われた[11]．ヤング案が不履行になれば，新たな交渉が行われることになるであろうし，そうなれば想像もできないような国内情勢が持ち上がってくるであろう．ドイツとしては賠償を支払うことができないということを債権国に示すことが必要であった．政府雇用計画はブリューニングの机上にあって，ドイツが賠償を免除された後に用いられることになっていた，とトゥレビラヌスは述べている[12]．ウォイチンスキーはブリューニングをそれほどの策謀家ではないと見て，次のように述べる．「彼の自殺的政策は彼の一般的哲学からきていた．彼は天井知らずのインフレの幽霊に怯えていた．彼は雇用機会を創出することによって失業者を甘やかすという構想を好まなかった．そして彼は公共事業計画をドイツが提供することのできない贅沢品と考えた」[13]．

ブリューニングはデフレーションが賠償の免除に帰着するという彼のシナリオをサケットに伝えた．フーバーは世界経済の問題を話し合うためにワシントンに5大国会議を招集する予定であったし，この会議の中で賠償を免除するこ

イツ共和国に反対する陰謀団の一員と見なしている．ブリューニングが軍の支持を得，その後軍によって滅ぼされたということについては，ヴァンシタットも述べている．Vansittart, *The Mist Procession*, pp. 418, 446参照．メンネはティッセンが1929年春，クルップの丘の家の会合で述べた次の言葉を引用している．「私は今あの危機が必要です．それは賃金と賠償問題を一挙に解決する唯一の機会を提供してくれます」と(pp. 47-48)．

10) Luther, *Vor dem Abgrund, 1930-1933*, pp. 137-38. Brüning, *Memoiren, 1918-1934*, p. 221(邦訳, 上 257-58頁)でブリューニングは「世界が率先して賠償を撤回するように，外見上欠点のないデフレ政策が実施されたこと」について語っている．

11) Luther, *Vor dem Abgrund, 1930-1933*, p. 141.

12) Treviranus, *Das Ende von Weimar*, p. 175.

13) Woytinsky, *Stormy Passage*, p. 466(邦訳, [2]315頁)．

との必要性が明らかになるであろう．ブリューニングの回顧録によれば，フーバーは国務次官ジョーゼフ・コットンをヨーロッパ調査旅行に派遣するという案を十分考慮していた．コットンが1931年1月27日に死去したために，この努力には終止符が打たれた[14]．しかし，デフレーションから賠償免除にいたる正確な仕組みは決して明らかにされていない．メンネの確信するところによれば，ブリューニングの途方もない経費節減運動の狙いはドイツが支払い不能状態にあることを訴えることであり，そのために彼は「飢餓首相」という嘲笑的な名称を得たのである[15]．賠償の終焉についてのブリューニング演説は正確さに欠けている．「ドイツの財政収支とドイツ経済は誰が見ても全く明らかであります．それはわが政府が持つことのできる最強の武器であります」というだけである[16]．平価切下げや信用膨張や公共事業についての提案は即座に拒否された．彼が拒否したのは「デフレ政策を持続的に実施することによってのみ，彼は連合国の好意が持続するのを希望することができるし，そしてこの確信は賠償の最終的終結の必要条件であると彼には思われた」からであった[17]．ラウテンバッハ計画とワーゲマン計画に対しては連合国が反対する可能性がある，ということをブリューニングはしばしば言及するが，しかしデフレーションがいかにして賠償支払を不可能にし，賠償を終焉させるかに関してはその詳細を明らかにすることはほとんどない．

　ブリューニングが何を考えていたかはともあれ，彼は1931年12月8日に第4次緊急令によって賃金と金利とカルテル産業の価格を引き下げることを実施した．賃金は1927年1月10日当時の水準にまで全面的に引き下げることが要求された．賃金引下げによって失業を減らすことはできなかった．年間失業増加数は1931年8月には前年同期に対して130万人，9月には140万人であり，1932年1月，2月には前年に対して110万人に少し減少したが，5月，6月には150万人に上昇した．ドイツの社会的統合は失われた．ナチスは引き続き勢力を拡大した．

---

14)　Brüning, *Memoiren, 1918-1934*, pp. 222-23（邦訳，上 260-61頁）.
15)　Menne, *The Case of Dr. Brüning*, p. 60.
16)　Brüning, "Kleine Reparationen mehr," p. 76.
17)　Salin in preface to Luther, *Vor dem Abgrund, 1930-1933*, p. 23.

ナチス勢力興隆の原因を賠償，ルールの占領，1922-23年のインフレ，1931年の平価切下げの失敗，あるいはブリューニング・デフレーション，そのいずれに帰するにしても，ブリューニングが失敗したという判断は誰もが承認する．賠償は1932年6-7月のローザンヌ会議で事実上免除されたが，しかしブリューニングは5月にヒンデンブルクによって首相を罷免された．彼の後継者フォン・パーペンは改革者達が提案していた信用創造・支出拡大政策を採用した．それにはラウテンバッハの構想が含まれていた．それは企業が1934-38年に国税の支払いに使用することのできる証券で公共事業の資金を調達する方式であり，この証券は1934-38年の財政黒字から償還されることを予定していた．この証券は譲渡可能であり，ライヒスバンクで割り引くことができた．この納税証書は総額15億ライヒスマルク発行されたが，さらに追加発行された．フォン・パーペン，彼の後は政府雇用局長官ゲレーケ，なおその後にはラインハルトが政府機関宛に発行する手形に基づいて公共事業を実施した（この手形もライヒスバンクで割り引くことができた）．その額はヒトラーが1933年1月30日に政権を取る前までに，パーペンの下で3億，ゲレーケのもとで6億，ラインハルトのもとで10億に達し，その総額は1933年末には55億，1939年末には400億ライヒスマルクに達した[18]．改革者達は大半が政治的にはヒトラーに反対であり，彼の計画には懐疑的であった．ヒトラーの計画は初め自動車道路（またグレーゴル・シュトラッサーが1934年に殺されるまでは彼の指導下で農民援助）に集中し，そしてその後は再軍備に集中した．彼ら改革者達はブリューニングが用いるのを拒否した構想をヒトラーに提供したのであった[19]．

---

[18] C. R. S. Harris, *Germany's Foreign Indebtedness*, 1935, p. 44.
[19] ドイツの初期ケインジアンが国家社会主義に反対したという意見には異議が唱えられてきた．クヌート・ボルヒャルトは彼らの多くは遅かれ早かれナチ陣営に入った，と指摘する（Borchardt, "Zwangslagen und Handlungsspielräume in der grossen Wirtschaftskrise der frühen dreissiger Jahre," pp. 32-33, n. 33）．また Juergens Backhaus, "Economic Theories and Political Interest: Scholarly Economics in Pre-Hitler Germany," 1983参照．彼の指摘するところによれば，ドイツの主流エコノミストはしばしば産業的利益を支持し，他方，キール学派はナイサーとレデラーを含めて，労働組合の要望に応えて需要管理を支持した（pp. 664, 666）．

賠償の終焉

　1931年10月にラヴァルは1年間のモラトリアム期間経過後，戦債と賠償をどうするか相談するためにワシントンを訪問した．フーバーはヨーロッパ諸国がドイツの賠償支払能力を再調査するために協議することを提案し，欧州大陸が主導権を発揮すればすべての国際債務問題を不況期の支払能力に基づいて再調査することができるであろうと述べた．

> 政府間債務に関する限り，われわれは次のことを承認する．フーバーの支払猶予年が終わる前にある種の政府間債務協定が必要であり，それは景気後退期に適用されるものである．そしてその期間と条件について両国政府は一切の権利を留保する[20]．

この文章は1年後に，賠償がさらに延期されたり取り消されたりすれば，同様の取扱いが戦債に対しても認められねばならない，という見解を生ずることとなった．

　ヨーロッパは主導権を取ってヤング案に関する特別諮問委員会を設置し，その会合が国際決済銀行主催のもとで1931年12月に開かれた．同委員会はヤング案が取り決められた際の条件が不況によって変化したと結論し，政府間協議を勧告した．この会合を終えるに当っての覚え書において，またその後数か月間定期的に，アメリカは戦債が賠償とは無関係であることを主張した．この問題を解決するための会議は1932年4月のフランスの選挙のために延期され，そしてまた5月のプロイセンの選挙のために延期され，そして最終的にローザンヌで6月と7月に開催された．この会議は難航したが，賠償を免除するのとほとんど変らない協定に達した．ドイツ公債30億マルクが国際決済銀行に対して100で発行され，同行は3年後にそれを公開市場において商品として，しかし90を割らない価格で販売する．15年後に売れ残っている公債は解約される．この協定の批准は戦債処理の機会を与えるために延期された．戦債は主として対米戦債であるが，伊英間，仏英間の戦債もあったからである．戦債問題

---

20) Morison, *Turmoil and Tradition*, p. 425.

は 1932 年 11 月にワシントン駐在のフランス大使とイギリス大使がアメリカに対し戦債見直しと 12 月 25 日支払分の延期とを求めたことから起こった．この問題は大統領再選の試みに失敗したフーバーから，大統領選挙の勝利者ルーズベルトへの権力の移行を一層紛糾させることとなった．実際この移行は全く面倒なものとなったのである．

イギリスが不況から脱出する

　ポンドは 1932 年初めの数か月に上昇し始めた．1 つにはポンドは売られ過ぎであった．輸入関税が賦課されることを予期して輸入業者が買い急いだからであった．もっと重要な要因は 1932 年 1 月のポンドの信認回復であった．その信認回復はフランスのポンド保有がもはや市場を圧迫しなくなったということ，そしてイングランド銀行が金ストックを取り崩すことなしに 1931 年夏の信用を返済できるであろうということが認識されるにいたったからであった．もう 1 つの要因としては，3 月末に納期の来る所得税が 1 月 1 日の第 1 次通知書発行直後，早めに自発的に払い込まれたということがあったのかもしれない[21]．ドルは明らかに圧力を受けていた．3 月初めに外国為替市場はポンドを 3.50 ドル以下から競り上げ始めた．同月末にはポンドは 3.80 ドルに達した．

　このようなポンドに有利な市場心理の転換は対ドル相場 3.50 ドルほどでポンドを金に対して安定させ，ロンドンを世界の金融中心地として再建するための好機であったが，その好機が失われたとアインチッヒは見た[22]．この当時，ポンドの対ドル相場 3.50 ドルは重要であった．為替相場が 3.50 ドルから 3.80 ドルに上昇した時，産業界と輸出業界からは抗議の声が上がった．しかしイギリスは 1931 年の困難を経験した後，世界的地位を再び主張する用意はほとん

---

21) Einzig, *The Comedy of the Pound*, p. 56.
22) Ibid. アインチッヒはこの見解を長くは持たなかった．1935 年に彼は次のように書いた．「著者はサー・アーサー・ソルターや J. M. ケインズ氏，ヒューバート・ヘンダーソン氏のような一部のラジカル・エコノミストがある形での即時の通貨安定支持に転換したことについて，疑念を強めて見守っている．……この手段は早まって実施されてはならない．……イギリスやその他諸国を通貨の安定に誘なおうとする正統派通貨安定論者の仕掛けた巧妙な罠である」(Paul Einzig, *Bankers, Statesmen, and Economists*, 1935, p. vii 参照).

どなかった．自由貿易における指導的地位は放棄され，1932年2月の輸入関税法が支持されたのであった．同関税法は英帝国からの輸入を除く大半の地域からの輸入品に10%の関税を賦課するものであった．輸入諮問委員会が追加関税を勧告するために設立され，4月には同委員会は当初の関税水準を2倍にすることを勧告した．為替平衡勘定(EEA)が設立された．それは大蔵省証券を1億5000万ポンドまで発行する権限を与えられ，ポンドを安定させる仕事を行うこととなった．ポンドの安定とは，ポンドの上昇を阻止するための婉曲的表現であった[23]．為替平衡勘定はポンド為替相場とロンドン短期金融市場をホットマネーの移動から隔離するための非常に有効な仕組みとなり，ポンドを欲する人々には金と交換にポンドを発行し，外国のポンド保有者がこの最初の措置を逆転させ，売りに転ずる場合に備えてポンドと交換するために金を保有することとなった．EEAが装備されたことにより，通貨当局は国家的政策を理由として通貨を安定させることを考慮する必要はなくなった．もっと一般的に言えば，通貨当局は国際経済システムに対するいかなる責任も放棄したのである．

地域的利害関係と全世界的利害関係との相克は経済諮問委員会の報告において明るみに出されている．経済諮問委員会は1930年代に様々な名称により設立され，ケインズ，サー・アーサー・ソルター，スタンプ卿，G. D. H. コールなどの経済専門家がこれに参加していた．同委員会が国内舞台からその視線を上げて，世界に関心を向けた場合は何度もあった．1931年9月に当時，経済情報委員会といわれた委員会の第1回報告書は，イギリスが回復するためには世界価格が回復しなければならないと述べた．1932年3月に同委員会の報告書はポンドの切下げが金価格を一段と低落させる可能性があることを認めた．そして1932年7月にケインズ＝ヘンダーソン計画は国際決済銀行による国際通貨（およそ四半世紀後，1966年のIMF特別引出し権によく似た通貨）の発行を提案した[24]．しかし経済政策についての議論は大部分，イギリスが部分均衡の封鎖経済であるかのように，他の事情にして等しければという前提で行われており，

---

23) Susan K. Howson, "The Management of Sterling, 1932-39," 1980, p. 54 参照．
24) Susan K. Howson and Donald Winch, *The Economic Advisory Council, 1930-1939: A Study in Economic Advice During Depression and Recovery*, 1977, pp. 253, 262, 273-77.

乗数や報復や増幅作用等々については何らかの関心があったにしても，ほとんど議論されなかった．

1932年2月にイギリスもそのデフレ政策を反転させた．それは金本位放棄後のその種の政策決定に対応するものであった．イングランド銀行の割引率は2月18日から6月末までに6段階で，前年9月21日に固定された6%から6月30日の2%に引き下げられた．しかし主要な努力目標は短期金利構造を押し上げている1929-47年5%戦時公債を，1952年以後は政府のオプションで償還しうる3.5%戦時公債に借り換えることにあった．それは一大操作であった．その発行額は20億8500万ポンド，国家債務総額の27%，ロンドン証券取引所上場のイギリス証券総額の38%に達したからであった[25]．この借換えは成功した．5%戦時公債の92%が交換された．大蔵省証券利回りは1月の4.94%から9月には0.55%に低下し，銀行預金利子は1月の4%から6月には0.5%に低下した．現代の貨幣理論を考えると，その重点が通貨供給量にではなく低金利にあったということに注目することは有益である．通貨供給量はロンドン手形交換所加盟銀行10行の預金によって測定すると，1931年5月の19億ポンドから9月には17億ポンドに，1932年2月には16億5000万ポンドに減少した．その後，通貨供給量は6月には17億5000万ポンド，12月には20億ポンドへとかなり増加した．しかし，政策の意識的焦点は金利を下げることにあった．

低金利は住宅供給に対する効果を通して1930年代のイギリスの繁栄に大きく貢献した．それは勿論，真空状態の中で作用したのではなかった．1920年代に住宅建築は高金利によって抑制されており，その未充足の住宅需要残高が蓄積されていた．1930年住宅法はスラム街整理に対して資金援助を供与した．イギリスの交易条件は安価な必需品の輸入によって改善され，消費者の支出に余裕が生じた．低金利が助けになった．建築計画は戦時公債借換後の1932年秋に増加した．1931-33年間に民間建築の増加は70%に達した．最近の研究は輸入関税には効果がなかった，という点を強調する．輸入品投入にたいする

---

25) Edward Nevin, *The Mechanism of Cheap Money: A Study in British Monetary Policy, 1931-1939*, 1955, p. 92.

関税を考慮に入れた「実効保護率」を推計するために名目関税率を調整すると[26]，景気回復の主導的産業2業種，鉄鋼と建設は支援されるのではなく不利に陥り，思いがけない交易条件の改善によって景気は大きな浮揚力を与えられた，ということが明らかにされている[27]．

このような交易条件の改善は通貨切下げが交易条件を悪化させるという古典派の期待とは反対の動きである．古典派モデルでは輸出は特化されており，価格引下げによって一層多くの輸出品を販売できることになっているが，これに対して通貨を切り下げた国はその輸入品に対して外国為替で同じ価格を支払わなければならない．イギリスの経験はそれとは異なっていた．その輸入市場は多くの外国輸出業者にとって非常に重要であったから，買い手独占的な優位を持っていた．イギリスは輸入品をもっと少なく購入しようとして，それをもっと安価に購入することができた．輸出品は外国為替表示で価格が下落したが，輸入品は価格が1928年から1931年にかけて遥かに大幅に下落した後，さらに引き続き輸出品と同様に下落した．ポンド切下げは金やドルやその他切り下げられない通貨で表示された世界価格に対して，輸出価格に対してばかりでなく輸入価格に対しても，強力な低下圧力を加えた．その直接の影響は建築コストに現れ，それが引き下げられた．さらに，イギリスの賃金・給与稼得者は食料，飲料，タバコ，衣料購入後において，1924-27年当時よりも1932年には2億5000万ポンド以上も多くの所得を持っており，その大部分が住宅に支出されたのである[28]．

スウェーデンの不況対策

スウェーデンの不況と回復は広範な論争を引き起こした．その不況が海外に

---

26) Forrest Capie, *Depression and Protectionism: Britain Between the Wars*, 1983.
27) Michael Beenstock, Forrest Capie, and Brian Griffiths, "The Economic Recovery in the United Kingdom in the 1930s," 1984, p. 1.
28) Harold Bellman, "The Building Trades," 1938, p. 432参照．1920年代と1930年代との政策の変化を強調する別の見解については，H. W. Richardson and D. Aldcroft, *Building in the British Economy Between the Wars*, 1969 および H. W. Richardson, *Economic Recovery in Britain, 1932-9*, 1967, ch. 7, "The Housing Boom" 参照．

起因したことは一般的に認められているが，しかし1932年3月のイバー・クリュガーの自殺は世界市場に十分大きな衝撃を与えており，スウェーデン自身もその不況の小さな原因になった[29]．もっと重要な問題はスウェーデンがどの程度までそれ自身の努力によって，特に低金利による公共事業政策を進めることによって回復したのかという問題であり，そしてその回復はどの程度まで単にポンドの切下げ以上にその為替を切り下げたことによるものであり，それに加えてイギリスの建築ブームとその後の軍備ブームの溢出効果によるものであったか，という問題である．

　スウェーデンにおいては第1次世界大戦以来，経済論争が激しかった．第1の政策目標はクローナの金価値を回復することであった．グスターフ・カッセルによれば，クローナの金価値を回復することは他の金本位諸国と同水準にまで物価を引き下げることであり，あるいは購買力平価を回復することであった．クヌート・ヴィクセルは同国の旧来の経済構造を再構築するために物価を1914年水準まで引き下げることを要求した．しかし1920年代末には物価は1924年からの6年間にすでに11％も低下しており，安定的な価格，所得，雇用を維持するためには金本位制は適切でない，ということはすでに明らかになっていた．スウェーデンが1931年9月にポンドとともに金本位制を離脱した時，通貨当局は物価を安定させること，特に新たに作った週平均物価指数を安定させることを政策目標にする，という声明を発表した．当初は国際的に取引される一部の商品の価格が為替切下げに伴って上昇したから，総合物価指数を安定させるために金融引締め政策が実施された．その後，その総合指数は国内物価を安定させるために十分に考慮されることとなった[30]．グスターフ・カッセルは国内物価の安定は金融政策により一貫して実施されるべきである，と考えた[31]．他の経済学者は為替相場の管理が物価安定の鍵である，と考えた[32]．

---

29) クリュガーはクリュガー・アンド・トールというマッチ・コングロマリットを組織した．同社はマッチ独占の認可と引き換えに政府に有利な条件で資金を融資した．金融引締めによりクリュガー・アンド・トールは又貸しするための資金の借入れが困難になり，担保を偽造するにいたった．彼の事業運営と自殺にいたる事件の詳細な説明については，Robert Shaplen, *Kreuger, Genius and Swindler*, 1960 参照．

30) Lundberg, *Business Cycles and Economic Policy*, ch.5（邦訳，第5章）．

31) Lars Jonung, "The Depression in Sweden and the United States: A Comparison of Causes and Policies," 1981, pp.310-13.

第 8 章　デフレの激化

　1932年9月に社会民主党政府が選出されたことにより，非正統的な財政政策が採用されるにいたった．大蔵大臣エアンスト・ウィグフォースの1933年1月1日の予算はグンナー・ミュルダールの着想に基づいて，政府財政を経常支出と資本支出に分割するというデンマーク式を採用し，1億6000万クローナの公共事業費を計上した．そしてこの費用は相続税の増徴によって4年間で償還されることになった[33]．しかしこの時期には再軍備のための赤字財政支出は僅かであった．公債は1932年末からの5年間に22億200万クローナから23億4200万クローナに増加したに過ぎなかった．スウェーデンの経済専門家たちは交易条件の改善とイギリスのブームによって生じた「国際差額」の黒字が公共事業による回復を可能にしたと考えた．この事実経過を調査した指導的エコノミストは経済の開放性からしてスウェーデン独自の経済政策が可能であったことには懐疑的であり，実施可能な経済政策の包括的な理論的背景が設定されていて，限定された範囲だけに政策が適用された，と主張する[34]．しかし若いマネタリストの経済史家はスウェーデンの経験を，マネタリスト対ケインジアン論争においてテミンに反対してフリードマンとシュウォーツを支持する例証になるものと見なしている[35]．

　海外から，そしてスカンジナビアの一競争国から出された皮肉な見解は，スウェーデンの回復は如何なる種類の政策ともほとんど関係はなかった，というものである．デンマークの経済学者カール・アイバセンは経済が回復したのは「国際差額」によるものであったと主張し[36]，エリック・ルンドベルクはこれを「国際空間」と呼んでいる[37]．言い換えれば，それはイギリスの建築ブーム

---

32) Lundberg, *Business Cycles and Economic Policy*, p. 99（邦訳 98-99 頁）.
33) Brinley Thomas, *Monetary Policy and Crises: A Study of Swedish Experience*, 1936, p. 208. ジョナングは財政政策の効果を取るに足らないものと見なす（Jonung, "The Depression in Sweden and United States," p. 303）. ルンドベルクによれば，スウェーデンの財政政策擁護者は慎重であり保守的であり懐疑的であった（Lundberg, *Business Cycles and Economic Policy*, pp. 117-19［邦訳 118-21 頁］）.
34) Lundberg, *Business Cycles and Economic Policy*, pp. 122-23（邦訳 123-25 頁）.
35) Jonung, "The Depression in Sweden and the United States," p. 311.
36) C. Iversen, "The Importance of the International Margin," 1936.
37) Lundberg, *Business Cycles and Economic Policy*, p. 121（邦訳 122-23 頁）. ルンドベルクの慎重な判断によれば，スウェーデンはアメリカのニューディール，フランスのブルムの実験，あるいはドイツの二国間貿易・清算協定のような野心的政策は持たなかったにし

が創出した国際収支黒字によるものであった．クリュガーの自殺当時，リクスバンクは通貨準備が限られていたために，対ポンド為替相場を 18 クローナから 19.5 クローナに低落するのを許容したのである．小国の利点は通貨切下げと（適度な）関税による近隣窮乏化政策を，相手国の報復を引き出すことなく実施しうることである，とトマスは明快に述べている[38]．デンマークの輸出はニュージーランドとの競争的な為替切下げにもかかわらず，ベーコン，ハム，バターに対するイギリスの輸入割当によって回復を制約され，1932 年の月平均 9100 万クローネから 1935 年には 1 億 700 万クローネに増加したに過ぎなかった．日本を除けばスウェーデンは世界において鉱工業生産よりも輸出が大幅に増加した唯一の国であった[39]．月平均輸出額は 1932 年の 7000 万クローナから 1935 年には 1 億 800 万クローナに増加し，同期間の増加率はデンマークの 17% に対し 54% に達した．フィンランドはよく練り上げた公共支出理論なしに，スウェーデンが公共支出で回復したのと同様に回復した[40]．

アメリカの金に対するフランスの圧力

1931 年 12 月にアメリカにおいて復興金融公社が創設され，流動性不足に陥っている銀行と企業に資金を提供した．政府歳入の急速な減少により財政には大幅な赤字が生じた．コロンビア大学の金融論教授 H. パーカー・ウィリスはこれらの要因が極めてインフレ的であるとの強烈な印象を受け，パリの経済通信社に送った有名な至急報でそのように知らせた．それはフランス当局と民間人を不安に陥れた．フランス銀行モレ総裁はそのことを引用して，ニューヨー

ても，少なくとも誤りを回避したのである (p.107[邦訳 107-8 頁]．強調はルンドベルク)．
38) Thomas, *Monetary Policy and Crises*, p. 154. マーカスの主張によれば，カナダ・ドルがポンドに対して騰貴したのに，クローナはもっと大幅に低下したから，スカンジナビア諸国は新聞用紙を，そして恐らくはパルプや紙をカナダの工場よりも 10 ドルないし 20 ドルも安い価格でヨーロッパに提供することができた (Marcus, *Canada and the International Business Cycles, 1927-1939*, p. 105 参照)．カナダ製新聞用紙の価格は 1928 年春のトン当り 65 ドルから 1933 年 6 月には全国復興庁 (NRA) のもとで 32 ドルに下落した．
39) H. W. Arndt, *The Economic Lessons of the Nineteen-thirties: A Report*, 1944, p. 215 (邦訳 278 頁)．
40) Arthur Montgomery, *How Sweden Overcame the Depression, 1930-1933*, 1938, pp. 115-16, 124.

ク連邦準備銀行に対し金のイアマークと積み出しを再開することを求めた．この操作は余り急がずに，そして不利な評判を立てないように整然と実施されることとなったが，それでも1週間に2回の積出しが行われることとなった．

ハリソンはモレに対してドルの金交換を中止するよう要求する意思はなかった．それどころかあらゆる場面で彼はフランス銀行が保有ドルの全部または一部を金に交換するのを支援すると申し出た．同行のドル保有額は1月半ばに総額およそ6億ドルであった．しかしアメリカが重大なインフレ・リスクを冒している，というウィリスの見解はある反作用を生み出した．1932年1月15日にハリソンはアメリカが歴史上，最も激烈な銀行信用の収縮を経験しているということについて，そして連邦準備制度の政策はインフレを刺激することではなく，デフレを止めることにあるということについて説明した．その翌日彼は次のことを追加した．ウィリス同様に保守的で信望のあるケメラー，ホランダー，タウシッグ，カーバー，セリグマン，デュァラント，ウィルコックスといった著名な経済学者は信用と物価の一般的収縮が行き過ぎており，必要なことは信用拡大を促進する自由な政策である，ということを確信しているのであると．モレはこれに答えて，フランスの世論はアメリカでなされた諸決定について判断を下すことにはなお幾らかためらいを感じており，しかし最近のドル売りはロンドンで始まった，と述べた[41]．

1931年秋の金払戻し後，連邦準備制度に対する加盟銀行の割引負債は1932年2月には平均して8億3600万ドルに達しており，これは1929年11月以来の最高水準であった．連邦準備制度の自由金＊は4億ドルに減少した．連邦準備制度は40億ドル近く金を保有しており，その債務に対する35％の金保証に応ずるには十分以上の金を持っていたのであるが，35％と100％の差を補うのに必要な適格手形を欠き，その代わりとして利用できるのは金しかなかった．早くも1931年7月にはセントルイス連邦準備銀行は自由金不足のため連邦準備制度のイングランド銀行借款への参加を辞退せざるを得なかった．1931年12月には自由金が問題になり始めていた[42]．10月の大統領選挙戦においてフ

---

41) Federal Reserve Bank of New York files, January 1932.
［訳注］＊ 連邦準備制度が連邦準備券流通高に対する法定準備率を超えて保有する金準備．

ーバーは,アメリカがあと2週間もすれば金本位制を離脱するところまできたことがあると述べた.これは2月27日のグラス=スティーガル法成立前に,金が週当り1億5000万ドルの割合で失われ,自由金が3億5000万ドルに減少したという事実に言及したものである.しかしグラス=スティーガル法は連邦準備制度がその負債に対する準備として適格手形とともに政府証券を含めることを認めた.同法の可決が合図となって,公開市場操作の一大キャンペーンが実施され,同時にフランス資金の流出が再開された.公開市場操作は2月における7億9200万ドルの純負債(総負債から超過準備を差し引いた額)を7月にはおよそ1億ドルの純超過準備に転換した.公開市場キャンペーンは議会の圧力によって鼓舞され,それは激しい反対にもかかわらず公開市場委員会において3対2で可決された.

　グラス=スティーガル法可決後3日目の3月1日に駐仏アメリカ大使はフランス銀行による金の払戻しに言及し,それは当時フランス銀行からフランス大蔵省に移管されていたポンドに巨額の損失が出たことに関して神経質になっていた国会議員の要求により政治的に引き起こされたものである,と述べた.1週間後にモレはハリソンに手紙を書き,フランスが金本位制を堅持することを次のように説明した.1928年6月の貨幣法によれば,フランス銀行は在外資産を換金しなければならないことになっている.在外資産の換金はフランスの国際収支が黒字の時は難しい課題である.そしてフランス銀行は1931年恐慌によって不適当なことが証明されたあの当座しのぎの取決めに反対するものとして,真の金本位制の機能を証明するために1つの事例を示さなければならなかった.こうした理由からフランスはその保有する外国為替を換金したのであった.

　フランスによるドルの金交換は4月には週当り1250万ドルで進んでいた.フランスの例に倣ってオランダ銀行は4000万ドルを金に換えた.5月末にモ

---

42) Wicker, *Federal Reserve Monetary Policy, 1917-1933*, p.169. フリードマンとシュウォーツは自由金の不足によって連邦準備制度が利用しうる選択肢が重要な点で制限されることはなかったと主張している(Friedman and Schwartz, *A Monetary History of the United States, 1867-1960*, p.406 参照).しかし,ウィッカーは自由金問題への言及が1932年1月と2月には過度に少ないから,この結論を認めることはできない,と述べている(p.172).

表15 連邦準備加盟銀行の純超過準備または純借入(−), 銀行分類別(1929–33年の各四半期末, 月平均, 100万ドル)*

	合 計	ニューヨーク	シカゴ	準備市	地方銀行
1929年3月	−915	−147	−118	−414	−236
6月	−932	−167	−62	−397	−305
9月	−927	−159	−20	−486	−260
12月	−753	−90	−33	−339	−293
1930年3月	−216	−7	1	−60	−150
6月	−196	−20	2	−26	−153
9月	−129	1	1	−12	−119
12月	−264	−15	3	−88	−165
1931年3月	−110	6	2	−10	−108
6月	−58	67	1	−18	−105
9月	−160	41	16	−90	−137
12月	−703	−27	−3	−344	−323
1932年3月	−647	11	3	−312	−357
6月	−260	89	57	−110	−292
9月	−41	192	82	−74	−242
12月	245	283	163	−19	−182
1933年2月[1]	111	65	169	25	−174
6月	179	69	78	62	−30
9月	572	152	197	160	63
12月	671	95	211	246	118

注1) 3月の数値は銀行休業のため不完全.
出所) Federal Reserve System, *Banking and Monetary Statistics*, 1943, pp. 396–99.

レは換金額を増やしたい旨強くほのめかした. ハリソンは最初, モレがしたいようにしてよいと言い, そこでモレが週当り2500万ドルに増やした時, モレに残りの9300万ドル全部を換金するように勧告した. これは実施された. ただし1000万ドルは外国為替準備として残された. 金為替本位制は不況の底で1932年6月半ばに終焉した.

その影響はなかった. グラス=スティーガル法のもとでの公開市場操作は銀行に対する圧力を緩和するには手遅れであった. しかし, 銀行組織全体に対し同様に手遅れであったわけではない.

[訳注]* 表の合計数値の不整合は各地区の数値の不備による.

表16　主要商品価格の推移(1931‐33年の特定月)

	ココア ポンド当り セント	コーヒー ポンド当り セント	銅 ポンド当り セント	トウモロコシ ブッシェル当り セント	綿花 ポンド当り セント	皮革 ポンド当り セント	鉛 ポンド当り セント
1931年							
3月	5.41	8.50	9.9	57.5	10.15	9.0	4.28
6月	5.17	9.50	8.0	53.8	8.42	10.0	3.76
9月	4.47	8.00	7.0	43.2	5.83	9.0	4.22
12月	3.97	8.38	6.6	34.5	5.78	7.8	3.59
1932年							
3月	4.44	9.00	5.8	32.2	6.44	6.4	2.99
6月	3.99	10.10	5.1	29.4	4.99	4.3	2.89
9月	4.63	15.00	6.0	28.0	7.40	8.1	3.32
12月	3.71	10.50	4.8	18.8	5.72	5.5	2.88
1933年							
3月	3.40	9.25	5.0	20.6	6.19	5.2	3.03
6月	4.60	9.00	7.8	40.2	9.28	12.2	4.02

出所)　*Commodity Yearbook, 1939*, 1939.

地方銀行

　景気の状況は通貨供給量で決まると主張する単純な金融理論は地方銀行のことを適切に説明することはできない．表15は中央準備市銀行，準備市銀行，地方銀行別*に分けて純超過準備または連邦準備制度からの純借入(マイナス符号)の状況を示したもの．その数値は1929年から1933年までの各四半期の最後の月の月平均値である(ただし，1933年3月については銀行休業のため2月の数値を使った)．1929年にはニューヨーク，シカゴ，準備市および地方の諸銀行はすべてコール・ローン市場に資金を供給するために連邦準備制度に対して純借入の状態にあった．株式市場崩壊後の公開市場操作に伴って中央準備市銀行はほとんど債務がなくなり，1930年9月には準備市銀行は連邦準備制度への負

[訳注]＊　連邦準備制度(他国の中央銀行に相当)はその管轄区域を12の地理的区域である連邦準備区に分け，各区域の中心都市に連邦準備銀行が存在する．これを準備市といい，ニューヨークとシカゴを中央準備市という．この連邦準備制度に加盟している銀行はニューヨークとシカゴ所在の中央準備市銀行，その他の準備市銀行，これらに属さない加盟銀行が地方銀行に分類される．

ゴム ポンド当り セント	生糸 ポンド当り ドル	砂糖 ポンド当り セント	錫 ポンド当り セント	小麦 ブッシェル当り セント	羊毛 ポンド当り セント	亜鉛 ポンド当り セント
7.13	2.77	3.28	27.07	76	80	4.01
6.38	2.40	3.32	23.41	76	75	3.40
5.00	2.57	3.41	24.68	71	77	3.74
4.63	2.18	3.14	21.35	74	72	3.15
3.31	1.71	2.76	21.84	72	69	2.79
2.69	1.27	2.72	19.24	64	54	2.79
3.88	1.89	3.16	24.76	59	63	3.30
3.25	1.60	2.83	22.69	49	55	3.12
3.03	1.25	2.96	24.34	54	55	3.00
6.09	2.17	3.44	44.21	81	90	4.35

債を低い数値にまで削減した．地方銀行は連邦準備制度に対しかなりの債務をなお負っていた．その主たる理由としては地方銀行が農民と小企業に融資を行う必要があり，また売ることのできる政府債券を持っていなかったという事情が想定される．ポンドの金本位離脱後は準備市銀行と地方銀行においては借入れが増加した．外国資金の引揚げは大半がニューヨークからであったが，その金融中心地における金融逼迫は小さな地域社会から資金を引き寄せた．さらに，1932年3月以後の公開市場操作は中央準備市銀行において急速に超過準備を生み出し，準備市銀行の純債務を大幅に引き下げた．地方銀行への支援は著しく緩慢であり，1933年の銀行休業後まで地方銀行は多額の債務を負っていた．10億ドルの公開市場計画後の1932年12月の数値は特に興味深い．ニューヨークとシカゴの銀行においては多額の純超過準備が生じ，準備市銀行において純借入は少額であったが，地方銀行の純借入は2億ドル近くもあった．

　これらの数値は公開市場操作が金融市場外の経済に対しては金融収縮を救済する有効性に乏しいのではないかという疑問を生むことになる．商品価格は表16が示すように低落し続けていた．砂糖やコーヒーなど一部の商品はドルの騰貴（ポンドの下落）によっては影響を受けなかったけれども，大半の商品の価格低落は1931年9月以後に激しくなり，特にポンドが3.30ドルに下落した

表17 ドイツとアメリカの月平均輸出超過
(－は輸入超過，1931－32年四半期別)

	ドイツ (100万 ライヒスマルク)	アメリカ (100万ドル)
1931年 I	167	68.5
II	154	5.0
III	334	68.3
IV	302	78.4
1932年 I	121	43.7
II	80	16.1
III	81	－0.7
IV	75	32.4

出所) *Federal Reserve Bulletin*.

1931年最後の四半期に，そしてまたポンドが1932年6月の3.64ドルから12月の3.27ドルに低落した1932年後半期に激しくなった．小麦とトウモロコシの価格は1932年最後の四半期に特に大幅に低落した．

　アメリカとドイツの両国においては通貨の騰貴によって価格が急速に低落し，表17が示すように1931年から1932年にかけて1・四半期を除く各四半期に輸出超過が維持されることとなった．両国の場合は外国貿易の構成がそれに寄与した．輸入価格は大幅に下落したのに対し，製品輸出においては価格がよく持ち堪えた，という事実によるものであった．ドイツの外国為替管理はある役割を演じた．事実，輸入は輸出とほとんど同じ速さで減少し，その結果，輸出超過は1932年には1931年に比べ減少しはしたが，無くなりはしなかった．ドイツの輸出超過は通貨を切り下げるべきかどうかについての議論とはほとんど関係がなかった．平価切下げは対外面では外国為替管理の代替物と見なされたからである．しかしアメリカにおいては輸出超過は外国貿易が景気拡大の一要因である，という主張において利用されたし，また為替切下げによって輸出超過の拡大を求めることは近隣窮乏化政策である，という主張においても利用された．その誤りは経済学で通常よくある誤りであり，部分均衡と一般均衡を混同することであった．部分均衡においては，輸出超過は他の事情が同じであれば貿易収支均衡や入超に比べればインフレ的である．一般均衡においては為替相場の上昇はデフレ的でありうるから，銀行倒産により所得の伸びが低下すれ

ば，期待される輸入超過は払拭されることになる．このような場合には輸出超過は景気拡張的と見なすことはできない．

輸出経済

　対外貸付停止から最初の引締め後にかけて，工業諸国の景気下降は世界の低開発諸国に波及した．それは主として低開発諸国の輸出減少によるものであった．これらの低開発諸国の経済においては，輸出水準は一般的に国民所得決定の臨界独立変数である．それは投資よりも重要な変数であり，そして政府支出よりは間違いなくもっと重要な変数である．低開発諸国の投資は多くの場合，輸出売上高によって決まるからであり，その政府支出は国内に国内向け金融市場を欠いているから自立的になりえないからである．前述したように，ある国の地域住民は輸出減少により外資の利益が減少する中で部分的にその衝撃を緩和する手段を見出しうる．ジャワでは外国の農園主は所得の大半を現物で取得する原住民よりも所得で大きな損失を被った．外国所有農園と提携している現地人は輸出部門との結び付きが緩やかな現地人よりも所得の損失がもっと大きかった．しかし輸出と所得の損失は比率で見ると非常に印象的であった．トライアンティスは様々な時期区分により輸出額の減少を示す表を作成した．表18に示したように，1928-29年から1932-33年までにチリはこのリストの首位を占めた．各国がどれほど輸出していたかは，その国が販売する生産物の性質に大きく依存した．トライアンティスは一次産品を4種類に分類した．(1)主要食糧．これは需要の弾力性が低い．(2)乳製品や肉や果実のような半贅沢品的な食料．これは需要の価格弾力性が高いから，(1)の品目ほど輸出は減少しなかった．(3)燃料以外の原料．これには特に金属鉱物，木材，皮革が含まれる．この種の原料は所得弾力性が非常に高い．(4)所得弾力性の低い原材料，特に石油と紙．一般に(3)類の商品に特化している諸国，チリやボリビア，英領マラヤ，ペルーなどは最悪の状態に陥ったが，他方においてベネズエラのような石油輸出国は需要の所得弾力性が低いことにより保護された．小麦やコーヒーの輸出国はバターや肉を海外に販売する諸国ほどには良くなかった．いずれの場合にも例外はあった．デンマークとニュージーランドはイギリス・バタ

表 18 一次産品輸出国 49 か国の輸出下落別分類(1928 - 29 年から 1932 - 33 年の下落率, %)

輸出下落率	国　名
80% 以上	チリ
75 ～ 80%	中国
70 ～ 75%	ボリビア, キューバ, 英領マラヤ, ペルー, エルサルバドル
65 ～ 70%	アルゼンチン, カナダ, セイロン, オランダ領東インド諸島, エストニア, グアテマラ, インド, アイルランド, ラトビア, メキシコ, シャム〔タイ〕, スペイン
60 ～ 65%	ブラジル, ドミニカ, エジプト, ギリシャ, ハイチ, ハンガリー, オランダ, ニカラグア, ナイジェリア, ポーランド, ユーゴスラビア
55 ～ 60%	デンマーク, エクアドル, ホンジュラス, ニュージーランド
50 ～ 55%	オーストラリア, ブルガリア, コロンビア, コスタリカ, フィンランド, パナマ, パラグアイ
45 ～ 50%	ノルウェー, ペルシャ, ポルトガル, ルーマニア
30 ～ 45%	リトアニア, フィリピン, トルコ, ベネズエラ

出所) Triantis, *Cyclical Changes in Trade Balances of Countries Exporting Primary Products, 1927-1933*, 1967, p. 19.

一市場の争奪戦において 1932 年と 1933 年に為替切下げ競争を行い, 相互にそして自国自体をも傷つけた. イギリスは両国からバターを一段と安く手に入れることができた[43].

　表 18 に見るように, 一次産品輸出国はどのような商品を生産するかによって異なる状況に置かれることとなった. 紙幅に限りがあるので, 各国の状況について論ずることはできないが, その相違の程度はアルゼンチンとブラジルの対照的な経験によって例証することができる. 両国は三角貿易方式を実施した. アルゼンチンはイギリスに小麦と肉を輸出し, 北米において多額の産品を購入した. ブラジルは主として北米にコーヒーを輸出し, ヨーロッパとアメリカから必要品を購入した. 両国の貿易相手国は異なる動きをした. イギリスはその買い手としての独占力を行使して, アルゼンチンに対しイギリス投資家への債務サービス支払を維持すること, そしてイギリス産品をもっと多く買うことを強要した. これに対しアメリカはそのような力を行使しなかった. それは不注意によるのかもしれないし, あるいはその気が無かったのかもしれない. アメ

---

43) Charles P. Kindleberger, "Competitive Currency Depreciation Between Denmark and New Zealand," 1934.

リカは主として同国で保有されているブラジル外債の債務不履行に抗議しなかったし、またブラジルのドイツとの二国間貿易にも反対しなかった[44]．

カナダのような国においては不況とその後の回復は大半が輸出の動向によって左右された．支店銀行制を実施しているカナダは銀行倒産の被害はなかった．1929年と1933年の間に通貨供給量は13％減少したに過ぎなかったが，アメリカでは33％減少した．しかし通貨の流通速度は同期間にアメリカでは29％低下したが，カナダでは41％も低下した．その結果，国民純生産の減少はそれぞれ53％と49％で，ほぼ同じ大きさであった[45]．カナダはオタワ協定以前にはイギリスにおいて特恵によりごく限られた市場を得ていたに過ぎなかった．ポンドに対するカナダ・ドルの騰貴，特に新聞用紙の競争相手国であるスカンジナビア諸国の通貨に対する騰貴は帝国特恵が支援する以上に損害を与えた．米ドルに対してカナダ・ドルは減価したにもかかわらず，輸出と工業生産は1931年9月以後に大幅に減少した．その輸出は工業生産に遅れて減少し，両者とも1932年4月以後回復したが，同年後半期から1933年初めの数か月間には反落した[46]．

投資の減退

株式市場投機，国際貸付の停止，流動性の逼迫，為替の下落，銀行倒産といった要因を強調することは，実物要因を除外した金融的な景気循環理論を連想させる．砂糖や小麦，コーヒー，ゴムなど幾つかの商品においては，かなりの過大拡張が認められた．1925年から1929年にかけての住宅建設の低落についてはすでに述べた．しかし，不況は投資機会の消滅から生ずるという1930年代末と第2次大戦後のある時期に盛んに唱えられた見解については，ほとんど考察しなかった．ある説明によれば，投資機会の消滅は商業用ビル，自動車や

---

44) Arturo O'Connell, "Argentina into the Depression: The Problems of an Open Economy," 1984 および Marcelo de Paiva Abreu, "Argentina and Brazil during the 1930s: The Impact of British and American International Economic Policies," 1984 参照．
45) Friedman and Schwartz, *A Monetary History of the United States, 1867-1960*, p. 352.
46) Marcus, *Canada and the International Business Cycle, 1927-1939*, p. 71.

ラジオなどの耐久消費財におけるように，また新聞用紙や銅のような原材料の場合のように，通常の需要成長を過度に超える拡張によって引き起こされた．この過度の拡張は投資を消費の増大に関連させる加速度原理から生ずる．その結果，消費が横這いになれば，投資は低落し，それと共に所得と需要は減少する．この説明によれば，過度の投機や無分別な銀行貸付や国際的紛糾は不況の深さを説明し，全世界に不況が波及するのを助長することになるであろう．しかし，この景気循環の発端はアメリカにおける投資の過度の拡張にある[47]．これをもっと進めた見解は乗数と加速度因子の機械的関連とは別に，投資減退を引き起こしたもっと根深い原因を人口増加の変動や技術革新の波動，フロンティアの消滅という要因に求める．これらの自動的影響力はある時期には長期の高揚に導く一連の投資を引き起こし，他の時期には1920年代末から1930年代初めのように，それら諸力が同時に働いて投資機会の欠乏と長期停滞を引き起こす[48]．

　1930年代以降の経験は次のこと，すなわち投資は財政政策によって刺激することができるし，また一部の人々の見解では通貨供給量を安定的に維持することによって刺激することができるということを，そして投資は停滞理論が想定しているほど取扱いにくいものではないということを想起させた．1929年不況が激化したのは1920年代に投資が過度に膨張するという特殊な環境によるのかどうかも疑わしい．1920年代のブームはそう言われるほどには広範囲に及んでいなかったからである．小麦や銅，ゴム，砂糖の過度な生産拡張は一部の諸国では不況の一要因であったが，投資一般の過度な拡張はほとんど存在しなかった．

　投資の減少を説明することは，金融的要因と結び付いた加速度原理による場合を除外すれば困難であるとしても，総投資がゼロの限界をもつという事実は，不況には終わりがあったということを説明するのに有効である．アメリカの国内総投資は1929年には160億ドルに達した．1932年にはそれは10億ドルに下落し，純投資はマイナス66億ドルに下落した．在庫は減少し，耐久財は摩

---

47) Robert A. Gordon, *Business Fluctuations*, 2nd ed., 1961, pp. 410ff.
48) Alvin H. Hansen, *Full Recovery or Stagnation?*, 1938.

減し，減価償却は固定資本の価値を引き下げた．ある時点で総投資は再び上昇に転ずるし，加速度原理はその本領を発揮する[49]．純粋に金融的な景気循環理論ではそのような景気好転の必要性はない．流動性逼迫や銀行倒産や価格低落は金融システムが完全に崩壊し，そのシステムが物々交換に転換されるまではそれ自身の限界を持たない．1932年には総投資がゼロに接近するに伴って，経済システムは景気上昇を準備した．しかし，そのためには銀行倒産が破滅の頂点に達しなければならなかった．

1932年選挙と政治の空白期間

不況はポンドが1931年12月の最低水準から回復した後，1932年春には底入れしたように見えた．アメリカの卸売物価の下落は止まった．7月には鉱工業生産は上昇に転じた．これは10億ドルの公開市場操作によるのか，それともドル騰貴が終わったことによるのか，またそれとも総投資が底を打つ時に現れる乗数＝加速度因子の転換点によるのか，いずれにしても景気上昇の到来は紛れもないものであった．フーバーは1931年10月にラヴァルに対し協力して景気回復を図るために世界経済会議を開くことを提案したが，この案が1932年5月に再び取り上げられ，7月にはローザンヌ会議で一段と立ち入って討議された．しかしアメリカでは選挙が間近に迫っていた．

この選挙戦においてルーズベルトは不況の全責任がフーバーにあると非難した．不況の原因はすべてアメリカの国内にある，とルーズベルトは言った．商務長官と大統領としての両方の職務において，フーバーは株式市場における投

---

[49] W. W. ロストウはアメリカにおいて不況が長期化したことを次の要因によるものとする．総支出において自動車その他耐久消費財が重要な地位を占めており，その結果として主導分野を再始動させるためには消費者の耐久財支出が自律的に増加するのを待たなければならないからである．彼の見解ではこのことが景気循環を19世紀モデルとは違うものにしたという．19世紀モデルでは金利，原料価格，貨幣賃金の低下は投資の再開を誘発することができた．あるいは着実に人口が増加し都市化が進めば，穀物需要の増加に対応して新たな農業地域を開発することは有利事業となりえた．W. W. Rostow, "The Strategic Role of Theory: A Comment," 1971, p. 84 参照．勿論，投資と先送り可能な消費の程度が大きければ大きいほど，不況は一段と深刻になるであろうが，耐久消費財が景気回復のさいに工場や設備，在庫への投資とは別様に動くということは自明のことではない．

機の熱狂，産業の過度の拡大，過度の対外融資に責任があり，それらの事柄が債務不履行による不況を引き起こした．スムート＝ホーリー関税法は他の諸国が債務を支払うのを不可能にし，全世界において貿易での報復を誘発した．やたらと無駄の多い政府財政はアメリカを窒息させる巨額の連邦財政赤字を生み出した．

　これに応えてフーバーは次のように主張した．不況は海外で起こったものであり，1929年10月の株式市場崩壊前にかなり進んでいた．そして戦争の遺産がヨーロッパの金融的崩壊を引き起こしたのであり，そのためにアメリカは戦債を徴収することができなくなり，そして2週間以内に金本位制を離脱せざるを得ないような状況に入ったのである．関税はアメリカ農民を保護するために必要であった．農業は回復しつつあるし，雇用は増大してきた．アメリカ・ドルは市場においてその状況を正直に示した．1932年7月以来，金は海外から流入してきたし，通貨と金は退蔵から戻ってきた．

　ルーズベルトは関税以外の対外経済政策については全然攻撃せず，またフーバーの銀行対策についても非難しなかった．フーバーは彼のほうから戦債を選挙戦の争点から外した．両人とも原則として赤字財政に反対し，均衡財政を支持することでは共通していた．しかしルーズベルトはその点でのフーバーの努力を実際上不適切であると特徴づけた．フーバーは10月4日のデモインでの演説において，アメリカの金本位制離脱がいかに間近に迫ってきているかについて述べた．これはドル売り投機を誘発し，カーター・グラス上院議員はそのような危険性は少しもないと答えて対応した．選挙戦の修辞的な演説では国内経済分野，対外経済分野のいずれについても新しい実験的な政策は何も示されなかったし，国際問題から国内問題への政策の焦点移動についても何も提案されなかった．両候補ともそれぞれの政党の国内派と中西部派を代表した．ニューヨーク出身のルーズベルトは国際主義者と繋がりを持っていたけれども，彼の最も重要な助言者モウリーとタグウェルは中西部の見解を代表した[50]．

　11月選挙におけるルーズベルトの圧倒的勝利に伴い，緊急を要する2つの

---

50) ハーバート・ファイスはルーズベルトの助言者たちが持っていた対外問題についての知識は彼らの知的確信よりも薄っぺらなもののようであった，と述べた．Herbert Feis, *1933: Characters in Crisis*, 1966, p. 13参照．

問題が政治の空白期間中に持ち上がってきた．1つは対外的なもの，戦債であり，他は対内的なもの，銀行であった．いずれの問題も選挙戦においては何の役割も演じなかった．しかしレイム・ダック＊となったフーバーは業務引継ぎのためにこれらの問題の処理についてルーズベルトの協力を得たかった．ルーズベルトは就任するまでは責任を引き受けることには慎重であった．

　12月15日の債務支払延期と戦債問題の再検討を求める英仏両国の覚え書が，選挙後2日目の11月10日に提示された．フーバーはアメリカ側の回答作成に当ってルーズベルトの助けを求めた．11月17日と22日，そして1月20日に行われた協議はアメリカの政策の一般原則について合意に達した．戦債は賠償や近く開催される世界経済会議とは何の関係もない商取引上の問題であること，各債務国は支払能力を考慮して別々に取り扱われねばならないこと，連合国はまず第1に支払うこと，そしてその後相談すべきであること，これが合意内容であった．しかしこれがすべてであった．ルーズベルトはフーバー＝ラヴァル声明の条項によってアメリカが修正を約束しているというイギリス覚え書の提案にフーバーほどは狼狽しなかった．彼は行政府と議会の代表者で構成する再検討委員会を設けるフーバーの提案を承認しようとはしなかった．アメリカ農産物輸出のための市場拡大のような特殊業界利益と戦債を取引するフーバーの提案に従う用意はなかった．彼は別の声明を発表し，英仏両国に回答するという課題はフーバーに委ねた[51]．

　フーバーは戦債について強硬な見解を抱いていた．ルーズベルトはそうではなかった．タグウェルによれば，ルーズベルトは戦債を取引上の問題と考え，同時に政治的に厄介な問題とも考えた．政治的問題として世論は国内，海外の双方においてそれぞれ1つに纏まっていて，一方側は帳消しにしない，他方側は支払わないというのであった．この問題の解決には妥協が必要であった．結局は現実がその問題を解決するであろうが，政治的重要性が考慮されねばならなかった[52]．イギリス大使サー・ロナルド・リンゼーが1933年1月28日，ウォーム・スプリングスで次期大統領と会った後，イギリスは明らかにこの問題

---

51) ルーズベルトが出席した会合についての詳しい説明，および彼の簡潔な指示の原文については，Moley, *The First New Deal*, pp. 27ff., 555-56 参照．他に多くの説明がある．
　［訳注］＊ 再選に失敗して残り任期を務める大統領．

を推し進めるのを止めた．しかし，エリオ政府は12月15日に戦債を支払うべきかどうかの問題で倒れた．イギリスは今回の支払が定期的支払の再開を意味しないということをアメリカが認めれば支払おうと申し出た．国務省は次のように答えた．支払が行われれば，疑いもなく戦債について再検討が行われるであろうが，再検討するとの取決めが支払の条件であるならば，アメリカはそれを拒否しなければならないであろう．支払は結局，無条件で行われた．何の取決めもなかったし，どう解決するかに関するアメリカの意思表示もなかった．

　1933年初めの銀行業の崩壊には複雑な政治的根因があった．その１つの連鎖は副大統領候補で下院議長のジョン・N. ガーナーが復興金融公社(RFC)の銀行融資の公表を要求したことから始まった．シカゴ・セントルイス・リパブリック・ナショナル・バンク信託会社がRFCから9000万ドルの融資を受けたということは，1932年7月にはすでに周知の事実となっていた．この銀行はドーズの支配する銀行であったから，第2次「ドーズ公債」は政治的情実によるものであると非難することには政治的利益があった．しかしRFCの融資を受けた銀行を公表することは，銀行取付けを加速する恐れがあった．従って1933年1月にその融資公表を求める法案が制定されると，問題を抱える銀行はRFCの支援を求めることを中止した．1月17日にフーバーはルーズベルトに対して議会指導者がRFC資金借入銀行の公表を中止するよう助言することを求めた．ルーズベルトは拒否した．

　この1月17日の書簡にはフーバーからルーズベルトに対するその他の要請も含まれていた．通貨に手を触れないこと，インフレにしないこと，予算は増税を行ってでも均衡させなければならないこと，そして政府債務を制限することによって政府の信用を維持しなければならないことが要請されたのであった．これより早く12月にフーバー大統領は議会指導者に対して，ルーズベルトの選挙公約を実行するために増税と経費削減を提案することを求めた．リンカーン生誕記念日の演説において，彼は次期大統領に対し通貨の安定を図り，いかがわしい通貨を絶対に認めないことを約束するよう求めた．フーバーのこれら

---

52) Rexford G. Tugwell, *Notes on a New Deal Diary*, pp. 71-73, quoted in Moley, *The First New Deal*, p. 55.

の行動は1つには西南部および西部選出上院議員,特にテキサスのコナリー,オクラホマのトマス,モンタナのウィーラーのインフレ施策要求運動が上げ潮に乗っていることに対する対応であり,また通貨的手段による価格引上げを標榜するアメリカ国民のための委員会が設立されたことに対する対応でもあった.新政権で農務長官に指名されたヘンリー・ウォレスは1月31日に「賢明な対策は金本位制を離脱しイギリスが実施したよりも少し大幅にドルを引き下げることであろう」と述べた.市場がこれらのインフレ提案に反応したのか,それともフーバーがこれら提案に国民の注意を向けるように呼びかけたことに反応したのか,そのいずれであるかは明らかでないが,銀行倒産は12月に中西部に広がり,1月にはもっと広い範囲に拡大した.通貨の退蔵は広く行われ,1933年2月には金が引き出された.フーバーは2月10日にリード上院議員に書簡を送り,パニックと金流出は新政権への信頼が失われた結果であると述べた.

　連邦準備制度は次第に士気が低下するにいたった.1月には国債を売って信用を引き締めた.2月の危機の最中,公開市場委員会は開かれなかった.フーバー大統領の特別の要請により対策を講ずるために開かれた2月25日の連邦準備制度理事会は何の提案も出せなかった.3月2日に理事会は銀行預金に対する連邦保証を勧告する用意がなかったし,理事会が何か他の措置を勧告すれば名分が立とうというのに,その提案が全然なかった[53].

　銀行休業は1932年10月にネバダで始まり,同州の銀行は12日間閉鎖された.2月半ばにはデトロイト銀行の2大競争集団を支配するヘンリー・フォードと上院議員ジェームズ・カズンズとが敵対し,フォードが競争相手側の銀行組織から巨額の預金を引き出すのを阻止するために,ミシガン州知事は銀行を閉鎖するにいたった.1週間後にはニュージャージーにおいて銀行が閉鎖された.ルーズベルト大統領就任式の前日に,レーマン知事はニューヨークの銀行を閉鎖した.3月4日にはルーズベルトは大統領として1917年対敵通商法を発動して,アメリカのすべての銀行を閉鎖した.

　フーバーは1933年2-3月の銀行恐慌の責任をはっきりとルーズベルトに帰

---

53) Hoover, *The Memoirs of Herbert Hoover*, vol. 3, pp. 211-12.

し,それは「史上最も無意味で容易に阻止できた恐慌」であったと述べている[54]. フーバーの見解によれば,ルーズベルトは銀行を閉鎖し,総崩れの責任をフーバーに帰そうとした. しかしルーズベルトは選挙戦後,休養していたばかりでなく政権掌握の準備に忙殺されていて,フーバーの明確な提案に何ら言質を与えようとはしなかったのである.

　不況によりアメリカの指導部は消耗していた. いたるところに緊張と混乱があった. フーバーとルーズベルトはお互いに反感を抱いており,フーバーはルーズベルトを浅薄で危険な人物と見,ルーズベルトはフーバーを空理空論の徒と見なした. 従うべき基準はなかったのである.

---

54) Ibid., p. 215.

第9章

世界経済会議

大統領就任演説

　大統領選挙運動中において，そして選挙後から大統領就任前夜までにおいて対外経済問題に対するルーズベルトの態度にはかなり問題があった．ルーズベルトは国際主義的伝統の出自であった．1920年には副大統領候補として彼は国際連盟を強力に支持した．しかし彼は圧力に対しては敏感であった．1932年にハースト系新聞が国際連盟を激しく攻撃した際，彼は国際連盟が変ったと述べて国際連盟への支持を中止した．しかしこのことは将来の国際協力を妨げるものではないと述べて，逃げ道をこしらえて置いた．タグウェルはルーズベルトの補佐役の中でモウリーとともにナショナリスト派に属しており，民主党内のベイカー，ダニエルズ，ハウス，ハルといった国際主義者がルーズベルトの曖昧な表現に幻滅を感じていることに注目していた[1]．

　ルーズベルト側近グループの中で国際主義派の指導者はヨーロッパで幅広い経験を積んできた銀行家ノーマン・デイビスであった．モウリーはデイビスとヘンリー・スチムソンがルーズベルトを国際主義派の陣営に引き入れるのではないかと不安を抱いた．スチムソンは政権移行期間中に対外経済問題をルーズベルトと協議したフーバー政権の国務長官であった．世界経済会議の議題案は金本位制の復活や関税引下げ，その他の国際協力措置を要求するものであり，モウリーの見解では国内回復計画を妨害する恐れがあった[2]．

　タグウェルとモウリーは勝った．1933年3月4日の大統領就任演説はモウ

---

1) Tugwell, *The Brains Trust*, 1968, p. 76.
2) Moley, *The First New Deal*, 1966, p. 39.

リーが求めていた国内回復優先の責務を宣言し，大統領はそれを「最終的で変更できないもの」と受け入れた[3]．

> 我が国の国際貿易関係は非常に重要であるけれども，健全な国民経済の確立にとっては時機と必要性の点ではあまり重要ではない．私は実際的な政策として最も重要なことから先に実施することを好む．

ルーズベルトは彼の計画は狭義のナショナリズムではないと主張したけれども，彼の関心は内向きであった．彼の大統領就任の翌日，ドイツではアドルフ・ヒトラーに対し緊急令によって統治する全権限が付与された．

選挙公約はあったが，計画は何もなかった．国内分野についての顧問団は少なくとも5つのグループに分けられた．(1)正統派．彼らはアメリカ経済を絞り機にかけることを支持する．このグループには大統領顧問バーナード・バルーク，予算局長ルイス・ダグラス，復興金融公社(RFC)のジェシー・ジョーンズ，そして新財務長官ウィリアム・ウッディンがいた．(2)通貨問題担当者．このグループにはケイ・ピットマン，エルマー・トマス，バートン・ホウィーラーの各上院議員とエール大学教授ジェームズ・ハーベイ・ロジャーズがいた．(3)トラスト解体論者．これには判事ルイス・ブランダイスとハーバード大学法学部教授フェリックス・フランクファーターが含まれた．(4)企業国有化の信奉者．その著名な人物は上院議員ジョージ・ノリスと内務長官就任予定のハロルド・イッキーズであった．(5)経済計画論者．その中にはアドルフ・A.バーリ，ヒュー・ジョンソン，レイモンド・モウリー，レクスフォード・タグウェルの各顧問と新農務長官ヘンリー・ウォレスがいた[4]．モウリーは経済問題担当国務次官補に任命され，特に外債，世界経済会議，「そして大統領が外交・内政の分野で指示することができる追加的職務」を担当することとなった．彼は国務省よりはホワイトハウスの見地から仕事をし，対外的考慮が国内計画を妨害するのを防止することを彼の職務の一部と考えた．彼の名目上の上司である国務長官コーデル・ハルは関税引上げを阻止し，その引下げに着手するというただ1つの方策を持っているだけであった．しかし関税の引下げがどのよ

---

3) 第1章，注25参照．
4) Moley, *The First New Deal*, p. 228.

うにして景気回復に導くのか，その仕組みを理解することは難しかった．

　第1に，銀行を再開する必要があった．これは8日間で達成された．ルーズベルト第1期政権の「百日議会」*の残り92日は様々な国内分野における新規計画の立案に費やされた．農業分野では農産物価格引上げの手段として生産統制を実施することが重要視された．1933年5月には農業調整法(AAA)が可決された．それは生産を制限し，市場から余剰農産物を取り除き，生産を削減した農民には直接に報酬を支払うこと，その給付金支払に必要な資金を調達するために食品加工業者に内国消費税を賦課すること，そして政府の監視下に販売協定を締結することを定めた．1933年6月に全国産業復興法(NIRA)は生産と価格についての産業協定または規約を定めたが，それには最高労働時間と最低賃金を明記し，労働者の組合加入権を保証することにより労働者を保護することが定められていた．1933年5月にはテネシー渓谷開発公社(TVA)が創設された．それは第1次世界大戦中テネシー川流域のマッスル・ショールズに建設された水力発電用ダムと硝酸工場の運営について政府の支配権を確立し，同時に発電，洪水管理，河川輸送を調整するためであった．1933年緊急救済法に基づいて救済が行われることとなった．この法律はフーバー政権下で1932年に成立した同種立法を継承するものであったが，新しい機関を創設した．その後，事業救済を行うために民生事業局が設置された(1933年11月)．そしてこれは結局，公共事業と失業者向け事業救済を行う事業促進局(WPA)へと発展した．もっと遠大な立法措置の1つに銀行預金保険があった．フーバーもルーズベルトも弱小銀行が強い銀行の足を引っ張る恐れがあるとしてこれに抵抗し，民主党政権ではなく議会がそれを先導したのであった．

　百日議会の計画における主要な2分野，NIRAとAAAは両者とも後に(それぞれ1935年と1936年に)違憲判決を受けた．AAAは生産抑制と価格引上げという同様の目的を達成するために他の法律によって置き換えられた．NIRAは産業競争によって次第に土台を侵食されていき，全く忘れ去られてしまった．いずれも経済専門家や一般国民の支持を得ていなかった．AAAは人々が衣服

　［訳注］＊ 1933年3月9日から同年6月16日までの議会の特別会期．重要な社会経済的な法律が制定されたため，ルーズベルトがそう呼んだ．

に不自由している時に綿花を土地にすき込み，人々が飢えている時に豚を殺して放棄したりしたからであり，NIRA は政府の認可によって規制される産業カルテルであることが明らかになったからである[5]．しかし「百日議会」の最中には，農民と産業界はこれらの措置を救済手段と見なしたのであった．

正統派としてルーズベルトは財政を均衡させるという選挙公約を果たすために，退役軍人給付金を 4 億ドル，連邦公務員給与を 1 億ドル削減した．

金本位を離脱する

経済計画論者と国有化論者が生産の制限および政府公共事業実施の遅延といった問題に忙殺されている間に，議会では通貨問題担当者たちが活動していた．銀界関係者は大統領に対し 1 対 16 の金銀比価で銀貨鋳造を求める修正条項を農業関連法案に追加した．大統領はこのホウィーラー修正条項に拒否権を行使すると威嚇した．そこで農民・通貨ブロックはそれをトマス修正条項に差し換えた．この修正条項は大統領に次の権限，(1)グリーンバック紙幣(連邦準備制度外において金属による保証のない通貨)を 30 億ドルまで発行すること，(2)金銀比価を固定すること，(3)布告によって金の量目を固定することを認めた．4 月 18 日の夜，ルーズベルト大統領はトマス修正条項を受け入れる決意を表明した．ルイス・ダグラスはその夜遅く，「これは西欧文明の終焉である」と論評した．

銀行休業立法において金の輸出は許可を得た場合以外は禁止された．トマス修正条項成立までは許可証が発行されてきた．4 月が経過し，議会のインフレ・ブロックが勢力を強めるに伴って，それが適切な措置であったかどうかについて問題が提起された[6]．トマス修正条項が承認されたことにより，金輸出

---

5) 1933 年以後の通貨供給量の拡大は失業の大幅減少よりもむしろ物価と賃金の上昇を引き起こしたが，1980 年代のマネタリストはその主因が全国産業復興法にあると考えるにいたった．Michael M. Weinstein, "Some Macroeconomic Impacts of the National Industrial Recovery Act, 1933-1935," 1981 および特に Phillip Cagan, "Comments," 1981 の注解と Karl Brunner, "Epilogue," 1981, p. 350 参照．

6) Jordan Schwartz, *1933: Roosevelt's Decision: The United States Leaves the Gold Standard*, 1969, p. 141 に記載されているジェームズ・ウォーバーグの口述の歴史からの抜

許可証の発行を停止することが決定された．資本の流出が増加した．4月24日にポンドは4月前半の3.24ドルから3.86ドルに騰貴した．

1月に20人の経済専門家はアメリカが戦債を解決し，関税を引き下げ，断固として金本位を固守すべきであると勧告した[7]．銀行休業日の時，パリはアメリカが金本位を離脱することを企てるのは狂気の沙汰であると考えた．金本位離脱は問題を何1つ解決しないであろうし，アメリカの国内問題を世界的水準にもたらすに過ぎないであろう[8]．3月7日にロンドンの『タイムズ』紙はアメリカの金本位放棄について，ほとんど考慮外であり起こりえないことであると明言した．イギリスを金本位から離脱させたのと同様の原因はアメリカには全然発見されなかった．外国債権者によるアメリカ資金や証券に対する取り付けは何もなかった．平価切下げはいかなる問題の解決策にもならなかった[9]．同時に，1月末にポール＝ボンクールに代わってフランス首相に就任した皮肉屋のフランス人エドアール・ダラディエは，アメリカの金本位離脱は変動ポンドに対するドルの必然的な反応であると信じた[10]．

ポンドは快適な状態にあった．ミッドランド・バンク頭取レジナルド・マッケナは年頭の挨拶でイギリスの金本位復帰に反対し，イギリスが金本位を離脱してから16か月が過ぎたが，破局的なことは何も起こらなかったと断言した[11]．1月28日にネビル・チェンバレン蔵相は金本位がうまく機能するという確信が得られる場合にのみ，イギリスは金本位に復帰すると述べた[12]．しかしラムゼー・マクドナルドがルーズベルトと世界経済会議の準備をするためにワシントンに行く途上にあった時に，アメリカは金輸出を停止した．それは交

粋，および Herbert Feis, *1933*, 1966, p. 121 参照．

7) *New York Times*, January 3, 1933, p. 1.
8) *New York Times*, March 3, 1933, p. 21. このように結論したからといって，ドルの平価切下げが行われた場合にどうすべきかについて，フランス当局者が考えないですむわけではなかった．3月17日に世界経済会議のことを討議するためにロンドンで，英蔵相ネビル・チェンバレンと仏蔵相ジョルジュ・ボネが行った英仏首脳会談では，ドルの平価切下げが行われた場合にはさらに協議することが必要であるということで合意を見た（*Documents diplomatiques français, 1932-1939*, 1966, vol. 3. no. 1, p. 12 参照）．
9) *New York Times*, March 7, 1933, p. 6.
10) U.S. Department of State, *Foreign Relations of the United States, 1933*, vol. 1, p. 576.
11) *New York Times*, January 28, 1933.
12) *New York Times*, January 30, 1933.

渉上の立場を劇的に変化させることとなった.

世界経済会議の準備

　復興計画を考案するために世界経済会議を開くという着想は，恐らく1930年12月にアメリカ大使サケットとドイツのブリューニング首相が行った論議にまで遡る．その論議においてブリューニングは軍縮，賠償，債務償還，国際借款の必要性といった相関連する重要問題について経済専門家がそれら問題を個別的に検討するのではなく，政治的根拠に基づいて一括して取り扱い解決することができるような会議を開催することができるのではないかと提案した[13]．

　世界経済会議の開催について直接的な論議が行われたのは，前述したように1931年10月のラヴァル-フーバー会談と1932年5月のフーバー-マクドナルド交渉においてであった．後者の場合，イギリス政府は金表示価格が一段と低落するのではないかという懸念を表明した．フーバー大統領の代理としてスチムソンがマクドナルドに示した回答は次の通りであった．世界経済会議は2つの目的を持たなければならない．第1には，信用緩和によって，そして可能ならば主要国が協調して実施する公共支出計画によって商品価格を引き上げることであり，第2には，世界中の民間企業グループを勇気付けることである[14]．

　世界経済会議は正式には1932年7月9日のローザンヌ会議の決議によって招集された．この動きは5月21日に国際連盟が採択した国際労働事務局(ILO)提案に沿うものであった．その公式の名称は「通貨・経済問題に関する国際会議」であった．この名称はアメリカが「金融・経済」問題と呼ぶことに反対したからであった．その理由は「金融」問題とすれば戦債の議論を許容すること

---

13) Bennett, *Germany and the Diplomacy of the Financial Crisis, 1931*, p. 32. 元オハイオ州知事であり，1920年には民主党公認の大統領候補者であったジェームズ・M. コックスはその起源が1930年に選出された民主党議会の決議にあるということを明らかにしている．その決議は一方では国際経済会議によって，他方では大統領が交渉する互恵通商協定によって過重な関税を軽減し，有害かつ不公正な貿易慣行を除去する国際的措置を求めている．この決議は勿論，大統領がスムート＝ホーリー関税法に署名することに反対して実施されたものであった．フーバー大統領はそれを拒否した．Cox, *Journey Through My Years*, p. 353 参照．

14) Feis, *1933*, pp. 21, 23.

になり，アメリカが戦債を議題から外すことを求めたことにあった．ローザンヌ会議の決議は組織委員会と議題を作成する専門家の準備委員会を設置することを定めた．取り扱われる論題は次のように明示された．(1)通貨(および金融)問題．通貨・信用政策，為替の安定と物価水準，および資本移動の問題．(2)経済問題．生産・貿易状況の改善．特に関税政策，数量制限，生産者間協定に注目すること．

　組織委員会は議題の内容には介入しなかったし，そして専門家の準備委員会においては事が順調に運ぶことはなかった．アメリカの専門家の1人としてE.E.デイとともに働いたジョン・H.ウィリアムズ教授は，11月にジュネーブで開かれた専門家の第1回会合の後にニューヨーク連邦準備銀行のW.ランドルフ・バージェスに次のように報告した．討論は「物価はどうすれば引き上げることができるか」というイギリス代表の質問と，「ポンドは何時安定するか」という他国代表の対応をもって始まった．イギリス代表はポンドについて十分詳しく議論しようとはしなかったが，物価がもっと高くなるまでは，あるいは少なくとも戦債が解決されるまではポンドは安定しないであろう，と簡単に述べた[15]．

　ルーズベルトの最初の対応は世界経済会議を延期することであった．少なくとも彼が政権を引き継ぎ，彼の国内計画が軌道に乗る機会を得るまでは延期しようとした．フーバーと同じく彼も戦債を論題に入れることに反対であった．

　準備委員会の第2回会合は1月と2月に，銀行休業前とドルの金本位離脱前に開かれた．リースロスはイギリスを擁護して次のことを述べた．世界経済は前回の会合以来悪化していること，時期尚早の金本位復帰は極めて危険なものになりうること，そして金本位復帰前にコストと価格の不均衡を処理する必要があること，言うまでもないことだが，戦債と賠償を整理し，金節約のための通貨改革を実施し，金融再建を準備し，関税と割当を軽減する必要があることについて述べた[16]．ベルギー国立銀行のエミール・フランキは通貨を安定させ

---

15) Federal Reserve Bank of New York files, memorandum from Burgess to Harrison, November 23, 1932.
16) Federal Reserve Bank of New York files, memorandum of January 7, 1933. この最初の会期についての説明は，*Documents diplomatiques français*, vol. 2, no. 180, Geneva to

国内回復政策を実施する過程で一時的に国際収支赤字に陥る諸国に短期資金を融通する国際信用制度の設立を提案した．共同資金プールによって融資されるILOの国際公共事業計画は，前章で述べたウォイチンスキー案の概要に基づくものであった．1930年のキンダスリーまたはノーマン・プラン類似の提案もこの会議に出された．しかし専門家会議は結局，これらの提案を取り上げなかった．第1には，均衡財政と健全な通貨を維持しうる範囲内で物価を直接的に引き上げることを支持していたからであり，第2には，広範な分野にわたる協調的行動に基づいて国内優先の防御的措置を取り除くことを支持していたからであった．イギリスはポンド安定の時期とその為替相場水準が厄介な問題を引き起こすことは認めていたが，ポンドを安定させようとしていた．ドイツは外国為替管理を緩和しようとしていたし，フランスはその割当制限を軽減しようとしていたし，アメリカは戦債を解決し，関税を引き下げようとしていた[17]．ハーバート・ファイスは1月29日の覚え書において，この計画はアメリカの労働者と政治家がもっと大胆な通貨・銀行政策を求めているから実行不可能であるし，そしてフランとポンドの現行レートでの安定は時期尚早であろう，と述べた．この声明は激しい知的論争を巻き起こした[18]．

世界経済会議の会合はロンドンで開催されることが合意された．ラムゼー・マクドナルドは世界経済会議で栄光に包まれて退陣することを望んでいた[19]．ウォーバーグはその回顧録で，開催地をロンドンにしたことは誤りであり，会議はワシントンで開催されるべきであった，と述べている[20]．その会議の下準

Paris, p. 386 に含まれており，アメリカの専門家 J. H. ウィリアムズ教授がイギリスとドイツを「基軸国」と呼んだことを記している．この呼び方は10年後の「基軸通貨」という彼の見解を予想させるものである．基軸国という概念は少なくとも1922年にまで，そしてニューヨーク連邦準備銀行総裁ベンジャミン・ストロングにまで遡れる．ストロングはヨーロッパ通貨の安定には国別の安定方法を支持し，「すべての通貨を同時に安定させようとする如何なる計画にも，またこの目的のための大規模な国際会議にも」反対した (Chandler, *Benjamin Strong*, p. 278 および Clarke, "The Reconstruction of the International Monetary System," p. 15)．

17) U.S. Department of State, *Foreign Relations of the United States, 1933*, vol. 1, p. 462.
18) Feis, *1933*, p. 116.
19) U.S. Department of State, *Foreign Relations of the United States, 1933*, vol. 1, p. 477.
20) Warburg, *The Long Road Home*, p. 122. 世界経済会議をワシントンで持ちたいという要望をルーズベルトは2月21日にフランス大使クローデルに表明した．そこでその可能

備のために，幾つかの派遣代表団の首脳はルーズベルト大統領と協議するためにワシントンを訪れた．「暫くの間，アメリカは可能な限り成功の希望を与えるために，この企画に指導性を発揮しているように見えた」[21]．

しかしルーズベルトとハル，モウリーはこの協議にはほんの小さな役割しか演じなかった．ウォーバーグが金融問題を，ファイスが関税と貿易を，そしてブリットが政治を担当した．

マクドナルドとエリオがアメリカへの航海中に実施されたドルの金本位離脱は，協議の焦点を戦債から通貨安定に転換させることとなった．ウォーバーグが協議の主導権を握ることとなり，ルーズベルト大統領の了解を得て通貨安定計画を提案した．この安定計画においてアメリカはドルを 15% ないし 25% 切り下げ，そしてその後にこれら 3 通貨は三国通貨安定基金によって安定化され管理されることになる．イギリス代表リースロスはドルの切下げ幅が 15% と高いことに衝撃を受けた．彼はアメリカがドルの旧金平価を容易に維持しうると考えており，ドルの安定がそれより低いレートで行われるとすれば，ポンドはそれと同程度まで引き下げたいということを最終見解として表明した[22]．フランス代表シャルル・リストはそれでは国民議会の同意を得ることは不可能であると考えた．ドルを買うためにフランが使用されていたし，その後にドルが下落すれば，フランス国庫は損害を被ることになるからであった．これらの討議は 4 月 26 日から 30 日の期間に行われた．この時期にはドルは安定し，ポン

性についてラムゼー・マクドナルドとフランス首相エドアール・ダラディエは 3 月 10 日にパリで再度話し合った．ルーズベルト大統領としては代表団をロンドンに派遣するのを厭わないが，開催場所としてはワシントンの方を望んでいる，ということが伝えられた．フランス首相はどちらでも良かった．マクドナルドはそれが助けになるのであれば，ワシントンへ出掛けるつもりはあるが，イギリスの首相としては大西洋の向こう側で数か月も過ごすことは難しいと主張した．外相サー・ジョン・サイモンはワシントンの夏は暑いと付け加えた．チェンバレンとボネの 3 月 17 日の会談では，その時期に開催するのであればロンドンの方が良いが，ワシントンで開催すれば，アメリカ国内の世論を教化するのに役立つであろう，ということに話が及んだ．*Documents diplomatiques français*, vol. 2, nos. 318 and 392, February 21 and March 10, on pp. 671 and 778, respectively, and vol. 3, no. 1, March 17, p. 3 参照．

21) Cox, *Journey Through My Years*, p. 355.
22) これは次の提案をしたことを意味する．米ドルは金に対して 15% 引き下げられ，1 ポンドは 3.75 ドルに維持される．*Documents diplomatiques français*, vol. 3, no. 190, Washington to Paris, p. 328.

ドは4月25日の3.85ドルから2日後には3.73ドルに下げ,4月29日には再び3.85ドルに戻している.ルーズベルト大統領は通貨安定計画が実現しなかった時,安堵の色を表したのであった[23].しかしルーズベルト大統領とイタリア銀行のグイードー・ユングが発表した声明書は通貨の安定を支持していたのである.

ドルは5月に国際為替市場で下落した.4月29日には1ポンドは3.85ドルであったが,5月31日には4.00ドルとなった.ルーズベルトは通貨の安定にはますます関心を示さなくなった.モウリーの記録によれば,彼は「危険な陶酔感」を経験した.彼は世界経済会議の開催時期を6月中旬にすることに同意する覚悟ができた.その他のことは何も決定されていなかった.

ハルとファイスが関税休戦の仕事をした.関税休戦の具体案を示すことは不可能と言っていいほど困難なことであった.各国は例外を求めた.アメリカは農業調整法(AAA)のもとで加工税を課される農産品について関税を引き上げることを望んでいた.イギリスは1932年のオタワ会議による卵とベーコンの関税引上げについて多少の未完結部分を残していた.フランスはアメリカの物価がドル切下げ相当分まで上昇するかどうか見定めるまで態度を留保した.アメリカの物価がそこまで上昇していなければ,フランスは輸入課徴金を適用しようとしていた.しかしブラジルが幾らか関税引上げ実施中のものがあると言

---

[23] Feis, *1933*, pp. 144-47. ジャネット・P. ニコルズによれば,パリにいた仏蔵相ボネは恐らくその協定をインフレ的なものと解釈して拒否した(Jeannette P. Nichols, "Roosevelt's Monetary Diplomacy, 1933," 1951, p. 302). 拒否の理由としてこれは1932年にフランス銀行総裁モレが引き合いに出した損失の懸念ほどは抵抗しがたいものではないように思われる.パリ当局の論拠についての明確な通達は *Documents diplomatiques français* には掲載されていない.このフランス外交公文書集には共同安定基金に反対する立場についての声明書は,vol. 3, no. 258, note of the Section on Commercial Policy(Paris), p. 459 に掲載されている.後にブリットは共同安定基金に対してイギリス政府が消極的態度を取ったこと,そしてフランス政府がそれに反応しなかったことに対してアメリカ政府が失望したことを伝えた(vol. 3, no. 262 of May 10, p. 465). これに応えてフランス外務省は連絡があれば直ちにフランス政府とフランス銀行が三国通貨協力について直接に会談に入る意思があることを表明した(vol. 3, no. 274 of May 14, p. 482). ロンドン駐在フランス大使は5月17日に,通貨安定に関する会談を直ちに開始することを求めた(vol. 3, no. 288, p. 500). それへの返事は次の通りであった.イギリスとしてはドルが金本位制を離脱してからごく僅かの時間が経過したに過ぎないと考える.ポンドがある均衡点を見出すのに6か月かかった.ドルについても同じくらい時間が必要であろう.特にウォール街とワシントンの間で,そして大統領と議会との間で軋轢が生ずることを考えればそういうことになる.

って，関税休戦に異議を唱えた時に，ファイスは全体の利益のためにはすべての国が犠牲を被らなければならない，とこれら諸国代表に厳しく伝えたのであった[24]．

　ワシントン協議においては各国の経済的利害関係に関する多くの問題点が提出された．シャハトは植民地入手の機会を求め，そしてドイツとしては対外債務支払を一方的に打ち切る場合があるということを知らせた．事実，5月20日には恐らく50億ドルに達する債務支払が停止された[25]．オーストラリアの1つの提案は次の事実を明らかにした．同国輸出品の金表示価格は1928年水準の30％に，ポンド表示価格は42％に低落し，そのためポンドと金通貨による債務支払負担が重くなった．大幅に増加した輸出量の3分の1が利払い分だけに費やされた[26]．中国の蔵相宋子文は銀価の高騰に悩まされていた．中国は銀本位制に基づいて安定していたが，銀価格高騰により中国から貨幣が流出したからであった[27]．同じく銀本位制を採用していたメキシコにおいても同様のことが起こった．日本代表は次の立場を明らかにした．世界的な通貨安定協定がどのようなものであっても，日本は円の対ドル・レートを49セントに復帰させることはない．20セントなら申し分ないし，これ以上引き下げることができないとすれば，25セントでなら妥協するであろう[28]．

　スウェーデン公使は国際収支黒字国のアメリカがどうしてドルを金輸出禁止

---

24) U.S. Department of State, *Foreign Relations of the United States, 1933*, vol. 1, pp. 515, 587, 608. 関税休戦の本文は口頭での留保条件が幾つか付いているが，世界経済会議組織委員会によってロンドンで発表された．しかしそれは世界経済会議の期間中のみ有効であったに過ぎなかった．

25) Ibid., pp. 532, 534.

26) Ibid., p. 511.

27) Ibid., pp. 532, 763ff.

28) Ibid., pp. 536, 538. *Documents diplomatiques français*, vol. 3, no. 242, Tokyo to Paris, May 4, 1933, p. 423 には，石井菊次郎子爵のワシントン到着前における日本の姿勢が次のように説明されている．日本は金本位制復帰には反対はしないが，金本位制復帰のためには世界の金が再分配され，すべての国々の準備を増やさなければならない．それはまた自由な資本移動と連結しなければならない．「言い換えれば，日本は他の諸国とは別の道を進もうとしているのでなく，原則を堅持することを前提にして，すべての国家主義的な経済利益に優先して擁護すべき問題があることを認識することは容易である．日本としては関税を大幅に引き下げることは拒否する．拒否するのは他の諸国と違って日本は戦争以来関税を大幅に引き上げたことがないからである．同時に，そしてそれとは反対に，為替レートを切り上げることは拒否する．それは輸出条件を悪化させる恐れがあるからである」．

で保護しなければならないのか理解することができなかった.ウォーバーグと一緒に働いていたローレンス・シュタインハルト大使が次のように説明した.アメリカはドル切下げ懸念による資本逃避を経験しており,そのためにドルを切り下げざるを得なかったのである[29].

国際公共事業に関して日本とポーランドが受け取った回答はそれより遥かに重要性の高い問題であった.日本代表団の津島寿一は彼の理解によればジュネーブの国際労働事務局が国際公共事業についてのある国際計画を提案しているはずである,と述べた.ウォーバーグはアメリカとしては各国が独自にその資金を調達すべきだと考えると述べた.「他国の計画にわれわれが融資するという提案に対しては,われわれは断固として反対する」[30].ポーランド大使はアメリカ政府の提案が余りにも不明確なので,両国政府間で了解に達するための基盤を何も用意することができなかった.ファイス博士はアメリカとしては一連の提案に自らを拘束する計画をもって世界経済会議に参加することは望んでいない,と答えた.それはアメリカの会議ではなかったし,アメリカは他の諸国よりは得るものは少なく,失うものも少なかった.ポーランド大使は雇用と

---

29) U.S. Department of State, *Foreign Relations of the United States, 1933*, vol. 1, p. 566.

30) Ibid., p. 538. この点ではアメリカはフランスに追随していた.準備委員会の仕事に関係していたコクランが報告しているように(U.S. Department of State, *Foreign Relations of the United States, 1932*, vol. 1, p. 831),フランスはすでにフランキ案とキンダスリー案に対して彼らが反対であることを表明していた.「フランスが巨額の投資を行うよう求められるとすれば,フランスは以前そうしたようにフランス独自の条件を自由に付けることを望んでいる.フランスは融資を通商手段としてばかりでなく,政治的手段としても注目しており,フランス独自の行動を望んでいる.フランスは自国の資金がそれに関係しているのでなければ,イギリスやアメリカが不良貸付を回収するのを助けるつもりはない」(フランキ案については以前に言及した.キンダスリー案は前章で述べたノーマン案と確かに同じである).準備委員会はフランキが提案した国際信用制度案ばかりでなく,また通貨正常化基金案とILO案についても討議し,後者2案については熱意のない討議に終わった.通貨正常化基金案は1932年9月5日から20日に開催された中欧・東欧経済復興のためのストレーザ会議で最初に提案されたもの.ILO案は国際公共事業に融資するための提案であり,前に論じた *International Labor Review* 誌に掲載のウォイチンスキー論文〔Woytinsky, "International Measures to Create Employment"〕の概略にほぼ沿うものであった.James W. Angell, *The Program for the World Economic Conference: The Experts' Agenda and other Documents*, 1933, p. 52 および U.S. Department of State, *Foreign Relations of the United States, 1933*, vol. 1, p. 457 参照.

国際信用銀行についてのトルコの提案については,U.S. Department of State, *Foreign Relations of the United States, 1933*, vol. 1, p. 570 参照.

貿易を増やすために公共事業を諸国で同時的に行う問題に言及し，その資金がいかにして提供されるかについて尋ねた．

　　彼は国際基金創設のため提案が行われたことは知らされていた．……アメリカはこのような基金に参加することはできないであろう．第1に，何らかの国際協定に達すること自体が不可能であろう．……提案されている種類の国際基金は諸国間に大きな軋轢を引き起こすだけであろう．第2に，アメリカはこのような基金に参加することは恐らくできないであろう．議会がその目的のために資金を提供しようとはしないからである．国際融資に関するアメリカの経験は十分に満足のいくものではなかったから，アメリカが別の企画に乗り出すことを勧めることはできない[31]．

ポーランド大使との会談において，ファイスはイギリス特別使節団が提出した案について述べた．このことはこの会談についてのファイスの簡単な覚え書に述べてある．ワシントン駐在のイギリス財務官ケネス・S. ビューリーは4月15日に1通の覚え書をもってファイスを訪ねたが，それを彼に手渡さなかった．イギリス政府は中央銀行への融資を行うために諸国政府が出資する15億ドルないし20億ドル規模の国際基金を創設することを提案した．これは融資によって為替管理を終らせ，貿易障壁を軽減しようとする案であった．ビューリーとファイスはこの提案には解決しなければならない次の3つの問題があるということについて合意した．(1)それは実際的であるかどうか，(2)それは貿易障壁の軽減と物価の引上げという所期の目的を達成できるかどうか，(3)それはアメリカにおいて政治的に支持を得ることができるかどうか．ファイスはこれら3問のすべてに，特に第3問に疑問があると述べた．アメリカ政府が外国政府にさらに多くの資金を供給する義務を負うという提案に対してはアメリカ国内に反対があり，特に過去の融資がすべて債務不履行に陥る恐れがあることを考慮すると，第3問には問題があった．ビューリーはそのことに強い感銘を受けたので，イギリス政府の覚え書の写しを手にしたまま辞したのであった[32]．

---

31) U.S. Department of State, *Foreign Relations of the United States, 1933*, vol. 1, pp. 560-61.
32) Ibid., pp. 574-75.

ビューリーの提案は大蔵省がヒューバート・ヘンダーソンの覚え書をその内容を薄めて改作したものである．ヘンダーソンの覚え書は経済諮問会議がその第4次報告において採用し，首相が経済顧問会議の国際経済政策委員会に対し世界経済会議についての助言を求めた時に再び注目を浴びることとなった．その国際経済政策委員会はサー・チャールズ・アディス，アスター卿，サー・バジル・ブラケット，エセンドン卿，ケインズ，レイトン，ソルター，スタンプ，そしてヘンダーソンによって構成されていた．ヘンダーソンの覚え書は1932年5月12日付けの同氏の「ローザンヌ会議のための通貨案」によく似ている．それは特別通貨として国際決済銀行が国際証券を(例えば)1928年におけるある国の金価値表示輸出額の50%まで発行することを求めるものであった[33]．またヘンダーソンの覚え書は1933年3月から4月にかけて『タイムズ』紙への寄稿において公表され，『繁栄への道』の第5章として再録されたケインズ案にもよく似ている[34]．ケインズ案は1928年末の金保有額に基づいて世界諸国に対して50億ドルのペーパーゴールドを発行する案であるが，イギリス，アメリカ，フランス，ドイツ，スペイン，アルゼンチン，日本に対しては最高限度の4億5000万ドルを供与する案であった．

　経済顧問会議に提出されたヘンダーソン覚え書は1932年7月1日付けとなっており，国際決済銀行が金と等価の新銀行券を10億ポンド発行することを求めている[35]．その分配の基準については述べていない．しかし，特に興味深いのはこの提案を考え付くにいたった分析である．ヘンダーソンはバジョットの『ロンバート街』がロンドンへの取付けの危険性と，1844年銀行法(銀行券発行を制限した法律)の一時停止により取付けを制限する必要性とを中心テーマにしていることを思い出した．ヘンダーソンによれば，イギリスは金融恐慌の中心地に金を現送し，その影響を受けていない中心地から金を引き出すことに

---

33) Hubert D. Henderson, *The Interwar Years and Other Papers*, 1955, pp. 103-6 参照．
34) 私個人のコピーには1933年5月1日の日付が書かれている．
35) Howson and Winch, *The Economic Advisory Council, 1930-1939*, pp. 273-77 参照．ラルフ・G・ホートリーもまたこの当時，国際的な最後の貸手の必要性について述べており(強調は彼のもの)，次のように付言する．「恐らく何時かは国際決済銀行．……しかし事態の進展に伴い，その機能を引き受けることができるのは外国の中央銀行，あるいは協力する外国中央銀行のグループであろう」(Ralph G. Hawtrey, *The Art of Central Banking*, 1932, p. 228)．

よって，困難な時期にどこにおいても支払能力を維持するように支援していた．そして次のように述べている．

> 現在の世界的困難にとって本質的なことは，ロンドンがその重大な機能を果たすことに失敗したこと，そして他の中心地がその機能を果たす意思も能力もなかったことである[36]．

ヘンダーソンによれば，イギリスの金本位離脱は国家的には有利であったが，全世界的見地からすれば国際金融関係の不安定性を著しく強めるものであった．

一般的に信認が損なわれたために，単なる資金の対外流出には揺らぐことのないドルのような通貨さえも不安定化するにいたった．そのためにアメリカは，そして恐らくは他の如何なる国も他国に代わって難局を切り抜けて，困難に陥っている諸国に資金を前貸しすることによって世界の銀行家としての機能を果たすことができなくなっている[37]．

ヘンダーソンは債権国も債務国も同様にすべての政府に対し統一的基準で新通貨を発行することは，国内恐慌において申請者に銀行券を利用させるというバジョットの原則からの逸脱であるということを知ってはいたが，しかし彼はそうする方が効果的であると考えた．この構想は1968年に合意された国際通貨基金の特別引出し権(SDRs)に類似しており，注目に値する．しかしアメリカはそのような計画に参加する力を持っていようがいまいが，参加する意思はなかった．ビューリーはヘンダーソン報告の縮小版に基づいてファイスと話し合い，この構想を完全に握りつぶすことにした．

これより早くチェンバレンは3月17日にロンドンで行われた英仏蔵相会議において，公共事業の条項を含むケインズ案についてボネに打診した．彼はケインズとて誤りがないわけではないと言って論題に入り，購買力創出と共にアメリカ，フランス，イギリスによる公共事業についてのケインズ案を簡潔に説明し，戦後イギリスは公共事業を実施してきたが，ケインズが予想したような結果は得られなかったと注釈し，ボネの見解を尋ねた．ボネはダラディエが

---

36) Henderson memorandum, p. 4. D. E. モグリッジは親切にも私にそのヘンダーソン覚え書の写しを提供してくれたし，また彼は公立記録保管所においてビューリー覚え書の歴史を私のために調べてくれた．

37) Ibid., p. 5.

1932年10月にジュネーブの会議において国際的な公共事業計画を支持した時，彼に対するイギリスの支援はほとんどなかった，と答えた．ボネはその資金調達について不安を抱いていたが，中央銀行の裁量に委ねる新しい信用の議論に納得していなかった．フランスは顕著な物価騰貴を引き起こすことなく数年の間，公共事業を実施した，とボネは主張した．財政赤字は大蔵大臣に不安を抱かせた．真に必要なことは信認を回復することであった[38]．イギリスの主導性は弱く，この方面から支持されることはなかったのである．

ハルはアメリカ代表団の主席に予定され，専ら関税休戦と長期的な関税引下げのことを考えていた．そのハルを別とすれば，世界経済会議に対する熱意は開催日が近づくにつれほとんどなくなっていた．イギリス国内ではマクドナルドがワシントンに出かけている間に，世界的解決ではなく帝国的解決に動いたほうがイギリスにとって良いのではないか，という重大な疑問が出ていた．そういう事実をノーマン・デイビスはロンドンから打電し続けた．イギリスは協調することを望んでいたが，その唯一の関心は戦債であり，今ではドルの変動によってその関心は広がった[39]．ルーズベルトの承認を得て5月20日にラジオで行った演説において，モウリーは国内経験と比較するのではないが世界経済会議からは多くのことは期待できないであろうと述べた．

> 非常に多くの人々は不況が世界的であるから，その原因は専ら国際的条件によるものであるとか，あるいはこの世界的規模の不況の解決策は専ら国際的対策によらざるをえないとか考えたがる．……事実は各国の経済的災難のかなり多くが国内にあるということである．……それらは圧倒的に国内的であり，対外的ではない．従って，その解決策の多くは各国民が自ら行うものでなければならない[40]．

---

38) *Documents diplomatiques français*, vol. 3, no. 1, London to Paris, March 17, 1933, p. 607.
39) Ibid., pp. 586, 598-99.
40) Moley, *The First New Deal*, pp. 404-5. マクドナルドに随行してワシントンに来た冷笑的なヴァンシタット卿は次のように述べた．「われわれは世界会議では戦債，賠償および関税について討議することが困難であることを確かめる．われわれはデンマーク王子，オフェーリア，ポローニアス抜きでハムレット劇を上演することができるであろう．時間は短縮されることになろう．世界会議もそのようになるであろう．失敗することは確実であった」(Vansittart, *The Mist Procession*, p. 465).
ワシントン会議を調整することを求めた時にルーズベルトは駐米フランス大使クローデ

戦債は会議の議題から外された．そして通貨の安定も外された．けれどもニューヨーク連邦備備銀行総裁ハリソン，イングランド銀行の前顧問 O. M. W. スプレイグ，そしてウォーバーグが一般的な世界経済会議に並行して中央銀行間で通貨安定に関する協定を交渉することとなった．アメリカ代表団に対するアメリカ政府の訓令は，6つの(重なり合う)分野に即して行動することを求め，解決案を用意した．

(1) 関税休戦．
(2) 金融・財政政策の調整．金融政策は公開市場操作で行う(フランスはこれに反対)．研究課題になっていた財政政策の調整についての内容は示されていない．
(3) 外国為替制限の除去．
(4) 適切で永続的な貨幣本位の基礎を設定すること．
(5) 貿易障壁の漸次的撤廃に関する基本的協定．
(6) 世界商品の生産および分配の統制に関する基本的協定[41]．

ポーランド大使が論評したように，その意味するところは十分に明確でなかった．

ルに対して，その計画は不十分にしか準備されておらず，参加者数が多過ぎ，宣伝され過ぎており，妥協不可能な見解によって分断されているという懸念を表明した(*Documents diplomatiques français*, vol. 3, no. 54, Washington to Paris, March 27, 1933)．ワシントン会談はこれらの欠点を是正する役に立ったが，ごく僅かでしかなかった．また *The Economist*, June 10, 1933, p. 1229 の次の叙述を参照．「フランスは懐疑的である．アメリカ代表団は非常に複雑な国内事情に当惑しており，国際的ゲームには不慣れである．他方，ドイツは国内で国家的回復の構想に没頭している．イギリスは以前とは違って危険な自己満足の徴候を示しており，それは恐らくイギリスが昨年の最悪の危機を脱したという幸運によるものである」(Abdul Hasib, *Monetary Negotiations in the World Economic Conference, 1933*, 1958, p. 82 の引用による)．

41) U.S. Department of State, *Foreign Relations of the United States, 1933*, vol. 1, p. 623. アメリカがなお金本位制を維持していた初期の段階に，たたき台としてアメリカが提出した通貨改革案には金準備率の一律 30% ないし 25% 引下げ，国内における通貨の金交換の放棄，地理的距離のような事情で変化する金現送点の代わりに 5% ポイント幅というような固定的金現送点の採用が含まれていた．*Documents diplomatiques français*, vol. 3, no. 106, Washington to Paris, April 8, 1933 参照．金本位制が放棄されたことによりこの提案は途中で無くなった．公開市場操作に関する提案は第2回準備委員会に差し戻されるが，10億ドル以上の超過準備を持つアメリカにおいては公開市場操作を誠実に行うことは困難であった．

世界経済会議

　6月12日にロンドンで開催された世界経済会議には参加国政府要人が押しかけてきた．首相はフランスのダラディエ，チェコスロバキアのベネシュ，カナダのベネット，オーストリアのドルフス，南アフリカ連邦のスマッツ，オーストラリアのブルースが，外相はアメリカのハル，オランダのコーライン，ソ連のリトビノフなどが参加していたし，蔵相の中にはイギリスのネビル・チェンバレン，フランスのボネ，中国の宋子文などが，中央銀行総裁の中にはドイツのヤールマー・シャハト，オランダのトリップ，オーストリアのキーンボック，イタリアのユングなどがいた．ハルを団長とするアメリカ代表団には有名人と専門家の奇妙な取合せが含まれており，彼らの中にはこの会議の失敗を結局喜ぶ3人の孤立主義者——ネバダ選出上院議員ケイ・ピットマンとミシガン選出上院議員ジェームズ・カズンズ，それにモリソンという実業家がいた．開会の演説が順繰りに行われた．ハルの演説は彼の草稿に用意されていた不況の国際的解決についての調子を下げ，国内的解決を強調するようにワシントンで書き改められる間，延期されねばならなかった．マクドナルドは戦債に言及してアメリカ代表団を憤慨させた．

　組織運営の役員を決めるに当って，アメリカのジェームズ・コックスとフランスのジョルジュ・ボネの間で金融委員会の議長職のポストをめぐり争いが起こった．フランス側は金本位制を離脱した国の代表者が議長職に就くのは適当でないと言った．これに応えて，アメリカ側は債務支払を拒否した国の代表者を選出することは適当でないと応酬した．イギリスは6月15日の戦債割賦金の支払を銀の転送によってすでに済ましていた．イギリスは戦債割賦金が不払いにより債務化する場合の金額の半分の価格で銀を市場で買うことができたのであった．フランスは債務を履行しなかった．ファイスによれば，ルーズベルトはこの点ではフランスに悪意は示さず，世界経済会議の期間中この問題を棚上げした．さらに彼は次のように言い足した．「ルーズベルトはフランスがアメリカを国際金本位制に復帰させようと努力したことについては我慢してきたが，その債務不履行が彼の我慢の限度を超すにいたったことは確かである」[42]．

最初の仕事は世界経済会議の外部で行われることとなった．それは会議が継続している間，ポンドとドルを金に対して安定させる協定を締結することであった．このことはすでに5月31日に合意されており，その時，ポンドは4.00ドルであった．会議が始まった6月12日にはポンド相場は4.15ドルであった．もっと重要なことであるが，ドルがポンドに対して3.42ドルから4.00ドルに下落していた間に，ムーディーズ主要商品価格指数は86から120に，ダウ・ジョーンズ工業平均株価は56から90に上昇した．6月12日に両指数はそれぞれ124，97であった．

金融部門の代表者間で決定された取決めはドルが1ポンド4.00ドル，フランが1フラン0.04662ドルで安定されることを要求し，ポンドについては上下3％の変動幅により3.88ドルから4.12ドルまで，フランについては0.04893ドルから0.047331ドルまで変動することを認めた．これら3か国の中央銀行はそれぞれ8000万ドルないし1億ドル相当の金，400万ないし500万オンスを限度に売却することによってその通貨を支持する．この金が使い尽くされた時，この協定は再検討されることとなった．

通貨安定のニュースは新聞に漏れ，為替市場は4.12ドルから4.02ドルに引き締まった．商品市場と株式市場は低落した．アメリカ国民のための委員会はドルの43％切下げを求める電報をルーズベルト大統領に送った．ドルの43％切下げはアメリカの物価を回復させるための推計値に基づくものであり，5.70ドルのポンド相場を意味した．ルーズベルトは6月17日にワシントンから，そして19日，20日には（彼を乗せて航行中の）米駆逐艦「エリス」艦上から代表団に電報を打ち，4.00ドルは受け入れることができないと告げたのであった．通貨の安定は最終目的であったけれども，それを達成するためには世界的規模の行動が必要であって，3，4か国が決定するだけでは不十分であった．ドルの

---

42) Feis, *1933*, p. 182. ルーズベルトはフランスが滞納している1932年12月15日期限の割賦金について一部支払の意思表示をするようにフランスに求めていたが，その代償としてフランスに何か具体的なことを約束しようとはしなかった．エリオがルーズベルトを訪ねて次のように述べたことについては，*Documents diplomatiques français*, vol. 3, no. 86. Washington to Paris, April 5, pp. 148-49参照．「6月15日の支払日のために，私は何とかして必要な権限を得ようとしていますが，フランスにおいては私が今はっきりした約束をすることができないと理解されているはずです」と．

変動を管理する一定の計画に試験的にせよ参加することは避けたほうが良かった．ポンドが4.25ドルに達した時，アメリカはその水準を維持するために一方的な措置を実施することを望んだ．考え直して彼はその中間の相場4.15ドルを維持することにしようと付け加えた．銀行家の影響力が強い諸国の内閣においては通貨の安定に過度の重要性が置かれることとなった．アメリカの場合には「それはわれわれの貿易総額の非常に小さな割合(恐らく3%)を意味するに過ぎない」[43]．従って彼はワシントンともロンドンとも連絡を取りにくい航海休暇に出掛けたのであった．

通貨安定協定が6月17日に拒否されたことにより，ドルの低落方向への動きが復活し，商品価格と株価では上昇運動が復活した．ハリソンはロンドンから帰国した．ロンドンではウォーバーグが新しい通貨安定協定の起草に取り掛かった．モウリーは船上のルーズベルトと協議するためにワシントンからマーサズビンヤード島*へ飛び，それからニューヨークに引き返し，6月21日にはロンドンに向けて出帆した．ニューヨーク連邦準備銀行においてJ.H.ウィリアムズは次のように述べた．フランスが，そしてある程度までイギリスも通貨の安定を主張し，そしてアメリカが国内の物価引上げ計画を阻害するような通貨の安定は容認できないと主張するのであれば，「われわれはイギリスが昨秋ジュネーブでわれわれに言ったことをイギリスに対して言う．信用膨張や公共事業，その他の適切な措置によって物価を引き上げるためには，少なくとも主要3か国が参加する一般的な計画の一部としてでなければ，われわれは通貨安定を引き受けることはできない，とイギリスはわれわれに言った．そこで如何なる通貨安定協定も弾力的なものでなければならないし，国内的国際的諸力，特に物価水準の相対的変化に対応して変更されるものでなければならない，とわれわれはイギリスに対して言うのである」と述べた[44]．金ブロック代表はドル安定のために何らかの措置が採られなければ，金ブロックは金本位を離脱し

---

43) U.S. Department of State, *Foreign Relations of the United States, 1933*, vol. 1, pp. 646, 649, 659.

44) Federal Reserve Bank of New York files, J. H. Williams memorandum to Secretary of the Treasury Woodin, June 19, 1933.

［訳注］＊ マサチューセッツ州南東岸沖の島．避暑地．

なければならない，とイギリスに告げた．

　モウリーは6月28日にロンドンに到着し，ウォーバーグと協力して妥協点を見出す仕事に取り掛かった．彼はコックス，ウォーバーグ，スプレイグが起草して，フランス，オランダ，イタリアが同意した宣言文に言及した．その宣言の内容はその大半がワシントンからのウォーバーグ宛の訓令を敷衍したものであり，為替レートには言及せず，通貨安定を最終目標として言及しているに過ぎなかった．モウリーはそれを金ブロック諸国側の無条件降伏と呼んだ[45]．ボネの本国政府への報告によれば，彼がマクドナルドの求めに応じてその声明書を作成し，イギリス，アメリカの代表団がそれに署名する前にその写しを渡し，彼らは結局6月30日にそれに署名した，ということである[46]．この協定は投機を抑制するために適切な措置を講ずること，そして通貨安定のために中央銀行が暫定的に協力することを定めた．この協定をモウリーが金ブロック諸国の無条件降伏と特徴付けることは理解し難い．

　この協定の草案はワシントンに伝送され，そしてカナダのニューブランズウィックにあるカンポベロ島夏季別荘に滞在中のルーズベルトに伝送された．ワシントンではバルーク，ウッディン，アチソンがこの案を支持した．ルーズベルトは顧問を連れておらず，友人として農業金融委員会のヘンリー・モーゲンソーと彼の秘書ルイス・ハウを伴っていただけであった．ルーズベルトは2度，妥協案を拒否した．この時，ドルの対ポンド相場は4.33ドルに達しており，商品価格は130に上昇し，ダウ・ジョーンズ工業平均株価は100に達した．7月1日にルーズベルトが明言したことは，通貨の安定は民間銀行（すなわち中央銀行）の問題であり政府には関係がない，通貨の安定は赤字財政を容認するものである，私は今後ともアメリカに金輸出の義務を負わせることはできない，ということであった．第2回目のメッセージは7月3日に伝えられ，公表する必要からして一段と辛辣な表現が用いられた．

　　これら諸国の大規模な会議が数か国だけの通貨取引に影響を与える人為的で一時的な実験でしかない提案に方向転換するのを認めるとすれば，私

---

45)　Moley, *The First New Deal*, p. 435.
46)　*Documents diplomatiques français*, vol. 3, nos. 426, 436, 438, Bonnet to Paris, pp. 776, 795, 799, respectively.

はこの世界経済会議を世界的悲劇にいたる破局と考えたい．……このような措置を主張することは現在の世界的規模の不況の大半を引き起こした基本的な経済的失策を続けるための口実であり，そう考えて私は楽しんでいるのではない．

　少数の大国だけの外国為替を一時的に，そして恐らくは人為的に安定させうると考えるのはもっともらしい幻想であり，これによって世界が長期にわたり落ち着くことはないはずである．

　一国の健全な国内経済状況はその国民の福祉にとっては通貨の価格よりももっと重要な要因である．……

　いわゆる国際銀行家の古くからの物神は，諸国の通貨に持続的な購買力を持たせる国民通貨を創出する努力に代わりつつある．……アメリカとしてはわれわれが近い将来に達成したいと望んでいるドルの価値と同じ購買力や債務支払力を今後の一世代が持てるような，そういうドルを求めている．……

　われわれの大きな目的は各国通貨の永続的な安定である．……世界の大多数の諸国が均衡財政を達成し，その収入内で暮らしていくために協調的な政策を実施する時期になって，われわれは世界の金銀をもっと良く分配することについて適切に議論することができるのである[47]．

　このメッセージは論争を呼び起こすこととなった．ルーズベルトはそのレトリックについて批判され，後にそれが言い過ぎであったことを認めたが，その内容は今日にいたるまで議論されてきた．このメッセージは世界経済会議を崩壊させた．世界経済会議はアメリカの主張のために1, 2週間ほとんど進展せず，その後はピットマン上院議員が強引に銀協定を通しただけで店仕舞いした．英帝国諸国は正式の会議を開いて，ポンド地域を結成した．金ブロックはもっと完全な防衛措置を採った．多くの経済学者，特にハロッド，ミード，ケインズはルーズベルトを「申し分なく正しい」と言って賛成した．彼らはルーズベルトの分析に幾つかの異常な経済的着想や不合理な推論さえもが含まれているこ

---

47) U.S. Department of State, *Foreign Relations of the United States, 1933*, vol. 1, pp. 673-74.

図11 為替相場，商品価格および株価の日次動向（ニューヨーク，1933年4-7月）

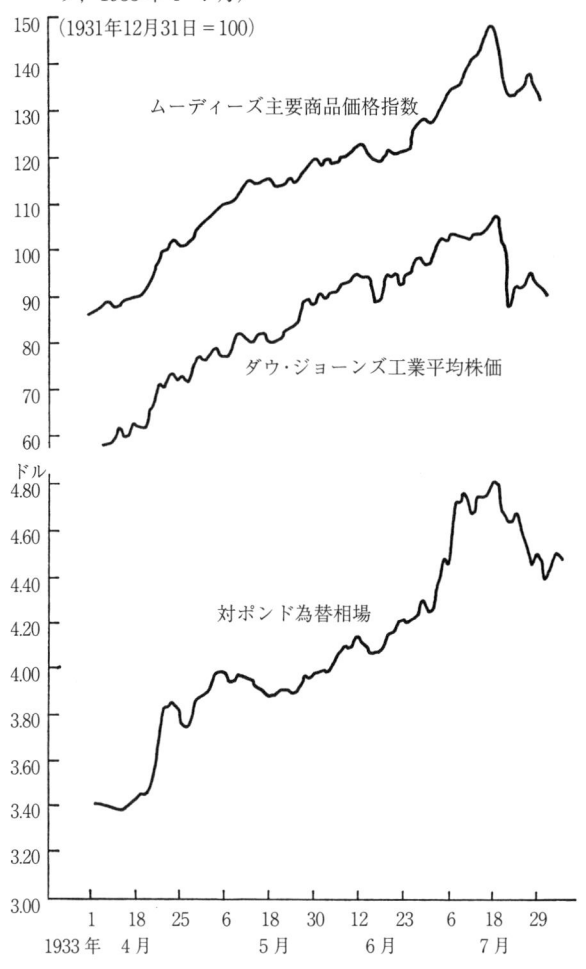

（1931年12月31日＝100）

ムーディーズ主要商品価格指数

ダウ・ジョーンズ工業平均株価

対ポンド為替相場

出所） *Commercial and Financial Chronicle*, 1933, various issues.

とにはほとんど賛成することはできなかった．彼らが賛成できなかった点はルーズベルトの次の考え方であった．アメリカが世界の金ストックの3分の1を保有している時に金の喪失を恐れたこと，世界の多数の諸国が基軸通貨との関連によらなければその通貨を安定させることができない状況にある時に，その

図11 続き

	ムーディーズ主要商品価格日次指数(1931年12月31日 = 100)	対ポンド為替相場	ダウ・ジョーンズ工業平均株価終値		ムーディーズ主要商品価格日次指数(1931年12月31日 = 100)	対ポンド為替相場	ダウ・ジョーンズ工業平均株価終値
1933年				5月16	115.3	3.94	81.3
4月1	86.4	3.42	55.7	17	116.4	3.91	82.6
日曜2	X	X	X	18	116.0	3.90	82.6
3	86.7	3.42	55.7	19	114.9	3.88	81.8
4	86.8	3.42	56.1	20	113.7	3.87	80.2
5	87.5	3.42	57.5	21	X	X	X
6	88.8	3.42	58.8	22	113.6	3.89	79.9
7	88.5	3.42	58.8	23	114.7	3.91	83.1
8	87.9	3.42	59.3	24	115.7	3.92	84.3
9	X	X	X	25	115.4	3.92	83.7
10	88.6	3.41	62.1	26	116.9	3.91	86.6
11	90.2	3.41	61.2	27	118.5	3.97	89.6
12	89.7	3.41	60.3	28	X	X	X
13	90.9	3.41	62.7	29	119.5	3.97	90.0
14	休日	3.44	X	30	休日	X	X
15	休日	3.45	62.9	31	120.7	4.00	88.1
16	X	X	X	6月1	120.3	4.00	89.1
17	91.3	3.49	61.6	2	120.9	3.99	92.2
18	92.5	3.45	62.7	3	120.5	4.01	90.0
19	95.1	3.49	68.3	4	X	X	X
20	99.9	3.61	72.3	5	120.2	4.01	91.9
21	99.7	3.84	69.8	6	120.9	4.02	91.9
22	100.5	3.81	72.2	7	121.4	4.06	93.0
23	X	X	X	8	120.6	4.12	93.5
24	102.9	3.86	73.7	9	121.6	4.10	94.3
25	102.2	3.85	72.4	10	122.7	4.14	94.4
26	102.4	3.79	72.6	11	X	X	X
27	102.4	3.73	71.7	12	123.7	4.15	96.8
28	101.5	3.77	73.1	13	123.8	4.14	94.8
29	103.8	3.85	77.7	14	121.8	4.09	94.1
30	X	X	X	15	120.1	4.06	88.9
5月1	105.9	3.88	77.8	16	120.1	4.07	89.2
2	106.6	3.88	77.3	17	119.5	4.07	90.2
3	108.1	3.91	77.4	18	X	X	X
4	109.0	3.91	79.2	19	121.7	4.14	96.0
5	110.0	3.98	79.8	20	121.7	4.18	95.2
6	109.8	3.99	77.6	21	121.9	4.16	95.9
7	X	X	X	22	122.4	4.23	92.9
8	111.0	3.97	76.6	23	122.7	4.22	95.5
9	110.9	3.94	77.2	24	123.4	4.22	95.7
10	111.6	3.93	80.8	25	X	X	X
11	114.1	3.96	82.5	26	127.4	4.21	98.5
12	115.6	3.98	82.1	27	130.3	4.24	98.7
13	115.8	3.97	80.9	28	128.9	4.34	97.7
14	X	X	X	29	128.8	4.30	97.0
15	115.0	3.96	79.7	30	128.6	4.26	98.1

	ムーディーズ主要商品価格日次指数(1931年12月31日=100)	対ポンド為替相場	ダウ・ジョーンズ工業平均株価終値		ムーディーズ主要商品価格日次指数(1931年12月31日=100)	対ポンド為替相場	ダウ・ジョーンズ工業平均株価終値
7月1	129.9	4.33	100.9	7月19	145.2	4.83	103.6
2	X	X	X	20	137.8	4.75	96.3
3	132.4	4.41	103.8	21	134.1	4.65	88.7
4	休日	X	X	22	133.5	4.64	88.4
5	132.9	4.52	102.7	23	X	X	X
6	134.6	4.47	105.0	24	135.4	4.64	94.3
7	135.4	4.73	105.4	25	135.2	4.68	92.8
8	135.5	4.70	105.2	26	137.4	4.61	95.1
9	X	X	X	27	140.0	4.56	96.0
10	136.9	4.80	104.1	28	137.4	4.48	94.5
11	139.0	4.74	103.1	29	135.3	4.53	X
12	142.6	4.68	104.6	30	X	X	X
13	143.0	4.77	105.5	31	132.1	4.53	90.8
14	143.7	4.78	105.0	8月1		4.41	
15	145.3	4.78	160.1	2		4.45	
16	X	X	X	3		4.53	
17	148.5	4.78	108.3	4		4.50	
18	148.9	4.84	108.7				

2,3の基軸通貨だけを安定させようとしたことに彼が不安を抱いたこと，政府が回避しなければならない協定を中央銀行が引き受けることは適切なことと見なしながら，政府と中央銀行とを無用に区別立てしたこと，アメリカにとって貿易は重要でないと言いながら，ドルの低落は決定的に重要であると考えたこと，そして通貨の安定は財政赤字を誘発すると言いながら財政赤字それ自体を嫌悪したことであった．また彼らはルーズベルトの次の主張についてその論拠を裏付けることができなかった．ルーズベルトの通貨安定協定は6月半ばの4日間に株式相場が96.8から89.2に低落した衝撃により崩壊し，そのことが明らかになっている時に世代間にわたり購買力を維持する条件として通貨の安定について語った．その論拠は不明であった．モウリーはロンドンにおいてリップマンとケインズに相談し，金ばかりでなく多数商品との関係でその価値が安定する新しい国際通貨単位，ディナールを提案した．「この提案がいかにして実施されうるのか，彼らは誰も知らなかった」[48]．

---

48) Feis, *1933*, p. 211.

恐らくルーズベルトが伝えようとしたことは，アメリカとしては為替切下げによる物価引上げの試みを一段と推し進めるまでは国際協定に加わる用意はない，ということであった．この試みは長くは続かなかった．7月17日にポンドは 4.86 ドルに近づき，ルーズベルトは報復が行われるのを回避するために，ニューヨーク連邦準備銀行に対しおよそ 3000 万ドルまでドルを買い支えるように命じた[49]．同銀行が僅か 130 万ドルを買ったところで，為替市場，商品市場，株式市場はすべて逆転した．ドルは大幅に上昇した．そして商品市場と株式市場は下落した．しかし図11が示すように，株式市場の上昇はドルが減価したほど大幅ではなかったし，株価の下落はドルの減価よりも大幅であった．ポンドは秋には 5.15 ドルに上昇した．株価は 1934 年に入ってかなり経つまで 1933 年 7 月のピークに達することはなかった．

ルーズベルトのメッセージに対する公式の反応はマクドナルドの次の交信に適切に表現された．彼はルーズベルトに電報を打って，ヨーロッパとしてはアメリカの国内政策に干渉することを望んでいないが，アメリカがその成功の代価としてヨーロッパに混乱をもたらすことのないようなある仕組みを見出すことを期待している，と申し入れた．イタリアのユングはこれに追加して，ヨーロッパとしては未だ試されていない理論を実施するために何世紀にもわたって蓄積された経験を放棄することはできないし，そのような実験はそれを行うための資金を十分に持っている国に委ねなければならないと述べた[50]．

金価格についての実験

世界経済会議の崩壊とドルの騰貴は再び商品価格を下落させた．そこでルー

---

49) Federal Reserve Bank of New York files, Crane memorandum, July 20, 1933.
50) U.S. Department of State *Foreign Relations of the United States, 1933*, vol. 1, pp. 682-83. マクドナルドに対するルーズベルトの答えは次の通りで，状況認識に欠けるものであった．アメリカの経済回復計画と国際協力とは矛盾しない．経済回復計画は物価を回復し，一世代にわたって購買力を安定的に維持し，事業活動を刺激し，公共事業を実施し，農業生産を管理し，高賃金によって購買力を引き上げ，政府支出と税収を均衡させることが目的だからである．この計画は協調的競争の作用により危機に陥るかも知れない．アメリカは国内優先主義的排外主義への圧力を阻止することを求めた．一般的な国際計画が策定されるまでは，現行計画以外の対応はありえない (p. 686)．

ズベルトは新たな対策を探すことにした．対策を見出すのにそう時間はかからなかった．ヘンリー・モーゲンソーはルーズベルトに従ってカンポベロ島夏季別荘におり，ワシントンに帰る途中インディアナポリスにおいてコーネル大学の農業経済学者ジョージ・ウォーレン教授が用意した農産物と金の週別の価格動向を示す図表をルーズベルトに見せた．ウォーレンの見解は南北戦争から1879年までのアメリカのグリーンバック紙幣時代における物価動向を研究しているフランク・ピアソンと一緒に本を書いている最中に纏められたものであった[51]．しかし金の価格と一般物価水準との関連はウォーレンが考えているほど直接的ではなかったが，しかし為替相場には妥当した．それは当時の世界第一の金融中心地ロンドンにおける金の固定価格と海外の不変商品価格を仮定していた．

　7月3日のメッセージの発表後1週間してルーズベルトはウォーレンをお茶に招いた．ルーズベルトは強い感銘を受けた．8月16日に彼はモーゲンソーに対し，商品価格を引き上げるため公開市場において金を時価よりも高い価格で買い入れることにしようと告げた．その前日にルーズベルトはウォーバーグがアチソン，ユージン・ブラック，ダグラス，ハリソン，ジェームズ・ハーベイ・ロジャーズ，スプレイグ，ウォルター・スチュアートからなる通貨研究グループを組織するのを許可していた．このグループはウォーレン計画に強く反対したが，提出すべき代案を持たなかった．そこで9月8日にルーズベルトは南北戦争中から戦後のかけての20年間を除いて1世紀以上もの間維持されてきた金1オンス20.67ドルの国内価格を29.82ドルに引き上げた．

　当初の結果は満足すべきものであった．ポンドは5.00ドル以上に騰貴し，ドルの減価に伴って株式と商品は騰貴した．9月21日付けのウォーバーグの日記によれば，大統領との会話で彼は大統領が常に時価よりも低いドル相場を欲していることについて大統領を責めた．ドルの対ポンド相場が3.75ドルであった4月には大統領は3.85ドルを望んだ．対ポンド相場が3.85ドルであった5月には，彼は4.00ドルなら満足すると言った．彼が4.00ドルを提案された6月17日には，彼は4.25ドルを望んだ．ポンドが4.50ドルであった8月に

---

51) George F. Warren and Frank A. Pearson, *Prices*, 1933.

は彼は5.00ドルを望んだ．この過程は無限に続くことができよう．ルーズベルトは「それでは君はどうするのかね」と答えた．ウォーバーグは彼と彼の研究委員会は万能薬を持っていない，と白状せざるを得なかった[52]．

しかし価格は再び下落した．そこでルーズベルトは数週間かけて必要な権限を得た後，10月には復興金融公社（RFC）の子会社を通して公開市場において新産金を購入することに着手した．この政策は10月22日の炉辺談話で発表された．物価水準が回復するまでは，ドルの価値が固定されることはないであろう．アメリカはドルの金価値を自らの手によってしっかりと管理しなければならない．ドルの金価値は国際貿易上の偶然の出来事によって余りにも大きな影響を受けるからである．新産金の購入は政策であって応急の措置ではなかった．モーゲンソーの報告によれば，大統領は新聞の懐疑論や金ブロックの怒りの叫び声に驚いたり，うろたえたりすることはなかった．そして彼が「ピンクひげの老人」と呼んでいたノーマン総裁が全世界は破産に追い込まれると不満を言っている，というニュースがハリソンから伝えられた時，大統領はそのニュースを一笑に付したのであった[53]．

10月25日からモーゲンソーはルーズベルトに協力して毎日，任意に変わる金の量についてその価格を引き上げ，そのことについて両人は冗談を言っていた[54]．彼らは国内の新産金だけを買い入れることから始めたが，ロンドンの金価格をアメリカ国内の金価格上昇分だけ引き上げることはできないということが判明した．そこで10月29日にRFCは海外での金購入に着手した．ハリソンとブラックはこの行動がフランスを金本位制離脱に追い込むのではないかと心配した[55]．しかし大統領はまだドルを安定させる時機は来ていないと主張し

---

52) Warburg, *The Long Road Home*, p. 147.
53) Blum, *From the Morgenthau Diaries*, vol. 1, p. 73. モーゲンソーには子供っぽいユーモアのセンスがあった，とファイスは批評している．
54) モーゲンソーの報告によれば，ルーズベルトはある時，金の価格を21セント引き上げることを提案した．それは21が7の3倍であり，7は縁起のいい数だからであった．ルーズベルトは緊張した重苦しい場面を和らげようとして冗談を言っていた，とモーゲンソーは述べている（Blum, *From the Morgenthau Diaries*, vol. 1, p. 70）．他方においてモウリーは次のように批評する．ルーズベルトが早朝，ベッドのそばでその日の金価格が幾らになるか推測していたので，責任ある政治家としての彼の印象はひどく傷つけられた（Moley, *The First New Deal*, p. 303）．

たのであった．

　その時機はすぐ来た．農産物価格は11月，12月には再び落ち込んだ．そしてニューヨークとロンドンの金価格の格差は拡大した．重病のウッディンに代わって11月に財務長官代理に任命されたモーゲンソーはハリソンに電話し，イギリス政府がアメリカと協力してポンドとドルを法律上安定させる意思があるかどうかをノーマン総裁に会って尋ねるよう求めた．2日後にノーマンは彼がリースロスと相談したこと，イギリス政府はポンドを法律上安定させる意思はなく，また将来の最低レートに関してどのような約束をする意思もないことを伝えた．しかしイギリスは相互間で合意された一定量の金を使って一時的に事実上の安定を図ることについては喜んで考慮する意向をもっていた．12月にドルが強くなった時，ハリソンはその計画を進めることはできないとノーマンに伝えた．ルーズベルトとモーゲンソーは金価格を変更することにうんざりし，それを永久的に固定することを欲した．1934年1月15日に大統領は議会に通貨に関する特別教書を送った．1月30日には金準備法が可決された．2月1日に大統領は金価格を1オンス35ドルに固定した．

　何故そうしたかは全く明らかでない．モーゲンソーの説明は過去に照らしてみてそうせざるをえない理由とはいえない要因を寄せ集めたものであった．為替の変動が貿易を阻害するのを容認することはできなかった．政府が金の評価益を実現し，それを為替安定基金創設のために利用するとすれば，金を固定価格にすることが必要であった．ドルは再び騰貴していた．そしてジェイコブ・バイナーの報告によれば，海外でのアメリカの金購入はドル価値を引き下げて国内物価水準を引き上げるには購入量が十分には大きくなかった[56]．ドルの柔軟性はアメリカ国民のための委員会やポピュリスト・ラジオ放送の聖職者ファ

---

55) ニューヨーク連邦準備銀行取締役会はRFCが海外で行う金購入を支援することを拒否しようとした．取締役会会長オーエン・D. ヤングは取締役達の気持ちを代弁して，法定不換紙幣を発行せざるをえなくなって政府信用を脅かすにいたるような通貨計画にはどのようなものであれ，協力しない決意であると述べた．しかし総裁ハリソンはドル安定計画についてなにがしかの希望がある間は同行の関与を終らせる措置にはいかなるものであれ反対する，と主張した．Federal Reserve Bank of New York files, Board Minutes, November 10, 1933 参照．

56) Blum, *From the Morgenthau Diaries*, vol. 1, p. 120.

ーザー・コグリン，その他のインフレ・グループによって絶えず悩まされることに比べれば重要でなかった．その政策はうまく機能しなかった．政策の変更が必要であった．

価格の引上げ

多くの経済学者はアメリカが貿易黒字国であるのに金本位制を放棄し，ドルを切り下げたことについてアメリカを非難した．例えば，レプケは次のように述べた．

> ルーズベルト政権による金ドルの放棄ははっきり言えば，最近においてどの政府やどの国家が採用した措置のうちでも最も大きな災害をもたらした措置の1つであり，アメリカ自身に対しても，他のすべての諸国に対しても大きな災害をもたらした措置と見なされなければならない[57]．

しかし前章で指摘したように，ドルの増価はアメリカにデフレ圧力を加え，輸出の減少を招き，輸出黒字を縮小させる．確かに，ルーズベルトと彼の最も親密な顧問たち，特にモーゲンソーとハウは多くの場合，彼らが何をしているのかについて明確な認識をもっていなかった．結局，その政策は恐らくは妥当なものであったのかもしれない．

世界の価格を引き上げることは重要であり必要である，ということが一旦合意されるとすれば[58]，2つの方法を利用することができる．第1は世界各国が同時に政府支出計画に乗り出すことである．その際その計画は各国の輸出が輸入と同じ率で増加するように量的にも時期的にも注意深く関連付けられなければならないし，あるいはそれをもっと確実にするには，資源を獲得するためではなく共同計画を遂行するために輸入超過に陥った国が一時的に融資を受けら

---

57) Röpke, *Crises and Cycles*, p. 167（邦訳 259 頁）．また Ragnar Nurkse, "International Monetary Equilibrium," 1945 参照．「国際収支の黒字国は平価切下げに訴えてはならない．逆にその黒字国はその通貨の切上げを要求されるであろう」(p. 13)．

58) ファイスはケインズの次の見解を記録している．金ブロックは物価水準が上昇することには何の利点も見出さず，実業家が金ブロックの世界は彼らにとって安全であると次第に判断することによって，その信認が多少とも回復してくることに金ブロックは信頼を寄せているのである (Feis, *1933*, p. 236)．

れる共同出資基金を備えていなければならない．そのような計画は1933年には不可能であった．そういう計画が着想されなかったからではない．その原理はキンダスリー案，フランキ案，ILO案，ケインズ案にすべて含まれていた．それが不可能であったのは単にすべての政府(および大多数の政治家や経済専門家)が赤字財政に反対したからであり，そしてアメリカが通貨正常化基金や国際信用制度に利用される新規資金を提供することに指導性を発揮する用意がなく，あるいは新国際通貨を法令によって創出するという大胆な措置を実施する用意がなかったからであった．

世界の価格を引き上げることのできる別の方法としては，すべての国が金平価を同時に切り下げ，同じ比率で為替相場を維持し，政府支出に利用されうる金評価益を作り出すことである[59]．政府支出が増大すれば，物価は騰貴するであろう．政府の支出増を期待して物価は反転し，上昇に転ずるかもしれない．この構想は当時発表された．ファイスは3月3日にそういう趣旨の覚え書を書いた[60]．新通貨に関するあのリップマン－ケインズ論争は一般的な平価切下げ計画の概要を含んでいた．しかしそのような計画を理解し，それに同意する意見を得ることはほとんど不可能であった．その計画は非常にインフレ的である，

---

[59] このような見解は恐らく，ヤコブソンの次の提案の意味することのようである．ヤコブソンはルーズベルトの金平価切下げに賛成したが，それが2年早く1931年に行われたとすれば有益であったであろうと考えた(Per Jacobsson, *Some Monetary Problems, International and National*, 1958, pp. 117, 124[邦訳109-10, 116頁])．しかし，この原文は必ずしも明快ではない．同書118頁(邦訳111頁)で彼は物価を引き上げる手段としては通貨切下げ以外の手段は利用できなかった，と述べている．しかしイギリスとアメリカは相手国通貨に対して自国通貨を同時に切り下げることはできなかった．金に対してのみ切り下げることができた．もしすべての国が為替相場を変更せずに，金に対して自国通貨を切り下げたとしても，為替相場が原因となって物価が上昇することはなかったであろう．もし物価が上昇したとすれば，それは金準備評価益の支出と金生産の拡大のみによることになったであろう．

[60] Feis, *1933*, p. 119. ファイスはまた，フーバーとマクドナルドの間で世界経済会議に関する最初の協議が行われた1932年5月に，通貨安定への準備段階としてすべての主要通貨を切り下げることを提案する覚え書を書いたことを記録している(p. 113)．この提案はオグデン・ミルズの気に入らず，そのためイギリスに対する提案としては提出されなかった．しかしファイスが1933年の場合と同様に1932年においても，為替相場の切下げとは違ってどの国にとっても刺激にはならない金の平価切下げを考えていたかどうかは，彼の説明からは明らかにされていない．あるいは恐らくファイスはポンド相場を1932年5月の3.675ドルから4.86ドルに復帰させることを欲していたのかもしれない．

という反対論がとりわけ強かったからである.

いずれにせよ,世界経済の回復が関税と為替切下げの分野における休戦によって達成されうる,ということはありそうにない.

もし世界の主要通貨の金表示価格を同時に切り下げることは,支出される金評価益をもたらし,価格を引き上げるとすれば,通貨の平価切下げがある通貨から他の通貨へと相次いで連続的に実施され,この過程が終わる時に当初の為替相場関係が回復される場合,状況はどうなるであろうか[61]. これは決して同じことではない. 早くから知られているように,単一国の平価切下げは世界の価格を不変のままに残して,国内価格を引き上げ,あるいは国内価格を不変のままにして,世界の価格(金表示価格)を押し下げ,あるいは部分的に国内価格を引き上げて世界価格を引き下げることになる. 連続的な平価切下げが結局,元の一連の為替相場配置を回復するとすれば,それは差し引きインフレ効果かデフレ効果かその何れかの可能性を持つ. 1930年代にはイギリスとポンド地域,次いで日本,カナダ等々が相次いで平価切下げを行い,その連続的な平価切下げは結局,世界価格の低落に対し歯止め装置のように作用した. それと同様に,1970年代の変動為替相場制においては為替相場が最初はある方向に過剰反応し,それから他方向に過剰反応して,インフレ進展の歯止め効果が生じた. このような相違の一因は平価切下げ国における国内マクロ経済政策によるのかもしれない. 1930年代にはイギリス,スウェーデン,その他の諸国は金本位放棄に伴ってその制御装置を利用した. 1970年代には平価切下げの大半は景気過熱に苦しむ諸国において実施された. しかし世界の状況もまた重要である. デフレに瀕している世界においては,平価切下げはその通貨が増価した諸国にとってはデフレ的である. これとは反対に,売り手世界市場において為替切下げはそれを実施した国にとってはインフレ的である. 多くのエコノミストは変動為替相場が国際収支悪化に対する解決策であると確信しているが,その確信は国内あるいは海外におけるマクロ経済的影響がほとんどないか,あるいは全くない場合には著しく誤っているように思われる.

---

[61] Sidney E. Rolfe and James L. Burtle, *The Great Wheel: The World Monetary System*, 1973 の主張するところによれば,1931 年から 1936 年にかけて相次いで行われた平価切下げは為替相場の旧形態を回復しなかった.

今日なお明らかにされていない問題は，ポンドと円の平価切下げは1931年に金表示価格で見て，特に金ブロック，アメリカ，ドイツにとって著しくデフレ的に作用したのは何故か，他方において1933年のドルの平価切下げはアメリカにおいて価格を引き上げたが，海外では価格を低下させなかったのは何故か，という点である．アメリカの金本位離脱は金ブロックに対してはデフレ的であった，と時々言われる[62]．この判断は証拠によっては支持されない．表19に見るように，フランスの価格はポンド平価切下げの影響により1931年と1932年には低下しているが，1933年にドルが切り下げられた時には安定的に推移している．

平価切下げが世界の物価を一段と下落させなかったのは，恐らくはアメリカにおける期待の著しい変化の結果であり，言うまでもなく，総投資がすでにゼロに近づいており，もうそれ以上下がることはありえないであろうという事実によるものである．金ブロックが最後に1935年，1936年に平価を切り下げた時，一般的な包括的平価切下げが起こった．それは緩慢で苦痛を伴う過程であった．アメリカの平価切下げはもっと効率的な方法によって一般的な経済拡大に動くための知的政治的準備に欠けており，その点において不器用で優雅さに欠けるものであったけれども有用なものと見なしうる．

しかしこれは偶然に良い結果になったということである．確かにルーズベルトの政策は世界経済会議を進展させ，それから数日間の市場相場の下落に反応する中で幾世代にもわたるドルの購買力に言及しながら，執念深い方法とも見えるような仕方でそれを葬り去る，といった点において不器用であった．モーゲンソーの弁明は幼稚なものである．

> ルーズベルトが金価格を40ドルに設定し，紙幣を30億ドル印刷し，銀を再貨幣化する際に実施しえたかもしれない措置に比べれば，金購入計画は適度のものであった．ヨーロッパ諸国はこの政策に憤慨したが，しかし

---

62) 例えば，Gottfried Haberler, "Die Weltwirtschaft und das internationale Währungssystem in der Zeit zwischen den beiden Weltkriegen," 1976, p. 220（邦訳，上262頁）参照．この論文はアメリカ企業研究所によって英語で発表され，大不況に関するハーバラーの別の著作とともに，Y. C. Koo ed., *Selected Essays of Gottfried Haberler*, 1985 に再録出版されることになっている．

表19 フランスの為替相場と商品価格
(1931年7月–1933年12月)

	為替相場 (月平均)	卸売物価指数 (126商品) (1913年 = 100)
1931年	ポンド相場 (1ポンド当りフラン)	
7月	123.89	500
8月	123.93	488
9月	115.42	473
10月	99.67	457
11月	94.73	447
12月	85.83	442
1932年	ポンド相場 (1ポンド当りフラン)	
1月	87.36	439
2月	87.30	446
3月	92.12	444
4月	95.18	439
5月	93.16	438
6月	92.68	425
7月	90.62	430
8月	88.78	415
9月	88.59	412
10月	88.63	412
11月	83.60	413
12月	84.00	413
1933年	ドル相場 (1ドル当りフラン)	
1月	25.62	411
2月	25.49	403
3月	25.40	390
4月	24.36	387
5月	21.70	383
6月	20.77	403
7月	18.25	401
8月	18.62	397
9月	17.23	396
10月	17.13	397
11月	15.97	402
12月	16.31	406

出所) Sauvy, *Histoire économique de la France entre les deux guerres*, vol. 2: *1931-1939*, 1967, table IV, ii, p. 489; V 4, p. 496.

この数年間において他国の経済的便益に多大の配慮を示した国はなかったし，そして1933年には大統領に対する圧力は彼が何かをしなければならないほど大きかった[63]．

民主党政権は国内分野において景気回復を達成するまで実験を続ける用意があった．同政権は世界経済についてほとんど関心を持っていなかったし，あるいは世界経済についての知識がなく，世界経済の問題に立ち向かう自信に欠けていた．政権担当者たちの回顧録では彼らがイギリスの取扱いに躊躇することが多く書かれている．「われわれはイギリス人を信頼するたびに，彼らはわれわれを懲らしめる」[64]．モウリーは世界経済会議へのアメリカ代表団のことを「彼らが何を欲しているかを知っている外国人に対抗した……未熟で要領を得ない人々」と特徴づけた[65]．ピアポント・モファットは大統領が彼の7月3日のメッセージが強すぎたのではないかと気にかけている，と報じた．しかし彼はそれを後悔していなかった．「このメッセージはあらゆる会議でわれわれが敗北者になるという国内で広く受け入れられている印象を打破することになろう」[66]．

3年ほどして民主党政権は国際経済システムの運営に責任を感ずるにいたったのである．

---

63) Blum, *From the Morgenthau Diaries*, vol. 1, p. 75.
64) Ibid., p. 71. また p. 141 参照．ルーズベルト大統領は次のように述べた．「厄介なことはあなたが1人のイギリス人とテーブルを挟んで座っている場合，彼はいつもその取引の80%を占め，あなたはその残りを手に入れる，ということです」．
65) Moley, *The First New Deal*, p. 432.
66) Feis, *1933*, pp. 246-47.

第10章

回復の始まり

混乱する世界経済

不況の底からの回復は1933年に始まった．しかしそれは広範囲に及ばなかったし急速でもなかった．特に世界経済は結合力を失っていた[1]．金ブロックは一段と深い不況に陥った．枢軸国のドイツとイタリアは独自の経済路線を追求し，統制制度によって世界経済からは切り離された．地球の反対側では日本が急速に勢いよく独力で回復しつつあった．英連邦はポンドにその通貨をリンクする他の多くの諸国とともに，独自の回復路線に従って内向きに転換しながら前進した．アメリカとカナダにおいて回復は進行中ではあったが，それは不均等であり，すべてを考慮すると緩慢であった．世界資本市場は瀕死の状態にあった．低開発諸国にとって債務支払は重荷であった．債務不履行が広がっていた．

しかし転換はすでに行われた．金ブロックを除けば，1934年と1935年は価格，輸出，工業生産，国民所得が上昇した年であった．この改善の大半は1934年に現れた．その前年に多少は回復していたが，それはまた著しく不確実なものであった．この回復運動は1935年にはやっと認識されうる程度の成長に減速した．

勿論，金ブロック以外にも多くの例外があった．その最も顕著な事例はソ連の外国貿易であった．ソ連は外国為替管理を実施しているヨーロッパ諸国に輸出することが一段と困難になっており，その結果，1934年と1935年には1932

---

[1] ドイツの1人の経済学者はスイスに亡命して，「国際経済の分裂」について書いた．同じ表題のウィルヘルム・レプケの著書(Wilhelm Röpke, *International Economic Disintegration*, 1942)を参照されたい．

年の低い輸入水準をさらに3分の1も圧縮して輸入せざるを得なくなった.

アメリカの回復

アメリカの状況は世界経済にとって重要であり,世界経済発展の不均等性を例証するものであった.鉱工業生産は(1923-25年=100として)1933年3月の59から7月には100に急増したが,これは持続しなかった.長期投資よりはむしろ在庫蓄積に基づいており,多くの活動分野には過剰能力が存在したため,鉱工業生産は1934年7月には前年のピークをかなり下回る71に低落した.しかし同時に不況の底からは脱していた.この水準から鉱工業生産は1935年7月には90に上昇し,同年末には100に達した.物価の動きもこれとほぼ同様であるが,抑制されたものであった.1933年3月の63から(1929年=100),7月には74に上昇し,その後再び71に低下し,それから1934年には75,1935年には76.5に上昇した.失業はある推計によれば労働組合員数の25%以上から17%以下に低下したが,アメリカ労働総同盟の推定によれば,失業者数は1933年の平均1370万人から1934年には1240万人に,そして1935年には1200万人に減少したに過ぎなかった.農業調整法と全国産業復興法(NIRA)は最高裁において違憲判決を受け,事業促進局のもとでの救済支出が増大した.しかし雇用拡大のための財政措置は制限された.ルーズベルト大統領下の民主党政権は均衡財政を公約していたからであった.

しかしNIRAは労働組合員数に対するその効果において全国に強い痕跡を残した.NIRAが産業経営者に対して反トラスト訴訟を停止したことにより,産業平和促進の手段として労働者の団結を容認することもまた必要であると考えられた.組合員数は1933年の300万人以下から1934年には360万人に,1935年には390万人に増加した.産業別労働組合会議(CIO)がアメリカ労働総同盟から分離し,伝統的職能別分野を横断して産業分野別に組合を組織することとなった.その指導者の中には全米鉱山労働組合のジョン・L.ルイス,全米自動車労働組合のウォルター・ルーサー,そして縫製業のシドニー・ヒルマンとデービット・ダビンスキーがいた.1934年と1935年に行われた種々なストライキは労働組合側と反労働者側の暴力行為を随伴した.全国労働委員会と

1934年にそれを引き継いだ全国労働関係委員会はそれらの行為を抑止しようとしたが，効果はあがらなかった．デトロイトの自動車工場における座り込みストライキは産業争議において，そしてその後生じたその他の種々の争議において力を誇示するため新戦術となった．NIRAが違憲判決を受けた後，1935年に全国労働関係法は州際商業に適用するNIRAの労働条項を再び制定した．多くの法域において同種の州法がその適用範囲を州内活動に拡大することとなった．

全国労働関係法が1936年末におけるルーズベルトの最高裁攻撃後，1937年初めに最高裁によって合憲と見なされたことは，労働側がその組合員を増やし，攻撃的な交渉戦術を拡大する合図となった．それはアメリカにおいて後に「労働者擁護的」経済と呼ばれるものの到来を告げるものであり，賃金高騰によるインフレの進展を懸念させることとなった．このインフレ懸念から1936年から1937年初めにかけて産業では価格が過度に上がる前に在庫を蓄積するための発注が行われた．この経験については第12章で取り上げる．

アメリカの世界経済に対する関係としては，1934年2月にドルの安定が行われたことについては前述した．ドルの安定は積極的な対外経済政策構想の一部というよりは，金価格の変更によって物価を引き上げる実験(失敗と判断された実験)を葬り去るための試みであったと思われる．ルーズベルト大統領はこの実験の失敗を認めることに抵抗したようであるけれども，彼はその問題から国内政策上の関心に転換することができて，明らかに負担は軽減されることとなった[2]．

銀に関する通貨的実験は金の場合よりも長期間続けられた．国内での銀購入

---

[2] Blum, *From the Morgenthau Diaries*, vol.1, p.132 参照．ルーズベルトは金価格の事実上の安定に反対ではなかったが，と言ってもそれに熱心であったわけではなかった．またモーゲンソーの記録によれば(p.126)，ルーズベルトは連邦最高裁判所が金約款*事件を調べていた1935年1月に金価格の変更を試みた．モーゲンソーによれば，そのような変更の試みは経済的ではなく政治的理由によるものであったようである．同じ資料の記録によれば，1935年8月にルーズベルトは金価格の変更を提案したが，それは「1つには面白半分で，また1つには彼[モーゲンソー]を試すためであった」．

[訳注] * 金約款とは主として国家間の貸借において，債務国の貨幣価値の下落による債権国の損失を避けるために，債務の返済を契約時の債務額に相当する金貨または同価値の貨幣で行うことを定めた約款．

はトマス修正条項のもとですでに始まっていたし，1933年12月に世界経済会議で取り決められたあの唯一の協定は銀購入を世界に拡大することとなった．銀の価格は64.64セント，あるいは1.29ドルの半分の価格に設定された．その価格は1933年3月の金の価格20.67ドルの16分の1であった．この価格は銀の市場価格を19セント上回っていた．銀ブロックから見れば，それは十分には高くなかった．金価格は大幅に引き上げられていたし，1934年2月には1オンス35ドルに設定された．銀ブロックは圧力に曝されることとなった．1934年6月にルーズベルト大統領は議会にある法案を提出し，その法案は急遽可決された．その法案は銀価格が1.29ドルに達するまで，あるいは1.29ドルと評価される銀が政府の通貨準備の4分の1に達するまで国内と海外において銀を購入することを定めた法案であった．

　この海外での銀購入は，世界経済に対するアメリカの無責任さを示す見事な事例を提供するものである．『モーゲンソー日記』の第5章は，ルーズベルトとモーゲンソーがメキシコと中国に対して通貨の混乱という犠牲を強いることによって銀ブロックを宥和する政策にいかにして着手したかを記録している．両国はその通貨を銀貨に依存しており，銀価格の上昇に伴って通貨が流出した．モーゲンソーの最初の反応はメキシコと中国が自ら困難を作り出したとか，両国が通貨制度の防衛に失敗したとか，両国の私的公的道徳水準によるとかの理由をつけて，両国を非難することであった[3]．そのうちに彼は財務省が設定した高い価格で銀を売る「投機筋」の行為に憤慨するようになり，1935年末には崇高な道徳的決意をもって，銀価格を再び引き下げると述べた．「全体として銀計画は大失敗であった」[4]．しかしそれには失敗以上のものがあった．それは近隣窮乏化政策を象徴するものであり，隣国にとって損害は理不尽なものであった．それは国内経済的には何の利益も提供せず，政治的便益をもたらすことはほとんどなかった[5]．

---

[3] Ibid., pp. 204, 209. モーゲンソーの言によれば(p.202)，彼はメキシコを援助することを望んでいたが，自国のことが不安であった．別の局面では彼は抗議にきた中国人に対し，彼らはこの法律を作った議員達に苦情を言うべきであると告げた(p.207)．

[4] Broadus Mitchell, *Depression Decade: From New Era Through New Deal, 1929-1941*, 1947, p.150.

[5] インドには意図せざる幾分かの利益が発生したかもしれない．インドはおよそ100年

1934年互恵通商協定法はその正反対であって，ルーズベルト政権としてはそれにほとんど信頼をおいていなかったが，伝統を逸脱して国務長官コーデル・ハルを宥和するために実施した敬愛の行為であった．選挙運動中にルーズベルトはスムート＝ホーリー関税を非難はしたけれども，その通商問題にはほとんど注意を払わなかった．フーバーはルーズベルトが農産物関税を引き下げ，農民を一段と深刻な不況に陥れることを企んだとして彼を非難した時，ルーズベルトはそうするつもりはないという保証を与えた．しかしハルは関税引下げのために「ほとんど狂信的」に専念した．アーネスト・リンドリーによれば，ハルはただ1つの公式しかもっていなかった[6]．世界経済会議から帰国した後，ハルは関税引下げ案を閣議に4回提出した．しかし彼はある時そこで自分の見解をもぐもぐ言い，それが無視された時，それ以上は何も言わなかった[7]．そうではあったが，そのうちに行政協定による互恵的な関税引下げ案が議会に送付され，それが法律として制定された．タグウェルが同法成立を特徴付けて述べているように，ハルの「保護の害悪に関する散漫で舌足らずの発言」が結局は，50年にわたる保護強化の傾向，そしてその最後の3年間にはこれまでにない高い税率に達した保護強化の動きを逆転させる法律を生み出したのである．大統領は1933年11月に通商協定計画を支持することを決定したが，法案起草に責任を持つ通商政策実行委員会の委員長に農業保護主義者のジョージ・ピークを任命したことは，ルーズベルト政権の混乱状態を特徴付けるものである．草案は1934年2月に国務省指導の下で仕上げられ，同月末に大統領によって承認された．それは3月20日に下院を，6月4日に上院を通過した．上院の批准を要する通商条約としてではなく，それを要しない行政協定として交渉することを規定したものであるにもかかわらず，上院を通過したのであった．それは6月12日に大統領の署名をえて法律となった[8]．

の間，退蔵するために銀を輸入した後，一段と高い価格でそれを輸出することに転じた．1874年から1932年までの推定輸入量は29億オンスに達した．その後の輸出量について推定値は利用できない．その大半は年間およそ2000万オンスないし2500万オンスに達すると思われる割合で海外に密輸出されたからである．*Green's Commodity Market Comments*, October 21, 1970 参照．

6) Moley, *The First New Deal*, pp. 90, 92.
7) Feis, *1933*, p. 262.
8) Cordell Hull, *The Memoirs of Cordell Hull*, vol. 1, 1948, pp. 353-57（邦訳37-52頁〔原書

これと比較対照される歴史的出来事は，1846年にイギリスで実施された穀物法の撤廃である．通商政策における変化の根本的原因は，いずれの場合においても経済構造が変化したこと，そして関税引下げから利益を得る集団が政治的支配力を強化したことにあった．その集団はイギリスにおいては製造業者であり，アメリカにおいては大量生産製造業であった．言い換えればイギリスではマンチェスター，アメリカではデトロイトであった．しかしながら，アメリカには支配的集団の利益を明確に表現するコブデンやブライトのような人物はいなかった．それとは反対に北部製造業の利益を代弁する共和党は1921年と1930年に2度にわたって関税引上げを主導した．その支持者の大半は第1次世界大戦中に輸入競争を受ける産業から輸出産業に変ってしまった後においてもそうであった．関税引下げの主唱者は農業的南部を基盤とする民主党であったが，その南部は工業化しようとしているところであり，保護政策の潜在的受益者であった．そしてまたアメリカには1845年のジャガイモ飢饉のような直接的原因もなかった．1934年互恵通商協定法は雇用増進を理由として売り込まれたが，しかし輸出と輸入が均衡的に増加するとしても，輸出は資本集約製品であり，輸入は労働集約製品であるから，失業は増加するであろうと考える理論的根拠が存在するのである．同法の政策措置は言わば実験的なものであり，諸外国との個別的交渉において緊急輸入制限措置を付けて協定を実行することを要求した．同法は偏狭な精神の持ち主である1人の政治家に対する賛辞として今なお存続しているが，歴史は他の関連においてはこのような人物を寛大に取り扱ったことはなかったのである．

　互恵通商協定法が支持されたのは特にアメリカが伝統的に特恵に反対してきたからであり，またオタワ協定によってアメリカが孤立し，英連邦の農民にイギリス市場を奪われ，そしてアメリカ企業がその特恵制度を利用するためカナダに工場進出することによりアメリカの国内雇用が減少するのではないかという懸念があったからであった．1937年末までに，アメリカ外国貿易の3分の1を占める16か国と互恵通商協定が締結された．同法は1937年，1940年に更

　　　　は2巻からなる大著であるが，この翻訳書は原著者が新聞掲載コラムに連載したその簡潔な叙述を翻訳したもので，この引用書の翻訳ではない．参考のために同訳書の関連箇所（通商協定政策成立事情）の頁を示した］）．

新され，また第2次世界大戦後に頻繁に更新された．1934年互恵通商協定法は景気回復が弱々しく始まった時に採用され，世界経済の運動方向を逆転させる予想外の素晴らしい手段として存続しているのである．

　互恵通商協定計画のもとでの関税引下げの多くは，余分なあるいは効果の上がらない関税の引下げによるものであった．同法に基づく初期の協定の半分はラテンアメリカ諸国との協定であり，これら諸国の対米輸出品の大部分は免税の熱帯産品と原料からなっていた．その他の初期の協定はアメリカ製品とは直接的な競争関係にない高度に特化した製品の輸出国との協定であり，相手国はフィンランドとスウェーデンであり，それより小規模ではあるがスイスであった．しかし大きな成果を挙げた協定があった．1935年に締結され，1938年に再度締結されたカナダとの2協定，そして1938年のカナダとの協定締結に関連して同年に締結されたイギリスとの広範囲に及ぶ協定は，英連邦の内向きの政策をある程度逆転させるものであった[9]．

　アメリカはスペインおよびイタリアと交渉して協定締結について努力したが，成功しなかった．日本およびドイツとはその努力さえ行われなかった．1935年のソ連との通商協定はアメリカ産品を一定量購入する約束と引き換えに最恵国待遇を交換することとなったが，それは1933年にソ連を外交上承認したことから始まったルーズベルトの経済交流政策を前進させるためであった．それは誠意のないジェスチャーであった．

　これらの消極的積極的措置に加えて，世界的な問題に巻き込まれるのを回避する動きがあったが，これは馬が盗まれた後で家畜小屋のドアに儀礼的に鍵をかけるようなものであった．カリフォルニア州選出上院議員で孤立主義者のハイラム・ジョンソンの名に因んだ1934年ジョンソン法は，戦債不履行国がアメリカ市場で資金を借り入れる権利を否認した．1935年8月にムッソリーニ

---

9) 戦争勃発までに全部で20の協定が締結された．これらの協定によって，課税品目に対するアメリカの従価関税の名目非加重(均等加重)平均税率はスムート＝ホーリー関税表の52％から35％に低下した．この税率はペイン＝オルドリッチ(1909年)の平均関税率40.8％，およびフォードニー＝マッカンバー(1921年)の水準38.5％より低かったが，しかし1913年アンダーウッド関税の平均38.5％をなお上回っていた．Carl Kreider, *The Anglo-American Trade Agreement: A Study of British and American Commercial Policies, 1934-1939*, 1943, pp. 170ff. 参照．

がエチオピアに侵攻の準備をしていた時，議会は侵略国にも被侵略国にも武器輸出を禁止する中立法を可決した．この法律は1年後にスペイン内乱が勃発した後，強化された．「素晴らしくない新世界」[10]は旧世界による汚染を恐れたのである．

枢軸国

　1933年3月のヒトラーの全権掌握はドイツの経済システムにおける広範な変化を予想させるものであった．1920年にミュンヘンにおいて国家社会主義ドイツ労働者党(ナチス)は25項目の綱領を宣言した．それは主として資本主義，「債務奴隷」などに反対し，植民地，土地改革，老齢年金，小売店主への援助による中産階級の育成を支持する経済的社会的項目からなっていた．1933年春に発表された4か年計画は農民救済と失業対策による労働者救済を約束した．農業はライヒスネーアシュタント*(ドイツ食糧生産職階級)の創設によって改革された．この組織が価格と生産を統制した．失業は(1935年3月の)徴兵制，ナチ突撃隊のような半官半民団体の拡大，そして特に公共事業と軍備への支出増加によって対処された．しかし初期段階の反資本主義の動きは長くは存続しなかった．1934年6月30日の粛清はその起源においては経済的ではなかったが，それにもかかわらずそれは所得分配に関して党の教義を一段と保守的方向に移動させる効果をもった．しかし産業統制についてはそうではなかった．産業統制は1934年2月27日の法律，「ドイツ経済の組織構成を準備するための法律」によって実施された．この法律は産業的地域的に交差する形の統制局を設置した．当初，これらの統制局は輸入品目を数量ベースで規制したが，この仕事は結局，ライヒスバンクに移管され，外国為替管理によって実施されることとなった．

　1933年5月2日，ナチス親衛隊はドイツのすべての労働組合事務所を急襲

---

10) ヴァンシタットの表現である．Vansittart, *The Mist Procession*, p. 467 参照．

［訳注］＊　ナチスの農業政策は農民家族をその耕地に結びつけ，新しいドイツ「貴族」を創出することを目的に，農民階級の間に勤労に基づく広範な集団，統一的に訓練されたドイツ帝国食糧生産階級を創出しようとする政策である．

した．組合幹部は逮捕され，組合財産は没収された．その財産はナチスが支配するドイツ労働戦線に組み入れられた．ドイツ労働戦線には労働者ばかりでなく，企業家や専門家も含まれることとなった．賃金と労働条件は各地域別に任命される労働管理官によって規制された．ドイツ労働戦線には雇用主による酷使や労働者による扇動を処理する社会名誉裁判所と，労働者給与への課税によって休日に労働者と青年を組織する歓喜労働団とが含まれた．特に労働者は労働手帳の携行を義務付けられ，これによって彼らの仕事と職場移動とが管理された[11]．

最初の課題は失業を無くすことであったから，農業，開墾，道路建設から，そして結局は軍事施設にいたる様々な事業計画を実施するために国民勤労奉仕制度が設けられた．それは1935年6月には義務制となった．農業経験のある産業労働者は解雇され，農場に送り返された．全労働者が1934年には国民勤労奉仕制度の職務に登録された．婦人を有給雇用から追放し，家庭に復帰させる運動が開始された．後になって分かったことであるが，これらの努力はドイツが1938年以後，そして第2次世界大戦中に総動員を行うのを妨げることとなった[12]．

ヤールマー・シャハトは彼が辞任する1938年まで，財政赤字が危険水域以上に増加するのを阻止するために奮闘した．しかし自動車高速道路を含めた公共事業支出は銀行が割り引く特殊手形によって賄われた．その効果は失業の急速な減少であった．失業者数は1933年10月の600万人から1年後には410万人に，1935年2月には280万人に，1936年2月には250万人に，1937年2月には120万人に減少した．ヒトラーが1936年9月にニュルンベルクでの演説において第2次4か年計画を提唱し，同年10月にヘルマン・ゲーリングがそれを正式に提案した時には，不況対策はすでに過去のものとなっていた．結婚融資を受けた婦人は職に付くことを許された．週40時間制は無視されたけれども，週48時間制は1938年8月までは実施されなかった．1938年6月には徴用令の規定により，ドイツの全住民はドイツ労働戦線によって男女に割り当

---

11) Stolper, *German Economy, 1870-1940*, part 5.
12) Edward L. Homze, *Foreign Labor in Nazi Germany*, 1967, pp. 7ff. また Burton H. Klein, *Germany's Economic Preparations for War*, 1959, pp. 60, 73 参照．

てられた仕事や職業訓練を受け入れなければならなくなった.

　さらに第2次4か年計画が失業対策から戦争準備へと政策を決定的に転換させることとなった. それはなお公共建造物と自動車道路のための計画も含んでいたが, 重点は戦時の封鎖に対してドイツを保護するためのゴム, 石油, 油脂などの合成化学産業を育成することに置かれていた.

　ドイツの外国貿易の動きはこの時期には緩慢であった. 清算支払協定は乏しい外国為替を保存するために始められ, 実物資源を入手するための装置へと徐々に発展した. ドイツはハーモニカやアスピリンと交換に東南ヨーロッパから石油や穀物や食用豚を購入したという指摘は誇張であり, 同様にドイツが清算協定を利用して交易条件を自国に非常に有利になるように熱心に操作したという見解も誇張されている[13]. 誇張されてはいるが次のことは真実である. 東南ヨーロッパ産商品の重要市場としてのドイツの需要独占的地位は, これら産品に対して英仏市場が閉鎖されたことと相俟って, 東南ヨーロッパ諸国が清算勘定に基づく対独食糧・原料輸出によって助けられたことを意味するものであり, そしてまたこれら諸国が自国産品と交換に製品をしばしば高価格で取得するために, 暫く待つのを厭わなかったということをも意味するものであった. ドイツのラテンアメリカとの清算協定は貿易をほぼ1920年代の水準に戻すことに成功した. 西ヨーロッパ, 英連邦, 北アメリカとのドイツの貿易は複雑な清算取決めに妨げられて引き続き低水準であった.

　イタリアでは1934年2月の法律に基づいて着手された企業国家がすでに大きく前進していた. その直接の起源は法務大臣の名に因んで名づけられた1926年4月のロッコ法人企業法であった. この法律は一方における雇用主連合と他方における労働者連合との関係を処理する機関を設立し, 国家が両者の中間の立場を占めることを定めたものであった. ストライキとロックアウトは禁止され, 団体交渉による契約は国民経済省に供託されることとなった.

　不況中にイタリアはその通貨リラを高水準に維持したが, 通貨高による輸出減少と直接の価格効果とを通して海外からくるデフレ圧力を予防するために,

---

13) Larry Neal, "The Economics and Finance of Bilateral Clearing Agreemens: Germany, 1934-38," 1979.

関税，割当，禁止，補助金といった措置を利用していた．兼営銀行を分割し，自己金融に利用されるイタリア産業の利益を制限するために，政府は1931年12月にイタリア動産公社（IMI）を創立した．同公社は1932年初めから業務を開始した．凍結された産業銀行融資を清算する業務は1914年，1921年，1926年，1929-30年の危機を通してその場限りの措置により実施されてきた．結局，1933年1月にはこれらの便宜的措置により銀行から引き継がれた様々な証券はイタリア産業復興公社（IRI）に収集された．臨時の基準で出発したが，IRIは徐々に産業組織と金融の分野における新しい種類の機関に発展した．その第1年にIRIはイタリア企業の名目資本の21.5%に相当する103億リラの資本基金を所有し，同国の資本のおよそ半分を支配している諸企業に持分を持つにいたった[14]．1934年3月にはIRIは融資と計画を実施しやすくするために諸産業を巨大なコンツェルンに組織化した．これは海運，鉄鋼，造船，機械，軍需品において実施された[15]．イタリア産業の多くは特に南部においては，非常に小さい企業において行われていたから，この集中の努力はイタリア経済を二重経済に統合整理することとなった．1936年にはイタリア当局は兼営銀行を不法とし，いわゆる普通銀行が産業株式を取引することを禁止した．この動きはアメリカにおいて商業銀行と投資銀行を分離する1936年グラス＝スティーガル法と同様の効果をもつものであった[16]．

1935年10月にムッソリーニはエチオピア攻撃を開始した．それは国際連盟にとって致命的なものとなった．国際連盟はイタリアに対する信用供与と原料・軍需品の供給について制裁を課すことを要求した．この制裁は業界最大手の石油会社がそれを無視したから失敗した，と主張されてきた[17]．ファイスはそれら大手国際石油会社にはその責任はないと説明するが，しかしこれら大手企業が取引を拒絶したために石油価格が高騰し，それに誘発されて何百もの小規模の運航業者がタンカーをチャーターして，イタリア向けばかりでなく紅海

---

14) Toniolo, *L'economia dell'Italia fascista*, pp. 248-49（邦訳162-64頁）；また同著者の"Crisi economica e smobilizzo pubblico delle banche miste (1930-34)," esp. pp. 330-48.
15) Clough, *The Economic History of Modern Italy*, p. 249.
16) Sabino Cassese, "Introduzione al dibattito," 1981, pp. 99-103 および Franco Belli, "Le legge bancarie del 1926 e del 1936-38," 1981.
17) Clough, *The Economic History of Modern Italy*, p. 254.

の諸港向けにも燃料を輸送し引き渡した、という事実を明らかにしている[18]．アメリカは国際連盟の加盟国ではなかったし、アメリカ企業に対し制裁を遵守するように要求したのではなく、制裁に協力するよう要請したに過ぎなかった．アメリカやイギリスの強力な指導が欠如していたために，制裁は失敗したのであった．1936年5月にエチオピア軍は敗北し，国際連盟は制裁を撤廃した．この失敗は1937年に日本が中国を容易に侵略することを可能にした一因となった．

ドイツと同じく日本においても1934-36年の時期に経済は持続的に拡大した．それに伴い賃金は安定し，物価は世界物価に歩調を合わせて上昇した．しかしドイツの場合とは異なって，景気拡大に対する刺激の多くは円の過小評価の結果としての国際差益によるものであった．交易条件はドイツの場合は有利であったが，日本は著しく不利であった．日本の国内支出は軍事支出が優位を占めた．完全雇用が達成された後，1935年末にインフレ防止のために軍事支出を抑制する努力が実施された時，高橋蔵相は軍部の狂信者によって暗殺されるにいたった．

イギリス

鉱工業生産において1929年の実績を超えた最初の大国はイギリスであった．イギリスの鉱工業生産は1929年第4四半期の114（1924年＝100）に比べて1934年第4四半期には116に達した．この事実は1つにはイギリスの景気が為替切下げと低金利の影響により効果的に回復したことを反映するものであり，また1つには1920年代の景気拡大が弱かったことを反映するものである．失業は1932年の17.6％から1935年の12ないし13％に徐々に減少したに過ぎなかった．失業は石炭，造船，綿製品に特化した不況地域に顕著に集中していた．幾つかの不況地域においては失業が50％もの高率に上昇した．景気回復は自動車，電機，化学，住宅の諸産業において特に顕著であり，地域的にはウェールズ，スコットランド南西部，北アイルランド，そしてクライド川やタイン川，

---

[18] Herbert Feis, *Seen from E. A.: Three International Episodes*, 1947, pp. 305-8.

マージー川の流域といった地域ではなく，イングランド南部および南西部において特に力強かった．

　南部および東部への緩慢な人口移動は不況地域の救済に役立った．1934年特殊地域（開発改良）法は1937年に改正されるが，不況地域の軽工業に設備を提供し，同地域に移住する企業を援助することに着手した．1935年に政府はリチャード・トマスに圧力を行使して，経済的考慮からすればリンカーンシャーに建設されるべき新しい鋼材ストリップ・ミルを，不況地域であるサウス・ウェールズのエッブ・ベイルに建設させた．

　不況産業と不況地域が存在し，同時に機械，電機，化学分野には生産増大の活気があったことに加えて，イギリスの1930年代は競争排除の運動によって特徴づけられた．「業界団体の結成と価格操作は両大戦間期におけるイギリス産業の規範であった．……このような限定的で不十分な，活力を奪われて元気のなくなった1930年代の競争は経済的健康の改善にはほとんど役に立たず，……企業心に乏しい習慣を生み出した」[19]．この傾向は特に化学，石鹸，石油，壁紙，タバコ，鉄鋼の諸産業において顕著であった．鉄鋼業は1932年初めに全般的な保護を獲得し，同年春には33％の特別関税率を得た．しかし1933年に欧州カルテルが組織されたことから，イギリス市場において特に塩基性トマス鋼のダンピングが行われるようになった．鉄鋼業界は輸入関税諮問委員会に対し関税を50％に引き上げることを要求し，そこで一定量の輸入割当について欧州鉄鋼カルテルと合意に達することができた．再軍備ブームが活況を呈してきた1937年には，輸入はこの割当量を超過するにいたった．

　しかしこの時期に経済的に大成功を収めた産業は住宅供給であった．それは政府援助，十分に大きな未充足需要，移住，建設費の低下，低金利，安価な食料，そして自動車の発展といった諸要因の影響によるものであった．自動車の発展は郊外への人口移動を促し，恐らくは支出習慣をも変化させたからであった[20]．このブームは建設用資材と家庭用備品に対する需要を増大させた．第8章で述べたように，その輸入需要への溢出効果はスウェーデンの劇的な景気回

---

19) Youngson, *The British Economy, 1920–57*, pp. 133, 134.
20) H. W. Richardson and D. Aldcroft, *Building in the British Economy Between the Wars* 参照．

復を基礎付けたことであった.

　イギリスの輸出品は国内生産の変化と相俟って石炭, 船舶, 鉄鋼, 綿製品といった主要産業の製品から電気機器, 自動車, 化学品などの新興産業の製品に移った. それらの輸出製品は 1929 年に輸出総額の 13.6% を占めていたが, 1937 年には 17.6% に上昇した[21]. この変化は長期貸出の支援をほとんど受けなかった. 1931 年から 1938 年までに新規資金調達のための長期融資は年平均 3300 万ポンドであったが, これに比べて 1924 年から 1930 年までのそれは年平均 1 億 1700 万ポンドに達していた. 1931-38 年の時期の大部分において資本貸出は制限されていたのである. 対外融資に対する全面的禁止は 1932 年 6 月に実施された. 戦時公債の借換えに成功した直後にそれは緩和され, 国内と英帝国内の借換えが認められるようになった. そして 1932 年 10 月には対外融資の禁止はさらに一段と緩和されて, 英帝国外借手向けにも新規発行だけは認められた. 1934 年 7 月にはポンド地域諸国は通貨準備を増やすために, あるいはイギリスから輸入するために資金を借り入れることを奨励された. このような輸出向けの刺激策は限られていた. 輸出信用保証庁は戦争直後に創設されたが, 1928 年に完全に再編成され, その保証限度額は当初の 2500 万ポンドから 2 度にわたって引き上げられ, 1938 年には 7500 万ポンドに達した. 輸出信用が保証され, あるいは融資が提供される条件は利率の引下げと期間の延長によって改善された. しかしその額は僅かであり, 年間 1000 万ポンドに達しなかった.

低開発諸国

　英連邦において経済回復は 1933 年と 1934 年の物価上昇によって促進され, 特にポンドに対して通貨の下落した諸国において顕著であった. 1929 年基準でオーストラリアとニュージーランドの物価は 1935 年にはそれぞれ 80 台と 95 に達した. 南アフリカ連邦においても物価は 80 台に達した. この物価上昇は低品位鉱の採掘を促進する新税制によって抑制されはしたが, 金価格の大幅

---

21) A. E. Kahn, *Great Britain in the World Economy*, 1946, table 8, p. 109.

上昇と産出量の増大によって支援されたのであった．英領インドにおける物価の回復はこれほど大幅ではなく，1933年3月の58から1935年，1936年には65に上昇したに過ぎなかった．オランダ領東インド諸島はオランダ・ギルダーを通して金ブロックに結び付けられており，そこの状況はなお一層悪かった．その物価指数(1929年＝100)は1933年3月の49.6の水準から1935年には46，そして1936年には44へと徐々に下落した．世界の物価が回復したにもかかわらず低落したのである．

　ラテンアメリカの経験は多様であって，それは多くの要因に依存していた．「商品の運」や為替減価の程度，国際収支が対外債務不履行によって改善されたかどうか，第1次大戦中に開始された輸入代替政策がその後積極的な政策によって支援されたかどうか，外国の新規直接投資がどれほど増加したかなどの要因によって，それら諸国の状態は異なった．例えば，中央アメリカではバナナの価格は早くも1926年から1930年代まで続く傾向の中で比較的に好調に推移したし，その動向は植物病による生産量の減少によって支えられたのであった．しかしこれとは違ってコーヒーの状況は悪かった[22]．アルゼンチンでは牛肉，小麦の両商品はブエノスアイレスに集中し，ほとんどが外国人所有の商社によって販売されているという事実にもかかわらず，小麦は倉庫空間の不足のために状況は悪化し，牛肉は好調な状況にあった．イギリスと取り決められたローカ＝ランシマン協定によりアルゼンチンは輸入品の支払にではなく債務返済にポンドを使用することを求められた．しかし1930年代後半になるとアルゼンチンは1936年，1937年のアメリカの旱魃によりアメリカ市場がアルゼンチン産トウモロコシに開放されたことによって助けられた．小麦輸出は困難に陥ったが，市場の作用によりヒマワリの種子や綿花やピーナッツといった国内市場向け新農産物が生産されることとなった．これら農産物は一種の輸出代替農産物であり，その生産量は輸出用の主要農産物が年5％増加するのに対して年30％も増加したのであった[23]．

---

[22]　Victor Bulmer-Thomas, "The Central American Economies in the Interwar Period," 1984.

[23]　O'Connell, "Argentina into the Depression," また Albert Fishlow, "Origins and Consequences of Import Substitution in Brazil," 1972 参照．

キューバは砂糖，チリは銅の輸出国であるが，両国とも過度に困窮したわけではなかった．両国の輸出所得損失総額の一部はこれら産品の外国投資家に対する支払の減少によって相殺されたからであった．ブラジルは第1次世界大戦中に輸入代替政策を始めたので，外国市場への依存度を引き下げた点ではアルゼンチンよりも遥かに進んでいたし，第2次世界大戦中にこの政策を持続し，強力な地位を築いた[24]．メキシコは初期には銀価格の低落により損失を被ったが，結局は自国産出銀を鋳造し相当巨額の鋳造益を取得することによって，そして1936年のメキシコ銀行再組織後にはその紙幣を流通させることによって利益を得たのであった[25]．

この不況期はラテンアメリカにおける緊張と変化の時期であった．革命は全地域にわたって起こった．新作物と新産業が相次いで生まれた．そのうちに政府は海外の経済的出来事にいつも受動的に対応してきた産業を放棄し，自国経済を方向付ける可能性を探った．しかし個々の国々の経験は著しく違っていたし，ラテンアメリカ全体についての一般化は非常に危険である．ラテンアメリカの経済的従属についての議論は第2次世界大戦後，一般的になったけれども，経済的独立の動きは第1次世界大戦時に始まったのに続いて，1930年代の不況中に大幅に進展した[26]．

図2が示すように，過重な負担となっていた商品在庫はこの時期の初めに一般的に削減されることとなった．それは特に錫，小麦，綿花，生糸，砂糖といった商品において顕著であった．この在庫削減において実際の生産減少による削減はごく僅かでしかなかった．原料の場合には事業活動の拡大が原料の需要増加を誘発した．食料の場合には人口増加と所得増加が在庫削減に寄与した．両商品グループにおいては国際商品協定締結の努力が行われ，小麦，砂糖，ゴム，錫，綿花については国際商品協定がしばらくは機能したが，持続しなかっ

---

24) Flávio Rabelo Versiani, "Brazilian Industrial Growth: The 1920s and the Depression," 1984.

25) E. V. K. Fitzgerald, "Restructuring in a Crisis: The Mexican Economy and the Great Depression," 1984.

26) Rosemary Thorp, "Introduction," 1984 および Díaz Alejandro, "Latin America in the Depression, 1929-39" および Díaz Alejandro, "Latin America in the 1930s" 参照．ディアース・アレハンドロはラテンアメリカ諸国を受動的な国と反発的な国に分け，後者は経済的に前者よりも良好であると主張する．

た.

　しかし全体としては南アフリカ連邦のような1,2の例外はあるが，低開発諸国は1930年代には困難な時期を過ごした．投資計画を継続するための借入はできず，金通貨表示とポンド表示の価格が低く債務支払負担が過重であったため，低開発諸国の国際収支は引き続き重圧を受けていた．外国為替管理と為替の低落は持続しており，関税は高水準に維持されていた．アメリカが互恵通商協定法に基づいて関税引下げ協定を進めたにもかかわらずそうであった．アフリカとアジアの多くの地域においては，円の切下げと日本の繊維品その他輸出品の進出に対抗してその幼稚産業を保護し，そして英仏本国の伝統的市場を保護するために特別の輸入規制が実施されることとなった．回復は足踏み状態であり，限定的であり，不十分であった．

　枢軸国同様にソ連は独自の道を進んだ．世界経済との関係を大部分遮断し，農業の集団化と重工業の建設を推進し，自給自足経済の建設と原料輸入依存からの脱却を重視した．その動機は1つには軍事的防衛であり，また1つには世界不況の悪影響から社会主義を保護することであった．ソ連の貿易統計は恣意的な基準により記録されているが，その示すところによれば，輸出は1932年には月平均1億8000万新(1935年)ルーブルから(ピーク時の1930年の数値は2億9600万ルーブル)年々減少して1936年初めの数か月には7500万ルーブルに低落した．1936年に行われた旧ルーブルから新ルーブルへの切換えは貿易に対して何の影響もなかった．貿易は外国価格での交渉に基づいて行われるからである．西側と外交的通商的関係が拡大したことにより，1936年半ばからは輸出貿易は記録によれば急速に増加した．

　要するに1934年から1935年にかけての世界的回復は限定的であり不完全なものであった．その景気回復から金ブロックは除外されていた．

第11章

金ブロックの屈服

金ブロック

　金ブロックの形ができ始めたのは，ポンドが切り下げられ，ベルギー，フランス，オランダの中央銀行が為替差損を被った時であった．金ブロックは1933年7月3日の会合において正式に結成された．それはドルの安定に反対するルーズベルトの書簡が世界経済会議を事実上崩壊させた時であった．金ブロックはほとんど結束力がなく組織がなかった．伝統を遡れば，フランス・フラン，ベルギー・フラン，スイス・フランが等価であった1865年のラテン通貨同盟にある程度は基礎を求めることができる．この通貨同盟は第1次世界大戦とそれに続くインフレと通貨切下げの相異なる進展とによって崩壊したのであった．オランダとスイスは公約を尊重して旧平価で金本位制に復帰した[1]．フランスとベルギーは1920年代に金利生活者階級に重い負担をかけて大幅平価切下げを行い，インフレには断固として抵抗することを決意した．イタリアが金ブロックの加盟国であったかどうかは，はっきりしていなかった．

　金ブロックの指導国フランスは1931年までの5年間は独立の金融勢力であった．その多額の金準備と活力のある貿易，そして財政黒字によってフランスはドイツやイギリス，さらにはアメリカにさえ影響を与えた苦難を免れることができた．しかし1931年，特に1933年に事態は一変した．世界がポンド・ブ

---

[1] しかし G. M. Verrijn Stuart, "The Netherlands During the Recent Depression," 1937, p. 249 の次の叙述を参照されたい．「その時[1933年6月]まで私がなお期待していたことは，ある種の国際協調が「金本位制下でのリフレーション」政策を実施できるようにするのではないかということであった．しかし，ロンドン経済金融会議がその最初の月に示した嘆かわしい結末を見て，私はオランダが苦境から脱出する唯一の道はギルダーの金基礎を放棄し，平価を切り下げることである，と確信するにいたった」．

ロック, ドル・ブロック, 封鎖通貨ブロック, 金ブロックに分裂するに伴って, フランスは守勢にまわることとなり, 貿易の均衡と金準備を維持するためにデフレ政策を実施するという困難な, そして事実上不可能な課題を抱える最後の国となった.

不均衡是正策としてのデフレーション

最近の歴史は通貨切下げを許容しようとはしなかったし, 為替管理は国家の自尊心が(イタリアの場合を除いて)これを禁じたとすれば, 残る対策はデフレーションしかなかった. ソビーは1935年2月におけるフランの過大評価を22%として調整したフランスの小売価格とイギリスの小売価格によってフランの過大評価を例証している. 図12の通りである[2]. フランの過大評価は1934年2月にピークの26%に達した. フランスの輸出は重圧を受けることとなった. 月平均輸出額は1930年の36億ポアンカレ・フランから1932年には15億フランに, 1935年には13億フランに減少した. 月平均輸入額は同期間に44億フランから25億フランに, そして17億フランに減少した. 1932年から1935年にかけての減少は世界貿易が拡大していたにもかかわらず生じたのであった. フランスの繊維品, 衣類, 皮革製品の輸出は鉄鋼や自動車よりも遥かに厳しい打撃を受けた. 消費財は関税と割当規制によって一段と大きな損害を被った. しかし価格競争力の劣位は深刻であった. 通貨価値の上昇を埋め合わせるほどコストと価格を引き下げることは不可能であったからである.

デフレ政策を進める方法は似たようなものであった. 卸売物価は1931年の462から1932年には407, 1933年には388, 1934年には366, そして1935年には347に低落した(1914年7月=100). 物価の下落に伴って歴代政府は支出の削減によって, 特に年金生活者と退役軍人への支払い削減, および公務員給与の削減によって財政を均衡させようとした. これらの努力は強力な反対を受け

---

[2] Sauvy, *Histoire économique de la France entre les deux guerres*, vol. 2, 1967, pp. 400-1, 508-9 参照. ソビーは為替相場の過大評価と過小評価を正確に計測することが理論的にも実際的にも困難であることを知っている. 本章で述べる説明は1930年代についてのソビーの詳細なフランス史に主として依拠する.

図 12　フランスの物価とイギリスの物価の関係，1930－39 年

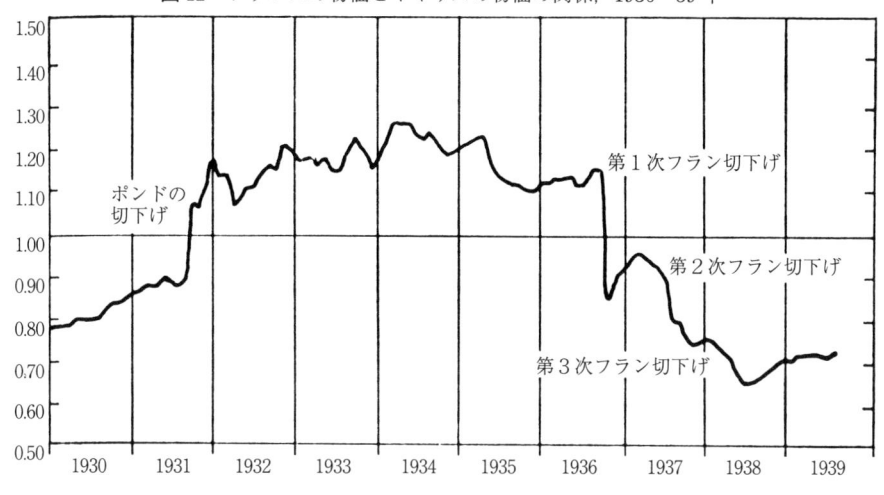

年次	1931	1932	1933	1934	1935	1936	1937	1938	1939
1月	0.86	1.13	1.15	1.22	1.21	1.12	0.95	0.77	0.71
2月	0.87	1.13	1.16	1.26	1.22	1.12	0.96	0.75	0.72
3月	0.88	1.05	1.15	1.25	1.23	1.14	0.97	0.73	0.72
4月	0.88	1.10	1.17	1.25	1.21	1.14	0.94	0.72	0.72
5月	0.89	1.09	1.16	1.24	1.16	1.13	0.93	0.67	0.72
6月	0.87	1.10	1.13	1.22	1.13	1.12	0.93	0.66	0.71
7月	0.87	1.14	1.15	1.22	1.12	1.13	0.79	0.66	0.72
8月	0.86	1.17	1.19	1.23	1.12	1.16	0.80	0.66	0.73
9月	1.07	1.14	1.23	1.22	1.11	1.15	0.76	0.68	
10月	1.04	1.20	1.20	1.19	1.10	0.86	0.73	0.68	
11月	1.14	1.21	1.15	1.19	1.10	0.90	0.74	0.69	
12月	1.18	1.18	1.17	1.20	1.12	0.92	0.75	0.71	
平均	0.93	1.13	1.16	1.22	1.15	1.07	0.85	0.70	0.73

出所）Sauvy, *Histoire économique de la France entre les deux guerres*, vol. 2, 1967, p. 401.

た．年金生活者，退役軍人，公務員は貨幣錯覚に陥り，受け取る貨幣額によってその所得が決まるものと考え，物価の下落を考慮に入れなかった．あるいは彼らはフラン表示所得が固定されていても，物価の低落により実質所得が増えていることを理解してはいたが，不運な同胞と苦難を共にしようとはしなかった．この体制においては社会的絆は失われていた．1930 年から 1935 年までに可処分所得は名目では 3310 億フランから 2210 億フランに減少したが，実質で

は2910億フランに減少したに過ぎず,名目では33%の減少であったが,実質では13%の減少であった[3]. 年金生活者の実質所得は46%,公務員のそれは18.9%,週給労働者は18.5%(石炭など幾つかの産業ではそれ以上も)増加した.地主の実質所得は11.5%上昇した.重い負担が失業者と農業にかかった.失業者数は非常に多くはなかった.多少狭い定義では援助を受けていた失業者は1935年2月には50万人に過ぎなかった.これは恐らく100万にのぼるポーランド人,イタリア人,アルジェリア人の労働者がフランスを去り,あるいは検束され国外退去を命ぜられたからであった.そのうえ,多くの労働者が都市を去り農場に向かった.農場では所得は減少したが(減少率はおよそ32%に達したが),寝て食べることは可能であった[4]. 農村から都市への通常の人口移動とは逆の移動がこの不況中に世界で広範囲にわたって起こった.それは特にアメリカにおいては顕著であった.経験したことのある環境への帰還というこれと類似の人口移動は,英連邦からイギリスへの帰還移住が通常の移住より増加したことにも現れたのであった.

フランス蔵相は支出削減を提案し,また時には新たな課税を提案した.これらの提案は時には可決されることもあった.それよりも頻繁に政府が倒れた.1932年と1934年には政府が4回も交替し,1933年は3回政府が代わった.1935年6月にラヴァルは4年前にドイツでブリューニングが行ったように,政令によりデフレーションを進めた.彼は7月,8月,10月と3組に分けて政令を発布した.

マルサス主義

政令によって賃金と年金を引き下げる努力とは別に,1935年までの歴代フランス政府は農業に配慮しなければならなかった.主として政府はフランスの経済学者が「マルサス的」と述べる政策を実施した.この用語はマルサスを記念する表現として公正でない.マルサスは他の諸国においては彼の人口の法則

---

3) Ibid., p. 575.
4) Ibid., pp. 133, 135, 137.

とマクロ経済分析への彼の先駆的洞察のために知られているのである．フランスの文脈においては，マルサス的政策とは制限，禁止，補助金，最低価格，あるいはその他の市場過程への介入によって価格を引き上げる政策のことである．フランスが輸入削減を確実にするために，関税の代わりに輸入禁止と割当という旧来の慣行を復活させたのはマルサス的であった．小麦とワインの最低価格を市場取引価格以上に設定したのもそうであった．その政策から両商品については闇市場が形成されるにいたったのである．既婚婦人を労働市場から引退させ，男子労働者の退職年齢を引き下げる政策も同じくマルサス的政策に属するし，小規模な靴製造業者と靴小売業者を保護するために1936年3月にチェコスロバキアの製造業者バーチャが計画した製靴工場建設を新しい法律によって禁止したこともマルサス的政策であった[5]．

　マルサス主義はフランスの非常に古い伝統であった．フランスは適正な賃金と公正な価格の存在を信じ，ポンドとドルが切り下げられた後は輸入を禁止することによって自国市場を閉じようとした．ケインズ主義は1936年の『雇用，利子および貨幣の一般理論』より前，1931年にドイツ人によって発見され，1933年の『繁栄への道』で世界に広められたが，フランスではマルサス主義の代案としては利用されなかった．ケインズは『平和の経済的帰結』を書いてフランスには友好的でない態度をとり，ドイツから賠償金を取るフランスの機会を潰したから，フランスの経済学者はドイツのフランス占領中に時間を持て余すようになるまではケインズを研究しようとはしなかった[6]．

ベルギーの平価切下げ

　フランスの経済学者がデフレーションを主張し，外国為替管理と平価切下げに反対している間に，イタリアは為替管理で自国を防衛し，ベルギーは平価を

---

5) Ibid., p. 372.
6) Pierre Lalumière, *L'inspection des finances*, 1959, pp. 179ff. これは誇張である．『条約の改正』，『貨幣改革論』，『説得論集』はすでにフランス語訳が出版されていたからである．『雇用，利子および貨幣の一般理論』の翻訳は1938年にすでに計画されていたが，戦争のため1942年まで出版されなかった．

切り下げた.イタリアはムッソリーニの自国通貨に対する誇り故に平価を切り下げることはできず,高失業のためにデフレを進めようとはしなかった.イタリアはドイツと清算協定を結び,同国との関係を強化するとともに,為替管理により国際収支ポジションを徐々に防衛するにいたった.ベルギーの平価切下げは金ブロックからの事実上の離脱を意味するものであったが,冷静に受け止められた.

　ベルギーの平価切下げはイギリスおよびアメリカの平価切下げとは対照的であった.イギリスは平価切下げに追い込まれたのであり,アメリカは熟慮しないで,不可能なことをしようとして平価を切り下げたのであった.そして両国とも為替レートをいい加減に決めた.ベルギーにおいてはルーヴァン大学が経済研究所を創設しており,その研究所を指導していたのはデュプリエ,ボードゥアン,ポール・ヴァン・ゼーラントの諸教授であり,研究助手の中にはロバート・トリフィンがいた.1933年発表のある研究論文において,ベルギー・フランはおよそ25%ないし30%過大評価されており,デフレーションは不可能であるということが指摘された[7].1934年9月にボードゥアン教授は大蔵省に責任ある地位を得て,非公式に平価切下げを実施するように同省に勧告した.1935年3月に公式の場において,彼は平価切下げが不可避であること,それがベルギー経済を救う唯一の道であることについて述べた.この発言は資本流出と政権崩壊を誘発し,ヴァン・ゼーラントを首班とする新内閣を誕生させるにいたった.3月29日にヴァン・ゼーラントはベルギー議会に非常指揮権を求めてこれを取得し,4月2日にベルギー・フランを28%切り下げた[8].物価は3月の54.5から同年末には68に,1年後には75に跳ね上がった.生産,輸出,ベルギー国立銀行の金保有高はすべて回復した.フランスはこれに動かされることはなかった.

---

[7] Robert Triffin, "La théorie de la surévaluation monétaire et la dévaluation belge," 1937 参照.

[8] Sauvy, *Histoire économique de la France entre les deux guerres*, vol. 2, pp. 105-6.

人民戦線

　フランスの労働者は，専門家が勧告しラヴァルが実施したデフレ政策に対して明確に反対の意思を表明した．社会党は人民戦線において共産党と協力し，一般の労働組合は共産党系労働組織と合同した．造船所，港湾，トラック工場においては座り込みストライキがあり，パリ地区においては金属工業でゼネストがあった．この動きは1月にラヴァルから政権を引き継いだばかりのサロー政府を打倒するにいたった．政局不安が続いている最中に，ヒトラーの軍隊はラインラントに進駐し，その要塞化に着手した．

　人民戦線は実質的な経済計画をもっていなかった．それは独占企業の管理，農産物投機の抑制，不正行為の抑圧，脱税の防止，義務教育年齢の延長，年金と退役軍人権利の尊重，社会保障の維持，そして特にデフレーション絶対反対と週40時間労働制の導入を強く主張した．平価切下げについては全く言及されなかった．社会党は平価切下げについて考慮する用意はあったが，共産党は労働者の利益に反するとしてそれに強く反対した．それら主張に含意される全体的政策構想は明らかにされていなかった．何らかの経済回復計画があったとすれば，それは賃金を変更せずに週40時間労働制を導入すれば，購買力が増えてフランス経済を十分に回復させることができる，という見解に基づくものであった．国際収支対策や座り込みストによる資本流出対策は何もなかった．人民戦線は封鎖経済に対処しているかのようであった．ブルムが政権の座に就いた時，彼はフランス国民がある朝目を覚まして，掲示板に平価切下げの声明が貼ってあるのを見つけることになるようなことはしないと約束した．蔵相オリオールは彼の回顧録において次のように述べた．外国為替管理は人民戦線の体質に適しているが，しかしそのためには何も用意されていなかったし，すでに300億フランの金が流出しており，信用機構を管理することが必要であるが，そこで外国為替管理を実施すればフランスは西側同盟諸国から切り離されることになるであろう．さらに彼は外国為替管理が平価切下げを意味するものと誤解し，それには協力関係の共産党が反対していた[9]．人民戦線がその発足当初平価切下げに反対したことは，現代の事例でいえばイギリス首相ハロルド・ウ

ィルソンが1964年秋に平価を切り下げない決定を行ったことに対応するものである．

人民戦線が最初に行った政策は雇用主に対して賃金引上げ，年3週間の有給休暇，および週40時間労働を保証するマティニョン協定に署名させることであった．平価切下げについての決定の場合と同じく，マティニョン協定にもその現代版，1968年のグルネル協定がある．同協定により5,6月の大学紛争とそれに随伴するゼネストの後，賃金が引き上げられた．平価切下げに関する決定と同じく，マティニョン協定もまたお粗末な先例をなすこととなった．

マティニョン協定は雇用主にとっては屈辱であり，誰にとってもある種の災難であった．賃金は最低賃金労働者にとっては15％，最高賃金労働者にとっては7％，多数の工場の労働者は平均12％引き上げられた．有給休暇と40時間労働制もまた生産コストを引き上げることとなった．卸売物価は5月の375（1913年基準）から9月の420へ上昇し，小売物価は76.4（1930年基準）から80.5へ上昇した．輸出はストライキ後に回復しなかった．株式市場は低落し，資本流出は増加した．フランスは平価切下げを実施せざるをえなくなった．平価切下げは報復を防止するためにアメリカおよびイギリスと協定を締結することによって実施されることとなった．国際経済システムにとって三国通貨協定のもつ意義については後ほど論ずることにしよう．フランスと他の金ブロック諸国にとって三国通貨協定は，長期にわたり維持されてきた苦境から退却するための国際的な避難所を提供するものであった．

平価切下げ後の状況

オランダとスイスにおいては，両国に先んじたベルギーの場合のように小幅な平価切下げが実施された．この小幅の切下げによって通貨の過大評価が是正され，経済は急速に立ち直って世界経済に同調することとなった．オランダの貿易は力強く立ち直り，輸出は1936年最初の9か月の月平均4500万ギルダー

---

9) Vincent Auriol, *Hier et aujourd'hui*, 1945, pp. 38-39, quoted by Sauvy, *Histoire économique de la France entre les deux guerres*, vol. 2, p. 200. ドイツの平価切下げに対するマルクス主義者の教条的反対論については前述した．173頁参照．

から1937年6月の9000万ギルダーに増加した．スイスの回復もほぼ広範に及んでおり，輸出も6800万スイス・フランから1937年9月には1億2300万スイス・フランに増加した．イタリアはこの機会を利用してリラの為替相場を切り下げ，輸出入を調整して増やし，外国為替管理の効力を緩めた．

しかしフランスでは週40時間労働制は労働者の自尊心と自立性のシンボルとなった．労働時間を週45時間に引き上げることが真剣に考慮された．特にドイツの兵器産業において労働時間が延長され，結局，航空機産業においては週54時間にまで増えたからであった．労働時間の延長は拒否された．週40時間労働制は当初，適用除外されていた炭鉱と冶金工業にまで拡大されたのである．

週40時間労働制では貿易上の地位を回復することも，金利生活者の信認を取り戻すこともできなかったが，それなしでは労働者をなだめることができなかった．1937年3月にはドル保証付き融資として100億フランが要求された．それは右派の信認を得ることができなかった．6月にはもう一度信認の危機が生じ，資本が流出して，金が失われるにいたった．ブルムは再び政令による統治を要求したが，議会において拒否され，政権を失った．ショータンが首相を，ボネが蔵相を引き継いだ．彼らは1936年10月1日貨幣法のフランへの適用を取りやめた．その結果，フランは再び4セント以下に低落した．1938年3月にショータン政府は近代的な労働条件法を提案した．それは団体交渉，調停および仲裁について規定し，さらに労働側の要求があれば労働協約の中にエスカレーション条項を挿入することをも規定するものであった．これは可決された．次いでショータンは政令によって予算を修復する権限を求めた．これは否決された．ショータン内閣は第2次ブルム内閣に引き継がれたが，この新内閣は短命であった．この時期にヒトラーは独墺合邦を宣言し，ドイツ軍をオーストリアに進駐させた．ブルム内閣は倒れた．ダラディエが政権を引き継ぎ，5月にもう一度フランを切り下げ，そして政令による統治を行った．ミュンヘン会談後，1938年11月に始まる4組の政令のうちの最後の政令は，確信的な自由主義者ポール・レイノー新蔵相の支持により用意されたものであった．彼はこれまでの傾向を逆転させたのである．

レイノーは週5日制を廃止し，新税を課し，財政支出の節約を進め，物価，

信用,労働条件について一段と自由主義的な制度を導入した.彼は特に財政上の不正行為を厳しく取り締まった.フランの対ポンド相場が178に達すると,大蔵省はフランス銀行と新協定を結び,フランス銀行の保有金を1ポンド170フランで再評価し,その評価益を大蔵省に移した.ゼネストの脅しは掛け声だけに終わった.60億フランの資本が海外から還流した.生産は急速に回復し,1938年11月から翌年6月までに15%も増加した.遅過ぎたが,レイノーはポアンカレの経済的奇跡を再演したのであった.多くのヨーロッパ諸国は第2次世界大戦後に同様なことを経験することになった.

ソビーは1936年から1938年にかけての経済不調は専ら週40時間制によるものであったと主張する[10].週40時間制の着想は経済的にはマルサス的なものであった.それが肯定される社会的根拠は19世紀に1日の労働時間が12時間ないし13時間に達していたことにあったのであるが,それでもそれは経済的にはマルサス的であった.その着想は財政に関する右派の教条主義的見解よりは恐らく悪くはなかった.ソビーの著書はこの種の釣り合いの取れた訓戒に満たされている.「右派は支出を削減したが,財政赤字は再び形成された.左派は労働日を短縮したが,失業はまた現れた」[11].

ソビーは官僚機構の一員として,彼の上司と対立しながら週40時間労働制に強く反対したが,彼はその当時の自分の見解をある程度正当化している.その少し後になると論評者は次のように考える傾向がある.週40時間労働制は短期的な雇用拡大策としては有効でありうるが,失業が多くないフランスのような国においてこれを適用するのは誤りであるという[12].1936年9月にこの法律が本格的に施行されてから6か月もすると,フランス経済において失業は一時的需要に適合する数にまで減少した.こうして週40時間制は有害なものとなったが,しかしそれはすべてが政治的色彩をもつフランスの他の政策,特に平価切下げの拒否や均衡財政の主張とともに有害なものとされたのであった.レオン・ジュオーは週40時間労働制が成功するためには,それは国際的に実

---

10) Sauvy, *Histoire économique de la France entre les deux guerres*, vol. 2, esp. pp. 209, 297, 305, 334.
11) Ibid., p. 468. また pp. 253, 269 参照.
12) Arndt, *The Economic Lessons of the Nineteen-thirties*, p. 147(邦訳 183 頁).

施されねばならなかったであろうと述べた．20年後にミシェル・ドブレはフランスの計画化について同様のことを言った．特異な対策は相互連結性の強い世界においては困難に直面する．しかしフランスの困難の本質は社会的統合の喪失にあった．右派も左派も国民的解決の見地においては行動せず，自派の利益のみを考慮して行動した．右派は思い通りにならないと，脱税と資本輸出で対抗しようとした．左派は別の武器を使って同様に行動した．ミュンヘン会談後ドイツの脅威が高まる状況のもとでレイノーは成功した．1つには彼の政策がより自由主義的であったからであるが，また彼が兵器産業，さらには同産業に供給する産業に対して50時間労働を，そして後には60時間労働を例外的に認めることにより，間接的に週40時間制を打破したからであった．週40時間制という原則は維持されたが，適用されなくなった．それは大戦後に廃止された．

三国通貨協定

ソビーは三国通貨協定について，3か国の中央銀行は何も取り決めてはいなかったともいとも簡単に片づける[13]．モーゲンソーは次のように述べた．「これが成立すれば，それは世界大戦後の世界において平和のために実施される最大の運動である．……それはヨーロッパにおいて合理的思考を再び取り戻す［原文のまま］ための転機になりうるであろう」[14]．いずれの見解にも一理はある．三国通貨協定は諸大国を拘束することはほとんどなかったが，しかしそれは国際経済システムを再建することに重要な一歩をなすものであった．

ルーズベルト大統領もモーゲンソー財務長官も国際通貨の分野において彼らが何を行っているかをよく理解していなかった．ルーズベルトはロンドン世界

---

13) Sauvy, *Histoire économique de la France entre les deux guerres*, vol. 2, p. 224. 1936年にホワイトホール（イギリス政府の役人）は三か国宣言を次のようなものと考えた．「ヘンリー・モーゲンソー・ジュニアが偉大な思索家であり世界的な調停者であることを顕示することのできるようにした，そしてブルムとオリオールがフランの切下げは絶対にしないと約束した際に彼ら自身が作ったその罠から逃亡することができるようにした政治的に不明瞭で精巧な作品である」(Ian M. Drummond, "London, Washington, and the Management of the Franc, 1936-39," 1979, p. 53)．

14) Blum, *From the Morgenthau Diaries*, vol. 1, p. 171.

経済会議に送った彼のメッセージに常に立ち返った．彼はそれをアメリカの金融政策の原本であり聖典でなければならないと考えた．彼はドルと引き換えにイギリスに対して金を売却する意思があるかどうかを尋ねられた時，「アメリカはドルを管理することのできる秘密の商品指数を持たなければならない，という彼の考えについて退屈で訓戒的な長広舌」をふるい始めた[15]．その後，彼は三国通貨協定がロンドン世界経済会議当時に設けられた通貨政策から逸脱していると解釈されることを恐れた[16]．ドルに関するモーゲンソーの意見は彼の日記や伝記作家の記述を信用するとすれば，大混乱に陥ったかのように変化した．ある時には彼は平価切下げを擁護した．別の場合には，彼は平価切下げについて失敗ではなかったが，将来何らかの利益をもたらすものでもなかった，と述べている．彼は国内経済の発展のために必要な通貨政策においては，いかなる自由をも犠牲にしようとはしなかったが，しかし諸国間の競争的平価切下げとそれがもたらす無秩序を防止することについては彼に責任があることは認識していた．彼はアメリカの通貨政策が24時間原則に基づいている，ということを報道陣に語ったが，しかし彼は通貨の安定を強力に推し進めた．そして彼が通貨安定についてイギリスの考えを打診した際，イギリスが国内的理由によって平価を切り下げる権利を留保すると回答してきた時には，彼は勇気づけられたのであった[17]．国際通貨メカニズムについては実質的な理解を欠いていたが，難解な国事に携わって張り切っていたモーゲンソーは事態の進展に対して過剰に反応した．彼はフランに対する投機筋の攻撃には激怒した．国務省（恐らくファイス）が4.86ドルの為替相場を支持したので，血が煮えくり返るほど怒った．1935年5月に3300万ドルの信用供与によってフランスを救済したことを自分の功績にした．ファイスに対する大勝利である三国通貨協定の起草に当っては，その重要性ゆえに膝が震えるほどであった．フランスが500万ドルないし1000万ドルまで担保無しにドル残高を保有できるようにアメリカ財務省に求めた際には，その提案は小切手を融通手形として用いることであると述べ，このフランスの提案には冷や汗をかくこととなった[18]．彼の誤解と過剰

---

15) Ibid., p. 144.
16) Ibid., p. 168.
17) Ibid., pp. 125, 133, 138, 142.

反応についての実にひどい事例は，ソ連がニューヨーク市場で 1.20 万ポンドを売ってポンド相場を 5.02 ドルから下落させたことについて彼がソ連を公然と非難したことであった．この際は財務省がポンド相場を 4.91 ドルで安定させた．これは 1936 年 9 月 26 日に起こった出来事であった．この日は土曜半日であり，ロンドン市場は開かれておらず，ニューヨーク市場は閑散としていた．モーゲンソーはロシア人が資本主義制度を覆そうとしており，自分がそれを阻止したと主張した．それに対してロシア側は次のように述べた．ロシアはスウェーデンに 600 万ドルの債務を負っており，ポンド相場が低落する前にポンドをドルに交換しようとしただけである．ポンド相場はロンドンからパリへの資金の還流がポンドの上昇圧力を逆転させる場合には下落する可能性があったから，その下落前にポンドをドルに交換したまでであると．モーゲンソーはこの取引によりアメリカ財務省は利益を得るであろうと主張した．外国為替市場は月曜日に国務省がこれまで提唱してきた為替相場 4.86 ドルで開かれ，モーゲンソーは 4.91 ドルで買い上げた 90 万ポンドを利益を得て売り払うことはできなかった．その損失を補塡するために，その後何年にもわたって 0.25％ の金売買手数料がその勘定の貸方に記入されることになった．ジョン・モートン・ブルムの主張するところによれば，ロシア人はストックホルムでドル債務を支払うためにドルを必要としてはいなかったし，彼らはポンドで支払うことができたはずであった[19]．この政治史家は古い為替契約を書き替えるという危険な論拠に依っている．ブルムは次のように続ける．「あるいはモーゲンソーが主張したように，ロシア人はすべての金融市場が開かれるまでポンドの交換を待つことができたはずである」．しかしそうしたとすれば，彼らは 120 万ポンドの各 1 ポンドにつき 11 セントの損失，あるいは恐らく 16 セントにも達する損失を被ることになったであろう．国際金融の複雑さについてのモーゲンソーの理解とその問題に対する彼の熱意は彼に対し苦しい判断をさせるが，それにもかかわらず三国通貨協定は画期的な出来事であった[20]．

---

18) Ibid., pp. 129, 132, 138, 167, 455.
19) Ibid., p. 176.
20) 三国通貨協定にいたる交渉の啓発的で詳細な説明については，Stephen V. O. Clarke, "Exchange-Rate Stabilization in the Mid-1930s: Negotiating the Tripartite Agreement,"

三国通貨協定は国際協力の方法についてはほとんど何も定めなかった．この協定は為替取引が中央銀行間においてではなく，為替安定基金間において行われる，という事実を重視するものであった(しかしこの協定の細目は制度条項を除けばほとんど重要性はなかった)．各為替安定基金は相手国のために為替買い支え注文を実施し，その為替を24時間保有する取決めになっており，その後にその為替の金交換を求めることができた．アメリカはドルと引き換えに金を提供する用意があったし，金本位制を離脱していたイギリスとフランスは表向きそうすることになっていた．これは多少は価値のある技術上の便益を提供するものであった．例えば，イギリスはロンドン金市場を経由してドル取引を行ったり，民間裁定取引に依存したりする必要性を免れることとなった．

フランスはアメリカとイギリスから競争的為替切下げは行わないという保証を得ていたけれども，パリからの資本流出が逆転すれば，ポンド相場が多少調整されるのは避けられなかった．ポンド相場は資本がパリから流入する時には上昇するままに放任されたが，その結果として資金移動の多くが高値のポンドからニューヨークに向かうこととなった．フランスもまたこのような国際的関連の中で，これに対応する国内調整を求められることとなった[21]．

イギリスはポンドを安定させることに同意しなかった．それどころかイギリスはポンドを安定させる意思はないと言った[22]．しかし1933年6月以来初め

1977, esp. pp. 11-14 参照．クラークはルーズベルトとモーゲンソーが「金本位制に取って代わるべき国際通貨制度の特質について明確な見解を全然持っていなかった」という事実を明らかにする．そして彼はパリのアメリカ大使館金融担当書記官マール・コクランとモーゲンソーとの電話会話の記録を示すことによって，モーゲンソーの「為替市場の機能についての救いようのない無知」を鮮やかに描き出している．

21) この点はフランス外交文書の中のこの問題に関する数少ない資料の1つにおいて指摘されている．*Documents diplomatiques français*, 1968, vol. 3, no. 240, Paris to Washington and London, September 8, 1936, p. 348 参照．このような状況が生じたのはもちろん，電話が電信に取って代わったことによる．

22) スティーブン・V. O. クラークはジェイコブ・ヴァイナー，ハリー・デクスター・ホワイト，ジョン・H. ウィリアムズ，財務省に助言を与えた経済学者達，そしてヘンリー(後にサー・ヘンリー)・クレイ，ヒューバート・ヘンダーソン，J. M. ケインズ(後に卿)，サー・アーサー・ソルターという経済学者の見解を検討している．クラークはポンドの安定に反対するイギリスの決定に大きな影響を与えたのはケインズであった，と主張する．Stephan V. O. Clarke, "The Influence of Economists on the Tripartite Agreement of 1936," 1977, p. 388 参照．

て為替相場が議論の対象となり，技術協定が結ばれ，通貨の分野において国際協力が達成された．この協定は最も初期のスワップの起源となった．この場合，相手国通貨を相互間で保有するということは1937年にはモーゲンソーが小切手を融通手形のように振り出すものであることから冷や汗ものの取引であり，この相手国通貨の相互持合いは一時に何十億ドルにも達する額まで引き受ける取決めになっていた．

ホットマネーに対抗して為替相場を維持するための中央銀行間協力という着想は新しいものではなかった．1933年にデンマークのオルフス大学経済学教授ヤーゲン・ピーダセンは，世界経済会議の2週間前にロンドンで開催された国際連盟のある研究会議における即座の発言の中でその着想を述べた．

> ある国から他の国へのこのような(短期)資本移動，つまり資本逃避の効果を中立化することは，諸国の発券銀行の資産を共同管理することによって可能であろう．……
>
> 例えば，1931年にアメリカの中央銀行制度，フランス銀行，およびイングランド銀行間に十分な協力関係があったとすれば，イギリスが金本位制を離脱せざるをえなくなる理由を私は見出せない．恐らくイギリスは金本位制離脱を強要されるつもりでいたのであろうし，その場合に金本位制が非常に必要なものに見えていたのは，もちろん幸運であった．……
>
> 中央銀行間協力が将来可能であることをわれわれが保証できるとすれば，その場合は短期資本の移動が危険をもたらすことは全くないように思われる[23]．

それに続く討論において，ジュネーブの高等国際問題研究所のウィリアム・ラパールはニューヨーク連邦準備銀行とフランス銀行がイングランド銀行を支持して信用を供与したことを述べた．ピーダセンはこれに答えて，その信用供

---

23) League of Nations, Sixth International Studies Conference on "The State and Economic Life," 1934, pp. 132-33. 1865年に行われたフランス銀行理事と経済専門家ミシェル・シュバリエとの対談は，1961年3月に遂に実施されるにいたった「スワップのネットワーク」の背後にある本質的な考え方のもっと早期の事例を提供する．またその考え方はピーダセンの見解にも予示されている．Ministère des Finances et al., *Enquête sur les principes et les faits généraux qui régissent la circulation monétaire et fiduciaire*, vol. 3, 1867, pp. 102-5 参照．

与は不十分であり,イギリスに資金を貸したこれらの銀行は半分ほどの熱意で融資したのであると述べた.三国通貨協定もまた半分ほどの熱意で,恐らくは僅か8分の1程度の熱意で実施されたものであった.しかし三か国宣言の中にある「不変の政策目的は国際為替の均衡を維持することであり,通貨的措置による国際為替の極度の混乱を回避することである」という声明は,根本的な変化を表すものであった.

1933年から1936年の間にその思考が進化した人物はモーゲンソーとルーズベルトだけではなかった.世界経済会議宛ての大統領の1933年7月3日のメッセージを聞いて,ケインズは「ルーズベルトは申し分なく正しかった」と言った(これはケインズが「ルーズベルトは申し分なく左翼であった」と言ったようなものであった).1933年の『エール・レビュー』誌には次の有名な引用文が掲載されている.

> 思想,知識,科学,歓待,旅行——これらはその性質上国際的でなければならない事柄である.しかし商品はそれが手ごろな値段で,必要に応じて供給できる場合には国内で自給しよう.中でも金融は主として国民的なものにしよう[24].

ハリー・ホワイトの報告によれば,1936年春にはケインズは通貨の事実上の安定は望ましく,主要国大蔵省・財務省の協力によってそれが可能であると確信していた[25].これは『エコノミック・ジャーナル』に1946年に遺稿として発表された論文における自由な貿易と国際資本移動の復活という主張からは非常に隔たっていた.それはまた1933年当時の考えからも遠く離れていたのである.

---

24) J. M. Keynes, "National Self-Sufficiency," 1933, p. 758. Lord Robbins, *Autobiography of an Economist*, p. 156 はこの論文に言及して次のように書いた.「ケインズでさえもこの当時の狂気に……高貴な精神の悲しむべき異常に屈したのである」(Haberler, "Die Weltwirtschaft und das internationale Währungssystem in der Zeit zwischen den beiden Weltkriegen," p. 217[邦訳,上260頁]に引用されている).

25) Blum, *From the Morgenthau Diaries*, vol. 1, pp. 139-40.

第12章

1937年の景気後退

1936-37年のブーム

　生産と物価は1934年と1935年には着実に上昇してきたが，1936年後半には急激な上昇へと転じた．金ブロックにおいてはその上昇運動は為替切下げによって刺激されたが，これが他の地域に対してデフレ圧力を加えることはなかった．世界が全体として上昇する経済活動の刺激を受けていたからであった．物価の上昇運動は恐らく日本において最も顕著であった．日本はすでに1932年初頭から着実で急速な経済拡大によって完全雇用を達成していたからであった．それにしても物価の上昇は全般的な傾向であった．

　アメリカにおいて商業貸出しは1929年から長期間にわたって減少してきたが，1936年3月には遂に逆転するにいたった．この増加の動きは第1次世界大戦退役軍人へのボーナスとして公債17億ドルが支給されたことによって一段と刺激されることとなった．ルーズベルト大統領は議会のボーナス支給決議に対し1935年5月に1度，1936年1月に再度，拒否権を行使した．2度目の場合には，議会は3分の2の多数決で拒否権を覆してボーナス支給法案を可決した．6月15日にボーナスが支給されることとなった．政府は退役軍人に対し公債を持ち続けることを勧めた．公債のうち14億ドルは同年末までに現金化され支出された．これによって自動車生産と住宅供給が急増することとなったのである．

　景気拡大を一段と刺激した要因は1935年のワーグナー法のもとで進められた労働の組織化運動であった．賃金率は1936年4月には瀝青炭部門において，同年10月以後は製造業において一般的に上昇した．さらに，賃金と物価が上昇する中で産業経営者は生産コストがさらに上昇する前に生産を拡大する動き

を強めた。1937年半ばには国民総生産は1929年水準を超えて上昇していた。この生産の上昇は不均等であった。非耐久消費財の生産は1929年のピークを10％も上回っていた。住宅建設部門においては退役軍人ボーナス支給が住宅建設を刺激したにもかかわらず、産出量は1929年水準を40％も下回っており、その1929年の水準は1925年のピークをかなり下回っていたのである。その他の建設事業は1929年水準を50％も下回っていた。総産出量が1929年水準を超えたといっても、それは労働人口が約10％増加したこと、生産性がおよそ15％上昇したことを考慮すると、顕著な成果ではなかった。しかもそれは長続きしなかった。

1937年春、ルーズベルト大統領は投機が過度に行われていることに、そして商品価格が持続しえない高さにまで競り上げられていることに懸念を表明した。1938年3月の国際決済銀行報告書は次のように報じている。

> ゴム生産者は9ペンスの価格で満足するものと一般的に想定されているが、1937年4月にはその価格は13ペンスに達した。錫については通常、トン当り200ポンドが適正価格であると見なされているが、1937年春には300ポンドを上回った。銅の生産条件が最も有利なローデシアでは、銅はトン当り30ポンドないし35ポンドの価格で利益が得られると考えられているが、市場価格は80ポンドに達した。アメリカでは綿花に対し1ポンド当り9セントの融資が供与されてきたが、1937年3月にはその市場価格は15セントに達した。このような事例は多数挙げることができる[1]。

これらの成果は需要の増加によってもたらされ、これに対応して供給も急速に増加した。1937年にアメリカの綿花収穫量は1900万梱のピークを記録した。ゴムと錫の輸出割当量は1936年初めにはそれぞれ所定割当量の60％、85％であったが、90％、110％に拡大された。錫、銅、亜鉛、ゴム、綿花、小麦、砂糖は1937年には1929年の世界生産水準を超え、鉛、羊毛、茶は1929年水準

---

1) Bank for International Settlements, *Eighth Annual Report*, covering the year ending March 31, 1938, p. 26 (邦訳, 第4巻[1937-1938年], 46-47頁)。1938年4月14日のルーズベルト大統領の教書も「適正価格」について論じており、銅の価格は生産して利益が生み出せる1ポンド当り10ないし12セントから17セントに押し上げられたと述べている (Roosevelt, *The Public Papers and Addresses of Franklin D. Roosevelt*, vol. 7: *The Continuing Struggle for Liberalism*, 1941, p. 223参照)。

に近づいた[2]．

　その結果，大半の発展途上国においては輸出と所得が急速に増加し，1936年夏からの12か月間においてそれは特に顕著であった．しかしその生産と輸出の多くは在庫蓄積のためであった．クリーブランド信託会社の調査によれば，1937年9月の原料在庫は1929年水準を50％も上回っていた．これは異常な多さであった．

退蔵金の通貨への交換

　三国通貨協定は物価，賃金，産出量を急速に膨張させる誘因となったばかりではなかった．それはまた退蔵金の通貨交換を誘発することとなった．通貨不信から金を退蔵していたヨーロッパの投資家はそれを現金化し，証券を買い始めた．これら投資家の多くは小規模な貯蓄者であった．スイス国立銀行の報告によれば，1936年9月30日から11月30日にかけて同行チューリッヒ店で金を通貨に交換した8840人のうち，87％が所有していた資金は500スイス・フラン以下であり，46％は100スイス・フラン未満の資金を取得するためであった．しかし退蔵金が通貨に交換された総額は大きかった．その多くはアメリカに投資された．さらにヨーロッパの投資家はドル残高を引き出してアメリカ証券を購入した．工業株は1936年6月の121から1936年9月の130，1937年2月の152へと上昇した（スタンダード・スタティスティクス工業株価指数，1926年=100）．

　金はアメリカに流入し続けた．ヨーロッパ通貨の安定後，金は流出するもの

---

2) Bank for International Settlements, *Eighth Annual Report*, p. 27（同48頁）には次の表が掲げてある．

一次産品の世界生産

年次	錫 (1,000 トン)	銅 (1,000 トン)	鉛 (1,000 トン)	亜鉛 (1,000 トン)	ゴム (1,000 トン)	綿花 (10億ポンド)	羊毛 (10億ポンド)	小麦 (100万ブッシェル)	茶 (100万ポンド)	砂糖 (100万トン)
1929	192	1,915	1,725	1,450	868	12.7	3,915	3,566	968	27.34
1932	99	886	1,162	778	709	11.4	3,857	3,812	932	24.13
1936	179	1,684	1,469	1,473	862	15.0	3,713	3,491	844	28.67
1937	199	2,141	1,642	1,620	1,140	18.5	3,880	3,751	850	30.96

と期待されたがそうはならなかった．アメリカへの金流入運動は1936年10月の大量流入の後，衰えたが，それは協定成立前の資本逃避が減少したことによるものであった．しかしアメリカへの金流入は止まらなかった．その流入額は事態を紛糾させることとなった．アメリカの金保有高は1934年1月の再評価された数値68億ドルから1936年10月には110億ドルを超えるにいたった．連邦準備必要額を超える超過準備は1935年11月には30億ドル，あるいは準備総額の半分に達し，そして1936年夏の支払準備率引上げ前にはさらにその2倍に達した．この支払準備率引上げは超過準備を減少させた．超過準備は停滞し始めることとなった．

1936年12月に財務省は金流入の増加により，すでに準備総額の50％にまで達している超過準備がさらに増えるのを防止するために，金不胎化計画を実施した．不胎化が必要とされたのは，1つには為替安定基金が金流入を相殺することができなかったからであり，また1つには連邦準備制度保有の24億3000万ドルに達する公開市場証券は同制度の費用を賄う所得を提供することを求められており，従ってそれを減らすことはできなかったからである．イギリスの為替平衡勘定(EEA)はポンドを借り入れる権限を付与されていたから，金流入に必要な資金を調達することができた．同勘定は金を購入する時，大蔵省証券を発行した．しかし，アメリカの為替安定基金は単に金を保有するだけであった．海外から流入する金購入用のドル資金を取得するためには，同基金はその時保有する金を連邦準備制度に売却しなければならなかった．外国の金が直接に連邦準備制度に売却されるのと全く同じであった．それ故，信用ベースで金を保有するために市場から資金を借り入れることが有効であったとしても，為替安定基金はそれを行う権限を持たなかったから，財務省がそれを引き受けなければならなかったのである．

財務省が金不胎化計画に着手する数日前，イングランド銀行は発券部の保証発行を6000万ポンド減らし，それを為替平衡勘定から購入した金に入れ替えた．このことはEEAが金で溢れており，その借入能力には限界がない，ということを世界に示すものであった．

1937年1月に連邦準備制度理事会は再び支払準備率を引き上げた．1936年8月の50％引上げに加えて33.33％の引上げが行われ，これは2段階で，半分

は1937年3月1日に，残りの半分は5月1日に実施されることになった．2回の引上げ決定と3回に分けての引上げによって，1936年7月から1937年5月までの間に支払準備率は2倍に引き上げられた．要求払い預金に対する中央準備市の準備率は13%から26%に，準備市のそれは10%から20%に，地方銀行のそれは7%から14%に上昇した．定期預金に対する支払準備率は3%から6%に引き上げられた．この決定の際に発表された声明書は1933年の銀行休業から1936年12月の財務省不胎化計画までの間に，40億ドルの金が輸入されたことについて率直に言及した．

イギリスとアメリカへの金流入は明らかに両国にとって負担となった．それは金価格を引き下げざるを得なくなるのではないかという懸念を引き起こした．そのために退蔵金の通貨交換は一段と進展することとなった．『連邦準備月報』の推計によれば，三国通貨協定が発表された時，ヨーロッパにおいては退蔵されていた金は15億ドルないし20億ドルに達した．この3分の2はロンドンにおいて保有されており，それは主としてイギリス以外の諸国民の勘定に属していた[3]．1936年9月から1937年7月までに，10億ドル以上の金がこれらの民間退蔵から流通に現れ，推計しうる限りでは，その大半はロンドンで保有されていた蓄蔵金に由来するものであった．1937年冬から春にかけて金の売却は大幅に増加し，3月から4月になると小規模な中央銀行は金価格が低下し，1931年9月のように損失を被るのではないかと恐れて，金の売却に合流するにいたった．その金売却量は主として為替安定基金に保有されている金の一部に限られており，従ってこれらの国立銀行の公表金準備額がこの時期に減少したのはスイス国立銀行だけであり，それも減少額は2200万ドルに過ぎなかった．しかし多数の小規模な諸国の国立銀行は民間の金保有者と同様に行動することによって，小国の個別的国益と大国の広範な公共的利益との相違を明示したのであった．大国は好むと好まざるとにかかわらず，国際通貨システムの安定に責任を持つこととなった．

1937年4月の金恐慌の真最中に，金裁定取引業者は金価格の低落が確実視される中で，金をロンドンで買いニューヨークで売るという取引を終えるのに

---

[3] *Federal Reserve Bulletin*, vol. 23, no. 8 (August 1937), p. 704.

平均的に要する5日の間，彼らの資金をリスクに曝すつもりはなかった．ロンドンの金現送点は金を買い，それをニューヨークに現送し，財務省に売って利益が出るようなポンド・ドル相場とポンド建て金価格の組合せを伴うものであったから，その金現送点はかなり大幅に割り引かれて低下するにいたった．これは退蔵金の売却を一層激化させることとなった．金価格は安定していたから，金現送点の低下はポンド為替相場の上昇という形をとり，この動きはフランスの経済的政治的混乱が資本流出を再燃させたことによって一段と促進されることとなった．

1936年秋にアメリカへの金流入はヨーロッパ資金のアメリカ証券への投資運動を表していた．そこでルーズベルト大統領は資本流入を制限する方法を調査するため財務長官，連邦準備制度理事会議長，証券取引委員会委員長からなる委員会を設置した．この委員会からは何の対策も提出されなかった．1937年春にはヨーロッパのアメリカ証券に対する関心は消えていた．何か違ったことがあったとすれば，金価格低下の見通しは投機筋が予想していたように，商品・証券市場において弱気を誘発することとなり，ヨーロッパ投資家がアメリカ証券を売る傾向にあったことである．資金移動は金売りドル買いという単純なものであった．

この資金移動は後に「黄金の雪崩」と呼ばれることになったが，その対策について数多くの賛否両論の文献が発表された．金価格引下げ賛成の意見は多方面から出された．金価格引下げはR.H.ブランドが勧告するように国際的な交渉に基づいて実施するか[4]，それとも金価格を変更するか通貨を減価させるかどうかの決定は他の諸国に委ね，アメリカが単独で金価格を引き下げるか[5]，その何れにすべきかについて見解が表明された．これらの対策に欠けていたのは金の生産と輸出を規制する提案，金貨流通を再導入する提案，そして金の二重価格制——1つは中央銀行の保有金については1オンス35ドルの価格，そしてもう1つは市場が決定する価格はどうであれ，恐らくそれよりも低い価格——を導入する提案であった．財務長官としてモーゲンソーは西側への金の売

---

4) R. H. Brand, "Gold: A World Problem," 1937.
5) Frank D. Graham and Charles R. Whittlesey, *Golden Avalanche*, 1939, ch.9.

却規制についてソビエト連邦と交渉できるかどうか探ることまでした．彼の目的は主として政治的であって，「1937年春に起こった国際的な金価値の一時的下落を緩和する」ことは副次的な目的でしかなかった[6]．

　金価格引下げに対する反対論の1つは金価格の引上げからは利益が得られるが，それを引き下げると損失が出るということにあった．この反対論の技術的側面はヌルクセが解決している．そのような損失は金準備評価の引下げ額に等しい政府の対中央銀行債務を創り出すなどの会計操作によって容易に相殺することができると彼は述べる[7]．技術的には実行可能であるにしても，このような会計操作は政治的に敏感な機関に受け入れられるまでには時間がかかる．これら機関はこのような複雑な処理を一般国民に信用させることがほとんどできないし，また政府債務を増やすことを一般国民が単なる帳簿記入の問題として理解することができるかどうかについても疑問を抱くからである．

　ルーズベルト大統領は1937年4月9日に，アメリカとしては金価格を引き下げる計画はないと述べた．この声明では市場は沈静化しなかった．特に国際決済銀行がその年次報告の中で金価格の引下げについてデルフォイ神殿＊の御託宣のような謎めいた声明を発表し，その報告書が5月3日に現れたことは市場動向に大きく影響することとなった[8]．金の月間流入額は1937年4月には2億1600万ドルに達し，三国通貨協定前に金ブロックへの圧力によって生じた1936年10月の流入額2億1900万ドル以来の最高を記録したが，1937年6月には2億6200万ドルに増加した．しかしこれはミュンヘン会談までの期間において最悪の月であった．この金流入の動きは6月には鎮静化した．1つには原料価格が弱含みに転じたからであり，そのことは公的な金価格引下げ計画を中止させるものと見なされたのであった．もっとも，それは金価格引下げ計画

---

6) Blum, *From the Morgenthau Diaries*, vol. 1, p. 467. 全く奇妙なことであるが，モーゲンソーはこの金恐慌についてはそれ以上のことには何も言及していない．金恐慌は確かに1937年春に財務省にとって1つの中心問題であった．彼の日記は利子率について連邦準備制度のエクルズ理事との見解の相違を説明することで満たされている．利子率はその直後に起こる景気後退において重要性を持つ，と彼は考えていたようである．

7) League of Nations (Ragnar Nurkse), *International Currency Experience*, p. 133 (邦訳204-5頁).

［訳注］＊デルフォイは古代ギリシャのパルナソス山麓の町で，アポロの神殿があった．その神殿の御託宣は曖昧で謎めいていて，難解なことで有名．

が実際にあったとしてのことであるが，そのようなものは全くなかったようである．さらに金市場が沈静化したのは，イギリスが1937年6月に為替平衡勘定の借入権限を2億ポンド引き上げる措置を実施したことによるものであった．この措置はイギリスが金を1936年には12億ドル，1937年前半にはおよそ2億1000万ドル輸入した後においても，引き続き金を吸収する予定である，ということを示すものであった．

アメリカにおいて金価格引下げの問題がいかに重要に理解されていたか，そのことを明らかにするアメリカ側の記録はない．しかしイギリス大蔵省のファイルは次のことを明らかにしている．同省のワシントン駐在官が1937年春にジョージア州にあるモーゲンソーの山荘において，アメリカ側の顧問を1人も同席させることなく彼と一連の協議を行った．この一連の協議においてモーゲンソーは金輸入削減の手段として金輸入への課税と金価格引下げの問題を提起した．駐在官ビューリーはこれらの提案について，外国人のアメリカ証券購入制限など他の提案とともに「将来実施可能な政策方向を提示したに過ぎない」ものとして処理した．彼はロンドンへの報告の中で次のように述べた．モーゲンソーは金融問題については基本的に無知であり，言うことよりは行うことにはもっと慎重であり，そしてそれらの提案は彼が考え出したものではなく，恐らく彼の顧問達に影響されて述べたもののようである．

しかしイギリス大蔵省はその見通しを聞いて大いに刺激され，この問題をさらに前進させることにした．サー・ジョン・サイモンがチェンバレンに代わって蔵相に就任した時，彼はモーゲンソーに電報を打ち，9月に大蔵省最高幹部

---

8) Bank for International Settlements, *Seventh Annual Report*, covering the year ending March 31, 1937, p.56（邦訳，第3巻［1936-1937年］，206頁）に次の叙述がある．

「現在，金価格を引き下げれば，金の過剰生産から生じている深刻な問題に対処するのに役に立つであろうことはほとんど疑いない．しかしそれは既存金準備の評価と諸通貨の相対的地位に関して困難を引き起こすことになるであろう（諸通貨の相対的地位は均衡がすでに達成されているのであれば，可能な限り阻害されてはならない）．さらに，それは将来において通貨操作の危険性を伴うことになるであろうし，通貨操作は通貨構造に不安定性と不信の要素を追加することになるであろう」．

「世界の通貨システムを再建する議論においては，これらのさまざまな問題は困難ではあるが，回避することはできない．また金生産者の見地からすれば，当面の利益に注意を集中するのではなく，諸通貨の基礎として金を継続的に利用できるような条件を確立することが重要である」．

サー・フレデリック・フィリップスを訪米させることを提案した．そのメッセージの中で彼は次のように述べた．金価格引下げ問題に関して彼はそれをどうするかまだ決定していないが，一般国民は金価格引下げをデフレーションと結び付けて考える傾向があるから，差し当たり彼はそれに好意的にはなれない．従って彼は当面は何もしないことを提案した．

7月半ばにフィリップスへの訓令が作成された時，彼らはインフレの場合における「長期的可能性」として国際的な協調行動による金価格の引下げを除外してはいなかった．しかし商品価格を一段と引き上げることが必要であるとして，当面は金価格の引上げは求められなかった．

モーゲンソーは1937年9月にフィリップスに，金に関する提案を持って1日に数人の訪問者が来るが「その提案には全然注意を払わない」と告げた．金問題はモーゲンソー，リーフラー，ヴァイナーとの公開会議においては議論されなかったが，フィリップスがアメリカを去る時，モーゲンソーは非公式的に彼に次のこと，彼は金問題について大統領と協議してきたばかりであったこと，そして「金輸入に関してどのような措置が採られようとも，金価格の引下げがその中に含まれることは絶対にない」ことを知らせた．イギリス側の記録によれば，フィリップスはこれを了承し，モーゲンソーの「意向は全体として金価格の変更には反対であり，金生産の制限を支持している」と結論した[9]．

金供給を吸収する負担を軽減する手段としての金価格引下げが実質的に考慮されなかったのは不注意によるのか，想像力の欠如によるのか，それともアメリカ経済の安定についての懸念，あるいは上記国際決済銀行報告書からの引用において指摘された世界通貨構造の安定性についての懸念によるのか，それらのいずれによるのかは当時の記録からは明らかにならない．実務レベルでは財務省，連邦準備制度理事会，ニューヨーク連邦準備銀行の経済専門家たちは本位貨幣としての金の使用を最終的に廃止する提案や，ホットマネーを抑制するための課税その他の規制案を作成していた．前者については，経済が不況から回復するまでは金価格引下げは如何なる程度のものであれ延期するという条件

---

9) イギリス大蔵省の記録文書にあるサー・フレデリック・フィリップスのファイル．D. E. モグリッジは親切にも私のためにそれを要約してくれた．

を付されて，それへの直接の回答は1937年9月以後まで拒否された．後者についてはその実用性に疑問があるとしてその実施は制限されることとなった．ホットマネーに関するルーズベルト委員会は遅れて1937年4月に開かれたが，有効な提案は出せなかった．この時にはすでに問題はヨーロッパ資金のニューヨーク株式市場流入を減速させる問題から金投機を抑制する問題に変わっていた．しかし官僚筋や金融ジャーナリズムにおける金恐慌に関する関心と興奮は，例えばF. D. ルーズベルトの公文書や演説，あるいはモーゲンソーの日記には伝わっていなかった．少なくともルーズベルトとモーゲンソーは1933年に彼らがそうしたような，未熟な提案をもって不十分な心構えで進むようなことはしないように国際通貨システムについては十分に学んでいた．もっと寛大な解釈をすれば，彼ら2人とそのイギリス人達は大まかに言って1929年方式への復帰である相対的な為替相場を維持し国際通貨構造を安定させるためには，それがいかに困難なことであっても不安定化諸力を克服する用意ができていた．後にジョン・フォスター・ダレスが述べたと言われているスローガンに「そこに立ち止まるな，何かせよ」というのがあるが，恐らくは1933年の場合のように，そのスローガンに従うことが適切な時機がある．他方において，それとは逆の「何もするな，そこに立ち止まれ」という警句に従うことによって，国際通貨システムが最良に維持される場合もある[10]．

景気後退

景気は1937年3月から8月まで横這いであった．幾つかの商品価格，特に穀物と綿花の価格は下落した．記録的な豊作により綿花の価格は3月の15セントから8月には9セントに低落した．外国貿易は安定しており，輸入は輸出

---

10) これはG. グリフィス・ジョンソン・ジュニアの著書の最近の結論であった（グレイアムとホィットルジーの著書の結論ではない）．G. Griffith Johnson, Jr., *The Treasury and Monetary Policy, 1933-1938*, 1939, p. 159 の叙述は次の通り．
「明らかなことだが，最も有望な進路は待つことである．それは……物価水準の上昇，……フランスへの資本の還流，東洋における金吸収の再開，……そして国際貿易と国際貸付の復活を期待してのことである．これらの幸運な状況は起こりそうにない，と主張しうるかもしれない．しかしそうであるとしても，もっと大きな困難をもたらすことなく金問題を解決するために今なしうることはほとんどない」．

を上回った．市場は不安定ではあったが，穏やかであった．その後8月半ばには株式市場が動き始めた．9月には取引が増え，そして株価は急落した．スタンダード・スタティスティクス工業株価指数(1926年=100)は8月25日の141から2週間で125に下落した．8月末にはそれは3月の高値を30%も下回った．9月13日に公開市場委員会は状況が転換したことを認め，そして加盟銀行の超過準備が1936年7月の30億ドル以上から8月初めには7億ドル以下に減少したことがそれと何らかの関係があった可能性があることを認めた．公開市場委員会は財務長官に対して金不胎化政策により設けられた不活動金勘定から3億ドルを解除することを要求した．そしてこれは実行されることとなった．これはほとんど役に立たなかった．10月に株式市場はさらに一段と低落し，10月19日の暗黒の火曜日には工業株価指数は102に低落した．商品価格は急落し，鉱工業生産も同様に減少した．連邦準備制度鉱工業生産指数は1937年最初の8か月においては1923-25年平均の116であったが，9月には106に，10月には99に，11月には86に，そして12月には83に低下した．鋼生産は8月には製鋼能力の85%に達していたが，11月には38%，12月には26%に低落した．これは最大の低落であった．これに次いで生産が大幅に落ち込んだのは綿製品であった．その生産は三交代労働が普通であった3月には1923-25年平均の143%に達していたが，8月には116に，12月には81に減少した．農産物価格は1937年4月3日から同年末までに24%下落した．耐久財価格は大幅には下落しなかったが，非耐久消費財価格は10%前後下落した．全商品の価格下落率は平均8%であった．

　かなりの間，何が起こったかについて理解されていなかった．その後すぐ状況は明らかになった．1936年10月からの経済活動の急上昇は在庫蓄積によるものであった．これは自動車産業において特に顕著だった．自動車産業ではストライキの懸念から，新車の供給が増加していた．それは鉄鋼業と繊維産業においても同様であった．これら両産業には強力なCIO系組合があった．商品価格の上昇は続きそうにないということが1937年春過ぎに明らかとなり，在庫蓄積の基礎は覆されることとなった．そして最初は繊維産業において，次いで鉄鋼業において逆の動きが出てきた．長期投資は非常に高い水準にまでは増加しておらず，大幅には減少しなかった．このアメリカ史上最も急速な経済降

下は1932年以来多くの指標において達成された土台の半分を失うこととなり，アメリカの景気回復が幻想に基づいて構築されていたことを証明したのであった[11]．

外国貿易においては誤解を招くような特殊な動向が生じた．アメリカの対外勘定において輸入に対する輸出の超過は1934年の4億7800万ドルから1935年には2億3500万ドルに，そして1936年には3300万ドルに減少してきた．1937年最初の6か月間には輸入超過が1億4800万ドルになった．しかし輸入増加のかなりの部分は在庫蓄積のためであり，将来の輸入を先取りしたものであった．1937年後半には輸入は1937年3月の3億700万ドルのピークから12月の2億900万ドルに，そして1938年7月には最低水準の1億4100万ドルに減少した．1937年の輸出超過は2億6500万ドル，そして1938年のそれは11億ドルに増加した．1936年10月以後における外国のドル資金引出しは，1つにはニューヨーク株式市場への幻滅に基づくものもあったが，主としてはアメリカの輸出超過に支払うためであった．アメリカの国際収支は調整過程に入っていたという，広く受け入れられている見解は誤りであることが明らかになった．

景気後退の幾分かは財政政策の急激な変化によるものであった．それがどの程度であったかについてはなお論争がある[12]．1936年の財政赤字は巨額であった．17億ドルの退役軍人ボーナス支払いによって支出が膨張したため，アメリカ財務省の一般会計および特別会計において歳入に対する歳出超過額は1936年度には46億ドルであった．1937年度にはそれは31億ドルに減り，1938年度には14億ドルに減少した．暦年では財政赤字減少額は1936年と

---

11) マネタリストは *Federal Reserve Bulletin of June 1938*, p.437 からの次の引用を興味深く熟考するであろう．「1929年の出来事がわれわれに教えたことは，物価が全く上昇していないことは危機が差し迫っていないことを証明するものではない，ということである．1937年がわれわれに教えたことは，豊富な金供給と金融緩和政策は物価が下落するのを阻止しないということである」．

12) この点については Kenneth D. Roose, *The Economics of Recession and Revival: An Interpretation of 1937-38*, 1954 に非常に詳しい説明がある．その説明によれば，財政政策の変化が重要視され，在庫蓄積は軽視される．彼の主張によれば，在庫蓄積のかなりの部分は非自発的なものであった(p.191)．彼はまた「ニューディールと実業界との深刻な政治的対立」に基づく景気期待の不確実性をも重視している(p.238)．しかしこの解釈はケインズ理論に最高の信頼を置いて書かれたものである．

1937 年の間に 22 億ドルであった[13].

　この景気後退は在庫蓄積とその逆転によるのか，それとも支払準備率引上げの結果としての金融逼迫(実際には逼迫しない)によるのか，あるいは財政政策の急激な逆転によるのかそのいずれであるにしても，この景気後退は知的傾向を一変させることとなった．これまでは経済分析におけるケインズ革命に抵抗してきた閣僚レベルよりは下の指導的な人々が『雇用，利子および貨幣の一般理論』の見解に非常に強い関心を抱くにいたった．10 月 12 日にルーズベルトはなお 1939 年度予算に見込まれる赤字を取り除くように議会指導者達に促していたが，1 週間後の市場崩壊によって彼の見解は一変するにいたった[14]．財務省においてモーゲンソーは別としてホワイト，オリファント，マギル，セルツァーはケインズ的な表現で考え始めた．他の部署には，そのような指導者の中にエクルズ，ヘンダーソン，ホプキンズ，カリーがいた[15]．大統領は次第に説得されるにいたった．4 月 14 日には経済を安定させる方策としての積極的財政政策を含む 1 つの計画が立案された．これは議会への教書において，そして同日夜の炉辺談話において発表された．

ドル恐慌

　景気後退は金価格が引き下げられるのではないかという不安から生じた金恐慌を終息させたけれども，それはドルが再び切り下げられるのではないかという逆の不安を引き起こした．この見通しは大して根拠のあるものではなかった．11 月にモーゲンソーは週末にあるグループの連中を集めて金問題を論議する計画である旨ルーズベルトに告げた．これは 1936 年 12 月の金不胎化計画を元

---

13)　連邦準備制度理事会議長マリナー・S. エクルズは彼の回顧録の中で，政府財政の変化が 1936 年最初の 4 か月から 1937 年最初の 4 か月までの間に可処分所得に及ぼした影響が 40 億ドルに達したことに言及している．Marriner S. Eccles, *Beckoning Frontiers: Public and Personal Recollections*, 1951, p. 295 参照．

14)　Blum, *From the Morgenthau Diaries*, vol. 1, pp. 385-86.

15)　エクルズは政府支出の変化がいかにして不況を引き起こしたか，ということについてルービン，ヘンダーソン，カリーのあの「有名な覚え書」に言及している．その覚え書は 1937 年 11 月 8 日のホワイトハウスでの重要な会議のために書かれたものである(Eccles, *Beckoning Frontiers*, p. 304).

に戻すことを意味していた．ルーズベルトは彼が言ったことを誤解して，自分は金価格を引き上げるつもりはないと言った16)．そのような政策方針は考慮されてもいなかった．2月18日の記者会見においてルーズベルトは，物価を引き上げること，しかし特に相対価格の均衡を回復することについて論じ，そして景気後退の進行中に下落した価格は引き上げるが，安定していた価格は引き上げないことについて論じたうえで，次のように明言した．

> 物事を大まかに考える人は「これはインフレを意味するのですか」……と尋ねるでしょう．そうではなく，この政策は価格構造の均衡を回復するのを助けることです．
>
> ある人は次のように言うでしょう．「私たちはドルのデフレーション［原文のまま］をさらに進めようとしているのですか」と．答えは「そうではありません」です17)．

ドル恐慌は深刻ではなかったし，長続きもしなかった．かなりの程度までドル恐慌はヨーロッパ，特にイギリス，スイス，オランダで始まった弱気筋の金売り投機の巻き戻しを主として表していた．9月末から年末までの間にアメリカの銀行から5億7500万ドルが引き出された．しかしこれらの大規模なホットマネーの移動は国際通貨システムを崩壊させることはなかった．金退蔵の増加は退蔵金の通貨への転換が引き起こした金不胎化計画を中止することによって容易に対処されたのであった．

景気回復計画

1938年4月14日の景気回復計画は通貨的金融的要素を持っていた．支払準備が約7億5000万ドル引き下げられ4月16日から実施されることとなり，残高11億8300万ドルをもつ財務省の凍結金勘定は廃止されることとなった．主要な提案は支出を拡大することにあった．事業促進局の資金は12億5000万ドルも増額された．これは最大の増加額であった．これに次いで大きな支出額は

---

16) Blum, *From the Morgenthau Diaries*, vol. 1, pp. 390–91.
17) Roosevelt, *The Public Papers and Addresses of Franklin D. Roosevelt*, vol. 7, pp. 105–6.

表20 アメリカの所得,雇用,生産その他景気指標,1937-39年(季節変動調整済み)

	基準年次	1937年7月	1938年 3月	1938年 6月	1939年8月	変化率(%) 37年7月〜38年6月	変化率(%) 38年6月〜39年8月
所得支払額	1929	89	81	79	85	－12	＋8
工場雇用[1]	1923-25	111	91	84	96	－24	＋14
工場支払給料総額[1]	1923-25	105	78	71	90	－32	＋26
工業生産							
総　　計	1935-39	120	84	81	104	－33	＋28
鉄　鋼		142	53	49	111	－65	＋127
自動車		144	57	49	84	－66	＋71
綿製品		118	81	81	114	－31	＋41
羊毛製品		97	53	68	106	－30	＋56
靴		108	93	88	107	－19	＋22
貨車積載量	1923-25	80	60	58	70	－28	＋21
建　　設							
契約件数	1923-25	67	46	54	73	－19	＋35
住　宅		44	33	42	67	－5	＋60
その他		86	56	64	78	－26	＋22
百貨店売上げ高	1923-25	92	86	82	89	－11	＋9
卸売物価[1]	1926	87.9	79.7	78.3	75.0	－11	－4

注1) 季節変動未調整.
出所) Roosevelt, *The Public Papers and Addresses of Franklin D. Roosevelt*, vol. 7, 1941, p. 235.

州公共事業向けの財務省の融資が5億5000万ドル,連邦政府の公共事業支出が4億5000万ドル,そしてアメリカ住宅公社による融資に利用される資金が3億ドルであった.すべてを合計すると,20億ドル以上の支出とおよそ10億ドルに達する他の支出機関への融資が提案された.この予算は財政赤字を容認することを明確に含意するものであった.経済安定のために財政支出を増やすというケインズの学説は,不況の7年間にわたってフーバーとルーズベルトに反対されてきたが,結局受け容れられることとなった.

経済安定のための財政支出拡大政策の実行はケアリー・ブラウンが明らかにしているように,遅過ぎたし臆病なものであった.ニューディールについて通常抱かれている印象として赤字財政に専念したことが非常に誇張されている,という意味においてそうである[18].初期の財政赤字は税収不足の結果として,あるいは財政支出削減ができなかった結果として不本意ながら受け入れられた

のであった．この景気後退は深刻な全国的不況を決して再発させないようにするケインズ的着想の有効性を証明するために必要であったし，また過去にあったような様々な混乱に陥った国際システムをアメリカが着実に支えるという公約を証明するためにも必要であった．

　景気後退の底からの回復は急速に起こった．しかしこの回復はそれに先立つ景気後退ほどには急速でなかった．ルーズベルトは彼の公文書・演説集に収録されている4月14日の教書に付けた覚え書に，1937年7月から1938年3月および6月までの景気下降と1939年8月までの景気回復とを示す統計表を含めた（表20）．この表は1938年春に景気回復がいかに不均等に始まったかをむしろ手際良く要約してある．建設業など幾つかの業種においては回復が直ちに始まり，他の業種では6月まで景気の底に達していなかったこと，景気の回復が不均等に進んだこと，そして物価は緩やかではあるが低下し続けたことが，この表から読み取れる．この表は外国の兵器註文が景気回復において果たした役割については，国内支出計画の役割に不利になるものとして示していない．しかしこの表は経済を安定させるための知的基盤を提供するためには，不況に加えて今回の景気後退が必要であった，ということを強調するものである．

　「不況が非常に長く続いた根本的な理由は勿論，当時の経済的無知にあった．」[19]．この解答は既に証明されたものとわれわれは期待しているけれども，それは世界的基準においては不適切である．それはアメリカにとっては非常によく適合する．

---

18) E. C. Brown, "Fiscal Policy in the Thirties, A Reappraisal," 1956.
19) Gilbert Burck and Charles Silberman, "Why the Depression Lasted So Long," 1955, reprinted in Stanley Coben and F. G. Hill, eds., *American Economic History: Essays in Interpretation*, 1966, p. 496.

第13章

分裂する世界経済における再軍備

　1929年とは違って1937年の場合には，困難がどこで始まったかについて疑問の余地はなかった．景気後退はアメリカで始まったのである．そのうえ貿易と対外支払によって密接に結び付けられていない世界においては，その影響は不均等に波及した．第2次世界大戦後には，サー・デニス・ロバートソンはアメリカがくしゃみをしたので，ヨーロッパは肺炎にかかったと言わざるをえなかった．1937-38年には景気後退の影響は主として低開発諸国に及んだ．戦争準備で忙しかったので，ヨーロッパと日本はほんの少し鼻風邪をひいた程度であった．

　第1に，工業諸国は証券価格の下落に直面した．この下落は主として心理的なものであった．ニューヨークの株価暴落は世界の資本家達を不安に陥れ，ニューヨーク証券取引所で失われた流動性を埋め合わせるために，他の市場でかなりの換金売りが行われることとなった．しかし金融緩和政策が実施され，公共事業支出が相当規模で行われたために，その株価下落は深刻な事態にまでは発展しなかった．スイスなど一部の市場では株価の下落は全然起こらなかった．

　第2に，外国貿易には2つの影響が現れた．(1)対米輸出が減少したばかりでなく，アメリカの貿易相手国向け輸出も減少した．これら貿易相手国は対米輸出が減少したことにより輸入を削減せざるをえなかったのである．(2)輸入原料価格は低落した．ヨーロッパの商品価格と海外の商品価格は全く異なる動きを示した．1928年から1938年までにヨーロッパの輸入価額は全体で100から73に減少した．これは全体傾向を示すものである．カカオ豆，砂糖，コーヒー，羊毛，綿花，油脂，生糸などヨーロッパ以外で産出される商品は，その全体傾向を40%ほども大幅に下回った．それに対して木材パルプ，石炭，鉄鉱石，鉄鋼，およびセメントといったヨーロッパ産原材料は，その全体傾向を

45%ないし75%上回った[1]. この乖離は第1商品グループに対してアメリカの需要が減少したこと，そして第2商品グループに影響するヨーロッパの兵器と兵器製造設備への支出が急増したことによるものであった.

1938年にヨーロッパの交易条件は1937年よりも改善したが，その一因は運賃率の低下によるものであった. この運賃率の低下はヨーロッパの供給業者の費用負担によるのではなく，船舶所有者の，しかもその大半がヨーロッパ人の船舶所有者の負担によるものであった. アメリカにおける在庫積み増しのための原料の争奪は，数年にわたって船舶を補充しなかったという背景のもとで厳しくなり，1936年前半から1937年第3四半期までに運賃指数をほぼ2倍に引き上げることとなった. しかし9か月後にはそれは50%下落した. 1937年から1938年にかけてアメリカの商品需要が35%減少したことによって，海運業におけるインフレ圧力は緩和され，海外からの輸入は再び安い運賃で行われるにいたった.

1937年のアメリカの景気後退は工業諸国を大きな混乱に陥れることはなかったし，あるいは幾つかの点ではこれら諸国を支援することさえあったが，それは原料供給国にとっては厳しいものであった. 原料価格の下落は1929年以後の不況期のように累積することはなかったし，ヨーロッパの再軍備需要はそれを多少とも緩和するものであった. 原料価格を支持するために，1930年代半ばに非常に苦労して創設された輸出割当機構を機能させようとする企てはあった. しかしそれは大して役に立たなかった. 汎米コーヒー会議は1937年9月の景気後退開始前の8月に失敗に終わっており，ブラジルはその後11月にコーヒー価格を安定させる努力を放棄するにいたった. ゴム，錫，銅，小麦における輸出割当を大急ぎで処理したにもかかわらず，これら原料において価格は大幅に下落した. 1937年1月から1938年1月にかけてのアメリカの原料消費の落ち込みは非常に厳しいものであった. 例えば生糸は30％，綿花は35％，ゴムは40％，錫と羊毛は60％と大幅に下落した.

低開発諸国は景気対策的な長期融資の回復により支援を受けることもできな

---

1) Charles P. Kindleberger, *The Terms of Trade: A European Case Study*, 1956, pp. 182-83.

かった．アメリカは資本を海外に供給するのではなく，それを受け入れていた．世界経済は貿易と資本市場，国際支払において不完全にしか機能していなかった．個々の国々はそれぞれ孤立していたのである．

解体される世界経済

　1930年代に世界経済が統一性を欠いていたことは，一方においては1925年から1929年までと，1932年から1937年までとの上昇局面における鉱工業生産の変化によって，他方においては1929年から1930年までと，1937年から1938年までとの1年間の下降局面における鉱工業生産の変化によって例証される．これら鉱工業生産の変化は図13に示す通りである．上昇局面において，主要諸国の変動幅は1920年代には12%増から55%増までにわたっており，1930年代には14%増から120%増までの範囲にあった．下降局面においては，その変動幅はそれぞれ3%増から19%減までと，8%増から22%減までとであった．

　国内生産に対する外国貿易の関係について1929年と比較した1938年の輸入量と鉱工業生産量との比率によって計測すれば，その比率は幾つかの諸国，特にフランスとアメリカでは一定であったが，イギリスでは10%，カナダではおよそ20%，日本，ドイツ，イタリアでは25%ないし40%低下した[2]．さらに外国貿易総額の中で多角的に決済される貿易は減少した．ヒルガートの計算によれば，1928年に一連の諸国間における輸出入の二国間決済は平均して商品貿易の70%を占め，約5%以上はサービスの輸出入または資本移動によって賄われ，25%は多角的に決済された[3]．国際資本市場の枯渇，関税差別，外国為替管理，清算支払協定が多角的決済の割合を大幅に引き下げたのである[4]．

---

[2]　League of Nations (James E. Meade), *World Economic Survey, 1938-39*, 1939, p. 108.

[3]　League of Nations (F. Hilgerdt), *The Network of World Trade*, 1942, pp. 87ff. 参照．ヒルガートは1938年の二国間決済の割合についての数値を(あるいは1928年の数値の計算方法を)示していない．しかし77，78，90頁の表44と表48，および図6と図10は地域内多国間決済の縮小の程度を示しており，その事実は同書の至る所で言及されている．

[4]　1937年末までに清算協定の数は170に達した(League of Nations [James E. Meade], *World Economic Survey, 1937-38*, 1938, p. 161 参照)．

図13 主要国における鉱工業生産の変化
(1924-29, 1932-37, 1929-30, 1937-38 年, 特定年次を基準にした指数)

出所) League of Nations (James E. Meade), *World Economic Survey, 1938-39*, 1939, p. 107.

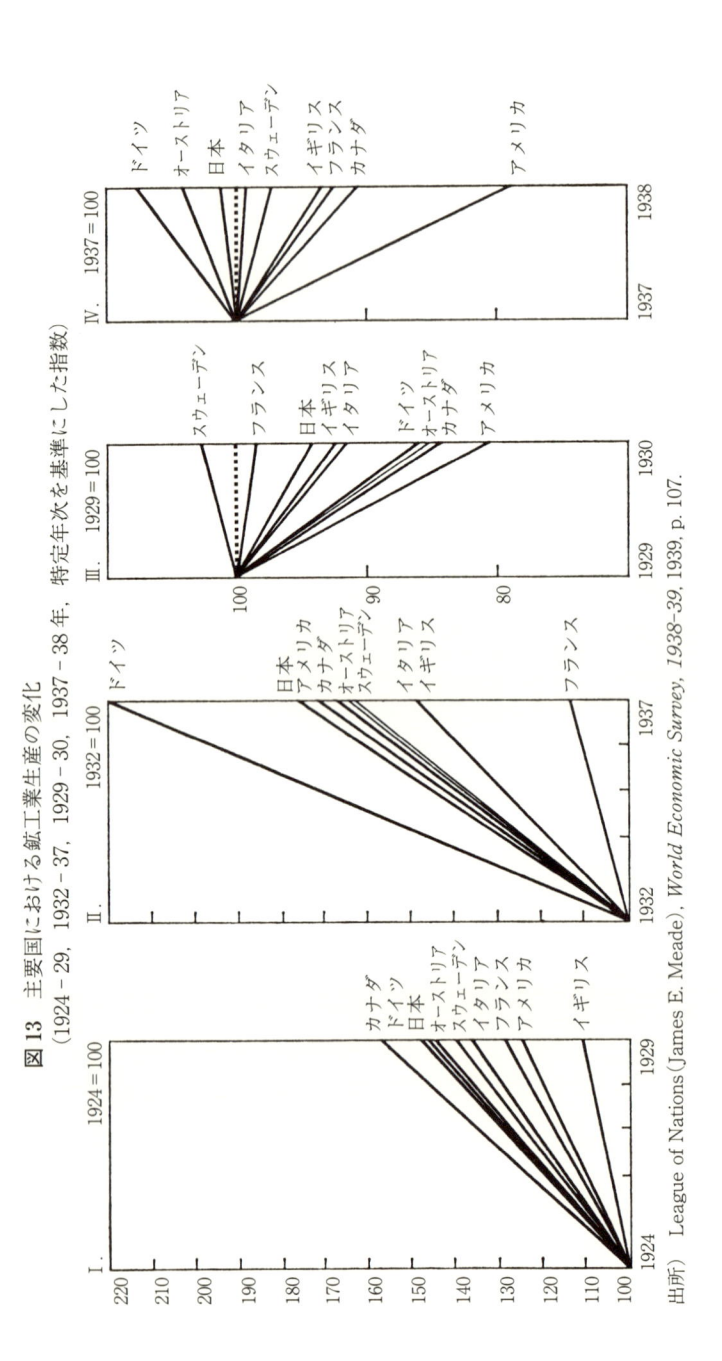

貿易はますます二国間で行われるようになった．貿易は引き続き多角的にも行われていたが，その多角的貿易はブロックの境界内に含まれるにいたった．例えば，イギリスは 1938 年にはその輸出品の 62% を英連邦とポンド・ブロックに販売した．1929 年におけるその割合は 51% であった．輸入ではイギリスは 1938 年にその 55% をブロック内から輸入した．1929 年のその割合は 42% であった．同期間にドイツの東南ヨーロッパとの貿易は，輸出においては 5% から 13% に，輸入においては 4.5% から 12% へ増加した．最も顕著な変化は日本の貿易において起こった．朝鮮，台湾，関東州および満州といった円ブロックとの日本の貿易においては，その輸出は 1929-38 年間に 24% から 55% に，輸入は 20% から 41% に上昇した[5]．

貿易構造が変化しただけではなかった．調整メカニズムはもはや機能しなくなった．所得の変化は貿易や支払に応えて誘発されるのではなく，貿易や支払の不均衡を生み出すこととなった．外国為替準備不足により調整が不可避になる程度まで，その調整は関税，割当，外国為替管理によって行われることとなった．関税は 1938 年に大幅に引き上げられ，それは 1937 年に始まっていた自由化運動を逆転させるにいたった．スカンジナビア諸国，ベルギー，オランダの間で関税を引き下げる 1937 年のハーグ協定は翌年失効するにいたった．諸国は相次いで為替規制を強化した．そしてそれがすでに引き締められていた場合には，ドイツが 1936 年に，イタリアが 1939 年に実施したように，数か国はそれに死刑を追加した．

すでに見たように，民間資本市場は消滅寸前の状態が続いていた．アメリカの投資家は外国債券を十分に保有していた．その償還・返済額は数少ない新規の民間証券発行を上回っていた．英連邦内のいくつかの民間融資が 1936 年と 1937 年にロンドンにおいて起債され，1938 年には重要なオーストラリア公債がロンドン市場において募集された．大半の国際融資について，イギリス当局は長期貸付には規制を維持し，1938 年のポンド危機後には次第にイギリス資金の流出をすべて制限し，そして 1938 年 12 月には先物市場を閉鎖し，1939 年 4 月には発行済み外国証券の購入を禁止した．民間資本市場に代位す

---

5) League of Nations, *Review of World Trade, 1938*, 1939, pp. 34, 35.

る政府融資は始まったが，環境の変化に対する国家的な調整を容易に行うためではなく，輸出と雇用を拡大するためであった．イギリスの輸出信用保証庁とアメリカの輸出入銀行はいずれも1937年景気後退前に設立されたものであり，その機能が拡大された．イギリスにおいてはその主たる動機は潜在的同盟国に経済援助を提供することであって，トルコ，ギリシャ，ルーマニア，中国，ポーランド政府に対しては融資が，同時にニュージーランドの輸入業者には商業信用が供与されることとなった．アメリカの輸出入銀行はアメリカ産品の購入を促すために，ラテンアメリカ諸国，ポーランド，中国への融資を拡大した．輸出入銀行によるブラジルへの2000万ドルの融資は凍結した商業債務を流動化するためであり，アメリカ国内における在外資産の保有者を民間から政府に転換することを意味し，資本移動を表すものではない．それに追加して供与された5000万ドルの融資はアメリカ産品の購入に利用されうるものであった．1939年3月にアメリカ財務省がブラジル政府に供与した5000万ドルの貸付は，もっと長期的な関心に基づくものであった．それは外国為替基金を創設し，中央銀行の発足を支援するための融資であった．これは単にアメリカの輸出品を売って国内雇用を支援するための融資に過ぎないと解釈することもできよう．あるいは打撃を受けた国際貸付の民間市場を政府ベースに置き換える初期の段階と見ることもできるであろう．

再軍備

　世界経済が悲惨な苦境にあったとすれば，その政治組織はもっと悪い状況にあった．1935年のエチオピア戦争に続いて，1936年には言うまでもなくドイツ軍のラインラント進駐があり，1937年には日本は中国攻撃を再開し，スペイン内戦が起こり，1938年には独墺合邦とミュンヘン会談があり，1939年にはドイツがチェコスロバキアを占領した．イギリスは本気で再軍備を始めた．1937年にイギリスは15億ポンドの軍備支出5か年計画を発表し，そのうちの4億ポンドは借入れで賄うこととなった．1938年3月31日に終わる財政年度の予算では増税が行われ，また翌年度においても増税が実施された．1939年2月には5か年計画における借入限度額は4億ポンドから8億ポンドに引き上げ

られた．1939年7月にはその圧力は一段と強くなった．1940年3月31日に終わる財政年度において軍備支出は6億3000万ポンドから7億5000万ポンドに引き上げられ，そのうち5億ポンドは借入れによることとなった．実際の国防支出は1937年第2四半期の4600万ポンドから2年後には1億2400万ポンドに増加した．このような国防支出の増加は経済を資源過剰の経済から資源不足の経済に，物価下落からインフレーションに，そして競争市場による資源配分から次第に価格統制と消費財配給，供給割当の不均衡体制に転換させることとなった．多くの産業において，兵器産業ばかりでなく造船業などの関連産業においても隘路が生じ，その対策が講じられた．新たに土地が開墾され，食糧が備蓄されたばかりでなく，種子や農業器具，肥料の蓄積が開始された．綿花はアメリカとの間でゴムと綿花の政府間交換によって備蓄された[6]．

　フランスが国防支出の拡大に遅れをとったことは第11章において論述した．ミュンヘン会談後までは国防支出に実質的な進展はなかった．同会談後にポール・レイノーはダラディエ政府の蔵相に就任し，行政命令に基づく決定権を掌握し，ブルム政府の政策およびダラディエ政府初代蔵相時代の政策を逆転させ，フランスの国防支出と生産を急激に増加させることとなった．国防産業は1936年8月にはすでに国有化されてはいたが，しかし生産は緩慢にしか増加していなかった．その政策転換により同産業は活気づき急速な増産態勢に入ったのである．1939年3月には国防省に生産サービス部が設けられた．4月には労働移動に統制が課され，兵器産業においては利益に上限が設定されることとなった．5月には軍部には輸送を徴用する権限が与えられ，余剰人員は鉄道から他部門へ配置転換された．戦争リスク保険が創設された．生産は急速に増加し，それに伴って労働時間は増加するにいたった．

　日本は1938年半ばに完全雇用に達した．日本銀行は輸出産業が必要とする原料輸入に融資し，金の喪失を隠蔽するために回転資金を設け，それに3億円

---

6) 歴史においては，当時の経済評論家が誤った経済政策の事例として挙げていたその政策が有益なものになった事例で満たされており，そのことに経済専門家は困惑している．その中にアメリカの農業政策がある．1930年代不況中に綿花と小麦の大量の過剰供給を生み出したアメリカの農業政策は，戦争中に非常に有益なものであることが明らかになった．

を振り込んだ．それに続いて外国為替管理，物価統制，資源割当といった不均衡システムが形成された．

　イタリアでは1937年10月に最高アウタルキー(自給自足経済)委員会が設立された．それはもう1つの枢軸国メンバーが世界経済から撤退することを強調するものであった．

　当時の資料が広く印象付けている出来事は，スペインにおける正規装備のドイツ義勇兵に誇示され，そしてラインラント，オーストリア，チェコスロバキアへのドイツ国防軍の進駐に誇示されたドイツの軍備努力の動きであった．消息筋と公式情報がともに伝えていたことは，ドイツの軍備がすでに1933年から推進されてきたということ，そしてヒトラーが誇示したように900億ライヒスマルクがすでに軍備に支出されたということであった．最後の900億ライヒスマルクという数字は誇張であった．第1の点についていえば，1936年春のラインラント占領まではドイツの再軍備はなお小規模であった．1936年3月末までの3年間には僅か80億ライヒスマルクが支出されたに過ぎず，その半分は最後の年に支出されたものであった．それに続く3年間においては，320億ライヒスマルクが(その最後の1年間には180億ライヒスマルクが)支出された．1939年3月31日までの6年間において軍備支出合計額は400億ライヒスマルクに達した．その後，軍事支出が加速度的に増加したことにより，戦争勃発時までに総額500億ライヒスマルクの軍事費が支出されたのであった[7]．これらの数字には兵器工場への資本支出ばかりでなく，商品や材料の備蓄のための支出も含まれる．

　強烈な再軍備への動きは4年間で戦争準備を終えるようにとの指示により，ヘルマン・ゲーリングが第2次4か年計画の全権を委ねられた1936年夏に始まった．再武装のための特別な計画はなかったし，総合的な4か年計画や原材料生産などその構成要素の計画も，高度に合理化された調整計画としては立案されていなかった．農業やゴム(ブーナS＊)，アルミニウムなど多くの分野においては成功したが，しかし1939年にドイツの輸入依存度が非常に高い石油

---

　7) Klein, *Germany's Economic Preparations for War*, 1959, pp. 16ff.
　［訳注］＊ 合成ゴムの商品名．

と鉄鉱石においては，産出量は目標を大幅に下回った．

　ドイツの軍備計画は電撃戦戦略によって，金融業界と産業界の抵抗によって，さらに平時基準から大幅に逸脱することへの反発によって抑止された．ラインラント，オーストリア，チェコスロバキア，ポーランドにおけるドイツの成功は電撃戦戦略の信頼性を高め，長期戦への備えを不要にすることとなった．産業界からの抵抗は政治的ではなく経済的な理由によるものであって，鉄鋼を既存の用途から鉄鉱石開発のような迂回目的のために大量に転用することに対する反対として表明された．シャハトは国家が生産するものには何であれ国家として融資することができるとは理解していなかったのであり，金融的理由から軍備拡張に反対した．1936年に彼は原材料開発に慎重な意向を示したことにより不興をかった．彼は1937年8月に経済相を解任されたが，1939年1月まで引き続きライヒスバンク総裁に留まった．ライヒスバンクは30億ライヒスマルクの信用を求められ，シャハトは1937年に全く不本意ながらそれを供与した．彼は1938年3月以後にはそれ以上の信用供与を拒否し，そのため彼は解任されるにいたったのである．

　しかし軍備計画が限定的な性格のものになった基本的理由はナチス指導部の侵略的意図にもかかわらず，彼らが平時規準から離脱することができず，その意思さえもっていなかったということにある．消費と消費財産業への投資，政府の非軍事支出は1930年代末にはこれまでのピークを超えた[8]．労働力の本格的動員はなかったし，労働時間の大幅延長もなかった．ヒトラーは彼の大言壮語を実現するために必要な人的物的動員を達成する意思も能力もなかった．

　軍備における言行不一致にもかかわらず，軍備達成のためにドイツ経済には十分な圧力がかかり，そのため不均衡システムが発展した．時間当り賃金は1933年10月の水準に，物価は1936年10月の水準に凍結された．清算制度は債権国および東南ヨーロッパからラテンアメリカに拡大された．ドイツの世界経済との関係は日本およびイタリアの場合と同様に，通貨や物価，あるいは資本移動の変化にはもはや反応しなかったが，しかし厳しく統制されるにいたった．主要工業国10か国のうち3か国が世界経済から大体において撤退したの

---

8) Ibid., p. 76.

である.

世界経済再建の努力

　1937年には景気は十分に回復し，それに伴って枢軸国と共産主義国を除く諸国の政府は世界経済を再建し，不況再来を防止する手段を検討することとなった．この努力には少なくとも3つの局面があった．1937年4月にイギリス政府とフランス政府は前ベルギー首相で著名な経済学者でもあるポール・ヴァン・ゼーラントを招聘し，貿易障壁を除去することの可能性についての報告書を作成するように依頼した．この報告書は1938年1月に提出された．1937年9月に国際連盟原料問題研究委員会は国際連盟経済委員会にその報告書を提出し，次いで同委員会は同年12月に国際連盟理事会にそのことを報告した．これより少し早く1937年6月に，国際労働会議は公共事業に関する情報提供において国際協力を行う決議を採択した．この決議に基づき，そして国際連盟経済・金融・輸送部の協力を得て，国際労働会議は1938年6月に公共事業に関する国際会議を招集した．国際連盟が参加したのは総会において経済不況の防止・緩和策を調査することを要請されていたからであった．

　前述したように，各国公共事業支出を調整することの必要性は1933年の世界経済会議の討議案としてドイツの異端派経済学者や国際労働事務局を含む多方面から提起されていた．ケインズ的思想が開花したことはこの問題を一段と時宜を得たものにした．他方において，再軍備の拡大は他のことを達成するのを不可能にしたのであった．1938年6月の国際公共事業委員会の準備会に代表を送った25か国の政府は主要事業についての計画，実施時期，国家支出の財源について情報交換を行うことを勧告しただけであった．軍備支出が急増する中で，このことは為し得る最善のことであった．しかしそれは純理論的なものであった．第2次世界大戦後になって初めて明らかになったように，計画，立案，実行の各段階において生ずる長期の時間的ずれは各国の景気対策支出を不可能にするほど困難にし，各国の景気対策支出を国際的に調整することにいたってはそれ以上に不可能なことであった．後に国際復興開発銀行は，その開発支出を景気対策的方法で実施することを同行に要求している同行憲章の規定

は実行することができない，と主張することとなった[9]．

　国際連盟の原料問題研究委員会の報告書は[10]，その前とその後に発行された原料問題に関する長期にわたる一連の公式研究・報告書とほとんど区別することができない[11]（しかしこのことは交易条件の変化に対する国際的補償についての，あるいは一次産品在庫に通貨発行を連動させることについての難解な提案は除いてのことである）．一次産品問題は供給と需要の非弾力性にその原因があり，その解決策としては生産や輸出を制限する計画，あるいは在庫を備蓄する計画しかなかった．関係諸国には平等の機会が提供されねばならず，管理機関には消費国の利害が反映されねばならなかった．1938年に需要面で生じた困難の1つは外国為替の欠乏であったが，他方において供給が非弾力的であったのは，1つには生産国側においては外国為替を必要としたのに，外国の融資が得られなかったという事情によるものであった．国際連盟委員会の報告はすべてその種の研究と同じく，有効な成果を挙げ得なかったし，それは同じ主要な理由によるものであった．ある時点において生産国と消費国が一次産品価格についてその後長期間において市場清算水準の価格になるだろうと説得されて，その価格で合意するのは不可能ではないにしても困難であった．1937年9月から12月にかけての場合のように価格が急速に低落する時期は，長期均衡価格について合意する時機としては特に不適切であった．商品計画が機能していた分野においては，輸出割当は急速に削減されていたが，それは価格下落を阻止するほど大幅なものではなかった．1938年半ばからは，その状況はそれとは反対の理由で不幸なものであった．原料価格が上昇していたからであった．しかし公共事業の国際的調整問題の場合と同様に，この問題は世界の再軍備とその結果としての戦争によって背景に押しやられることとなった．

---

[9]　International Bank for Reconstruction and Development submission to the Economic and Employment Commission of the United Nations, press release no. 134, May 11, 1949 参照．景気対策的貸付の問題は，*The International Bank for Reconstruction and Development, 1946-1953*, 1954 においては何処にも論じられていない．

[10]　League of Nations document A. 27. 1937. II. B.

[11]　例えば，United Nations, *Commodity Trade and Economic Development*, Report by a Committee of Experts, 1952 および〔Contracting Parties for the〕General Agreement on Tariffs and Trade, *Trends in International Trade*, Report by a Panel of Experts, 1958 参照．

貿易に関するヴァン・ゼーラント報告も同様に学術的であり，その一因は同じ理由，つまり再軍備にあった．ヴァン・ゼーラントは次のように主張した．関税は互恵的に引き下げられるべきであり，そこで与えられる譲許は最恵国条項により広範囲に適用されねばならない．輸入割当は関税に，あるいは少なくとも関税割当に置き換えられるべきである．そして門戸開放政策は原料を入手するために必要である．彼が強調したことは，清算協定については徐々に取り除くこと，債権国は資本移動を容認するために外国為替管理を撤廃すること，そして債務国は貿易金融以外の資本移動については管理する必要があるにしても，外国貿易金融の範囲においては外国為替管理を撤廃することであった．国際決済銀行は為替管理が撤廃される過程にある期間は多角的清算協定を設けることによって，あるいは国際貿易金融に利用される共同基金を設立することによって貿易金融を提供することができるであろう．投機的な短期資金を管理する決定的な手段は金本位制の再建であった．その目的にいたる手段は三国通貨協定のもとで諸協定を拡大していくことであろう．これはある時点で24時間為替レートを保証する代わりに6か月間保証すべきであろう．しかし金本位制の再建は世界経済復興の最終段階であって第1段階ではなかった．

公共事業や原料に関する諸報告と同様に，ヴァン・ゼーラント報告もほとんど関心を引かなかった．それは1つには，すでに指摘したのと同じ理由，急速に近づいてくる戦争とその準備の必要性であった．さらに，フランスとイギリスがそれを後援し，著名なベルギー人が知的指導力を発揮したということだけでは十分ではなかった．アメリカの強力な関与があって初めてそれは実行されうるものであったからである．アメリカは互恵原則に基づいて自国の関税引下げを推進し，帝国特恵を切り崩す用意はあった．アメリカは三国通貨協定において国際的通貨協力を漠然と始めはしたが，その意味するところを実質的にはほとんど理解していなかったのである[12]．

世界経済再建におけるアメリカの指導力は戦争がなかったとしても発揮されることになったかどうかは，解答することのできない問題である[13]．再建への

---

12) モーゲンソーが国際通貨システムをいかに理解していなかったかを示す1つの事例を挙げれば，彼が三国通貨協定にソ連を参加させるために招待すべきである，と提案したことに示されている (Blum, *From the Morgenthau Diaries*, vol. 1, p. 460 参照)．

動きはすでに始まってはいたが，それに続く動きはほとんどなかった．世界には強力な指導力はほとんどなかったのである．その強力な指導力は大戦中から戦後にかけて大西洋憲章，武器貸与法第7条，ダンバートン・オークス会談，ブレトンウッズ会議，ホットスプリングズ協議，英米金融協定，国際貿易機構と関税および貿易に関する一般協定，マーシャル・プラン，そしてポイントフォア計画＊において具体化されることになる．1930年代末においてもアメリカはイニシアティブを欠き，その行使を躊躇していたばかりでなく，それに取って代わる国もなかった．戦争がなかったとしても，国際連盟原料委員会案，国際労働事務局の公共事業調整案，および貿易障壁軽減のためのヴァン・ゼーラント報告において具体化された課題は非現実的なものとして取り残される運命にあったのである．

---

13) イギリスは素早く対応するにしても，アメリカが主導権を取ったということは，Richard N. Gardner, *Sterling-Dollar Diplomacy*, 1969 の冒頭の諸章のテーマである．ロンドンにおける交渉の説明については，E. F. Penrose, *Economic Planning for the Peace*, 1953 参照．

［訳注］＊ アメリカの開発途上国援助計画．トルーマン大統領が1949年の年頭教書において発表した政策．その第4項に発表した政策であったから，こう呼ばれている．

第14章

1929年不況についての1つの説明

　本題に戻る．何が1929年の世界不況を引き起こしたか．何故その不況は非常に広い地域に広がり，著しく深刻になり，大変長い期間に及んだか．その不況は実物的要因または貨幣的要因のいずれによって引き起こされたか．その世界不況はアメリカ，ヨーロッパ，その周辺の一次産品生産諸国のいずれから起こったか，あるいはこれら諸国間の関係において起こったのであるか．致命的な弱点は国際資本主義システムの性質にあったのか，それともそのシステムが運営される方法，言い換えれば政府が追求する政策にあったのか．それらの政策はその重要性においてどれほどが無知によるものであり，あるいは目先の利益にのみこだわったことによるものであり，あるいは悪意によるものであったのか．その世界不況の深さと長さは比較的に安定的なシステムに対する衝撃の強さを反映するものであったのか，それともそれは通常の力の一撃を，あるいはその連続的打撃を受けた際における国際資本主義システムの不安定性の度合いを示すものであったのか(しかしそれは測れるものではない)．あるいはポール・サミュエルソン，ミルトン／ローズ・フリードマン，そして私の三者間で行われた論争を振り返ってみると，その世界不況は偶発的な出来事であったのか，それともアメリカ連邦準備制度理事会側の意図的で誤った金融政策の結果であったのか，それともその起源は金融的実物的の両要因にかかわる複雑で国際的なものであったのか．それに関する主張の論旨を纏めるに当っては，相当程度の先入観が入るのは認めざるをえないであろう．私が前もって選択した1つの立場を支持するために，この10年の歴史から統計や事実や出来事を選択したという誹りは免れない．しかし私は次のように主張したい．私は説明を続けていくのに適しない事実を故意には除外しなかったし，またアメリカの金融政策(フリードマン)，金本位制の誤用(ロビンズ)，デフレーションの誤解(ケイ

ンズ),長期停滞(ハンセン),構造的不均衡(スペニルソン)など他の説明を無視しなかった.本章の表題は「1つの説明」であり「その説明」ではない.

本書の説明は次の通りである.1929年不況が非常に広範な地域に及び,著しく深刻なものとなり,そして甚だ長い期間に及んだのは,イギリスが下記の5つの機能を果たすことによって国際経済システムを安定させるための責任を果たすことができなくなり,アメリカはそうする意思がなかったために,国際経済システムが安定性を失うにいたったからである.その5つの機能とは次のことである.

(1) 投げ売りされる商品のために比較的に開かれた市場を維持すること.
(2) 景気対策的な,あるいは少なくとも安定的な長期融資を提供すること.
(3) 比較的に安定した為替相場システムを維持するように規制すること.
(4) マクロ経済政策の協調を確保すること.
(5) 金融危機の際には中央銀行が割引し,あるいは流動性を供給することによって最後の貸し手として行動すること.

これらの機能は国際経済システムに責任をもつ1つの国によって組織され実行されなければならない,と私は考える[1].これが実施されるならば,そして特にそのような責任をもつ国が金融危機において最後の貸し手としての役割を果たすとすれば,国際経済システムは通常の場合は,かなり深刻な崩壊をも市場メカニズムによって調整することができる.他の人々はそう考えないけれども,私はそう考える.構造的崩壊が非常に広範であり,もっと徹底的な措置が必要とされる時期はあるであろう.例えば,第2次大戦後のマーシャル・プランと対英融資などはそのようなものであった.D.E.モグリッジは1929年から1931年にかけての経済的崩壊は非常に根深いものであったから,フランスと

---

1) 政治学者は一国の主導的地位を「覇権」と呼んでいる.私はそれを責任と考えるのが良いと思う.しかし覇権は自国中心的であるばかりでなく,もっと現実主義的でありうる.政治学者が平和と世界経済の安定を維持するために覇権が必要かどうかを議論していることについては注目しなければならない.Robert O. Keohane, *After Hegemony: Cooperation and Discord in the World Political Economy*, 1984 参照.コヘインの考えによれば,国際体制は覇権に代わることができる.体制とは制度化された協調慣行である.それはもっと正確には「行為者の期待がある所与の問題領域に収斂するさいの原則,基準,ルールおよび意思決定手続き」として定義される(Stephen D. Krasner, "Structural Causes and Regime Consequences: Regimes as Intervening Variables," 1983, p. 1).

第 14 章　1929 年不況についての 1 つの説明　315

アメリカによるオーストリア，ドイツ，イギリスに対する救済融資は螺旋状に悪化する通貨の崩壊を阻止するのには役に立たなかったであろうと考える[2]．当時の国際経済システムは一次産品の過剰生産，ドイツからの賠償金徴収についてのフランスの強要，戦債返済についてのアメリカの要求，ポンドの過大評価とフランの過小評価，ニューヨークによる対外貸付の停止，ニューヨーク株式市場の崩壊などから衝撃を受けた．国際経済システムに対するこれらの衝撃は非常に大きく，それゆえいかなる組合せの防衛措置をも圧倒したのではないかという問題がある．あるいは国際経済システムの安定装置として行動する意思と能力をもつ国を欠く場合に，このシステムに対してある最低水準を超える偶然の衝撃があれば，それはこの不安定なシステムを不況に陥れることになったのではないかという問題がある．

　私の主張は次の通りである．困難の原因は国際経済システムがかなりの潜在的な不安定性を内包していたこと，そしてそのシステムに安定装置を提供する国が無かったことである．第 1 次世界大戦前においては，イギリスは前記の 5 つの機能を多かれ少なかれ実施することによって，そして安定的な為替相場と協調的なマクロ経済政策の両者を内包する金本位制の仕組みに強く支援されたことによって世界を安定させた．イギリスは中央ヨーロッパとアメリカがともに長期不況に陥った 1873 年の場合のようにそれに巻き込まれず，あるいは傍観する場合もあった[3]．5 年間にわたって対外貸付が加速的に増加した後，

---

[2]　Moggridge, "Policy in the Crises of 1920 and 1929," 参照．第 1 次世界大戦と第 2 次世界大戦の影響は物的，経済的，政治的荒廃と混乱の程度において異なるから，異なる対応策が必要であった，というモグリッジがここで述べている見解にハーバラーは同意している．Haberler, "Die Weltwirtschaft und das internationale Währungssystem in der Zeit zwischen den beiden Weltkriegen," pp. 228-29（邦訳，上 270-71 頁）参照．しかし次のことを指摘しておこう．何年か前にはハーバラーは「ドル不足」の考え方に反対し，ある場合にはマーシャル・プランにも反対したロイ・ハロッド，フリードリック・ルーツ，ジェイコブ・ヴァイナー，ジョーゼフ・ボール上院議員といったような人々の見解に同調し，大戦直後にヨーロッパ諸国が「インフレを止め，為替相場を調整した」とすれば，ヨーロッパにおいては経済の安定と成長が回復されたであろう，と主張しているのである．Charles P. Kindleberger, *The Dollar Shortage*, 1950, pp. 2-6（邦訳 1-8 頁）．

　両大戦の戦後期は同種のものであるという，主に政治的な見解とその反対論については，Charles S. Maier, "*The Two Postwar Eras and the Conditions for Stability in Twentieth-Century Western Europe*," 同論文とともに掲載されているスティーブン・A. シューカーと私の論評，それに対するマイアーの応答を参照されたい．

1890年にはロンドン資本市場は突如として貸付を停止した．1890年から1895年まで続いた不況後には，国際経済システムは1886年に発見された南アフリカ・トランスバールのランド金鉱から金が大量に流入するという形でデウス・エクス・マキナ＊が現れ救われることとなった[4]．1929年，1930年，および1931年にはイギリスは世界経済の安定装置として行動することはできず，アメリカはそうしようとはしなかった．あらゆる国がその国民的個別的利益を擁護することに転換した時，世界の公共利益は失われ，それに伴って各国の個別利益はすべて失われるにいたったのである．

投げ売り商品のために市場を維持すること

　投げ売り商品のために市場を維持することは，別形態の金融と見なすことができる．自由貿易は2つの要素を持っている．(1)海外の生産能力の変化に国内の生産資源を適応させること．(2)市況悪化時に輸入市場を開放しておくこと．第1の点は急速に成長する国においては容易に実施することができる．高成長国は生産性の低い事業分野から生産資源を移転させる必要があるからであり，また輸入競争を受け入れる意思をもっているからである．第2の点は不況中に自由貿易を堅持し，輸入競争部門に短期的に犠牲を強いる中で，海外に累積されている余剰品に市場を提供することである．イギリスは1846年から(あるいはその後のある年次から，例えば収入関税以外のすべての関税を撤廃した1860年から)1916年まで自由貿易に忠実であった．1873年以降イギリスは経済が急速には成長しなかったけれども，引き続き自由貿易を堅持した．なぜならその衰退産業は輸入競争産業ではなく輸出産業であったからである．不況中にイギリスが自由貿易に執着したのは，世界経済に意識的に奉仕するというよりは，文化的対応の遅れとアダム・スミス以来の自由貿易の伝統によるものであったのかもしれない．

---

　3)　Kindleberger, *Manias, Panics, and Crashes*, p. 211(邦訳259-60頁)参照．
　4)　Kindleberger, "International Propagation of Financial Crises" 参照．
　[訳注]＊　139頁訳注参照．

これと対照的なのは1930年のスムート＝ホーリー関税法である．農業の困難を最初の手がかりにして，フーバーはシュンペーターが共和党の常備薬と特徴づけた関税に手をつけた．1927年の世界経済会議が世界の諸国に対し関税休戦を実施しなければならないと勧告していたにもかかわらず，フーバーは関税引上げに着手したのである．その行為はアメリカ国際収支への影響においても，あるいは債権国に相応しくない行為としても重要視されるべきであったが，それ以上にアメリカの無責任さを示すものとして重要であった．連邦議会の烏合の衆は農業から一次産品に，そしてあらゆる種類の製品にも保護を拡大した．そしてフーバーは他の諸国からの30件を超える公式の抗議にもかかわらず，そして1000人の経済学者の勧告にもかかわらずその法案に署名したのであった．この関税引上げは他の諸国が保護と輸入制限になだれ込む動きを誘発することとなった(あるいは少なくともその動きを防止するのには何の役にも立たなかった)．各国が輸入によるデフレ圧力を回避しようとしたからであり，そして結局は相互的な輸出制限を通して確実にデフレ圧力を加えることとなったからである．国内物価を引き上げるための為替切下げの場合と同様に，ある国にとっての利益はすべての国にとっての損失であった．関税報復と競争的為替切下げによりお互いが損失を被るのは確実であった．1933年の世界経済会議に提案された関税休戦と為替の安定という方策は，物価引上げまたは雇用拡大の建設的な手段を提供するものではなかった．それにもかかわらずその方策は景気下降の進展を緩和する手段として重要なものであったであろう．投げ売りされる商品に市場を提供する大国，あるいは為替の上昇を許容する意向を持っている大国はなかったし，ましてや支払困難から苦境に陥った諸国に対して長期資本や割引便宜の供与を申し出るような大国は存在しなかったから，全体が部分の総和より少ないという合成の誤謬が作用して，デフレーションの進展は確実なものとなったのである．

景気対策的な対外融資

　19世紀においてイギリスは景気対策的に海外融資を行う傾向があった．もっとも，すでに言及した1890年の出来事のような幾つかの例外はあった[5]．

しかし概して，そして特に 19 世紀中葉以降においては対外融資と国内融資は補完的に動いていた．国内の景気後退は対外融資を刺激したし，他方において国内のブームは対外融資を削減するとともに輸入の増加を引き起こした．このイギリスによる輸入の増加は海外の輸出を刺激し，この海外の輸出増加が借入資金による国内投資に代わることとなった．景気対策的な対外融資が国際経済システムを安定させたのである．

1920 年代にアメリカの対外融資は国内投資と正の相関関係にあり，相互補完的な関係にはなかった．1920 年代のブームは対外融資の増加を伴い，1930 年代の不況は資本移動を逆転させた．ハル・ラリーは 1943 年の著書『世界経済の中のアメリカ』において，アメリカが輸入を削減すると同時に対外融資をも削減するという基本的事実を記録した．対外融資の削減は実際には株式市場の崩壊に先行した．それは投資家がドーズ借款に伴う外債ブームから，1928 年春に始まる国内株式ブームに投資を転換したからであった．ドイツに対するデフレ圧力については論争がありうる．周辺の低開発諸国に対するデフレ圧力は明確に認められる[6]．さらに表 1 が示すように，イギリスは 1929 年には対外融資を 1928 年以上に削減し，アメリカの動きに同調したのであった．

安定的な為替相場

為替相場は 19 世紀においては金本位制により安定していた．金価格はイギリスでは 1717 年に，フランスでは 1726 年に固定され，戦争や危機による中断はあったが，それぞれ 1931 年，1928 年まで維持された．大半の経済学者は金本位制がイギリスによって管理されたこと，時にはフランス銀行，ハンブルク銀行，ロシア国立銀行から支援を受けたことを認めている．金本位制のシステムはほとんど変更のできない客観的事実として受け入れられていた．そのシステムは金本位制に内包されており，従って正当性を持つものであった．

第 1 次世界大戦のインフレの後，為替相場が復活され，あるいは調整された

---

5) Kindleberger, "The Cyclical Pattern of Long-Term Lending" 参照．
6) Fleisig, "The United States and the World Periphery During the Early Years of the Great Depression."

時，それらの為替相場を均衡水準において固定させることが重要であった．その問題は関心の的となった．大半の諸国において経済学者達が購買力平価の計算に従事したが，イギリスが海外資産を失ったことや，大量のフランス資本が本国へ還流する時機を求めて1926年に海外で待機していたことなどの構造的変化について適切に考慮されることは常になかった．イタリアは恐らくは専ら威信を保つためだけに為替相場を選択した．このようにして取り決められた為替相場体系がその国際通貨体制に重圧を加えることとなったのである．

　それからすぐ不況が来た．そして主要国周辺の多くの国々は先進諸国からは資金借入を断られ，輸出価格と輸出額の急激な低落に直面する中でその通貨を切り下げて対応した．かなり大幅な競争的為替切下げが起こった．イギリスはポンドがどれほど大幅に低下しようと気にしなかったが，しかし同国はポンドの上昇を抑制するために為替平衡勘定を創設した．1930年代における為替相場の混沌とした動きに対して通貨当局は，近隣窮乏化戦術防止の基準として1944年のブレトンウッズ会議で固定相場制を採用することによって対応した．諸国が独自のマクロ政策を追求するに伴って一連の固定相場が重圧を受けた時，多くの経済学者は変動相場制を支持した．変動相場制を採用した国はそれによって世界の不安定な状況から自国を隔離することができる，ということについては以前から多くの者が考えていたし，マネタリストはなお広くその見解を支持している．しかし1930年代の経験も1970年代の経験もそうではなかったことを示しているようである．デフレの世界においては1930年代におけるように，刺激に過剰反応する変動為替相場はデフレ促進的である．為替切下げは国内物価を変えることはなく，為替相場が上昇した諸国においては物価を下落させる．他方，1970年代におけるようにインフレの世界においては，逆の意味において歯止め装置が働く．為替切下げは国内物価を引き上げる．為替切上げは外国の物価を不変のままにする．

　経済学者は為替相場安定の最適状況を達成するための最善の方法についてなお合意に達していない．その最適状況というのは短期的には安定する為替相場であり，長期的には構造変化が求められるに伴って，そしてマクロ経済政策が異なるに伴って調整される為替相場である．また，主導国が今日どのようにしてそのような制度を提供するかについても明らかにされていない．しかしアメ

リカは1970年代初頭までブレトンウッズ体制を支配してきたのである.

マクロ経済政策の調整

為替相場と同様に,マクロ経済政策は金本位制のもとで19世紀には多少とも自動的に調整された.イングランド銀行はロンドン金融・資本市場を管理するための技術を徐々に開発してきた.そしてその金融・資本市場が金融政策を国内の他の地域と世界に伝達したのであった.財政政策は租税形態を変更する場合を除けば,平和時の均衡財政の世界にあってはほとんど存在しなかった.その租税形態の変更は国民所得の安定を維持するためではなく,資源配分と所得再分配のために実施されたのである.

金本位制は基本的には両大戦間期に崩壊した.アメリカとフランスが金を蓄積し,それを不胎化したからであった.金融政策は主として国内目的のために実施された.1927年の金融緩和政策はそうではなかったが,それは後に誤りと見なされるにいたった.1923年のドイツのインフレは同国をインフレ妄想症に陥れることとなった.積極的財政政策は事実上,どの国においても実施されなかった.スウェーデンにおいてさえ実施されなかった.そして金融政策が諸国間で調整されることはなかった.「遅れた者は鬼に食われろ」,そうでなければ総崩れだ,という状況であった.

最後の貸し手

最後の貸し手という機能は2つの要素を持っている.1つは国内的要素であり,もう1つは国際的要素である.国内面においてはその機能は適時に実施された.イングランド銀行のモンタギュー・ノーマンは1929年1月にウィリアム・ディーコンズ銀行を救済した.同年10月にニューヨーク連邦準備銀行のジョージ・ハリソンはニューヨーク市場の流動性を支えるために,ワシントンの連邦準備制度理事会が彼に付与した限度を相当上回る公開市場操作を行って急遽,援助の手を差し伸べた.イタリアでは1930年に様々な種類の銀行が秘密裏に救済された.それは同年11月から12月にかけてアメリカで最初の銀行

恐慌が起きるかなり前のことであった．ドイツの記録によれば，同国ではそのような銀行支援の動きは積極性に乏しいものであった．1931年7月の社会民主党の覚え書において，ライヒスバンクは金・外国為替準備が課している法的限度を考慮せずに，銀行券の新規発行を引き受けるべきであるが，それは公定歩合の引上げによりインフレの危険を回避するようにして実施されなければならないと主張された．ライヒスバンクは後者を実施し，前者は実施しなかった[7]．そしてダナートバンクは倒産するままに放置された．それは今日的視点からすれば理解し難い怠慢の罪と見なされるものである[8]．

しかしこの最後の貸し手・中央銀行が非常に顕著な失敗を犯したのは国際分野においてであった．最後の貸し手としての役割は良くても困難なものであるが，イギリスは1931年6月に他の諸国がオーストリアに対する融資を取り消した時，最後の5000万シリングまで努力して融資した．その協調融資の挫折後，イギリスはドイツに対する融資には参加しなかった．他方においてフランスとアメリカは融資を引き受けたが，フランスの緊迫した政治状況は別としても，その融資額は「少な過ぎ，遅過ぎ」であった．イギリスが援助を求める番になった時，アメリカとフランスは1度に1件の融資という方法で，自由に貸し出すというバジョットの処方箋に対しサラミ戦術＊で融資を進め，そして第2次借款には非常に厳しい条件を付け，そのため労働党政府は崩壊するにいたった．今日，第三世界とIMFとの交渉において提起される救済融資の条件は新しい問題ではないのである．

イギリスの指導力

イギリスが指導力を発揮できなくなったことは1931年までは明らかでなかった．1920年代初頭に国際連盟はオーストリアとハンガリーの通貨を安定さ

---

7) Holtfrerich, "Alternativen zu Brünings Wirtschaftspolitik in der Weltwirtschaftskrise," p. 6.
8) Irmler, "Bankenkrise und Vollbeschäftigungpolitik(1931-1936)," p. 287（邦訳，上 349-50 頁）．
［訳注］＊ サラミソーセージが薄切りにされて出されるように，持っているカードを小出しにする戦術のこと．

せる計画を作成した．これらの計画はその構想においてかなりイギリス的であり，国際連盟経済・金融・輸送部門の職員などになっているスカンジナビアやベネルクス3国や英連邦自治領出身の専門家の助力を得て作成された．その後，ドイツの賠償問題を解決するためのドーズ案とヤング案の作成ではイギリスの専門家が支配的な役割を演じた．その際，アメリカ人は賠償を戦債に結び付けるイギリスの要望を支援する看板役として奉仕したのであった．ところが1931年にはイギリスは指導力を失うにいたった．その指導力はノーマンとモローの間で行われた他愛もない中央銀行間の争いにおいて多少は浪費された．しかしヨーロッパの小規模な中央銀行に対する支配権争いはその大半がモローの想像の産物であった（ベンジャミン・ストロングはそれらの争いを懸命に調停しようとした．そして1928年に彼が死亡したことは国際通貨制度の安定にとって損失であった）．フランスが保有するポンド残高はイギリスにとって重い負担となり，イギリスが最後の貸し手としての役割を果たすことを妨げることとなった．1933年の世界経済会議においてイギリスは世界で指導的な役割を果たすことから遠ざかり，英連邦の発展を促し，ポンドを管理する自由を拡大することを求め，世界的計画を策定することについては大部分，アメリカに委ねたのである．

アメリカの指導力の欠如

ウィリアム・A. ウィリアムズなどのようなアメリカの修正主義的歴史家はアメリカが早くも1922年の軍縮会議において，チャールズ・E. ヒューズの指導下で世界において指導的な役割を果たしたと主張する[9]．国際経済学の分野

---

9) 例えば，William Appleman Williams, *The Tragedy of American Diplomacy*, 1959, esp. ch. 4, "The Legend of Isolationism"（邦訳，第4章「孤立主義の伝説」）参照．修正マルクス主義の歴史家ウィリアムズ氏は次のように述べる．「フーバーは次の事実，この不況は南北戦争中に誕生し，1895年から1905年までの10年間に成熟するにいたった企業経済が停滞する徴候であるという事実を把握していなかった」(p.123〔邦訳は1972年改訂増補版の訳．同版は大幅に改訂増補されているため，初版対応の文章は見当たらない〕)．そして「1932年秋以降，ルーズベルトとハルは国内経済を回復し拡大するためには，そして戦争と革命を引き起こす状況を世界的規模で救済するためには外国貿易が重要であることを強調した」(p.128)．歴史家として彼は私が前に引用した最初の就任演説のような証拠

においてこのような見解を支持することは困難であるし、あるいは不可能である。国際経済の研究者はE.H.カーのような歴史家の伝統的見解を支持している。カーの見解によれば、「1918年に世界の指導権は連合諸国のほとんどすべての同意するところとしてアメリカに提供された．……[そして]アメリカはそれを拒絶した」[10]. ニューヨークにおいては、そしてストロングとハリソンが指導するニューヨーク連邦準備銀行においては、またドワイト・モローやトマス・ラモント，ノーマン・デイビスのような人々によって代表される金融業界においてはヨーロッパの事情に関心があった．ニューヨーク住民以外ではチャールズ・G.ドーズやアンドリュー・メロンなど，少数の人々が国際金融と外交に携わっていた．しかし全体としてはベルサイユ条約に反対し，アメリカの国際連盟加入を拒否することで指導的役割を演じたヘンリー・キャボット・ロッジの主張する孤立主義が支配的意向を代表していた．アメリカはその国際的役割に確信がもてなかったのである．イギリス人はその交渉戦術においてアメリカ人よりも抜け目なく，議論が巧みで，率直でなく，そのためアメリカは国際会議では敗者になる，とアメリカ人には思われていた．スチムソンは1931年7月にライヒスマルクを救済するために，大規模な割引操作を引き受ける意向を持っていたようであった．フーバー，メロン，そして(ニューヨーク出身であったけれども)ミルズはその割引が悪貨と交換に良貨を提供することを要求するものであると考えて，それに反対した．1933年にはジェームズ・ウォーバーグやモウリーは、そして恐らくはウッディンとルーズベルトも悪貨と交換に良貨を提供することになお抵抗した．当初提案された国際通貨基金案は多数あり，イギリスでさえも公式にその一案を提示した．それらの提案はアメリカが戦債不払いと債務弁済繰延べ協定によりすでにどれほど多くの損害を被ったかについての説教を同国代表から聴かされたあげく一様に拒否されたのである[11].

を無視し，ルーズベルトについてどうしてそのようなことが書けるのか，私は理解に苦しむところである．
10) Edward Hallett Carr, *The Twenty Years' Crisis, 1919-1939: An Introduction to the Study of International Relations*, 1946, p. 234 (邦訳422頁).
11) ピーダセンは1931年の流動性危機の責任はアメリカにあるという．その理由はアメリカがドイツのマルクを支えなかったことであり，そしてポンドが金支払い停止に追い込まれた時にアメリカがポンドを引き受けなかったことである．Pedersen, "Some Notes on the Economic Policy of the United States During the Period 1919-1932," in his *Essays in*

ハリー・D. ホワイトがブレトンウッズ会議でのたたき台として，ケインズ卿の通貨基金案と共に提出する世界的な通貨基金案，限定的な割引を行う世界的な通貨基金案を準備し始めたのは 1942 年になってからであった．

国際協力

中央銀行間協力は 1928 年半ばまで維持されたが，その後は失敗したというクラークの結論については，すでにある程度詳しく論じた．要するに，小規模な中央銀行に対する主導権とか均衡為替相場の選択とかのような事柄に関して行われた中央銀行間協力は 1926 年以前は不十分なものであったし，そしてフランス銀行は 1931 年晩夏にはポンドを誠実に(そして高い費用をかけて)支持した．もっと重要な問題は中央銀行間協力それ自体が十分なものであったかどうか，ということである．アルビン・ハンセンはその著書『世界経済におけるアメリカの役割』[12]において，アメリカは国内では完全雇用維持政策を，そして国際的には自由貿易の推進，資本移動の復活，世界通貨システムの改善などを推進する協調政策を主張した．後知恵の利点で言えば，国際協力以上のもの，すなわち指導力が提供されたように思われる．そして単なる国際協力では経済協力開発機構，10 か国蔵相・中央銀行総裁会議，国際決済銀行，国際通貨基金，国際復興開発銀行，関税および貿易に関する一般協定などの制度や政策は形成されなかったように思われる．国際通貨基金の職員をしているある知人が述べたように(それは明らかにアメリカ人に対して述べたものであるが)，もしアメリカが指導力を発揮しなかったとすれば何もできなかった．指導力があっても，それに従う国を欠く場合がありうるし，思慮を欠く提案は当然であるが，良識ある提案でさえも支持を得られなければ，採用されないことになるであろう．しかし小国が提出する非常に良識ある提案でも，それを実行する能力を欠いて

Monetary Theory and Related Subjects, pp. 208-9 参照．この見解は今日では合意に達しているようであり，ピーダセン教授は早くも 1933 年にこの見解を表明した．しかし彼自身指摘しているように(p. 210)，アメリカは「その当時の通常の偏見」に従って行動していたのである．

12) Alvin Hansen, *America's Role in the World Economy*, 1945.

いるとすれば，そしてそれを実施する諸国の協力を得ることに失敗すれば無価値である．1933年の世界経済会議は1927年の世界経済会議の場合のように着想を欠いていたわけではなかった．しかし指導力を発揮しうる国は国内問題に関心が向いていて，国際問題には傍観の態度をとったのである．

　国際協力の特殊な形としては，世界の経済問題における英米の共同指導がありえたであろう．1980年代においてこれに相当する共同指導はしばしば提案された〔西〕ドイツ，日本，アメリカの3国指導である．これら3か国はアメリカが単独で指導力を提供する能力と意思を失った現在，必要とされる世界的指導力を提供することができるであろうというのである．しかし経済学者も政治学者もこのような取決めは，それが複占であろうと双方独占であろうと不安定であるということで通常，意見が一致している．カーはパクス・アングロサクソニカ*への待望は非現実的であったし，パクス・アメリカーナは「比較的に容易に起こりうる事態であろう」と明確に述べている[13]．ヴァンシタットは債務弁済繰延べ協定とドイツのラインラント占領に言及したさいに，世界経済会議は時宜に適していたと書いた．「2年早く行動が必要とされていた時に，両国政府（イギリスとアメリカ）はイギリス，フランスの両政府が3年後にしたようにお互いにその背後に隠れた」と述べた[14]．二頭政治であれ三頭政治であれ，あるいは主要7か国首脳会議や10か国蔵相・中央銀行総裁会議のような少し拡大した形の集団指導体制であれ，そういう体制においては責任を取る国はないのである．

指導国の交替

　フリードマンとシュウォーツはアメリカにおいてニューヨークからワシントンへの金融的指導力の移動が大不況に与えた影響を重視する[15]．「大きな出来事には大きな原因があるのは健全な一般原則」であるから，このような見解は

---

13) Carr, *The Twenty Years' Crisis, 1919-1939*, pp. 233-34 (邦訳 421-22 頁).
14) Vansittart, *The Mist Procession*, p. 466.
15) Friedman and Schwartz, *A Monetary History of the United States, 1867-1960*, p. 419.
〔訳注〕＊ 英語圏諸国による世界平和．具体的には大西洋両岸の英語を話す諸国による平和．

こじつけのように聞こえると彼らは言うが、しかし時々起こる小さな出来事が連鎖反応と累積効果を通して大きな結果をもたらすことに言及する。ここで主張されているその一般原則の普遍性はある1人の観察者には疑わしいものに思われている[16]。指導力の所在地の変化が不安定性を引き起こすという考察は疑わしいものとは思われない。フリードマンとシュウォーツが専らアメリカ国内の金融状況に焦点を当てなかったとすれば、彼らはフーバーからルーズベルトへの大統領職の移動に伴って不況が一段と激化したことに注目したであろうし（この大統領職の交替は通貨供給量が大幅に増加した後のことである）、そして（私の判断では）世界経済における指導力がホワイトホール*からホワイトハウスに移動するという、もっと重要な出来事に伴って不況が一段と激化したことについても、彼らは言及したかもしれない。

このような2つの中心地をもつ金融システムは不安定である、あるいは指導力が1つの中心地では低下し、他の中心地では上昇しているような金融システムは不安定であるという見解は、1931年の金本位制の崩壊にとって決定的に重要であるとしてエドワード・ネビンが言及している。ネビンはマクミラン委員会におけるサー・アーネスト・ハーベイの証言、「われわれが保持しているそのような指導力はアメリカが獲得した地位によって影響されてきた」という証言を引用する。そのような地位の変化はイングランド銀行の公定歩合がイギリスの準備高を規制し、他の諸国が自国の準備高をイギリスのそれに調整するという、マクミラン・レポートにおいて説明されている旧式の金融システムを変化させたのである。それから彼は続けて次のように述べる。「1台の自動車は、その車を自分で運転しようと絶えず争っている2人の優秀な運転手に責任を持たせるよりは、1人の下手な運転手に責任を持たせるほうが良い」[17]。自動車の管理をめぐって争う2人の優秀な運転手の例え話は、適切というよりは

---

16) Benjamin Franklin, *Maxims Prefixed to Poor Richard's Almanac*, 1757 参照。「小さな一撃でも度重なれば樫の大木をも倒す」。そして「ちょっとした不注意が災いの種を蒔くことがある。釘がないと蹄鉄は無駄になる。蹄鉄がないと馬は無駄になる。馬がいないと騎手は無駄になる」。第2の引用句は累積投入の事例ではないが、第1の引用句はその事例である。

17) Nevin, *The Mechanism of Cheap Money*, pp. 9n, 12, 14.

［訳注］* ロンドンの官庁街。

写実的であるように思われる。金融システムの不安定性は1人の運転手が次第に弱くなり、他の運転手が十分な関心を欠いていたことにあるようである。ウィリアム・アダムズ・ブラウン・ジュニアはこの時期の金本位制を「焦点がない」と表現する。それは焦点が2つあったことを意味するが、しかし結論として彼のこの不朽の名著は世界経済のこのような重大な局面については詳しく論述していないのである[18]。

諸小国とフランスの役割

その管理に関心を失うことのなかった自動車の1人の乗客はフランスであった。比喩を使わずに言えば、責任感を欠くグループはベルギー、オランダ、スイス、スカンジナビアの小規模な諸国から構成されていた。これら諸国は自動車の後部座席に乗客として座っていたと見なすことができる。まずこれらの小国から見ていこう。ボルンの分析によれば、これら諸国は例えば1931年夏には無責任にもポンドの金交換を実施したために、あるいは1930年以後には機敏に関税を引き上げたために時々非難されている。しかしこれらの小国にとっては、一般的に受け入れられている行動基準は存在しない。1つの説明によれば、これら小国は大きな出来事の結果に影響するような力を欠いており、従って世界経済全体の安定という公益に関わるよりは自国の国益を求める特権をもっていることになる。それより多少高度な倫理水準においては、これら小国は一般化可能な方法に基づいて行動することを求めるカントの至上命令に拘束されることになろう。このような環境にあったとすれば勿論、これら小国は1931年春にオーストリアから資金を引き揚げるようなことはしなかったはずであるし、同年夏にドイツとイギリスから資金を引き揚げるようなこともしなかったであろう。経済専門家はこれらの基準の何れかを恐らくは比較生産費に

---

18) W. A. Brown, *The International Gold Standard Reinterpreted, 1914-1934*, vol. 2, p. 781.「1928-29年の国際金本位制と1914年のそれとの本質的相違は戦後、世界が金本位制に復帰した時、その国際金融システムを単一の中心地にではなく、ロンドンとニューヨークを中心に建設したということであった」。彼の著書第20章の表題は「焦点のない金為替本位制の実験」である。

基づいて選択する．もしオランダがその保有するポンドを金に交換せずに残しておく場合に負担することになる費用を知っていたとすれば，オランダはポンドを引き続き保有するようなことはしなかったであろう．ポンドの金交換がポンドの崩壊を加速し，世界不況を激化させるリスクを冒すことになるとしても，ポンドを保有し続けるようなことはしなかったであろう．対外援助や国際連合平和維持活動への貢献など，高度の国際行動基準を設けているスウェーデン，カナダ，ニュージーランドなどの諸国は倫理的理由により単独でそうすることはありえよう．あるいはこれらの諸国は様々な機会の中から主として，比較的費用のかからないような機会を選択するかもしれない．従ってこれらの小さな国々が手早く輸入を削減し，その通貨を切り下げ，あるいはポンドやドルを金に交換することによってデフレーションに実質的に寄与したことは認めることができよう．しかしそのことでこれら諸国を非難することは難しい[19]．

これら小国の役割にはもう1つの局面がある．これら諸国は復興計画を提案することができた．採用される計画の費用の大半は他の諸国が負担するということを知っていたからであった．1933年の世界経済会議に先立って開かれたワシントン論議において提案された当初の国際通貨基金案はポーランド，トルコ，ベルギー，ILOによって提案されたものであり，そしてイギリスは1案を提出した．しかしイギリス案はアメリカが難色を示したため直ちに撤回された．小国はこれらの提案を実現させる資力に欠けるため，これらの提案が健全なものであったとしても，納得のいかないまま顧問役に格下げされたのであった．指導国に追随する国は，指導国の資金を使う必要のある計画を発案しても，その発案が指導国によるものであるということを指導国に確信させなければならないのである．

フランスの場合はこれとは違う．フランスはその地位が世界の経済的安定や政治的安定に及ぼす影響を適切に考慮することなく，自国の国益を強化するた

---

[19] 他国の指導下でただ乗りする諸国の興味深い政治的モデルについては，Norman Froelich and Joe A. Oppenheimer, "I Get Along with a Little Help from My Friends," 1970 参照．しかし次のことに注目されたい(p.119)．このモデルでは指導国はその特権のために代償を支払っているのではなく報酬を得ている．これには次のことが伴う．指導国の責任は危機においても開かれた商品市場を維持し，景気対策的な資本輸出を行い，再割引の機構を維持することである．

めに力を求めた．賠償問題におけるその非妥協性，あるいは1931年6月の第2次オーストリア借款や同年7月の対独融資計画に対して政治的条件を付けようとする努力は，フランスのそういう立場を例証するものである．9月のポンド切下げで損失を被ったフランス銀行は国内の強力な政治的圧力を受けて，1931-32年には自国だけの利益を求めてドルを金に交換し，その間アメリカの利益について協力し配慮することに抵抗した．フランス銀行とイングランド銀行は東ヨーロッパにおいて中央銀行を自立させ，通貨を安定させる際に，どちらがその主導権を取るかで抗争した．その抗争はフランスがロンドンからポンド残高を引き揚げると脅迫した際，全体としての国際通貨システムを不安定にする危険を冒すにはいたらなかったにしても，救いようのないものであった．

両大戦間期におけるフランスの地位は国際通貨システムに全責任を負えるほど十分に強くはなく，無責任の快適さを楽しむほど十分な余裕はなかったから，羨ましがられるような状況にはなかった．フランスは状況を不安定にする国としての行動力は持っていたが，安定をもたらすほど十分には強力でなかった[20]．「イギリスとアメリカはともに戦前期の単一中心地にとって代わる活力ある中核であったが，フランスの地位と政策は英米両国の相互関係ならびに両国の周辺諸国にたいする協力関係に積極的に影響するものであった」[21]．このような状況の中で，一方は弱体化し他方は責任を取ろうとしない2大国の面前においてフランスがそのシステムを引き受けて運営する能力はないのにそのシステムを覆した，という点についてフランスを非難することは可能であるし，実際に同国は非難された．

世界全体の利益と個別国の利益

皮肉な考え方によれば，指導者は名声によりその苦労を十分に報われるものであり，指導者が公共の福祉への責務をどれほど強く主張しても，基本的な関心事は私的な利益である．ビスマルクは自由貿易とは最も優勢な経済が自国の

---

20) Charles P. Kindleberger, "International Monetary Politics of a Near-Great Power: Two French Episodes, 1926-36 and 1960-70," 1972 参照．
21) W. A. Brown, *The International Gold Standard Reinterpreted, 1914-1934*, p. 785.

歩んできた道を他国が歩むのを阻止するための武器である，と主張する．「白人の責務」という言葉は今日では嘲笑の的としてのみ使われる表現である．フランスのように意図的に威信を高めようとしている国は問題解決に関心のある諸国を不誠実であるか，自らを欺いているかのどちらかであると言う．そうであるにしても，国際通貨システムが運営される方法について責任を引き受けるのと，それを拒絶するのとでは相違がある．イギリスは責任を引き受けた．5000万シリングの融資はそれを示すものであるが，しかし融資はしたけれどもイギリスはその責任を果たすことはできなかった．フランスとアメリカはそのシステムの安定を引き受ける意向はなかった．クーリッジ＝フーバー時代にアメリカは外国の経済再建や通貨安定については，どのような計画であれそれにかかわることを拒否し，それらの問題を連邦準備制度に委ねた[22]．世界経済に対するルーズベルト政権の関与は1936年に尻込みしながら同政権が三国通貨協定を締結するまでは，そして結局は第2次世界大戦中まではほとんど進展しなかった．フランスにおいては，フランスと他の強力な指導国間におけると同様に「すべてのグループはその敵対的グループが彼らよりももっと強く団結し献身的であると考え，彼らに共通する一般的利益についての関心は事実上欠如していた」[23]．

イギリスは世界全体の利益に対処することができなかったので，国益の追求にますます多くのエネルギーを投入することとなった．ケインズが関税を提唱したことや1931年以後に通貨の安定を考慮しなかったことはその実例である．それを主導したのはイギリスではなく英連邦自治領であったということを示す1,2の手掛かりは関連文書に見出すことができる[24]．さしあたり戦後かなりの間，イギリスの経済専門家と大半の国民が当時の状況から引き出した教訓は，どの国においても対外的影響を考慮することなく自国のことに専念しなければ

---

22) Chandler, *Benjamin Strong*, p. 255.
23) Sauvy, *Histoire économique de la France entre les deux guerres*, vol. 1., p. 73.
24) *Documents diplomatiques français, 1932-1939*, 1967, vol. 3, no. 470, Bonnet to Paul-Boncour, July 9, 1933, p. 871 参照．「1つの事実は明らかである．イギリスは自由ではないということである．自治領諸国，特に性格の激しい人物ベネットが首相を務めるカナダは，イギリスに対して圧倒的影響力を持ち，ほんの数秒間にイギリスの見解を全面的に変更させるほどである」．これは明らかに誇張である．カナダ人が書いた英帝国特恵の起源についての最新の説明については，Drummond, *Imperial Economic Poicy, 1917-1939* 参照．

ならない，ということであった．

　重要な論点が1943年にイギリス大蔵省のヒューバート・ヘンダーソンが書いた『両大戦間期の国際経済史』という題名の覚え書において説明されている[25]．この本はその見解の大筋について，この不況がナショナリズムと関税，世界貿易の崩壊，二国間主義と特恵，そして国際連盟勧告の無視といった要因から生じたものであると要約し，このことから戦後は世界が経済ナショナリズムを回避し，国際信用，貿易障壁の軽減，数量規制の禁止により自由に機能する経済システムを建設するために断固として努力することが必要である，という結論に達している[26]．両大戦間期の歴史はこの見解を全く支持していない，とヘンダーソンは言う．彼は為替切下げに反対する．「ポンドの切下げはその金表示価格の急激な下落をもたらした一因であり，為替切下げが国内経済の回復を促進する力について，イギリスにおいては一般的に幻想を抱くことはなくなっており，アメリカにおいてはそれ以上に幻想を抱いていない」[27]．

　しかし伝統的な見解はすべて本質的な点において誤っている．古い国際秩序は永久に崩壊した．それを再建しようとするのは無駄なことであり失敗するだけである．各国はそれぞれ資本移動の管理，数量規制，特恵，自律的な金融政策などを利用して，その対外経済を効果的に，自由に規制できなければならない[28]．

　このような躊躇はケインズも1930年代から大戦末期にかけて同様の状態に陥っており，理解できないことではない．しかしながら，そのようなことは両大戦間期の主要な教訓，世界経済を安定させるためには１つの安定装置が，その安定に役割を果たす１つの国が存在しなければならないという主要な教訓を見失うこととなるのである．

---

25) Henderson, *The Interwar Years and Other Papers*, 1955, pp. 236-95 参照．
26) Ibid., pp. 236, 290.
27) Ibid., pp. 260, 262. また次の叙述を参照されたい．「様々な国の政府が1930年代に採用した種々な方策のうち意図的な為替切下げほど不幸な結果をもたらしたものはなかった．為替切下げはそれを実施した国にとってはほとんど役に立たず，他の諸国にとっては非常に有害なものであった」(p. 291).
28) Ibid., p. 293.

1980年代および1990年代との関連

　指導力という用語は意思決定への参加が一段と感覚的なものと見なされるようになっている1980年代においては否定的含意を持っている．「総統」とか「統帥」*とかいう意味合いが多く残っているからである．しかし指導力なるものは追随する諸国を利用したり，威信という国益を供給したりすることではなく，責任という世界的利益を提供することと考えるならば，それは今なお積極的な意味のある概念である．指導力は全体的な利益に反して行動する個々の国々の能力を制限するために，主権を共有することを可能にするものであり，何時の日かそれが達成されるかもしれない．このような主権の共有は今日，世界経済システムを安定させるのに必要な幾つかの機能において事実上達成されている．例えば，スワップや短期信用についてのバーゼル協定は世界中央銀行ができるまでは，危機のさいに世界的な再割引機構としての役割を果たしている．しかしながらこの主権共有の分野においては，そして自由貿易と自由な資本移動および援助を維持するための世界的機関においては，委任された権限のない場合に指導力が求められる．アメリカの指導力は低下してきている．欧州経済共同体の拡大によるヨーロッパの力の増大と日本の経済力の向上は，危機に際して投げ売り品や押し売り品のための市場を提供したり，国際資本移動を安定させたり，あるいは割引機構を提供したりするさいに指導力を主張したりすることになるのかどうかはまだ明らかでない．恐らく，最後の拠り所としてのバーゼル協定は存続するであろう．ヨーロッパの商品市場は農産物を除けば引き続き豊かであるように見える．それは世界的見地から見て重要な例外である．資本移動を景気対策的に安定させるまでにはなおいたっていない．

　世界経済においてアメリカの経済的指導力が弱まり，ヨーロッパと日本が力を強化するに伴って，指導力には変化が起こるであろう．その3つの結果は政治的に安定的なものであり，他の3つは不安定なものである．安定的な結果と

　［訳注］＊ 総統はナチスドイツにおけるヒトラーの称号，統帥は特にイタリアのムッソリーニを指していわれていた称号．

しては次のことが想定される．1つには，1963年から1968年にかけての為替管理と最近の保護主義の動きが逆転された後，アメリカが指導力を持ち続け，あるいはそれを回復することである．そうでなければ，ヨーロッパ，日本，あるいはブラジルのような思いがけない第三国が世界システム安定のために指導力を主張し責任を取ることである．あるいは世界中央銀行や世界資本市場，有効な関税および貿易に関する一般協定といった国際機関に経済主権を効果的に譲渡することである．この最後の対応は最も魅力的であるが，恐らく困難であり実現しそうにない．この第3の選択肢が利用できないとすれば，望ましからざる選択肢を避けるだけのためにも，責任ある国民は最初の2つの選択肢の中の何れかで満足し，思い切ってそれを決定しなければならない．

　世界経済の不安定性を高めるが故に回避されるべき3つの結果は次の通りである．(1)アメリカ，日本，EECが世界経済の指導権を求めて争うこと．(2) 1929年から1933年にかけて起こったように，ある国は指導力を欠き，他の国は指導する意思を持たないこと．(3)各国がそれ自身の積極的計画を実施することを要求することなしに，世界経済システムの安定または強化のための計画について拒否権を留保すること．国際通貨基金協定の条項はアメリカが反対する措置について同国に拒否権を提供することを定めた．国際通貨制度に特別引出し権(SDRs)を追加することを定めた1969年の改革において，IMFの割当ではEECにも拒否権を提供するように調整された．これでは国際連合安全保障理事会におけるように，2大国が同意しなければ事態解決が行き詰まる可能性が開かれたことになる．安全保障理事会の環境においては，戦争に逆転降下する危険性がある．経済分野におけるその相似物は行き詰まりであり，そしてそれは不況を意味するのである．

　実質的な権威と主権をもつ国際機関という第3の積極的な選択肢が緊急に求められている．

訳者あとがき

本書は Charles P. Kindleberger, *The World in Depression 1929-1939*, Revised and Enlarged Edition. Berkeley: University of California Press, 1986, xxiii+355pp. の全訳である.

キンドルバーガー(1910-2003年)は1937年コロンビア大学大学院修了,博士号取得.ニューヨーク連邦準備銀行,国際決済銀行,連邦準備制度理事会,国務省などを経て,48年にマサチューセッツ工科大学准教授,51年に教授に就任,76年に同大学退職,名誉教授となる.

キンドルバーガーは国際経済学の世界的権威であり,小冊子や編著を除いて主要著書はおよそ30冊にも達しており,そのうち半数近くが邦訳された.学風は実証的かつ分析的であり,歴史的事実に基づいて世界経済の諸問題の因果関係を説明し,世界経済の発展動向を解明するという点に特徴がある.近年に邦訳された著作数冊を挙げれば次のとおりである.

- *Manias, Panics and Crashes: A History of Financial Crises*, 4th ed., Basingstoke: Palgrave, 2002(『熱狂,恐慌,崩壊——金融恐慌の歴史』吉野俊彦・八木甫訳,日本経済新聞社,2004年).
- *World Economic Primacy: 1500 to 1990*, New York: Oxford University Press, 1996(『経済大国興亡史1500-1990』上下,中島健二訳,岩波書店,2002年).
- *The Formation of Financial Centers: A Study in Comparative Economic History*, Princeton: International Finance Section, Dept. of Economics, Princeton University, 1974(『金融センターの形成——比較経済史研究』飛田紀男訳,巌松堂出版,1995年).
- *International Capital Movements*, Cambridge: Cambridge University Press, 1985(『国際資本移動論』長谷川聡哲訳,多賀出版,1991年).
- *Power and Money: The Economics of International Politics and the Poli-*

tics of International Economics, London: Macmillan, 1970(『パワー・アンド・マネー——権力の国際政治経済の構造』益戸欽也訳, 産業能率大学出版部, 1984年).

キンドルバーガーは1973年に著書 *The World in Depression 1929-1939*(石崎昭彦・木村一朗訳『大不況下の世界1929-1939』東京大学出版会, 1982年)を発表したが, 1986年には同書の改訂増補版を著わした. 改訂増補により資料と分析が追加され, 図表も増え, その結果として著書の頁数は増えた.

この改訂増補版を出版するにいたった理由については, その序文に説明されている. 1930年代世界不況についての著者の基本的見解は改訂版においても初版と変わらないが, 新たに改訂増補版を出版するにいたったのは, 1つには著者の見解に批判的なマネタリストやケインジアンなどの見解に反論するためであり, また1つにはこの問題に関心をもつ研究者や読者に彼の見解を誠実に説得的に伝えるためである. 1930年代の世界不況はその起源においても, 国際的相互関係においても世界的現象であって, 1929年10月の株価暴落に始まるアメリカの景気後退が連邦準備制度の政策上の誤りによりアメリカの不況に拡大し, それが海外に溢れ出して世界不況に深化したという性質のものではない. そのことについて著者は多くの研究者や読者を説得することができなかったと考え, この30年代世界不況の因果関係を歴史的事実に即して説得的に説明するためにこの改訂増補版を出版することとなった.

大不況についてのこれまでの研究はその多くが一国経済論的視点からの分析であり, あるいはその種の分析を寄せ集めて世界不況を明らかにしようとするものであった. マネタリストは1930年代の初頭の大不況は1929年10月の株価暴落に始まる景気後退が金融政策の誤りによって深刻な不況に転じたものと考える. これに対してケインジアンは1929年に始まるアメリカの不況について支出の減少で説明する. 住宅や自動車への支出の減少が景気後退を引き起こし, 需要の減少が不況を招いたという. このような見解に対してキンドルバーガーはマネタリストもケインジアンも複雑な世界を過度に単純化して考察しており, 何れも単一原因説であり一国的であり, 誤りであると批判する.

通常の論争はこれら単一原因説の2つの学派で行われている. これは貨幣が

先か，支出が先かの論争であり，鶏が先か，卵が先かのような種類の論争である．貨幣供給が増加しなかったことが支出の減少をもたらしたのか，それとも支出が他の影響を受けずに自動的に減少したことが貨幣供給の減少に導いたのかという問題であり，いずれにしても難点を抱えている．

　これに対してキンドルバーガーは世界不況が起こって拡大深化し長期化していく状況と，その結果として国際経済が統一性を失い解体する過程を主要諸国における出来事の相互関連を通して明らかにする．資本主義経済は国際経済システムに組み込まれて発展する．そのような国際経済システムが機能し，資本主義経済が拡大発展するためには，それを主導する中心国を必要とする．19世紀中葉から第1次世界大戦までの国際経済においては，イギリスが金本位制を採用し自由貿易政策を推進することによって，指導的中心国としての役割を果たした．第2次大戦後の国際経済においてはアメリカが指導的役割を演じてきた．ところが第1次大戦後の国際経済においてはそのシステムの保証人となる主導国を欠くにいたった．イギリスは主導国としての役割を続行する経済力を喪失し，戦後経済力を強化したアメリカはそのような役割を引き受ける能力はあったが，その意思を持たなかった．国際経済はその指導的中心国を欠いて統一性を失うこととなり，長期不況に陥ることとなったのである．

　指導的中心国を欠いた国際経済においては，諸国は経済ナショナリズムの政策を推進する．ある国が関税引上げや為替相場切下げによって輸入抑制・輸出増進を図ると，自国が得た利益以上に相手国の経済状況を悪化させるかもしれない．近隣窮乏化政策は貿易相手国の報復を誘発することとなり，国際経済に組み込まれている諸国は自国の利益を追求したことにより，その地位を一段と悪化させることとなる．多角的貿易システムに組み込まれている諸国がすべて輸出超過を達成しようとすれば，それは国際貿易を減少させ，国際経済全体を収縮悪化させることになる．このような指導的中心国を欠いた国際経済の動向から30年代不況を解明した点に本書の特色がある．

　本書を翻訳するに当っては，11章から14章について木村一朗氏の協力を得た．
　出版状況が厳しい中でこのような学術書の出版を引き受けた岩波書店に心か

ら御礼を申し述べたい．編集部の髙橋弘さんには本書翻訳について大変お世話になった．その該博な文献知識により原書引用文献の邦訳書の存在について御教示を得たし，翻訳表記についても貴重なアドバイスを頂いた．索引の作成については大変お手数をおかけした．記して謝意を表したい．

　2009年6月

石崎昭彦

文献一覧

Aldcroft, D. See Richardson, H. W., and D. Aldcroft.

Aliber, Robert Z. "Speculation in the Foreign Exchanges: The European Experience, 1919-1926." *Yale Economic Essays* 2, no. 1(Spring 1962): 170-245.

American Bureau of Metal Statistics. *Yearbook of the American Bureau of Metal Statistics, 11th Annual Issue, 1930.* New York: American Bureau of Metal Statistics, 1931.

Angell, James W. *The Recovery of Germany.* New Haven: Yale University Press, 1929; enlarged and revised edition, 1932.

―――. *The Program for the World Economic Conference: The Experts' Agenda and other Documents.* Boston: World Peace Foundation, 1933.

Armstrong, Hamilton Fish. "France and the Hoover Plan." *Foreign Affairs* 10, no. 1 (October 1931): 23-33.

Arndt, H. W. *The Economic Lessons of the Nineteen-thirties: A Report.* London: Oxford University Press, 1944[小沢健二・長部重康・小林襄治・工藤章・鈴木直次・石見徹訳『世界大不況の教訓』東洋経済新報社, 1978年].

Artaud, Denise. *La question des dettes interalliées et la reconstruction de l'Europe (1917-1929).* 2 vols. Paris: Librairie Honoré Champion, 1978.

Auriol, Vincent. *Hier et aujourd'hui.* Paris: Charlot, 1945.

Baade, Fritz. "Fighting Depression in Germany." In *So Much Alive: The Life and Work of W. S. Woytinsky,* edited by Emma S. Woytinsky, 61-69. New York: Vanguard Press, 1962.

Backhaus, Juergens. "Economic Theories and Political Interests: Scholarly Economics in Pre-Hitler Germany." *Journal of European Economic History* 12, no. 3(Winter 1983): 661-67.

Bagehot, Walter. *Lombard Street.* London: John Murray, 1917[宇野弘蔵訳『ロンバード街』岩波文庫, 1941年].

Balderston, T. "The Beginning of the Depression in Germany, 1927-30: Investment and the Capital Market." *Economic History Review,* 2nd ser. 36, no. 3(August 1983): 395-415.

Banco di Roma. *Banca e industria fra le due guerre.* vol. 1: *Atti del convegno conclusivo della ricerca promossa dal Banco di Roma in occasione del suo primo centenario.* vol. 2: *Le riforme istituzionali e il pensiero giuridico.* Bologna: Il Mulino, 1981.

―――. *Le istituzioni finanziarie degli anni Trenta nell'Europa continentale.* Bologna:

Il Mulino, 1982.
Bank for International Settlements. *Annual reports.* Various years[原田三郎ほか訳『国際決済銀行年次報告書』各年次, 日本経済評論社, 1979-80 年].
Banks and Industry in the Interwar Period. A special issue of Journal of European Economic History 13(Fall 1984).
Barber, Clarence L. "On the Origins of the Great Depression." *Southern Economic Journal* 44(1978): 432-56.
Bassett, R. *Nineteen Thirty-One: Political Crisis.* London: Macmillan, 1958.
Baudhuin, Fernand. *Histoire économique de la Belgique, 1914-1938.* 2 vols. Brussels: Etablissements Emile Bruyles, 1946.
Bauer, P. T. *The Rubber Industry: A Study in Competition and Monopoly.* Cambridge, Mass.: Harvard University Press; London: Longmans, Green, 1948.
Beenstock, Michael, Forrest Capie, and Brian Griffiths. "The Economic Recovery in the United Kingdom in the 1930s." *Bulletin.* Center for Economic Policy Research, no. 2(April 1984): 1.
Belli, Franco. "La legge bancarie del 1926 e del 1936-38." In Banco di Roma, *Banca e industria fra le due guerre,* vol. 2: *Le riforme istituzionali e il pensiero giuridico,* 203-68. Bologna: Il Mulino, 1981.
Bellman, Harold. "The Building Trades." In *Britain in Recovery.* London: Pitman, 1938.
Bennett, Edward W. *Germany and the Diplomacy of the Financial Crisis, 1931.* Cambridge, Mass.: Harvard University Press, 1962.
Bernanke, Ben S. "Non-monetary Effects of the Financial Crisis in the Propagation of the Great Depression." *American Economic Review* 73, no. 3(June 1983): 257-76.
Bernstein, E. M. See Review Committee for Balance of Payments Statistics.
Bernstein, Michael A. "A Reassessment of Investment Failure in the Interwar American Economy." *Journal of Economic History* 44, no. 4(June 1984): 479-88.
Beyen, J. W. *Money in a Maelstrom.* New York: Macmillan, 1949.
Blum, John Morton. *From the Morgenthau Diaries.* vol. 1: *Years of Crisis, 1928-1938.* Boston: Houghton Mifflin, 1959.
Booth, Alan. See Glynn, Sean, and Alan Booth.
Borchardt, Knut. "Zwangslagen und Handlungsspielräume in der grossen Wirtschaftskrise der frühen dreissiger Jahre: Zur Revision des überlieferten Geschichtsbildes." In Bayerische Akademie der Wissenschaften, *Jahrbuch, 1979,* 1-47. Munich: C. H. Beck, 1979.
――――. "Zur Frage der währungspolitischen Optionen Deutschlands in der Weltwirtschaftskrise." In *Theorie und Politik der internationalen Wirtschaftsbeziehungen,* edited by K. Borchardt and Franz Holtheu, 165-81. Stuttgart: Gustav Fischer Verlag, 1980.

―――. "Zur Aufarbeitung der Vor- und Frühgeschichte der Keynesianismus in Deutschland." In *Jahrbücher für Nationalökonomie und Statistik* 197, no. 4(1982): 359-70.

―――. "Could and Should Germany Have Followed Great Britain in Leaving the Gold Standard?" *Journal of European Economic History* 13(Winter 1984): 471-97.

―――. "Inflationsgefahren in Weltwirtschaftskrise: Zu den Spielräumen der Brüningschen Wirtschaftspolitik, 1930-32." In *International Capital Movements, Debt, and Monetary System*, edited by Wolfram Engels, Armin Gutkowski, and Henry Wallich, 21-42. Mainz: Hase & Koehler, 1984.

Born, Karl Erich. *Die deutsche Bankenkrise, 1931: Finanzen und Politik*. Munich: R. Piper, 1967.

Bouvier, Jean. "Le banche francesi, l'inflazione e la crisi economica, 1919-1939." In Banco di Roma, *Le istituzioni finanziarie degli anni Trenta nell'Europa continentale,* 11-64. Bologna: Il Mulino, 1982.

Boyle, Andrew. *Montagu Norman*. London: Cassell, 1967.

Brand, R. H. "Gold: A World Problem." *International Conciliation,* no. 333(October 1937): 663-77.

Brown, E. C. "Fiscal Policy in the Thirties, a Reappraisal." *American Economic Review* 46, no. 5(December 1956): 857-79.

Brown, William Adams, Jr. *The International Gold Standard Reinterpreted, 1914-1934*. 2 vols. New York: National Bureau of Economic Research, 1940.

Brüning, Heinrich. "Kleine Reparationen mehr," A Speech before the Reichsparteiausschuss of the German Center Party on November 5, 1933, In *Reden und Aufsätze eines deutschen Staatsmannes*. Edited by Wilhelm Vernekohl. Münster: Regensburg, 1968.

―――. *Memoiren, 1918-1934*. Stuttgart: Deutsche Verlags-Anstalt, 1970[佐瀬昌盛ほか訳『ブリューニング回顧録――1918-34年』上下, ぺりかん社, 1974, 77年].

Brunner, Karl. "Epilogue: Understanding the Great Depression." In *The Great Depression Revisited,* edited by Karl Brunner, 316-58. The Hague: Martinus Nijhoff, 1981.

―――, ed. *The Great Depression Revisited*. The Hague: Martinus Nijhoff, 1981.

Bulmer-Thomas, Victor. "The Central American Economies in the Interwar Period." In *Latin America in the 1930s: The Role of the Periphery in World Crisis,* edited by Rosemary Thorp, 279-314. London: Macmillan, 1984.

Bundy, McGeorge. See Stimson, Henry L., and McGeorge Bundy.

Burck, Gilbert, and Charles Silberman. "Why the Depression Lasted So Long." In *American Economic History: Essays in Interpretation,* edited by Stanley Coben and F. G. Hill, 496-512. Philadelphia: J. B. Lippincott, 1966; reprinted from *Fortune*

51, no. 3 (March 1955): 84ff.
Burtle, James L. See Rolfe, Sidney E., and James L. Burtle.
Butler, William F. "Is Another Great Depression Possible?" Unpublished memorandum. Chase Manhattan Bank, April 28, 1969.
Cagan, Phillip. "Comments on 'Some Macroeconomic Impacts of the National Recovery Act, 1933-35.'" In *The Great Depression Revisited*, edited by Karl Brunner, 282-85. The Hague: Martinus Nijhoff, 1981.
Cairncross, Alec, and Barry Eichengreen. *Sterling in Decline*. Oxford: Blackwell, 1983.
Cairncross, Alex K. *Home and Foreign Investment, 1870-1913*. Cambridge: Cambridge University Press, 1953.
Cameron, Rondo E. *France and the Economic Development of Europe, 1800-1914*. Princeton: Princeton University Press, 1961.
Capie, Forrest. *Depression and Protectionism: Britain Between the Wars*. London: Allen & Unwin, 1983.
―――. See also Beenstock, Michael, Forrest Capie, and Brian Griffiths.
Carr, Edward Hallett. *The Twenty Years' Crisis, 1919-1939: An Introduction to the Study of International Relations*. London: Macmillan, 1939; 2nd ed., 1946 [井上茂訳『危機の二十年』岩波文庫, 1996年].
Cassese, Sabino. "Introduzione al dibattito." In Banco di Roma, *Banca e industria fra le due guerre*, vol. 1: *Atti del convegno conclusivo della ricerca promossa dal Banco di Roma in occasione del suo primo centenario*, 99-103. Bologna: Il Mulino, 1981.
Chandler, Lester V. *Benjamin Strong, Central Banker*. Washington, D. C.: Brookings Institution, 1958.
Clark, Carolyn. See Shearer, Ronald A., and Carolyn Clark.
Clarke, Stephen V. O. *Central Bank Cooperation, 1924-31*. New York: Federal Reserve Bank of New York, 1967.
―――. "The Reconstruction of the International Monetary System: The Attempts of 1922 and 1933." *Studies in International Finance*. International Finance Section, Princeton University, no. 33 (1973).
―――. "The Influence of Economists on the Tripartite Agreement of September 1936." *European Economic Review* 10 (1975): 375-89.
―――. "Exchange-Rate Stabilization in the Mid-1930s: Negotiating the Tripartite Agreement." *Studies in International Finance*. International Finance Section, Princeton University, no. 41 (1977).
Clay, Henry. *Lord Norman*. London: Macmillan, 1957.
Clough, Shepard B. *The Economic History of Modern Italy*. New York: Columbia University Press, 1964.
Commercial and Financial Chronicle. Various issues, 1933.

Commission of Inquiry into National Policy in International Economic Relations. *International Economic Relations*. Minneapolis: University of Minnesota Press, 1934.

Commodity Yearbook, 1939. New York: Commodity Research Bureau, 1939.

Copland, Douglas. *Australia in the World Crisis, 1929-1933*. Alfred Marshall Lectures delivered in the University of Cambridge, October and November 1933. Cambridge: Cambridge University Press; New York: Macmillan, 1934.

Cox, James M. *Journey Through My Years*. New York: Simon & Schuster, 1946.

Curtius, Julius. *Sechs Jahre Minister der Deutschen Republik*. Heidelberg: Carl Winter-Universitätsverlag, 1948.

Davis, Joseph S. *The World Between the Wars, 1919-39: An Economist's View*. Baltimore: Johns Hopkins University Press, 1975.

Dean, Vera Micheles. "Austria: The Paralysis of a Nation." *Foreign Policy Reports* 3, no. 22 (January 4, 1933): 256-66.

Debeir, Jean-Claude. "La crise du franc de 1924: Un exemple de spéculation 'internationale.'" *Relations internationales*, no. 13 (1978): 29-49.

de Paiva Abreu, Marcelo. "Argentina and Brazil during the 1930s: The Impact of British and American International Economic Policies." In *Latin America in the 1930s: The Role of the Periphery in World Crisis*, edited by Rosemary Thorp, 144-62. London: Macmillan, 1984.

Despres, Emile. *International Economic Reform: The Collected Papers of Emile Despres*. Edited by Gerald M. Meier. New York: Oxford University Press, 1973.

Deutsche Bundesbank. *Währung und Wirtschaft in Deutschland, 1876-1975*. Frankfurt-am-Main: Knapp, 1976［呉文二・由良玄太郎監訳／日本銀行金融史研究会訳『ドイツの通貨と経済——1876～1975年』上下，東洋経済新報社，1984年］.

Díaz Alejandro, Carlos F. *Essays on the Economic History of the Argentine Republic*. New Haven: Yale University Press, 1970.

———. "Latin America in the Depression, 1929-39." In *The Theory and Experience of Economic Development: Essays in Honour of Sir W. Arthur Lewis*, edited by Mark Gersovitz et al., 334-55. London: Allen & Unwin, 1982.

———. "Latin America in the 1930s." In *Latin America in the 1930s: The Role of the Periphery in World Crisis*, edited by Rosemary Thorp, 17-49. London: Macmillan, 1984.

di Marco, Luis Eugenio, ed. *International Economics and Development: Essays in Honor of Raúl Prebisch*. New York: Academic Press, 1972.

Divine, David. *Indictment of Incompetence: Mutiny at Invergordon*. London: MacDonald, 1970.

Documents diplomatiques français, 1932-1939. 1st ser., 1932-35, vols. 1-3. Paris: Imprimerie Nationale, 1966. 2nd ser., 1936-39, vols. 1-4. Paris: Imprimerie Natio-

nale, 1967.
Dohan, Michael R. "Soviet Foreign Trade: The NEP Economy and Soviet Industrialization Strategy." Ph.D. diss., Massachusetts Institute of Technology, 1969.
Dowie, J. A. "1919-20 Is in Need of Attention." *Economic History Review* 28, no. 3 (August 1975): 429-50.
Drummond, Ian M. *Imperial Economic Policy, 1917-1939: Studies in Expansion and Protection.* Toronto: University of Toronto Press, 1974.
―――. "London, Washington, and the Management of the Franc, 1936-39." *Studies in International Finance.* International Finance Section, Princeton University, no. 45 (1979).
DuPlessis, J. C. *Economic Fluctuations in South Africa, 1910-1949.* Stellenbosch: Bureau of Economic Research, n.d.(1950 or 1951).
Duroselle, J.-B. *De Wilson à Roosevelt.* Paris: Colin, 1960.
Eccles, Marriner S. *Beckoning Frontiers: Public and Personal Recollections.* New York: Alfred A. Knopf, 1951.
The Economist. Various issues.
Eichengreen, Barry J. "Sterling and the Tariff, 1929-32." *Studies in International Finance.* International Finance Section, Princeton University, no. 48(1981).
―――. "Keynes and Protection." *Journal of Economic History* 44, no. 2(June 1984): 363-74.
―――. See also Cairncross, Alec, and Barry Eichengreen.
Einzig, Paul. *International Gold Movements.* 2nd ed. London: Macmillan, 1931.
―――. *The Comedy of the Pound.* London: Kegan Paul, 1933.
―――. *Bankers, Statesmen, and Economists.* London: Macmillan, 1935.
―――. *World Finance Since 1914.* London: Kegan Paul; New York: Macmillan, 1935 [木村春海訳『大戦後の世界金融史』政経書院, 1935年].
Falkus, M. E. "The German Business Cycle in the 1920s." *Economic History Review*, 2nd ser. 28, no. 3(August 1975): 451-65.
Federal Reserve Bank of New York files.
Federal Reserve Bulletin. Various issues.
Federal Reserve System. *Banking and Monetary Statistics.* Washington, D.C.: Federal Reserve Board, 1943.
Federn, Walter. "Der Zusammenbruch der Österreichischen Kreditanstalt." *Archiv für Sozialwissenschaft und Sozialpolitik* 67, no. 4(June 1932): 403-35.
Feis, Herbert. *Seen from E.A.: Three International Episodes.* New York: Alfred A. Knopf, 1947.
―――. *The Diplomacy of the Dollar: First Era, 1919-1932.* New York: W. W. Norton, 1950.

———. *1933: Characters in Crisis.* Boston: Little, Brown, 1966.
Feldman, Gerald D. *Iron and Steel in the German Inflation, 1916–23.* Princeton: Princeton University Press, 1977.
Ferrell, Robert H. *American Diplomacy in the Great Depression: Hoover-Stimson Foreign Policy, 1929–1933.* New Haven: Yale University Press, 1957.
Field, Alexander J. "Asset Exchanges and the Transactions Demand for Money, 1919–29." *American Economic Review* 74, no. 1 (March 1984): 43–59.
———. "A New Interpretation of the Onset of the Great Depression." *Journal of Economic History* 44, no. 2 (June 1984): 489–98.
Fishlow, Albert. "Origins and Consequences of Import Substitution in Brazil." In *International Economics and Development: Essays in Honor of Raul Prebisch,* edited by Luis Eugenio di Marco, 311–65. New York: Academic Press, 1972.
Fitzgerald, E. V. K. "Restructuring in a Crisis: The Mexican Economy and the Great Depression." In *Latin America in the 1930s: The Role of the Periphery in World Crisis,* edited by Rosemary Thorp, 272–78. London: Macmillan, 1984.
Fleisig, Heywood W. "Long-Term Capital Flows and the Great Depression: The Role of the United States, 1927–1933." Ph.D. diss., Yale University, 1969.
———. "The United States and the World Periphery During the Early Years of the Great Depression." In *The Great Depression Revisited: Essays on the Economies of the Thirties,* edited by Herman van der Wee, 145–81. The Hague: Martinus Nijhoff, 1972.
Fohlen, Claude. *Une affaire de famille au XIXe siècle: Méquillet Noblot.* Paris: Colin, 1955.
Franklin, Benjamin. *Maxims Prefixed to Poor Richard's Almanac.* Philadelphia, 1757.
Friedman, Milton. *The Balance of Payments: Free Versus Fixed Exchange Rates.* Washington, D.C.: American Enterprise Institute for Public Policy Research, 1967.
———. *Newsweek* (May 25, 1970): 78.
Friedman, Milton, and Rose D. Friedman. "The Anatomy of Crisis…and the Failure of Policy." *Journal of Portfolio Management* 6, no. 1 (Fall 1979): 15–21.
Friedman, Milton, and Anna Jacobson Schwartz. *A Monetary History of the United States, 1867–1960.* Princeton: Princeton University Press, 1963.
———. *The Great Contraction 1929–1933.* Princeton: Princeton University Press, 1966; reprinted from ch. 7 of Friedman and Schwartz, *A Monetary History of the United States, 1867–1960.* Princeton: Princeton University Press, 1963.
Froelich, Norman, and Joe A. Oppenheimer. "I Get Along with a Little Help from My Friends." *World Politics* 23, no. 1 (October 1970): 104–20.
Fukai, Eigo. "The Recent Monetary Policy of Japan." In *The Lessons of Monetary Experience: Essays in Honor of Irving Fisher,* edited by A. D. Gayer, 379–95. New

York: Farrar & Rinehart; London: Allen & Unwin, 1937.
Furnivall, J. S. *Netherlands India: A Study of Plural Economy.* Cambridge: Cambridge University Press, 1939.
Galbraith, J. Kenneth. *The Great Crash, 1929.* Boston: Houghton Mifflin, 1955[小原敬士訳『大恐慌』徳間書店, 1971年].
Gardner, Richard N. *Sterling-Dollar Diplomacy: The Origins and the Prospects of our International Economic Order.* New expanded ed. New York: McGraw-Hill, 1969 [村野孝・加瀬正一訳『国際通貨体制成立史』上下, 東洋経済新報社, 1973年].
Garvey, George. "Keynes and the Economic Activities of Pre-Hitler Germany." *Journal of Political Economy* 83, no. 2 (April 1975): 391-404.
[Contracting Parties for the] General Agreement on Tariffs and Trade. *Trends in International Trade.* Report by a Panel of Experts. Geneva, 1958.
Gilbert, Martin. *Winston S. Churchill.* Vol. 5: *1922-1939: The Prophet of Truth.* Boston: Houghton Mifflin, 1977.
Gilbert, Milton. *Currency Depreciation.* Philadelphia: University of Pennsylvania Press, 1939.
Glynn, Sean, and Alan Booth. "Unemployment in Interwar Britain: A Case for Relearning the Lessons of the 1930s?" *Economic History Review,* 2nd ser. 36, no. 3 (August 1983): 329-48.
Gordon, Robert A. *Business Fluctuations.* 2nd ed. New York: Harper & Row, 1961.
Gordon, Robert J., and James A. Wilcox. "Monetarist Interpretations of the Great Depression: An Evaluation and Critique." In *The Great Depression Revisited,* edited by Karl Brunner, 49-107. The Hague: Martinus Nijhoff, 1981.
Graham, Frank D., and Charles R. Whittlesey. *Golden Avalanche.* Princeton: Princeton University Press, 1939.
Great Britain, Committee on Finance and Industry. *Report* (Macmillan Report) Cmd. 3897. London: H. M. Stationery Office, 1931[加藤三郎・西村閑也訳『マクミラン委員会報告書』日本経済評論社, 1985年].
Green's Commodity Market Comments. October 21, 1970.
Griffiths, Brian. See Beenstock, Michael, Forrest Capie, and Brian Griffiths.
Grigg, P. J. *Prejudice and Judgement.* London: Jonathan Cape, 1948.
Grotkopp, Wilhelm. *Die grosse Krise: Lehren aus der Überwindung der Wirtschaftskrise, 1929-32.* Düsseldorf: Econ-Verlag, 1954.
Guthrie, John A. *The Newsprint Industry: An Economic Analysis.* Cambridge, Mass.: Harvard University Press, 1941.
Haberler, Gottfried. *Prosperity and Depression: A Theoretical Analysis of Cyclical Movements.* Geneva: League of Nations, 1937[松本達治ほか訳『景気変動論』上下, 東洋経済新報社, 1966, 67年, ただし1964年版の翻訳].

――. "Die Weltwirtschaft und das internationale Währungssystem in der Zeit zwischen den beiden Weltkriegen." In Deutsche Bundesbank, *Währung und Wirtschaft in Deutschland, 1876-1975*, 205-48. Frankfurt-am-Main: Knapp, 1976 [日本銀行金融史研究会訳「両大戦間の時期における世界経済と国際通貨制度」呉文二・由良玄太郎監訳／同研究会訳『ドイツの通貨と経済——1876～1975年』上下，東洋経済新報社，1984年].

――. *Selected Essays of Gottfried Haberler*, edited by Anthony Y. C. Koo. Cambridge, Mass.: MIT Press, forthcoming, 1985.

Hahn, L. Albert. *Fünfzig Jahre zwischen Inflation und Deflation.* Tübingen: J. C. B. Mohr (Paul Siebeck), 1963.

Hansen, Alvin H. *Full Recovery or Stagnation?* New York: W. W. Norton, 1938.

――. *America's Role in the World Economy.* New York: W. W. Norton, 1945 [日本銀行調査局訳『世界経済に於ける米国の役割』同局，1947年].

Harris, C. R. S. *Germany's Foreign Indebtedness.* London: Oxford University Press, 1935.

Harris, Seymour E. *Exchange Depreciation: Its Theory and History, 1931-35, with Some Consideration of Related Domestic Policies.* Cambridge, Mass.: Harvard University Press, 1936.

Harrison, Joseph. "The Interwar Depression and the Spanish Economy." *Journal of European Economic History* 12, no. 2 (Fall 1983): 295-321.

Hasib, Abdul. *Monetary Negotiations in the World Economic Conference, 1933.* Publications of the Faculty of Arts, Muslim University, Alijar, Egypt, 1958.

Hawtrey, Ralph G. *The Art of Central Banking.* London: Longmans, Green, 1932.

Henderson, Hubert D. *The Interwar Years and Other Papers: A Selection from the Writings of Hubert Douglas Henderson*, edited by Henry Clay. Oxford: Clarendon Press, 1955.

――. See also Keynes, J. M., and H. D. Henderson.

Hilgerdt, F. See League of Nations. (F. Hilgerdt).

Hobsbawm, E. J. *Industry and Empire: An Economic History of Britain Since 1750.* London: Weidenfeld & Nicolson; New York: Pantheon, 1968 [浜林正夫ほか訳『産業と帝国』未來社，1984年].

Hodson, H. V. *Slump and Recovery, 1929-37.* London: Oxford University Press, 1938.

Holtfrerich, Carl-Ludwig. *Die deutsche Inflation, 1914-1923.* Berlin: Walther de Gruyter, 1980.

――. "Alternativen zu Brünings Wirtschaftspolitik in der Weltwirtschaftskrise." *Frankfurter Historische Vorträge*, no. 9. Wiesbaden: Franz Steiner, 1982.

Homze, Edward L. *Foreign Labor in Nazi Germany.* Princeton: Princeton University Press, 1967.

Hoover, Herbert. *The Memoirs of Herbert Hoover.* vol. 3: *The Great Depression, 1929-1941.* New York: Macmillan; London: Hollis & Carter, 1952.

House, E. M., and Charles Seymour. *What Really Happened in Paris: The Story of the Peace Conference, 1918-1919.* New York: Charles Scribner's Sons, 1921.

Howson, Susan K. *Domestic Monetary Management in Britain, 1919-38.* Cambridge: Cambridge University Press, 1975.

―――. "The Management of Sterling, 1932-39." *Journal of Economic History* 40, no. 1 (March 1980): 53-60.

―――. "Sterling's Managed Float: The Operations of the Exchange Equalization Account, 1932-1949." *Princeton Studies in International Finance.* International Finance Section, Princeton University, no. 46 (1980).

Howson, Susan K., and Donald Winch. *The Economic Advisory Council, 1930-1939: A Study in Economic Advice During Depression and Recovery.* Cambridge: Cambridge University Press, 1977.

Hughes, Helen. Draft manuscript on economic history of Australia.

Hull, Cordell. *The Memoirs of Cordell Hull.* 2 vols. New York: Macmillan; London: Hodder & Stoughton, 1948[朝日新聞社訳『回想録――「国際連合の父」元アメリカ国務長官のつづる外交秘話』朝日新聞社, 1949年, 原書は2巻からなる大冊であるが, 本訳書は著者が新聞連載コラムに書いた簡潔な叙述を邦訳したもの].

Hunter, Helen Manning. "The Role of Business Liquidity During the Great Depression and Afterwards: Differences Between Large and Small Firms." *Journal of Economic History* 42, no. 4 (December 1982): 883-902.

Hurst, Willard. "Holland, Switzerland, and Belgium and the English Gold Crisis of 1931." *Journal of Political Economy* 40, no. 5 (October 1932): 638-60.

International Bank for Reconstruction and Development. Press Release no. 134, May 11, 1949.

The International Bank for Reconstruction and Development, 1946-1953. Baltimore: Johns Hopkins University Press, 1954[農林大臣官房調査課訳『國際復興開發銀行――1946-1953年』(謄写版), 農林大臣官房調査課, 1955年].

Irmler, Heinrich. "Bankenkrise und Vollbeschäftigungspolitik (1931-1936)." In Deutsche Bundesbank, *Währung und Wirtschaft in Deutschland, 1876-1975,* 283-329. Frankfurt-am-Main: Knapp, 1976[日本銀行金融史研究会訳「金融恐慌と完全雇用政策(1931~1936年)」呉文二・由良玄太郎監訳/同研究会訳『ドイツの通貨と経済――1876~1975年』上下, 東洋経済新報社, 1984年].

Iversen, C. "The Importance of the International Margin." In *Explorations in Economics: Notes and Essays contributed in Honor of F.W. Taussig,* 68-83. New York: McGraw-Hill, 1936.

Jacobsson, Per. *Some Monetary Problems, International and National.* London: Oxford

University Press, 1958 [吉野俊彦訳『通貨政策の諸問題』東洋経済新報社, 1960年].

Jeanneney, Jean-Noël. *François de Wendel en république: L'argent et le pouvoir, 1914-1940*. Paris: Seuil, 1976.

―――. *Leçon d'histoire pour une gauche au pouvoir: La faillite du Cartel(1924-26)*. Paris: Seuil, 1977.

―――. "De la spéculation financière comme arme diplomatique: A propos de la première bataille du franc(novembre 1923-mars 1924)." *Relations internationales*, no. 13(1978): 5-27.

Johnson, G. Griffith, Jr. *The Treasury and Monetary Policy, 1933-1938*. Cambridge, Mass.: Harvard University Press, 1939.

Johnson, Paul. *Modern Times: The World from the Twenties to the Eighties*. New York: Harper & Row, 1983.

Jones, Joseph M., Jr. *Tariff Retaliation: Repercussions of the Hawley-Smoot Bill*. Philadelphia: University of Pennsylvania Press, 1934.

Jonung, Lars. "The Depression in Sweden and the United States: A Comparison of Causes and Policies." In *The Great Depression Revisited*, edited by Karl Brunner, 286-315. The Hague: Martinus Nijhoff, 1981.

Kahn, A. E. *Great Britain in the World Economy*. New York: Columbia University Press; London: Pitman, 1946.

Kahn, R. F. "The Relation of Home Investment to Unemployment." *Economic Journal* 41, no. 2(June 1931): 193-98.

―――. *The Making of Keynes' General Theory*. Cambridge: Cambridge University Press, 1984 [浅野栄一・地主重美訳『ケインズ『一般理論』の形成』岩波書店, 1987年].

Keese, Dietmar. "Die volkswirtschaftlichen Gesamtgrössen für das Deutsche Reich in den Jahren 1925-36." In *Die Staats- und Wirtschaftskrise des Deutschen Reiches, 1929-1933*, edited by Werner Conze and Hans Rospach, 35-81. Stuttgart: Ernst Klett, 1967.

Keohane, Robert O. *After Hegemony: Cooperation and Discord in the World Political Economy*. Princeton: Princeton University Press, 1984 [石黒馨・小林誠訳『覇権後の国際政治経済学』晃洋書房, 1998年].

Keynes, J. M. *The Economic Consequences of the Peace*. London: Macmillan, 1919; New York: Harcourt Brace, 1920 [早坂忠訳『平和の経済的帰結』(ケインズ全集 第2巻), 東洋経済新報社, 1977年].

―――. *Treatise on Money*. 2 vols. London: Macmillan; New York: Harcourt Brace, 1930 [小泉明・長沢惟恭訳『貨幣論』全2巻(ケインズ全集 第5, 6巻), 東洋経済新報社, 1979, 80年].

―――. "The Great Slump of 1930." *The Nation and Athenaeum*(December 1930). Reprinted in *Essays in Persuasion*, 135-49. New York: Harcourt Brace, 1932[宮崎義一訳「1930年の大不況」同訳『説得論集』(ケインズ全集 第9巻), 東洋経済新報社, 1981年].

―――. "The Consequences to the Banks of the Collapse of Money Values." *Vanity Fair*, August 1931. Reprinted in *The Collected Writings of John Maynard Keynes*, vol. 9: *Essays in Persuasion*, 150-58. Cambridge: Royal Economic Society, 1972[宮崎義一訳「貨幣価値の崩壊が銀行に及ぼした帰結」同訳『説得論集』(ケインズ全集 第9巻), 東洋経済新報社, 1981年].

―――. "An Economic Analysis of Unemployment." In *Unemployment as a World Problem*, edited by Q. Wright, 3-42. Norman Wait Harris Lectures for 1931. Chicago: University of Chicago Press, 1931.

―――. *Essays in Persuasion*. London: Macmillan, 1931; New York: Harcourt Brace, 1932[宮崎義一訳『説得論集』(ケインズ全集 第9巻), 東洋経済新報社, 1981年].

―――. *The Means to Prosperity*. London: Macmillan; New York: Harcourt Brace, 1933[宮崎義一訳「繁栄への道」同訳『説得論集』(ケインズ全集 第9巻), 東洋経済新報社, 1981年].

―――. "National Self-Sufficiency." *Yale Review* 22, no. 4(June 1933): 755-69.

―――. *The General Theory of Employment, Interest, and Money*. London: Macmillan; New York: Harcourt Brace, 1936[間宮陽介訳『雇用, 利子および貨幣の一般理論』上下, 岩波文庫, 2008年].

Keynes, J. M., and H. D. Henderson. *Can Lloyd George Do It?* London: The Nation and Athenaeum, 1929[宮崎義一訳「ロイド・ジョージはそれをなしうるか?」同訳『説得論集』(ケインズ全集 第9巻), 東洋経済新報社, 1981年].

Kindleberger, Charles P. "Competitive Currency Depreciation Between Denmark and New Zealand." *Harvard Business Review* 12, no. 4(July 1934): 416-27.

―――. *The Dollar Shortage*. Cambridge, Mass.: Technology Press, 1950[北川一雄訳『ドル不足』有斐閣, 1955年].

―――. *The Terms of Trade: A European Case Study*. New York: The Technology Press of Massachusetts Institute of Technology and John Wiley & Sons, 1956.

―――. "International Monetary Politics of a Near-Great Power: Two French Episodes, 1926-36 and 1960-70." *Economic Notes*(Monte dei Paschi di Siena) 1, nos. 2-3 (1972): 30-44.

―――. *Manias, Panics, and Crashes: A History of Financial Crises*. New York: Basic Books, 1978[吉野俊彦・八木甫訳『金融恐慌は再来するか――くり返す崩壊の歴史』日本経済新聞社, 1980年].

―――. "The International Causes and Consequences of the Great Crash." *Journal of Portfolio Management* 6, no. 1(Fall 1979): 11-14.

―――. "The Cyclical Pattern of Long-Term Lending." In *The Theory and Experience of Economic Development: Essays in Honour of Sir W. Arthur Lewis*, edited by Mark Gersovitz et al., 300-312. London: Allen & Unwin, 1982.

―――. *A Financial History of Western Europe*. London: Allen & Unwin, 1984.

―――. "International Propagation of Financial Crises: The Experience of 1888-93." In *International Capital Movements, Debt, and Monetary System*, edited by Wolfram Engels, Armin Gutowski, and Henry Wallich, 217-34. Mainz: Hase & Koehler, 1984.

Kindleberger, Charles P., and Jean-Pierre Laffargue, eds. *Financial Crises: Theory, History, and Policy*. Cambridge: Cambridge University Press, 1982.

Klein, Burton H. *Germany's Economic Preparations for War*. Cambridge, Mass.: Harvard University Press, 1959.

Krasner, Stephen D. "Structural Causes and Regime Consequences: Regimes as Intervening Variables." In *International Regimes*, edited by Stephen D. Krasner, 1-21. Ithaca, N.Y.: Cornell University Press, 1983.

Kreider, Carl. *The Anglo-American Trade Agreement: A Study of British and American Commercial Policies, 1934-1939*. Princeton: Princeton University Press, 1943.

Krohn, Claus Dieter. "Wirtschaftstheorie als politische Interessen: Die akademische Nationalökonomie in Deutschland, 1918-1933." *Campus Forschung* 226(1981).

Kroll, Gerhard. "Die deutsche Wirtschaftspolitik in der Weltwirtschaftskrise." In *Moderne deutsche Wirtschaftsgeschichte*, edited by Karl Erich Born, 398-409. Cologne: Kiepenheuer & Witsch, 1966.

Laffargue, Jean-Pierre. See Kindleberger, Charles P., and Jean-Pierre Laffargue.

Lalumière, Pierre. *L'inspection des finances*. Paris: Presses Universitaires de France, 1959.

Lary, Hal B. *The United States in the World Economy: The International Transactions of the United States During the Interwar Period*. Washington, D.C.: U.S. Government Printing Office, 1943.

Latham, A. J. H. *The Depression and the Developing World, 1914-1939*. Totowa, N. J.: Barnes & Noble, 1981.

Lautenbach, Wilhelm. *Zins, Kredit und Produktion*, edited by Wolfgang Stützel. Tübingen: J. C. B. Mohr(Paul Siebeck), 1952.

League of Nations.(Bertil Ohlin). *The Course and Phases of the World Economic Depression*. Geneva: League of Nations, 1931.

―――. *Balance of Payments, 1930*. Geneva: League of Nations, 1932.

―――. *Review of World Trade, 1934*. Geneva: League of Nations, 1934.

―――. Sixth International Studies Conference. A record of a second study conference

on "The State and Economic Life," held in London, May 29-June 2, 1933. Paris: International Institute of Intellectual Cooperation, 1934.
———. (James E. Meade). *World Economic Survey, 1937-38*. Geneva: League of Nations, 1938.
———. (James E. Meade). *World Economic Survey, 1938-39*. Geneva: League of Nations, 1939.
———. *Review of World Trade, 1938*. Geneva: League of Nations, 1939.
———. (F. Hilgerdt). *The Network of World Trade*. Geneva: League of Nations, 1942.
———. (Ragnar Nurkse). *International Currency Experience: Lessons of the Interwar Period*. Princeton, N.J.: League of Nations, 1944[小島清・野村孝訳『国際通貨』東洋経済新報社, 1953].
———. *Economic Stability in the Postwar World: Report of the Delegation on Economic Depression*. Geneva: League of Nations, 1945.
———. *Statistical Yearbook*. Various issues[国際連盟『国際連盟統計』全16巻, リプリント版, 原書房, 1971年].
———. *Monthly Bulletin of Statistics*. Various issues.
Leith-Ross, Frederick. *Money Talks: Fifty Years of International Finance*. London: Hutchinson, 1968.
Lewis, William Arthur. *Economic Survey, 1919-1939*. London: Allen & Unwin, 1949; Philadelphia: Blakiston, 1950[石崎昭彦・森恒夫・馬場宏二『世界経済論——両大戦間期の分析』新評論, 1969年].
———. Review of C. P. Kindleberger, *The World in Depression, 1929-1939*. In *Journal of Interdisciplinary History* 6(1975): 172-74.
Lindert, Peter H. "Key Currencies and Gold, 1900-1913." *Studies in International Finance*. International Finance Section, Princeton University, no. 24(August 1969).
Londoño, Carlos. See Thorp, Rosemary, and Carlos Londoño.
Lüke, Rolf E. *Von der Stabilisierung zur Krise*. Zürich: Polygraphischer, 1958.
Lundberg, Erik. *Business Cycles and Economic Policy*. Translated by J. Potter. London: Allen & Unwin, 1957[吉野俊彦訳『景気変動と経済政策——経済統制か金融政策か』至誠堂, 1964年].
———. *Instability and Economic Growth*. New Haven: Yale University Press, 1968.
Luther, Hans. *Vor dem Abgrund, 1930-1933: Reichsbankpräsident in Krisenzeiten*. Berlin: Propyläen, 1964.
Maier, Charles S. "The Two Postwar Eras and the Conditions for Stability in Twentieth-Century Western Europe." *American Historical Review* 86, no. 1(April 1981): 327-52.
Malach, Vernon W. *International Cycles and Canada's Balance of Payments, 1921-33*. Toronto: University of Toronto Press, 1954.

Malenbaum, Wilfred. *The World Wheat Economy, 1885-1939.* Cambridge, Mass.: Harvard University Press, 1953.

Mantoux, Etienne. *The Carthaginian Peace, or the Economic Consequences of Mr. Keynes.* New York: Charles Scribner's Sons, 1952.

Marcus, Edward. *Canada and the International Business Cycle, 1927-1939.* New York: Bookman Associates, 1954.

März, Edouard. Comment on "Policy in the Crises of 1920 and 1929," by D. E. Moggridge. In *Financial Crises: Theory, History, and Policy,* edited by Charles P. Kindleberger and Jean-Pierre Laffargue, 187-94. Cambridge: Cambridge University Press, 1982.

Matthews, R. C. O. *A Study in Trade-Cycle History: Economic Fluctuations in Great Britain, 1832-1842.* Cambridge: Cambridge University Press, 1954.

McFerrin, John Berry. *Caldwell and Company: A Southern Financial Empire.* Chapel Hill: University of North Carolina Press, 1939. Reissued, Nashville, Tenn.: Vanderbilt University Press, 1969.

Meade, James E. See League of Nations.(James E. Meade).

Meltzer, Allan H. "Monetary and Other Explanations of the Start of the Great Depression." *Journal of Monetary Economics* 2(1976): 455-72.

―――. "Comments on 'Monetarist Interpretations of the Great Depression.'" In *The Great Depression Revisited,* edited by Karl Brunner, 148-64. The Hague: Martinus Nijhoff, 1981.

Menne, Bernhard. *The Case of Dr. Brüning.* London: Hutchinson, 1943.

Meyer, Richard H. *Bankers' Diplomacy: Monetary Stabilization in the Twenties.* New York: Columbia University Press, 1970.

Migone, Gian Giacomo. *Gli Stati Uniti e il fascismo: Alle origini dell'egemonia Americana in Italia.* Milan: Feltrinelli, 1980.

Ministère des Finances et Ministère de l'Agriculture, du Commerce et des Travaux Publics. *Enquête sur les principes et les faits généraux qui régissent la circulation monétaire et fiduciaire.* 6 vols. Paris: Imprimerie Impériale, 1867.

Mintz, Ilse. *Deterioration in the Quality of Foreign Bonds Issued in the United States, 1920-1930.* New York: National Bureau of Economic Research, 1951.

Mishkin, Frederic S. "The Household Balance Sheet and the Great Depression." *Journal of Economic History* 38, no. 4(December 1978): 918-37.

Mitchell, Broadus. *Depression Decade: From New Era Through New Deal, 1929-1941.* New York: Rinehart & Winston, 1947; New York: Harper & Row, 1969.

Modigliani, Franco. See Neisser, Hans, and Franco Modigliani.

Moggridge, D. E. *The Return to Gold, 1925: The Formulation of Economic Policy and Its Critics.* Cambridge: Cambridge University Press, 1969.

———. *British Monetary Policy, 1924-31: The Norman Conquest of $4.86*. Cambridge: Cambridge University Press, 1972.

———. "Policy in the Crises of 1920 and 1929." In *Financial Crises: Theory, History, and Policy*, edited by Charles P. Kindleberger and Jean-Pierre Laffargue, 171-87. Cambridge: Cambridge University Press, 1982.

Moley, Raymond. With the assistance of Elliott Rosen. *The First New Deal*. New York: Harcourt, Brace & World, 1966.

Moll, J. Th. See Neytzell de Wilde, A., and J. Th. Moll.

Montgomery, Arthur. *How Sweden Overcame the Depression, 1930-1933*. Stockholm: A. Bonniers, 1938.

Moreau, Emile. *Souvenirs d'un gouverneur de la Banque de France: Histoire de la stabilisation du franc (1926-1928)*. Paris: Génin, 1954.

Morgenstern, Oskar. *International Financial Transactions and Business Cycles*. Princeton: Princeton University Press, 1959.

Morgenthau, Henry. See Blum, John Morton.

Morison, Elting E. *Turmoil and Tradition: A Study of the Life and Times of Henry L. Stimson*. Boston: Houghton Mifflin, 1960.

Moulton, Harold G., and Leo Pasvolsky. *War Debts and World Prosperity*. Washington, D.C.: Brookings Institution, 1932.

Nanto, Dick K., and Shinji Takagi. "Korekiyo Takahashi and Japan's Recovery from the Great Depression." *American Economic Review* 75 (May 1985): 369-74.

Neal, Larry. "The Economics and Finance of Bilateral Clearing Agreements: Germany, 1934-38." *Economic History Review*, 2nd ser. 32, no. 3 (August 1979): 391-404.

Neisser, Hans. *Some International Aspects of the Business Cycle*. Philadelphia: University of Pennsylvania Press, 1936.

Neisser, Hans, and Franco Modigliani. *National Incomes and International Trade: A Quantitative Analysis*. Urbana: University of Illinois Press, 1953.

Néré, J. *La crise de 1929*. Paris: Colin, 1968.

Nevin, Edward. *The Mechanism of Cheap Money: A Study in British Monetary Policy, 1931-1939*. Cardiff: University of Wales Press, 1955.

Newbold, J. T. W. "The Beginnings of the World Crisis, 1873-1896." *Economic History* 2, no. 7 (January 1932): 425-551.

New York Times. Various issues.

Neytzell de Wilde, A., and J. Th. Moll. With the assistance of A. J. Gooszen. *The Netherlands Indies During the Depression: A Brief Economic Survey*. Amsterdam: J. M. Meulenhoff, 1936.

Nichols, Jeannette P. "Roosevelt's Monetary Diplomacy, 1933." *American Historical Review* 56, no. 2 (January 1951): 295-317.

Niveau, Maurice. *Histoire des faits économiques contemporains.* 2nd ed. Paris: Presses Universitaires de France, 1969.

Nötel, Rudolf. "Money, Banking and Industry in Interwar Austria and Hungary." *Journal of European Economic History* 13(1984): 137-202.

Noyes, Alexander Dana. *The Market Place: Reminiscences of a Financial Editor.* Boston: Little, Brown, 1938.

Nurkse, Ragnar. "International Monetary Equilibrium." *Essays in International Finance.* International Finance Section, Princeton University, no. 4(April 1945). Reprinted in American Economic Association, *Readings in the Theory of International Trade.* Philadelphia: Blakiston, 1949.

―――. See also League of Nations.(Ragnar Nurkse).

O'Connell, Arturo. "Argentina into the Depression: The Problems of an Open Economy." In *Latin America in the 1930s: The Role of the Periphery in World Crisis,* edited by Rosemary Thorp, 188-221. London: Macmillan, 1984.

Ohlin, Bertil. See League of Nations.(Bertil Ohlin).

Oppenheimer, Joe A. See Froelich, Norman, and Joe A. Oppenheimer.

Pasvolsky, Leo. See Moulton, Harold G., and Leo Pasvolsky.

Patrick, Hugh T. "The Economic Muddle of the 1920s." In *Dilemmas of Growth in Prewar Japan,* edited by James William Morley, 211-66. Princeton: Princeton University Press, 1971.

Pedersen, Jørgen. *Essays in Monetary Theory and Related Subjects.* Copenhagen: Samfundsvidenskabeligt Forlag, 1975.

Penrose, E. F. *Economic Planning for the Peace.* Princeton: Princeton University Press, 1953.

Pentzlin, Heinz. *Hjalmar Schacht: Leben und Wirken einer umstrittenen Persönlichkeit.* Berlin: Ullstein, 1980.

Perrot, M. *La monnaie et l'opinion publique en France et en Angleterre, de 1924 a 36.* Paris: Colin, 1955.

Pigou, A. C. *Aspects of British Economic History, 1918-1925.* London: Macmillan, 1948.

Platt, D. C. M. *Foreign Finance in Continental Europe and the United States, 1815-1870: Quantities, Origins, Functions, and Distribution.* London: Allen & Unwin, 1984.

Pohl, Manfred. *Hermann J. Abs: A Biography in Text and Pictures.* Mainz: Hase & Koehler, 1983.

Pressburger, Fritz Georg. "Die Krise der Österreichischen Creditanstalt." *Revue internationale de l'histoire de la banque* 2(1969): 83-118.

Rabelo Versiani, Flávio. "Brazilian Industrial Growth: The 1920s and the Depression."

In *Latin America in the 1930s: The Role of the Periphery in World Crisis*, edited by Rosemary Thorp, 163–87. London: Macmillan, 1984.

Reddaway, W. B. "Was $4.86 Inevitable in 1925?" *Lloyds Bank Review*, no. 96 (April 1970): 15–28.

Reuss, Frederick G. *Fiscal Policy for Growth Without Inflation: The German Experiment*. Baltimore: Johns Hopkins University Press, 1963.

Review Committee for Balance of Payments Statistics. Report to the Budget Bureau. *The Balance of Payments Statistics of the United States: A Review and Appraisal* (E. M. Bernstein Report). Washington, D.C.: U.S. Government Printing Office, 1965.

Richardson, H. W. *Economic Recovery in Britain, 1932–9*. London: Weidenfeld & Nicolson, 1967.

Richardson, H. W., and D. Aldcroft. *Building in the British Economy Between the Wars*. London: Allen & Unwin, 1969.

Rist, Charles. "L'expérience de 1926 et la franc d'aujourd'hui." In *Monnaie d'hier et de demain*, edited by J. Lacour-Gayet et al. Paris: Editions SPID, 1952.

Robbins, Lionel. *The Great Depression*. London: Macmillan, 1934.

―――. *Autobiography of an Economist*. London: Macmillan, 1971.

Rolfe, Sidney E., and James L. Burtle. *The Great Wheel: The World Monetary System*. New York: Quadrangle Books, 1973.

Roose, Kenneth D. *The Economics of Recession and Revival: An Interpretation of 1937–38*. New Haven: Yale University Press, 1954.

Roosevelt, Franklin D. *The Public Papers and Addresses of Franklin D. Roosevelt*. vol. 2: *The Years of Crisis*. New York: Random House, 1938. vol. 7: *The Continuing Struggle for Liberalism*. New York: Macmillan, 1941.

Röpke, Wilhelm. *Crises and Cycles*. London: William Hodge, n.d. (1936?) [有井治訳『経済恐慌と景気変動』実業之日本社, 1944年].

―――. *International Economic Disintegration*. New York: Macmillan, 1942.

Rosen, Elliott. See Moley, Raymond.

Rostow, W. W. "The Strategic Role of Theory: A Comment." *Journal of Economic History* 31, no. 1 (March 1971): 76–86.

―――. *The World Economy: History and Prospect*. Austin: University of Texas Press, 1978 [坂本二郎ほか訳『大転換の時代――世界経済21世紀への展望』上下, ダイヤモンド社, 1982年].

Rothbard, Murray. *America's Great Depression*. 3rd ed. Kansas City, Kan.: Sheed & Ward, 1975.

Rothschild, K. W. *Austria's Economic Development Between the TWO Wars*. London: Muller, 1947.

Rueff, Jacques. Preface to *Souvenirs d'un gouverneur de la Banque de France*, by Emile Moreau. Paris: Génin, 1954.

―――. "Sur un point d'histoire: Le niveau de la stabilisation Poincaré." *Revue d'économie politique* 69 (March–April 1959): 169–78.

Sachs, Jeffrey. "LDC Debt in the 1980s, Risk and Reforms." In *Crises in the Economic and Financial Structure*, edited by Paul Wachtel, 197–243. Lexington, Mass.: D.C. Heath, 1982.

Safarian, A. E. *The Canadian Economy in the Great Depression*. Toronto: University of Toronto Press, 1959.

Salter, Arthur. *Recovery: The Second Effort*. London: Bell; New York: Century, 1932 [東京政治経済研究所訳『世界経済回復』岩波書店, 1933 年].

―――. *Memoirs of a Public Servant*. London: Faber & Faber, 1961.

―――. *Slave of the Lamp*. London: Weidenfeld & Nicolson, 1967.

Samuelson, Paul A. "Myths and Realities about the Crash and Depression." *Journal of Portfolio Management* 6, no. 1 (Fall 1979): 7–10.

Sauvy, Alfred. *Histoire économique de la France entre les deux guerres*. vol. 1: *1918–1931*. Paris: Fayard, 1965. vol. 2: *1931–1939*. Paris: Fayard, 1967.

Sayers, R. S. "The Springs of Technical Progress in Britain, 1919–1939." *Economic Journal* 60, no. 238 (June 1950): 275–91.

―――. *The Bank of England, 1891–1944*. 3 vols. Cambridge: Cambridge University Press, 1976 [西川元彦監訳／日本銀行金融史研究会訳『イングランド銀行――1891-1944 年』上下, 東洋経済新報社, 1979 年].

Schacht, Hjalmar H. G. *The Stabilization of the Mark*. London: Allen & Unwin, 1927 [①越智道順訳『戦時経済とインフレーション――ドイツ・マルクの混乱より安定まで』叢文閣, 1935 年; ②日本銀行調査局内国調査課訳『マルクの安定』日本銀行調査局, 1947 年].

―――. *The End of Reparations*. London: Jonathan Cape; New York: Jonathan Cape & Harrison Smith, 1931.

―――. "Germany's Colonial Demands." *Foreign Affairs* 15, no. 2 (January 1937): 223–34.

―――. *Confessions of "the Old Wizard."* Boston: Houghton Mifflin, 1956. Published in England under the title *My First Seventy-Six Years*. London: Allan Wingate, 1955 [永川秀男訳『我が生涯』上下, 経済批判社, 1955 年].

Schattschneider, E. E. *Politics, Pressures and the Tariff: A Study of Free Private Enterprise in Pressure Politics as Shown in the 1929–1930 Revision of the Tariff*. New York: Prentice-Hall, 1935.

Schlesinger, Arthur M., Jr. *The Age of Roosevelt*. vol. 2: *The Coming of the New Deal*. Boston: Houghton Mifflin, 1959; London: Heinemann, 1960 [佐々木專三郎訳『ロー

ズヴェルトの時代II：ニュー・ディール登場』，論争社，1963年］．

Schliemann, Jürgen. *Die deutsche Währung in der Weltwirtschaftskrise, 1929-1933: Währungspolitik und Abwertungskontroverse unter den Bedingungen der Reparationen.* Berne: Paul Haupt, 1980.

Schmidt, Carl T. *German Business Cycles, 1924-1933.* New York: National Bureau of Economic Research, 1934.

Schmidt, Paul. *Statist auf diplomatischer Bühne, 1923-45.* Bonn: Athenäum-Verlag, 1949.

Schrecker, Ellen. *The Hired Money: The French Debt to the United States, 1917-1929.* New York: Arno Press, 1978.

Schuker, Stephen A. *The End of French Predominance in Europe: The Financial Crisis of 1924 and the Adoption of the Dawes Plan.* Chapel Hill: University of North Carolina Press, 1976.

―――. Review of *The Collected Writings of John Maynard Keynes*, vol. 17: *Activities 1922-1932: Treaty Revision and Reconstruction*; vol. 18: *Activities 1922-1932: The End of Reparations*, edited by Elizabeth Johnson. *Journal of Economic Literature* 18, no. 1 (March 1980): 124-26.

Schumpeter, Joseph A. *Business Cycles: A Theoretical, Historical and Statistical Analysis of the Capitalist Process.* 2 vols. New York: McGraw-Hill, 1939［吉田昇三監修／金融経済研究所訳『景気循環論』全5巻，有斐閣，1958-64年］．

Schwartz, Anna J. "Understanding 1929-1933." In *The Great Depression Revisited*, edited by Karl Brunner, 5-48. The Hague: Martinus Nijhoff.

―――. See also Friedman, Milton, and Anna Jacobson Schwartz.

Schwartz, Jordan. *1933: Roosevelt's Decision: The United States Leaves the Gold Standard.* New York: Chelsea House, 1969.

Seymour, Charles. See House, E. M., and Charles Seymour.

Shaplen, Robert. *Kreuger, Genius and Swindler.* New York: Alfred A. Knopf, 1960; London: André Deutsch, 1961.

Shearer, Ronald A., and Carolyn Clark. "Canada and the Interwar Gold Standard, 1920-35: Monetary Policy without a Central Bank." In *A Retrospective on the Classical Gold Standard, 1821-1931*, edited by Michael D. Bordo and Anna J. Schwartz, 277-309. Chicago: University of Chicago Press, 1984.

Silberman, Charles. See Burck, Gilbert, and Charles Silberman.

Simpson, Amos E. *Hjalmar Schacht in Perspective.* The Hague: Mouton, 1969.

Skidelsky, Robert. *Politicians and the Slump: The Labour Government of 1929-1931.* London: Macmillan, 1967.

Sobel, Robert. *The Great Bull Market: Wall Street in the 1920s.* New York: W. W. Norton, 1968［三原淳雄訳『大恐慌前夜――窮極の大相場』徳間書店，1987年］．

Stimson, Henry L., and McGeorge Bundy. *On Active Service in Peace and War*. New York: Harper & Bros., 1947.

Stolper, Gustav. *German Economy, 1870-1940: Issues and Trends*. New York: Reynal & Hitchcock; London: Allen & Unwin, 1940.

Stuart, G. M. Verrijn. "The Netherlands During the Recent Depression." In *The Lessons of Monetary Experience: Essays in Honor of Irving Fisher*, edited by A. D. Gayer, 237-58. New York: Farrar & Rinehart; London: Allen & Unwin, 1937.

Stucken, Rudolf. *Deutsche Geld- und Kreditpolitik, 1914 bis 1963*. Tübingen: J. C. B. Mohr (Paul Siebeck), 1964.

Sturmthal, Adolf. *The Tragedy of European Labor, 1918-1939*. New York: Columbia University Press, 1943; London: Gollancz, 1944 [神川信彦・神谷不二訳『ヨーロッパ労働運動の悲劇——1918-1939年』ⅠⅡ, 岩波書店, 1958年].

Svennilson, Ingvar. *Growth and Stagnation in the European Economy*. Economic Commission for Europe. Geneva: United Nations, 1954.

Swerling, Boris C. See Timoshenko, Vladimir P., and Boris C. Swerling.

Takagi, Shinji. See Nanto, Dick K., and Shinji Takagi.

Tavernier, K. See Wee, Herman van der, and K. Tavernier.

Taylor, Henry C., and Anne Dewess Taylor. *World Trade in Agricultural Products*. New York: Macmillan, 1943.

Temin, Peter. "Three Problems in Economic History." *Journal of Economic History* 31, no. 1 (March 1971): 58-75.

———. "The Beginning of the Depression in Germany." *Economic History Review* 24, no. 2 (May 1971): 240-48.

———. *Did Monetary Forces Cause the Great Depression?* New York: W. W. Norton, 1976.

Thomas, Brinley. *Monetary Policy and Crises: A Study of Swedish Experience*. London: Routledge, 1936.

Thomas, Mark. "Discussion of "Keynes and Protection"," by Barry Eichengreen. *Journal of Economic History* 44, no. 2 (June 1984): 375-79.

Thorp, Rosemary. "Introduction to *Latin America in the 1930s: The Role of the Periphery in World Crisis*," edited by Rosemary Thorp, 1-16. London: Macmillan, 1984.

———, ed. *Latin America in the 1930s: The Role of the Periphery in World Crisis*. London: Macmillan, 1984.

Thorp, Rosemary, and Carlos Londoño. "The Effect of the Great Depression on the Economies of Peru and Colombia." In *Latin America in the 1930s: The Role of the Periphery in World Crisis*, edited by Rosemary Thorp, 81-110. London: Macmillan, 1984.

Timoshenko, Vladimir P. *World Agriculture and the Depression*. Ann Arbor: University of Michigan Press, 1933.

Timoshenko, Vladimir P., and Boris C. Swerling. *The World's Sugar: Progress and Policy*. Stanford: Stanford University Press, 1957.

Toniolo, Gianni. "Crisi economica e smobilizzo pubblico delle banche miste (1930-1934)." In *Industria e banca nella grande crisi 1929-1934*, edited by Gianni Toniolo, 284-352. Milan: Etas Libri, 1978.

―――. *L'economia dell'Italia fascista*. Rome: Laterza, 1980 [浅井良夫・C. モルテーニ 訳『イタリア・ファシズム経済』名古屋大学出版会, 1993年].

―――. "Per un'analisi comparata delle cause delle crisi bancarie nell'Europa dei primi anni Trenta." In Banco di Roma, *Le istituzioni finanziarie degli anni Trenta nell'Europa continentale*, 219-35. Bologna: Il Mulino, 1982.

Tortella Casares, Gabriel, and Jordi Palafox. "Banche e industria in Spagna, 1918-1936." In Banco di Roma, *Le istituzioni finanziarie degli anni Trenta nell'Europa continentale*, 161-96. Bologna: Il Mulino, 1982.

Treviranus, Gottfried Reinhold. *Das Ende von Weimar: Heinrich Brüning und seine Zeit*. Düsseldorf: Econ-Verlag, 1968.

Triantis, Stephen G. *Cyclical Changes in Trade Balances of Countries Exporting Primary Products, 1927-1933*. Toronto: University of Toronto Press, 1967.

Triffin, Robert. "La théorie de la surévaluation monétaire et la dévaluation belge." *Bulletin de l'Institut des Recherches Economiques de l'Université de Louvain* 9, no. 1 (November 1937): 3-36.

Tugwell, Rexford G. *The Brains Trust*. New York: Viking Press, 1968.

United Nations. *Commodity Trade and Economic Development*. Report by a Committee of Experts. New York, 1952.

U.S. Bureau of the Census. *Historical Statistics of the United States, 1789-1945*. Washington, D.C.: U.S. Government Printing Office, 1949.

U.S. Department of State. *Foreign Relations of the United States*. Washington, D.C.: U.S. Government Printing Office. Various issues.

van der Wee, Herman. See Wee, Herman van der.

Vansittart, Lord. *The Mist Procession: The Autobiography of Lord Vansittart*. London: Hutchinson, 1958.

Vaubel, Roland. "International Debt, Bank Failures and the Money Supply: The Thirties and the Eighties." *Cato Journal* 4, no. 1 (Summer 1984): 249-67.

Wachtel, Paul, ed. *Crisis in the Economic and Financial Structure*. Lexington, Mass.: D. C. Heath, 1982.

Walker, E. Ronald. *Australia in the World Depression*. London: P. S. King, 1933.

Wanniski, Jude. *The Way the World Works: How Economics Fail-and Succeed*. New

York: Basic Books, 1978.
Warburg, James P. *The Long Road Home: The Autobiography of a Maverick.* Garden City, N.Y.: Doubleday, 1964.
Warren, George F., and Frank A. Pearson. *Prices.* New York: Wiley, 1933.
Webb, Steven B. "The Supply of Money and Reichsbank Financing of Government and Corporate Debt in Germany, 1919-1923." *Journal of Economic History* 44, no. 2 (June 1984): 499-507.
Wee, Herman van der, ed. *The Great Depression Revisited: Essays on the Economies of the Thirties.* The Hague: Martinus Nijhoff, 1972.
Wee, Herman van der, and K. Tavernier. *Le Banque Nationale de Belgique et l'histoire monétaire entre les deux guerres mondiales.* Brussels: National Bank of Belgium, 1975.
Weinstein, Michael M. "Some Macroeconomic Impacts of the National Industrial Recovery Act, 1933-1935." In *The Great Depression Revisited,* edited by Karl Brunner, 262-81. The Hague: Martinus Nijhoff, 1981.
White, Eugene Nelson. "A Reinterpretation of the Banking Crisis of 1930." *Journal of Economic History* 44, no. 1 (March 1984): 119-38.
Whittlesey, Charles R. See Graham, Frank D., and Charles R. Whittlesey.
Wicker, Elmus R. *Federal Reserve Monetary Policy, 1917-1933.* New York: Random House, 1966.
―――. "A Reconsideration of the Causes of the Banking Panic of 1930." *Journal of Economic History* 40, no. 3 (September 1980): 571-84.
Wilcox, James A. See Gordon, Robert J., and James A. Wilcox.
Williams, David. "London and the 1931 Financial Crisis." *Economic History Review,* 2nd ser. 15, no. 3 (April 1963): 513-28.
Williams, John H. *Postwar Monetary Plans and Other Essays.* 3rd. ed., rev. and enlarged New York: Alfred A. Knopf, 1947.
Williams, William Appleman. *The Tragedy of American Diplomacy.* Cleveland: World Publishing, 1959 [高橋章・松田武・有賀貞訳『アメリカ外交の悲劇』御茶の水書房, 1986 年, ただし改訂増補第 2 版の翻訳].
Williamson, John, ed. *IMF Conditionality.* Washington, D.C.: Institute for International Economics, 1983.
Winch, Donald. See Howson, Susan K., and Donald Winch.
Woytinsky, Emma S., ed. *So Much Alive: The Life and Work of W. S. Woytinsky.* New York: Vanguard Press, 1962.
Woytinsky, W. S. *Internationale Hebung der Preise als Ausweg der Krise.* Leipzig, 1931.
―――. "International Measures to Create Employment: A Remedy for the Depres-

sion." *International Labor Review* 25, no. 1 (January 1932): 1-22.

―――. *Stormy Passage: A Personal History Through Two Russian Revolutions to Democracy and Freedom, 1905-1960*. New York: Vanguard Press, 1961 [直井武夫訳『歴史を生きる――わが生涯の回想』全 2 冊, 論争社, 1960, 61 年].

Wright, H. R. C. "Fears of Inflation in 1919: Wage Push and Conspiracy Theories." Paper presented on "Topics in Economic History" at the Canadian Economic Association meeting, Dalhousie University, Halifax, Nova Scotia, May 25, 1981.

Youngson, A. J. *The British Economy, 1920-57*. London: Allen & Unwin, 1960.

人名索引

ア 行

アイケングリーン (B. J. Eichengreen) 135n
アイバセン (C. Iversen) 195
アインチッヒ (P. Einzig) 168, 170, 190
アスター卿 (Lord Astor) 226
アチソン (D. Acheson) 233, 239
アディス (C. Addis) 226
アブズ (H. J. Abs) 159n
アフタリオン (A. Aftalion) 36, 140
アロン (R. Aron) 39n
アンダーソン (B. A. Anderson) 172n
石井菊次郎 223n
石橋湛山 175
イッキーズ (H. L. Ickes) 214
イルムラー (H. Irmler) 172n
インサル (S. Insull) 104
ヴァイナー (J. Viner) 280n, 291, 315n
ヴァン・ゼーラント (P. Van Zeeland) 272, 308, 310, 311
ヴァンシタット卿 (Lord Vansittart) 167n, 186n, 228n, 256n, 325
ウィギンズ (A. Wiggins) 104, 164
ヴィクセル (K. Wicksell) 194
ウィグフォース (E. Wigfors) 195
ウィッカー (E. R. Wicher) 139, 198n
ヴィッセリング (G. Vissering) 168
ウィーラー (B. Wheeler) 211
ウィリアムズ (D. Williams) 166
ウィリアムズ (J. H. Williams) 219, 220n, 232, 280n
ウィリアムズ (W. A. Williams) 322
ウィリス (H. P. Willis) 196, 197
ウィルコックス (W. A. Willcox) 197
ウィルソン (H. Wilson) 273
ウィルソン (W. Wilson) 25, 26

ウォイチンスキー (W. S. Woytinsky) 8, 173, 184-186, 220, 224n
ウォーカー (E. R. Walker) 88
ウォーバーグ (J. P. Warburg) 216n, 220, 221, 224, 229, 232, 233, 239, 240, 323
ウォーバーグ (P. M. Warburg) 105, 163n
ウォレス (H. Wallace) 211, 214
ウォーレン (G. Warren) 7, 239
ウッディン (W. Woodin) 214, 233, 241, 323
ウーリー (C. M. Woolley) 105
エクルズ (M. S. Eccles) 295
エセンドン卿 (Lord Essendon) 226
エリオ (E. Herriot) 9, 37, 210, 221, 231n
エンジェル (J. W. Angell) 126
オリオール (V. Auriol) 273, 277n
オリファント (H. Oliphant) 295

カ 行

カー (E. H. Carr) 323, 325
カイヨー (J. Caillaux) 37
カズンズ (J. Couzens) 211, 230
カッセル (G. Cassel) 175, 194
ガードナー (W. R. Gardner) 177
ガーナー (J. N. Garner) 210
カーバー (T. N. Carver) 197
カリー (L. Currie) 295
ガルブレイス (J. K. Galbraith) 59
カーン (R. F. Kahn) 175, 185n
ギブリン (L. F. Giblin) 91, 93
キャメロン (R. Cameron) 3
ギルバート (S. P. Gilbert) 69, 72
キンダスリー (R. Kindersley) 42n, 152, 166, 220, 224n, 243

キーンボック (V. Kienböck) 230
クラーク (S. V. O. Clarke) 157, 161n, 168n, 280n, 324
グラス (C. Glass) 208
グリッグ (P. J. Grigg) 33, 170
クーリッジ (C. Coolidge) 60, 69, 104, 330
クリュガー (I. Kreuger) 194, 196
グリン (S. Glynn) 47n
クルチウス (J. Curtius) 155, 159
クレイ (H. Clay) 170, 280n
グレイアム (F. D. Graham) 292n
クレイン (J. Crane) 153, 176
グレベル (W. Grävell) 171, 172n
クレーマー (C. Krämer) 171
クローデル (P. Claudel) 160, 220n, 228n
グロトコップ (W. Grotkopp) 171, 185n
クロル (G. Kroll) 173n
ケインズ (J. M. Keynes) 8, 25, 31–34, 65, 134, 135, 147, 165, 171, 175, 181, 182, 185n, 190n, 191, 226, 227, 234, 237, 242n, 243, 271, 280n, 282, 313, 330, 331
ケーゼ (D. Keese) 140n
ケネー (P. Quesnay) 38, 42n, 70, 71, 73, 152
ケメラー (E. J. Kemmerer) 197
ゲーリング (H. Göring) 257, 306
ゲレーケ (G. Gereke) 188
コクラン (M. Cochran) 224n, 280n
コックス (J. M. Cox) 218n, 230, 233
コットン (J. Cotton) 187
コナリー (T. Connally) 211
コブデン (R. Cobden) 254
コプランド (D. Copland) 91, 93, 97
コヘイン (R. O. Keohane) 314n
コーライン (H. Colijin) 230
コール (G. D. H. Cole) 135, 191
コルム (G. Colm) 185n

サ 行

サイモン (J. Simon) 221n, 290
サケット (F. M. Sackett Jr.) 156n, 158, 186, 218
サックス (J. Sachs) 128, 133
サミュエルソン (P. Samuelson) 1, 2, 65n, 313
ザリン (E. Salin) 171, 184n
サロー (A. Sarrault) 273
シアドー (G. G. Theodore) 93
ジェームズ (G. R. James) 114
シェロン (H. Chéron) 51, 73, 113
シャットシュナイダー (E. E. Schattschneider) 134
シャハト (H. Schacht) 21n, 29, 30n, 49, 54–56, 59, 60, 70–72, 139, 142, 157, 223, 230, 257, 307
シュウォーツ (A. J. Schwartz) 1, 5, 16n, 51, 59, 60n, 128, 137, 138, 178, 195, 198n, 325, 326
ジュオー (L. Jouhaux) 39, 276
シューカー (S. A. Schuker) 25n, 315n
シュタインハルト (L. Steinhardt) 224
シュトゥルムタール (A. Sturmthal) 173n
シュテュッツェル (W. Stützel) 184n
シュトラッサー (G. Strasser) 188
シュバリエ (M. Chevalier) 281n
シュミット (P. Schmidt) 71n, 73
シュライヒャー (K. von Schleicher) 185
シュリーマン (J. Schliemann) 172n
シュルツ (T. W. Schultz) 100, 101
シュレジンガー (A. M. Sclesinger) 8n
シュンペーター (J. A. Schumpeter) 3, 43, 128, 134, 171n, 317
ショータン (C. Chautemps) 275
ジョナング (L. Jonung) 195n
ショーバー (J. Schober) 155, 156
ジョーンズ (J. Jones) 214
ジョーンズ (J. M. Jones Jr.) 131, 132
ジョンソン (Hiram Johnson) 255
ジョンソン (Hugh Johnson) 214
ジョンソン (P. Johnson) 9, 51n, 127n
ジョンソン (T. Johnson) 33
ジョンソン・ジュニア (G. G. Johnson Jr.)

人名索引 | 365

シンプソン (A. E. Simpson)　71
スカリン (J. H. Scullin)　85, 93
スキデルスキー (R. Skidelsky)　152
スタンプ (Lord Stamp)　191, 226
スチムソン (H. Stimson)　9n, 158, 160-164, 213, 218, 323
スチュアート (W. Stewart)　239
ストラコシュ (H. Strakosch)　42n
ストリンガー (B. Stringher)　41
ストレーゼマン (G. Stresemann)　72n
ストロング (B. Strong)　30n, 34, 38-41, 56, 58-61, 83, 105, 220n, 322, 323
スノーデン (P. Snowden)　7, 32, 73, 74, 109, 113, 135, 165-167
スプレイグ (O. M. W. Sprague)　171, 229, 233, 239
スベニルソン (I. Svennilson)　47n, 77, 314
スマッツ (J. C. Smuts)　230
スミス (A. Smith)　10
セイヤーズ (R. S. Sayers)　47n
セリグマン (E. R. A. Seligman)　197
セルツァー (L. Selzer)　295
宋子文 (Z. Song)　230
ソビー (A. Sauvy)　26, 35, 268, 276
ソーベル (R. Sobel)　104n
ソルター (A. Salter)　25n, 39, 42n, 75, 190n, 191, 226, 280n
ゾンバルト (W. Sombart)　171

タ 行

ダイアソン (E. C. Dyason)　93
ダヴィド (R. David)　73n
タウシッグ (F. W. Taussig)　197
高橋亀吉　175
高橋是清　175, 176, 260
タグウェル (R. G. Tugwell)　8n, 208, 209, 213, 214, 253
ダグラス (L. Douglas)　214, 216, 239
ダニエルズ (J. Daniels)　213
ダビンスキー (D. Dubinsky)　250
ダラディエ (E. Daladier)　217, 221n, 227, 230, 275, 305
タルノウ (F. Tarnow)　184
ダールベルク (R. Dahlberg)　171, 172n
ダレス (J. F. Dulles)　292
チアンチ (E. Cianci)　174
チェンバレン (A. Chamberlain)　31
チェンバレン (N. Chamberlain)　217, 221n, 227, 230, 290
チャーチル (W. Churchill)　32-34, 55
チャンドラー (L. V. Chandler)　38n
津島寿一　224
デイ (E. E. Day)　219
ディアース・アレハンドロ (C. Díaz Alejandro)　82, 97n, 264n
ティッセン (F. Thyssen)　186n
デイビス (N. Davis)　213, 228, 323
ティモシェンコ (V. P. Timoshenko)　78, 82
デプレ (E. Despres)　178n
デベイル (J.-C. Debeir)　36n
テミン (P. Temin)　5, 15n, 49n, 66, 195
デュプリエ (L. Dupriez)　272
デュアラント (E. D. Durand)　197
トゥレビラヌス (G. R. Treviranus)　182, 186
ドーズ (C. G. Dawes)　23, 323
ドブレ (M. Debré)　277
トマス (B. Thomas)　196
トマス (E. Thomas)　211, 214, 216
トマス (M. Thomas)　135n
トマス (R. Thomas)　261
トライアンティス (S. G. Triantis)　203
トリップ (L. Trip)　230
トリフィン (R. Triffin)　272
ドルフス (E. Dollfuss)　230
ドレガー (H. Dräger)　171, 185n

ナ 行

ナイサー (H. Neisser)　128, 188n
ナフタリ (F. Naphtali)　173n
ニコルズ (J. P. Nichols)　222n
ニボー (M. Niveau)　136
ニーマイヤー (O. Niemeyer)　32, 33,

42n, 93
ニューボウルド (J. T. W. Newbold)　2n
ヌルクセ (R. Nurkse)　57
ネビン (E. Nevin)　326
ノーマン (M. Norman)　23, 31, 32, 34, 39-42, 52, 54-56, 58, 59, 108-110, 152, 157, 159, 163, 166, 170, 220, 224n, 240, 241, 320, 322
ノリス (G. Norris)　214

　　　　ハ 行

バイアン (J. W. Beyen)　61n, 139, 142n, 153
ハイエク (F. A. von Hayek)　127
バイナー (J. Viner)　241
ハウ (L. Howe)　233, 242
ハウス (E. M. House)　213
バージェス (W. R. Burgess)　178n, 219
バジョット (W. Bagehot)　157, 226, 321
ハースト (W. Hurst)　168
バーデ (F. Baade)　184, 185n
ハトリー (C. Hatry)　109
パトリック (H. T. Patrick)　175
ハーバラー (G. Haberler)　245n, 315n
ハーベイ (E. Harvey)　168, 326
パーペン (F. von Papen)　188
浜口雄幸　42
ハムリン (C. S. Hamlin)　114, 177
バーリ (A. A. Berle)　214
ハリソン (G. Harrison)　105, 109, 114, 118, 137, 160, 176-178, 197-199, 229, 232, 239-241, 320, 323
ハル (C. Hull)　213, 214, 221, 222, 228, 230, 253, 322n
バルーク (B. Baruch)　214, 233
ハロッド (R. Harrod)　234, 315n
ハーン (A. Hahn)　101, 174
ハンセン (A. H. Hansen)　314, 324
ピアソン (F. Pearson)　239
ピーク (G. Peek)　253
ビスマルク (O. von Bismarck)　19n
ピーダセン (J. Pedersen)　60n, 281, 323n, 324n

ピットマン (K. Pittman)　214, 230
ヒトラー (A. Hitler)　22, 188, 214, 256, 257, 273, 275, 306, 307
ビーバブルック卿 (Lord Beaverbrook)　32
ヒューズ (C. E. Hughes)　23, 322
ヒューズ (H. Hughes)　91n
ビューリー (K. S. Bewley)　225-227, 290
ヒルガート (F. Hilgerdt)　301
ヒルファーディング (R. Hilferding)　173, 184n, 185n
ヒルマン (S. Hillman)　250
ピレッリ (A. Pirelli)　73
ヒンデンブルク (P. von Hindenburg)　160, 163n, 188
ファイス (H. Feis)　208n, 220-225, 227, 230, 240n, 242n, 243, 259, 278
ファウベル (R. Vaubel)　138
フィリップス (F. Phillips)　291
フォード (H. Ford)　48, 211
フォルストマン (A. Forstmann)　172
フォーレン (C. Fohlen)　3
ブース (A. Booth)　47n
フーバー (H. Hoover)　4, 7-9, 14, 28n, 60, 69, 75, 86n, 104, 105, 120, 127n, 132-134, 136, 157, 158, 160-164, 186, 187, 189, 190, 197, 207-213, 215, 218, 219, 243n, 253, 297, 317, 322n, 323, 326, 330
フライシグ (H. Fleisig)　61, 63, 146, 148
ブライト (J. Bright)　254
ブラウン (E. C. Brown)　297
ブラウン (W. A. Brown Jr.)　327
ブラケット (B. Blackett)　226
ブラック (E. Black)　239, 240
ブラッドベリー卿 (Lord Bradbury)　31-33
フランキ (E. Francqui)　71n, 74, 219, 224n, 243
フランクファーター (F. Frankfurter)　214
ブランダイス (L. Brandeis)　214

人名索引 | 367

ブランド(R. H. Brand)　288
ブリアン(A. Briand)　36, 37
ブリグデン(J. B. Brigden)　91
ブリット(W. C. Bullitt)　221, 222n
フリードマン(M. Friedman)　1, 4, 5,
　16n, 51, 59, 60n, 115, 128, 137, 138, 178,
　195, 198n, 313, 325, 326
フリードマン(R. Friedman)　1, 313
ブリューニング(H. Brüning)　7,
　140-142, 156, 158, 159, 162, 163n,
　171-173, 182, 185-188, 218, 270
ブルース(S. M. Bruce)　230
ブルーナー(K. Brunner)　5
ブルム(J. M. Blum)　279
ブルム(L. Blum)　7, 195n, 273, 275,
　277n, 305
ベイカー(N. D. Baker)　213
ベイト(F. Bate)　71
ベヴィン(E. Bevin)　165, 167
ベネシュ(E. Beneš)　230
ベネット(E. W. Bennett)　168
ベネット(R. B. Bennett)　135, 230, 330n
ペレ(R. Péret)　36, 37
ヘンダーソン(A. Henderson)　163, 167
ヘンダーソン(H. D. Henderson)　8, 134,
　185n, 190n, 191, 226, 227, 280n, 295,
　331
ペンツリン(H. Pentzlin)　72n
ポアンカレ(R. Poincaré)　24, 28n,
　37-39, 58n, 71n, 276
ホイットニー(R. Whitney)　112
ホィットルジィー(C. R. Whittlesey)
　292n
ホウィーラー(B. Wheeler)　214, 216
ボーゼル(S. Bosel)　154
ボードゥアン(F. Baudhuin)　169, 272
ホートリー(R. G. Hawtrey)　32, 226n
ボネ(G. Bonnet)　217n, 221n, 222n, 227,
　228, 230, 233, 275
ホプキンズ(H. L. Hopkins)　295
ホブズボーム(E. J. Hobsbawm)　7
ボラー(W. E. Borah)　160
ホランダー(J. H. Hollander)　197

ボール(J. Ball)　315n
ボールダストン(T. Balderston)　49, 66
ボールドウィン(S. Baldwin)　68
ボルヒャルト(K. Borchardt)　172n,
　184n, 188n
ポール゠ボンクール(J. Paul-Boncour)
　217
ボルン(K. E. Born)　157n, 168, 327
ホワイト(E. N. White)　138
ホワイト(H. D. White)　280n, 282, 295,
　324

マ 行

マイアー(C. S. Maier)　315n
マイアー(E. Meyer)　160, 177
マーカス(E. Marcus)　97, 196n
マガラー(G. W. McGarrah)　156
マギル(R. Magill)　295
マクドナルド(J. R. MacDonald)　73,
　134, 135, 166, 167, 217, 218, 220, 221,
　228, 230, 233, 238, 243n
マクフェリン(J. B. McFerrin)　139
マッケナ(R. McKenna)　23, 31-34, 39,
　165, 217
マルクス(K. Marx)　185n
マルサス(T. W. Malthus)　270, 271
マントゥー(É. Mantoux)　20, 21n, 25
ミッチェル(C. Mitchell)　104
ミード(J. E. Meade)　234
ミュラー(H. Müller)　140
ミュルダール(G. Myrdal)　195
ミラー(A. C. Miller)　39, 60n, 104
ミルズ(O. Mills)　9n, 56, 160, 243n, 323
ミンツ(I. Mintz)　24n, 44n
ムッソリーニ(B. Mussolini)　40, 69,
　110n, 255, 259, 272
メイ(G. May)　165
メルキオー(C. Melchior)　25n
メルツ(E. März)　154
メルツァー(A. H. Meltzer)　4, 133
メロン(A. W. Mellon)　34, 40, 105, 127,
　157, 158, 160-162, 323
メンネ(B. Menne)　185-187

モウリー (R. Moley)　　28n, 208, 213, 214, 221, 222, 228, 232, 233, 237, 240n, 247, 323
モーガン (S. Morgan)　　71
モグリッジ (D. E. Moggridge)　　32, 33, 152n, 169n, 227n, 291n, 314, 315n
モーゲンソー (H. Morgenthau Jr.)　　7, 8n, 233, 239-242, 245, 251n, 252, 277-282, 288-292, 295, 310n
モジリアーニ (F. Modigliani)　　128
モズリー (O. Mosley)　　8
モファット (P. Moffat)　　247
モリソン (Morrison)　　230
モルガン (J. P. Morgan)　　22
モレ (C. Moret)　　126, 152, 168, 176, 177, 196-198, 222n
モロー (E. Moreau)　　28n, 37-39, 41, 42, 55, 56, 58, 59, 71n, 126, 322
モロー (D. Morrow)　　160, 323

ヤ 行

ヤコブソン (P. Jacobsson)　　243n
ヤング (O. D. Young)　　23, 70, 105, 241n
ヤング (R. Young)　　104, 105
ヤングサン (A. J. Youngson)　　34
ユング (G. Jung)　　222, 230, 238

ラ・ワ行

ラインハルト (F. Reinhardt)　　188
ラヴァル (P. Laval)　　7, 151, 161, 189, 207, 209, 218, 270, 273
ラウテンバッハ (W. Lautenbach)　　8, 184, 187, 188
ラーテナウ (W. Rathenau)　　21, 22
ラパール (W. Rappard)　　281
ラモント (T. Lamont)　　23, 323
ラリー (H. B. Lary)　　107n, 318
リスト (C. Rist)　　38n, 56, 221
リースロス (F. Leith-Ross)　　71, 74, 168, 219, 221, 241
リップマン (W. Lippmann)　　237
リード (D. A. Reed)　　211
リトビノフ (M. Litvinov)　　230
リーフラー (W. W. Riefler)　　291
リベラ (M. P. de Rivera y Orbaneja)　　41
リュエフ (J. Rueff)　　38
リンゼー (R. Lindsay)　　209
リンドリー (E. Lindley)　　253
ルイス (J. L. Lewis)　　250
ルイス (W. A. Lewis)　　3, 133, 146
ルーサー (W. Reuther)　　250
ルシュール (L. Loucheur)　　21, 25n
ルーズベルト (F. D. Roosevelt)　　7-9, 11n, 132, 190, 207-217, 219-222, 228, 230-235, 237-243, 245, 247n, 250-253, 255, 267, 277, 280n, 282-284, 288, 289, 292, 295-297, 322n, 323, 326, 330
ルター (H. Luther)　　152, 159, 161n, 172, 182, 184-186
ルーツ (F. Lutz)　　315n
ルービン (I. Lubin)　　295n
ルンドベルク (E. Lundberg)　　78n, 195
レイサム (A. J. H. Latham)　　76n
レイトン (W. Layton)　　164, 226
レイノー (P. Reynaud)　　8, 275-277, 305
レダウェイ (W. B. Reddaway)　　33, 34
レデラー (E. Lederer)　　188n
レプケ (W. Röpke)　　171, 184n, 242, 249n
レーマン (H. H. Lehman)　　211
ロイド・ジョージ (D. Lloyd George)　　26, 135
ロウビー (R. W. Robey)　　143n
ロジャーズ (J. H. Rogers)　　214, 239
ロストウ (W. W. Rostow)　　207n
ロスバード (M. Rothbard)　　9, 50, 51n
ロッジ (H. C. Lodge)　　323
ロバートソン (D. Robertson)　　299
ロビノー (G. Robineau)　　37
ロビンズ (L. Robbins)　　9n, 127, 313
ワーゲマン (E. Wagemann)　　184, 187
ワニスキー (J. Wammiski)　　113n, 133

事項索引

あ 行

アウストロ＝オリエントバンク　154
アウストロ＝ポルニッシェ・バンク　154
亜鉛　75, 149, 284
アクツェプト・ウント・ガランティーバンク（引受保証銀行）　162
アジアに対する貸付　43
アメリカ　6-12, 15, 20, 23, 26, 27, 34, 48, 89, 126-128, 149, 171, 174, 204, 205, 245, 283, 301
　──史上最も急速な経済降下　293
　──住宅公社　297
　──の回復　250
　──の貸付停止　6
　──の株式市場　59
　──の為替安定基金　240, 286, 287
　──の関税引上げ　69, 317
　──の旱魃　263
　──の銀行恐慌　145
　──の銀行倒産　138
　──の金不胎化　32, 320
　──の金保有高　286
　──の金本位制離脱　208, 217, 221, 245
　──の金融緩和　35, 59
　──の金融政策　1, 4, 136, 278
　──の金利引下げ　5
　──の景気後退　300
　──の国際収支　294
　──の孤立主義　25
　──の指導力　310, 322
　──の証券発行　45
　──の戦債帳消し　5
　──の対外貸付　6, 15, 16, 43, 44n, 318
　──の通貨切下げ　245
　──の投資業界　44
　──の農業　100
　──の農業政策　305n
　──の農産物関税　253
　──の農民　89
　──の物価　32
　──のブーム　49
　──の輸入　121
　──の割引率　178
　──への金流入　286-288
　──輸出品の不買運動（スイスの）　132
アメリカ輸出入銀行　304
アメリカ労働総同盟　250
アルゲマイネ・インドゥストリーバンク　154
アルゼンチン　83, 85, 89, 90, 93, 148, 171, 204, 263
　──の金喪失　95
　──の金本位制離脱　96, 171
アルゼンチン・ペソ　96, 97, 151
アルミニウム　306
暗黒の火曜日　112, 133
暗黒の木曜日　112, 133
安定的な為替相場　318

イギリス　8, 10-12, 19, 20, 26, 27, 40, 47, 73, 87, 126, 127, 131, 171, 255, 301, 303, 327
　──為替平衡勘定（EEA）　191, 286, 290, 319
　──鉄鋼業　109
　──投資業界　44
　──の関税引上げ　182
　──の協調融資　321
　──の銀行家　43

——の金本位制復帰　7, 31-34, 40
——の金本位制離脱　31, 33, 168, 170, 178, 201, 217, 227
——の金融緩和　118, 192
——の金融引締め　107, 109, 110, 113, 116
——の金輸出禁止　31
——の金輸出再開　32
——の軍備支出　304, 305
——の失業率　31, 260
——の指導力　321
——の証券発行　45
——の政府融資　304
——の戦債帳消し案　26
——の対外貸付　24, 45, 128, 303, 317, 318
——の炭坑スト　21
——の通貨切下げ　170, 193, 244, 245, 260
——の低金利　260
——のデフレ政策　192
——の物価　31, 32
——のブーム　195
——の文化的対応の遅れ　316
——の輸出　35
——の輸出信用保証庁　304
——の輸入割当　196
——の歴史家　3
——への金流入　287
——への資本流入　59
イタリア　26, 40, 47, 144, 249, 255, 301
——の為替管理　271, 272
——の為替相場　174
——の関税引上げ　131, 132
——の銀行　41, 144
——の銀行危機　48
——の金融引締め　107
——の証券市場　144
——の通貨切下げ　275
イタリア銀行　145
イタリア産業復興公社(IRI)　145, 259
イタリア動産公社(IMI)　259
イタロ・ブリタニカ銀行　144

一次産品　47, 76, 98, 315
一般均衡　202
一般的な包括的通貨切下げ　245
イングランド銀行　7, 23, 31, 32, 40, 54, 58, 74, 108-110, 113, 118, 156, 157, 161-163, 167, 169, 171, 190, 192, 197, 281, 320, 326
——の割引率の引上げ　109, 110, 166
——の割引率の引下げ　118, 192
インド　87, 90
——の関税引上げ　131
インフレーション　22, 99, 100, 305
——の恐怖　140, 172
コストプッシュ・——　17
ドイツの——　19, 31, 320
ハイパー・——　22, 23
ヴァン・ゼーラント報告　310, 311
ウィニペグ小麦取引所　85
ウィリアム・ディーコンズ銀行　143, 320
ウォール街　26
ウーシー協定　136
ウニオーン・バンク　154, 155
ウルグアイ　93
——の金本位制離脱　96
英国海軍　167
英帝国諸国　234
英米金融協定　311
英領マラヤ　87, 203
英連邦　249, 254, 262, 303, 322
——自治領　15, 68, 131
『エコノミック・ジャーナル』　282
エジプトの金本位制離脱　171
エチオピア攻撃(イタリアの)　256, 259, 304
円相場　149
円の安定　42
円の切下げ　245, 265
円ブロック　303
「黄金の雪崩」　288

事項索引 | 371

欧州大陸からの資本流入(イギリスへの) 31
オストヒルフェ(東部援助) 141
オーストラリア 83, 85, 88-93, 126, 148, 171, 262
　——の関税引上げ 131
　——の金喪失 95
　——の金融逼迫 91
　——の新関税制定 132
　——の対外債務 91
　——のブーム 49
オーストラリア連邦銀行 92, 93, 95
オーストラリア・ポンド 97
　——の下落 96
　——の暴落 151
オーストリア 7, 36, 153, 154, 327
　——の金融緩和 118
　——の金融危機 158
　——の金融引締め 108
オーストリア国立銀行 155, 157
オーストリア＝ハンガリー帝国の解体 154
オセアニアに対する貸付 43
オタワ協定 132, 205, 254
オランダ 327
　——の関税引上げ 182
　——の金融緩和 118
　——の金融引締め 108
　——の通貨切下げ 274
　——の輸入割当制 182
オランダ銀行 168
　——のドル金交換 177, 198
オランダ領東インド諸島 88, 90, 148, 263

　　　　か　行

外国為替 52, 53, 83
外国為替管理 202, 301, 303, 310
　イタリアの—— 174
　低開発国の—— 265
　ドイツの—— 220, 256
　日本の—— 175, 306
　フランスの—— 273

外国為替市場 34
外国為替心理説 36, 140
外国為替相場政策(日本の) 175
外国資金の引揚げ(ドイツからの) 142
外国政府債の質 24n
外国の貸付(ドイツへの) 49
外国貿易 77, 299
　アメリカの—— 294
　ソ連の—— 249
　ドイツの—— 258
外国貿易乗数 133
外債発行 125, 126
外債ブーム 318
解体される世界経済 301
介入主義者 127
下院歳入委員会(アメリカ) 69
カカオ豆　→ココア
価格 15, 17, 78, 151
　——支持 120
　——低落 6
　——統制 305
　——引上げ 242
化学産業 47
果実 203
加速度係数 10
加速度原理 206, 207
過大評価(フランの) 268
合衆国銀行 138, 139
割賦信用 50
カナダ 84, 89, 90, 118, 171, 205, 255, 301
　——・英帝国最優先政策 135
　——に対する貸付 43
　——の関税引上げ 132
　——の金移動 94
　——の金喪失 94
　——の金融緩和 118
　——のブーム 49
株式市場 5, 60, 64-66, 75, 104, 109, 114, 119, 121, 123, 125
　——投機 13, 50, 60, 65, 205
　——ブーム 64-66
株式市場崩壊 94, 103, 111, 112, 114, 115, 118

1826年の―― 2
1920-21年の―― 147
1929年の―― 14
株式市場暴落 133
貨幣錯覚 10, 98, 146, 269
貨幣数量説 4
紙 203
カルシュタット会社 159
為替安定基金(アメリカ) 241, 280, 286, 287
為替管理 11, 225, 268
　イタリアの―― 271, 272
為替規制 303
為替切下げ→通貨切下げ
為替相場 33, 38, 39
　――の安定 13, 42, 317, 319
　――制度 15
　――を維持するための中央銀行間協力 281
為替ダンピング 68
為替の減価 95-97, 263
為替の低落(低開発国の) 265
為替平価 32, 41
為替平衡勘定(EEA) 191, 286, 290, 319
関税 11, 68, 69, 77, 99, 131, 182, 208, 214, 220, 301, 303, 310
　――休戦 13, 222, 228, 317
　――報復 317
　――割当 310
　スムート=ホーリー―― 4, 69, 89, 96, 113n, 131-134, 208, 218n, 253, 255n, 316
　特恵―― 68
　農産物(アメリカ)―― 253
　フォードニー=マッカンバー―― 68
　マッケナ―― 68
　ワイス―― 132
関税および貿易に関する一般協定(GATT) 311, 324, 333
関税の制定 132
関税引上げ 69, 149
　アメリカの―― 317
　イギリスの―― 182

イタリアの―― 131
インドの―― 131
オーストラリアの―― 131
オランダの―― 182
カナダの―― 132
スイスの―― 182
フランスの―― 131, 182
ベルギーの―― 182
ルクセンブルクの―― 182
関税引下げ 7, 13, 69, 228
完全雇用(日本の) 305
完全雇用維持政策(アメリカの) 324
関東大震災 42, 48
カントの至上命令 327
カンリフ委員会(戦後の通貨及び外国為替に関する) 31
生糸 82, 95, 120, 125, 148, 149, 264, 299, 300
基軸国 220n
基軸通貨 220n, 236
技術進歩 47
キチン在庫循環 3
救済支出 250
牛肉 100, 263
キューバ 86, 87, 89, 264
　――の新関税制定 132
共産主義国 308
共産党(ドイツ) 141, 159
共産党(フランス) 273
競争的為替(平価・通貨)切下げ 278, 280, 317, 319
　デンマークとニュージーランドの―― 196, 204
協調融資(イギリスの) 321
共同出資基金 243
共和党(アメリカ) 254
ギリシャ 304
銀 75, 216, 223, 251, 252
金移動 94
金・外貨準備(低開発諸国の) 150
金価格 52, 238, 239, 245, 252, 287-291, 318

事項索引 | 373

——の格差　241
——引下げ　288-291
金為替本位制　5, 42, 52, 59, 199
緊急救済法(1933年)　215
金恐慌　287, 295
金銀比価　216
銀行危機
　イタリアの——　48
　第1次パリ——　151
　ドイツの——　163
　ヨーロッパの——　144, 145
銀行休業(アメリカの)　200, 201, 211, 216, 217
銀行恐慌
　アメリカの——　145
　ドイツの——　142, 143, 158-164
　日本の——　48
銀行業の崩壊(アメリカ)　210
均衡財政　7
銀行倒産　205, 207
　アメリカの——　49, 82, 89, 101, 138, 211
銀行預金保険　215
金準備法　241
金喪失　94, 235
　アルゼンチンの——　95
　オーストラリアの——　95
　カナダの——　94
　ハンガリーの——　95
　ラテンアメリカの——　94
金不胎化
　アメリカの——　32, 286, 293, 295, 320
　フランスの——　320
金ブロック　171, 174, 232-234, 240, 245, 249, 263, 265, 267, 268, 272, 289
銀ブロック　252
金本位制　5, 7, 9, 10, 15, 33, 35, 50, 54, 57, 94, 110, 167-170, 198, 213, 315, 318, 320
　——の再建　310
　——のシステム　318
金本位制復帰
　イギリスの——　7, 31-35, 40
　旧(戦前)平価での——　33, 34, 38, 42, 267
　日本の——　7, 42
金本位制離脱
　アメリカの——　208, 216, 217, 221, 245
　アルゼンチンの——　96, 171
　イギリスの——　31, 33, 168, 170, 178, 201, 217, 227
　ウルグアイの——　96
　エジプトの——　171
　東欧諸国の——　171
　日本の——　175
　ポルトガルの——　171
金融緩和政策　35, 60, 83, 299
金融危機(オーストリア)　158
金融恐慌　2, 75, 118, 226
　1931年の——　4, 14, 150
金融システム　326
金融政策
　アメリカの——　1, 4, 35, 51, 60, 65, 136, 278
　スウェーデンの——　194
　日本の——　175
　フランスの——　35
金融引締め　107
金融逼迫　90
金利　108, 109
　——引下げ　5, 48, 59
金利平衡税　12
金流入
　アメリカへの——　286-288
　イギリスへの——　287
近隣窮乏化政策(戦術)　11, 196, 202, 319
金割引銀行(ゴルトディスコントバンク)　29, 54, 162

クズネッツ循環　3, 119
グラス=スティーガル法　4, 198, 199, 259
クリーブランド信託会社　285
クリューガー・アンド・トール社(マッチ独占企業)　125
グリーンバック紙幣　216

クルップ社　21, 24n
グルネル協定（フランス）　274
クレディトアンシュタルト　153-156, 158, 159
クレディット・イタリアーノ　145
軍国主義者（日本）　175, 176
軍事的示威運動（ナチス）　162
クーン・ローブ商会　105

計画経済論者　127
景気回復　294, 296, 298
景気後退　48, 49, 110, 283, 292, 294, 295, 299, 300, 318
景気循環　75, 77, 110, 205, 206
経済拡大政策（イギリス）　31
経済協力開発機構（OECD）　57, 324
経済システム　3, 6, 9
経済政策　7
ケインズ派・ケインズ主義　5, 6, 76, 271, 295, 297, 298, 308
兼営銀行　144
　　イタリアの――　259
原料価格　49, 299, 300

交易条件の改善　195
公開市場委員会　114, 137, 178, 198, 293
公開市場操作　59, 137, 178, 198, 199, 201, 207, 320
公共事業　297, 299
　　――の国際的調整問題　309
　　――の条項を含むケインズ案　227
　　スウェーデンの――　194
　　ドイツの――　184, 186, 188
公共利益　316
鉱工業生産　301, 302
　　アメリカの――　48, 51, 75, 76, 112, 119, 120, 125, 178, 250, 293
　　イギリスの――　47, 51, 260
　　スウェーデンの――　196
硬質小麦　84
合成硝酸の開発　149
合成の誤謬　10, 317
構造的デフレーション　99

購買力平価　31, 35, 38, 52, 319
鉱物原料　78
合理的期待　113n
国際貸付→　対外貸付
国際協力　324
国際金融　323
　　――市場　161
　　――システム　107
国際経済システム　191, 247, 274, 277, 314-316, 318
　　――の非対称性　12
国際決済銀行（BIS）　57, 126, 152, 156, 161, 164, 171, 226, 289, 310, 324
　　――の商品価格報告　284
国際公共事業　220, 224, 228
国際公共事業委員会　308
国際小麦協定　85
国際差額　195
国際資本移動　332
国際資本市場　126, 301
国際資本主義システム　313
国際収支　100, 109, 127, 223
　　アメリカの――　294
　　日本の――　175
　　フランスの――　52
国際主義　213
国際商品協定　264
国際信用制度　220
国際通貨基金（IMF）　323, 324, 328, 333
国際（世界）通貨システム　12, 35, 41, 42, 58, 72, 107, 287, 292, 296, 319, 324, 329, 330
国際通貨メカニズム　10, 35, 278
国際的通貨協力　310
国際的な最後の貸手　226n
国際復興開発銀行（IBRD）　308, 324
国際貿易　68
国際貿易機構（ITO）　311
国際貿易金融に利用される共同基金　310
国際融資→　対外貸付
国際連盟　23, 52, 68, 69, 82, 213, 259, 321, 322

——原料問題研究委員会　308, 309, 311
国際労働会議　308
国際労働事務局(ILO)　218, 220, 224, 308
　　——の公共事業調整案　311
国内株式ブーム(アメリカ)　318
国防軍(ドイツ)　185
国防(兵器)産業(フランス)　305
国防(軍事)支出
　　イギリスの——　305
　　ドイツの——　306
　　フランスの——　305
国民勤労奉仕制度(ドイツ)　257
国民的利益　316, 328-330
穀物価格　292
穀物法(イギリス)　254
互恵原則・互恵主義　136, 310
互恵通商協定(アメリカ)　218n, 253, 254, 265
ココア(カカオ豆)　120, 125, 149, 299
コストプッシュ・インフレ　17
国家社会主義ドイツ労働者党→　ナチス
固定相場制　319
コーヒー　75, 87, 88, 95, 120, 125, 148, 149, 201, 203, 204, 299, 300
ゴム　75, 82, 87, 88, 101, 120, 125, 148, 149, 284, 300, 305
ゴム(ブーナS)　306
小麦　15, 69, 75, 76, 79, 82-86, 88, 89, 94, 96, 100, 120, 148, 149, 202, 203, 263, 264, 284, 300
米　76
コメルツ・ウント・プリヴァートバンク　143
雇用　125, 208
『雇用，利子および貨幣の一般理論』　271, 295
孤立主義(アメリカ)　25, 323
コールドウェル商会　138, 139
コルマー商会　154
コールマネー市場　7, 64, 84, 105, 119, 123, 200

コロンビア　148
コンドラチェフ長期循環　3

　　　　さ　行

再軍備　188, 299, 300, 304
最恵国条項　310
最恵国待遇　68, 255
債権国　4, 310
最高アウタルキー(自給自足経済)委員会(イタリア)　306
在庫蓄積　16, 293, 294
最後の貸し手　314, 320-322
財政赤字　294, 297
財政均衡主義　136
財政政策　175, 295, 297, 320
債務国　310
債務支払　91
債務弁済繰延べ協定　164, 174, 323
再割引率　114, 136, 137
砂糖　75, 82, 86, 95, 121, 201, 264, 284, 299
産業銀行　144
産業別労働組合会議(CIO)　250
　　——系組合　293
産業保護法(1921年)　68
三国通貨安定基金　221
三国通貨協定　274, 277-280, 282, 285, 287, 289, 310, 330
サンジェルマン条約　153
サンパウロ　88, 125

ジェノバ会議　59
J. P. モルガン商会　23, 24, 43, 153
事業促進局(WPA)　215, 250, 296
資源過剰の経済　305
資源配分　320
資源不足の経済　305
資源割当(日本)　306
資産価格　5
　　——の低落　181, 182
市場安定論者　127
市場メカニズム　7
10か国蔵相・中央銀行総裁会議　324

失業　47, 250, 260
　　ドイツの——　140
実物資本の欠乏（ドイツ）　29
指導国　12, 69
　　——の交替　325
自動車　47, 49, 101, 112, 120
　　アメリカの——　283, 293
　　イギリスの——　261
　　フランスの——　38
指導力　321, 324, 332
支払準備　286, 295, 296
資本移動　5, 10, 61-63, 324, 331
資本逃避　224
資本不足（ドイツ）　19
資本輸入　10
資本流出　36, 217
　　アメリカの——　61
資本流入
　　アメリカへの——　61
　　イギリスへの——　59
　　ドイツへの——　49
　　フランスへの——　57
社会主義インターナショナル　17
社会党（フランス）　273
社会民主党（スウェーデン）　195
社会民主党（ドイツ）　140, 142, 159
シャム　84
ジャワ　86, 87, 203
住宅供給
　　アメリカの——　111, 283
　　イギリスの——　261
住宅建設
　　アメリカの——　15, 49, 284
　　イギリスの——　47, 192
自由な資本移動　332
自由貿易　68, 134, 191, 316, 324, 329, 332
週40時間労働制　273, 275-277
需給調整メカニズム　6
ジュグラー中期循環　3
シュタールフェライン社　24n
主要国首脳サミット　57
主要食糧　203
商業恐慌（1847-48年）　3

商業銀行（ドイツ）　142, 143, 163
証券価格　47, 51, 151, 178, 299
証券市場　143
証券バブル　40
硝酸ソーダ　149
消費　111
消費財配給　305
商品価格　5, 7, 50, 98, 120, 121, 123, 138, 139, 146, 147, 149, 151, 178, 181, 182, 201, 218, 232, 238, 239, 284, 292, 293, 299
商品在庫　49
商品市場　121
商品の運　82, 263
所得再分配　320
ジョンソン法　255
ジレンマの状況　59
新興産業　47
震災手形　42
新聞用紙　196n, 205
人民戦線（フランス）　273
スイス　131, 132, 275, 327
　　——のアメリカ輸出品の不買運動　132
　　——の関税引上げ　182
　　——の通貨切下げ　274
　　——の輸入割当制　182
スイス国立銀行　169, 285
　　——のドル金交換　177
スイス・フラン　267
衰退産業　316
スウェーデン　16, 34, 255
　　——の金融緩和　118
　　——の金融引締め　110, 194
　　——の不況対策　193
枢軸国　249, 256, 306, 308
数量規制禁止　331
スカンジナビア　110, 131, 327
錫　82, 120, 125, 149, 264, 284, 300
スチーブンソン計画　87
スペイン　41, 93, 132, 144, 255
　　——内戦　304

事項索引 | 377

スムート＝ホーリー関税法　4, 69, 89, 96, 113n, 131-134, 208, 218n, 253, 255n, 317
スワップ　281
座り込みストライキ　251

清算機関イスティトゥート・ディ・リクィダチオーネ　145
清算支払協定　301, 307, 310
　　イタリアとドイツの――　272
　　ドイツとラテンアメリカの――　258
生産性　17, 284
セイロン　87
世界経済会議(1927年)　68, 69, 85, 131, 155, 317, 325
世界経済会議(1933年)　8, 25, 34, 207, 213-247, 252, 267, 278, 317, 322, 325
世界経済再建　308, 310
『世界経済におけるアメリカの役割』324
世界経済の安定装置　316
『世界経済の中のアメリカ』　318
世界全体の利益　42, 191, 329, 330
世界的解決　228
世界農産物価格指数　78
世界の金供給　52
世界の金融中心地　30
世界不況　1, 12, 15, 20, 35, 39n, 72, 76, 313
世界貿易と農産物　78
石炭　18, 21, 47, 299
石油　203, 259, 306
石油輸出国機構(OPEC)　27
ゼネスト(1926年イギリス)　47
繊維　18, 47, 88, 265, 293
1931年恐慌(フランス)　198
1930年住宅法(イギリス)　192
1921年危機(イタリア)　40
1925年金本位法　33
1844年銀行法　226
全国産業復興法(NIRA)　215, 250, 251
全国労働委員会(アメリカ)　250
全国労働関係委員会(アメリカ)　251

全国労働関係法(アメリカ)　251
戦債(戦時債務)　8, 9, 11, 12, 15, 20, 23, 25, 26, 70, 73, 189, 208, 209, 315, 323
　　――協定　15, 36
　　――帳消し　5, 8, 12, 26, 28n
セントルイス連邦準備銀行　197
全米経済研究所　110
全米鉱山労働組合　250
全米自動車労働組合　250

造船　18, 47, 305
ソ連　86, 255, 265
　　――の外国貿易　249
　　――のポンド売り　279

た　行

大英帝国会議　68, 135
退役軍人給付金(ボーナス)　216, 283, 294
対外貸付／対外融資／国際融資／国際貸付　2, 68, 126, 127, 139, 163, 205, 317
　　アメリカの――　15, 16, 24, 34, 43, 61, 64, 66, 125, 318
　　イギリスの――　24, 43, 128, 303, 318
対外貸付と国内投資(貸付)　43
対外債務(オーストラリア)　91
大西洋憲章　311
退蔵金　288
　　――の通貨への交換　285, 287, 296
対ドル相場(フランの)　36
第2インターナショナル　17
大不況　2, 6
対ポンド相場(フランの)　36-38
対ポンド平価90リラ　40, 144
ダウ・ジョーンズ工業平均株価　103, 104, 113
多角的清算協定　310
多角的貿易　12, 303
多国間決済　301n
ダルムシュタット・ウント・ナチオナルバンク(ダナートバンク)　143, 151, 159, 160, 162, 321
炭坑スト(イギリス)　21

ダンバートン・オークス会談　311

地域的利害関係　191
チェコスロバキア　87
　　ドイツの――占領　304
地方銀行(アメリカ)　200, 201
チャドバン国際砂糖協定　87
中央アメリカ　263
中央銀行　53, 54, 321
　　――間協力　281, 324
　　――準備　148
　　ヨーロッパ諸国の――　105, 108
中央党(ドイツ)　141, 159
中国　252, 304
　　日本の――攻撃　304
中産階級の窮乏化　22
中立法(アメリカ)　256
直接投資　128
貯蓄銀行(ドイツ)　163
チリ　148, 149, 203, 264
賃金　15, 17, 18

通貨安定　29, 41, 221-223, 229, 231-233, 237, 278
通貨供給量　65, 67, 79, 100, 101, 150
　　アメリカの――　4, 5, 65, 118, 137-139, 178, 179, 200, 206, 216n, 150
　　イギリスの――　192
　　カナダの――　205
通貨(為替/平価)切下げ　11, 13, 94, 97-101, 202, 244, 268, 283, 317, 319
　　アメリカの――　217, 245
　　イギリスの――　170, 193, 245, 260
　　イタリアの――　275
　　オーストラリアの――　93
　　オランダの――　274
　　カナダの――　244
　　スイスの――　274
　　ドイツの――　171-173
　　日本の――　244, 245, 265
　　フランスの――　267, 273
　　ベルギーの――　267, 271, 272
　　包括的――　245

　　ポンド地域の――　244
通貨・経済問題に関する国際会議→　世界経済会議(1933年)
ティエール国債　24, 27
低開発国　150, 249, 299, 300
低金利(イギリス)　260
帝国的解決(イギリス)　228
帝国特恵　69, 85, 87, 135, 310
停滞理論　206
ティッセン社　24n
ディナール　237
鉄鋼　18, 47, 261, 293, 299, 307
鉄鉱石　299, 306
テネシー渓谷開発公社(TVA)　215
デフレ主義者/論者　7, 166, 182
デフレーション　22, 97-101, 121, 123, 144, 150, 151, 181-212, 268
デフレ政策　192, 268
　　イギリスの――　192
　　ドイツの――　141, 174
　　フランスの――　151
デンマーク　89, 203
　　――の金融緩和　118
　　――の金融引締め　110

ドイツ　8, 11, 12, 19, 24, 26, 29, 36, 48, 69-72, 88, 89, 111, 125, 136, 139, 149, 171, 174, 245, 249, 301, 327
　　――からの外国資金の引揚げ　142
　　――からの賠償金徴収　315
　　――義勇兵(スペイン内戦)　306
　　――軍のラインラント進駐　273, 304, 306, 307
　　――国防軍　306
　　――人民党　140
　　――・スイス貿易協定　182
　　――に対する取付け　162
　　――の異端派経済学者　308
　　――のインフレーション　31, 320
　　――の外国為替管理　220, 256
　　――の銀行恐慌　142, 143, 158-164, 321

——の金融緩和　118
——の金融引締め　108, 159
——の軍事支出　306
——の軍備　188, 306, 307
——の公共事業　184, 186, 188
——の商業銀行　142, 143, 163
——のチェコスロバキア占領　304
——の地方自治体　24n
——の通貨切下げ　172, 173
——の鉄鋼業　16
——のデフレ政策　141, 174
——の電撃戦戦略　307
——の東南ヨーロッパとの貿易　303
——の農業　306
——のハイパー・インフレーション　29
——の輸入　121
ドイッチェ・バンク　159
ドイッチェバンク・ウント・ディスコント　ゲゼルシャフト　143
ドイツ労働戦線　257
銅　101, 125, 148, 149, 264, 284, 300
東欧諸国　93
——の金本位制離脱　171
投機　3, 16, 17, 75, 84
　株式の——　13, 50, 60, 103, 104, 109, 205
　土地の——　15, 59
トウモロコシ　79, 89, 96, 120, 149, 202, 263
独墺合邦　275, 304
独墺関税同盟　142, 155, 156, 162
特別引出し権(SDRs)　227, 333
ドーズ案／公債／借款　15, 20, 23, 24, 29, 36, 43, 54, 69, 72, 126, 141, 318, 322
特恵　68, 254, 331
トマス修正条項　216, 252
トランスファー問題　28
ドル　171
——恐慌　295
——建て外債　43
——の安定　221, 251
——の金価値　240

——の金交換　12, 176, 198
——の購買力　245
——の増価　242
——・ブロック　268
トルコ　304
ドレスナー・バンク　159

な 行

ナショナリスト／ナショナリズム　213, 214, 331
ナチス(国家社会主義ドイツ労働者党)　141, 156, 188, 256, 307
ナポレオン戦争　2
鉛　149, 284

肉　203
二国間決済・二国間主義　301, 331
日本　15, 47, 48, 126, 148, 149, 174-176, 260, 283, 301
——の外国為替管理　175, 306
——の完全雇用　305
——の金本位制復帰　7, 42
——の金本位制離脱　175
——の国際収支　175
——の資源割当　306
——の繊維品　265
——の中国攻撃　304
——の通貨切下げ　245, 265
——の物価統制　306
——の貿易　303
日本銀行　174, 175, 305
ニュージーランド　89, 90, 93, 203, 262, 304
——の新関税制定　132
ニュージーランド・ポンドの暴落　151
ニューヨーク　30
——外債市場　43
——株式市場　49, 59, 61, 62, 74, 75, 103, 107, 109, 110, 294, 315
——金融市場　115
——市中銀行　114
——資本市場　28, 150
——の株価暴落　299

――の銀行家　43
――の対外貸付　24, 34, 315
ニューヨーク証券取引所　64, 107
ニューヨーク・タイムズ　109, 112
ニューヨーク連邦準備銀行　34, 40, 56, 58, 59, 83, 105-107, 109, 114, 126, 137, 156, 161, 176, 196, 219, 232, 238, 281, 320, 323

農家債務　90
農業　75, 77-78, 141, 208, 215, 306
　　――雇用　78
　　――所得　77, 78
　　――と景気循環　77
　　――の集団化(ソ連)　265
　　――不況　75, 76
　　――輸出　78
農業調整法(AAA)　215, 222, 250
農産物　78, 101
　　――価格　77, 90, 120, 141, 241, 293
　　――関税(アメリカ)　253
農場抵当債務総額(アメリカ)　90
ノーマン・プラン　152
ノルウェー　110, 118
ノルトシュテルン保険会社　159
ノルトドイッチェ・ヴォルケメライ(ノルトヴォレ)社　151, 160, 162

は 行

賠償　11, 12, 15, 19, 20, 25, 69, 70, 73, 185, 189, 209
　　――支払　22, 72
　　――の終焉(ドイツ)　186, 189
　　――問題　23
賠償委員会　20, 22
賠償支払代理事務所　23, 69, 71, 72
ハイパー・インフレーション　22, 23, 29
ハーグ会議　73, 155
ハーグ協定　303
パクス・アメリカーナ　325
ハースト系新聞　213
バーゼル協定　332
バター　82, 100, 196, 203, 204

8時間労働制　17
ハトリー系会社　74, 109, 113
ハフトゥングスゲマインシャフト(保証会社)　162
バルフォア覚書　26
『繁栄への道』　226, 271
バンカ・コンメルチアーレ・イタリアーナ　145
バンカ・ディ・スコント　40
バンカ・ナチオナーレ・ディ・クレディト　145
ハンガリー　90
　　――の金喪失　95
　　――の金融緩和　118
　　――の金融引締め　108
バンク・アダム　151
バンク・ウストリック　151
ハンブルク銀行　318
汎米コーヒー会議　300

東ドイツの大規模農業　141
引受保証銀行　182
非対称性　10
ヒトラーの軍隊　273
百日議会　215, 216
ビルマ　84

フィンランド　27, 255
封鎖経済　273
封鎖通貨ブロック　268
フェアケーアバンク　155
フォードA型車　48
フォードT型車　48
フォードニー＝マッカンバー関税　68
武器貸与法第7条　311
不況　48, 98
　　1929年の――　2
　　1826年の――　2
　　1840年代ヨーロッパの――　3
　　――アメリカ起源説　145
　　――の原因　4
不均衡システム　306, 307
不均衡是正策としてのデフレーション

268
物価水準の格差(アメリカとイギリス) 32
物価統制(日本) 306
復興金融公社(RFC) 7, 145, 196, 210, 214, 240
不動産抵当融資 29, 90, 99, 119
フーバー・モラトリアム 20, 28n, 157, 160, 161
部分均衡 202
ブーム 15-17, 47-49, 51, 206, 283, 318
ブラザーズ・ノヴァク 154
ブラジル 88, 90, 93, 120, 148, 204, 264, 300, 304
ブラッドベリー委員会 33
フラン(フランス) 36, 37, 267
　——の安定 35, 51
　——の回復 40
　——の過小評価 16, 35, 39, 40, 51, 315
　——の過大評価 268
　——の事実上の安定 15
　——の対ドル相場 36
　——の対ポンド相場 36-38
　——の法律上の安定 57
フランクフルト保険会社 110, 111
フランス 8, 11, 12, 19, 26, 27, 36, 40, 70-72, 74, 108, 111, 126-128, 171, 327, 328
　金ブロックの指導国としての—— 267
　——財政 51
　——資本市場 126
　——の外国為替管理 273
　——の関税引上げ 131, 182
　——の金兌換 107
　——の金不胎化 320
　——の金融政策 35
　——の国防支出 305
　——の新関税制定 132
　——の政府債務 36
　——の通貨切下げ 267, 273
　——のデフレ政策 151
　——のドルの金交換 176, 198

——のブーム 49, 51
——のポンドの蓄積 54
——の輸入課徴金 222
——の輸入割当制 182
——の割当制限 220
——への資本流入 57
フランス銀行 36, 37, 40, 51, 55-58, 94, 113, 126, 152, 161, 166, 168, 170, 176, 177, 196-198, 276, 281, 318, 324
フランス領インドシナ 84
ブルム政府(フランス) 305
ブレトンウッズ 8, 311, 320, 324
ブローカーズ・ローン 104, 107, 113, 118, 121
フロリダ土地ブーム 15, 49, 59

ベアリング恐慌(1890年) 66
平価切下げ →通貨切下げ
『平和の経済的帰結』 25, 271
ペセタ(スペイン) 41
ベニス銀行 145
ベネズエラ 93, 203
ペルー 203
ベルギー 26, 118, 131, 327
　——の関税引上げ 182
　——の金融緩和 118
　——の金融引締め 108
　——の通貨切下げ 267, 271, 272
　——輸入割当制 182
ベルギー国立銀行 108, 156, 169, 219
　——のドルの金交換 176, 177
ベルギー・フラン 267
ベルサイユ条約 20, 23, 156, 323
変動相場制 12, 244, 319

ポイントフォア計画 311
貿易構造 303
貿易障壁の軽減 225, 311, 331
縫製業 250
報復関税 133
保護主義 333
保守党(イギリス) 31
ホットスプリングズ協議 311

ホットマネー　191, 281, 291, 292
ボーデンクレディットアンシュタルト
　　143, 154, 155
ポーランド　90, 304
　——借款　41
ボリビア　93, 203
ボルシェビキ　16
ポルトガルの金本位離脱　171
ポンド　31, 35, 73, 74, 164, 217
　——危機　166
　——残高（フランス所有の）　322
　——地域　234, 244, 262
　——の安定　30
　——の過大評価　16, 35, 39, 315
　——の切下げ　170, 193, 244, 245, 260
　——の金交換　54, 55, 74, 113, 157, 327
　——の金本位復帰　40
　——の金本位離脱　170, 201
　——の平価復帰　35
　——・ブロック　267, 303

ま 行

マクナリー＝ホーゲン農業救済法案　83
マクミラン・レポート　164, 326
マクロ経済政策　319, 320
マーシャル・プラン　153, 311, 314
マッケナ関税（1916年）　68
マティニョン協定（フランス）　274
マネタリスト／マネタリズム　4-6, 100,
　　127, 133, 146, 216n
マネタリスト対ケインジアン論争　195
マルク　15, 16, 19, 70, 171
　——の対ドル相場　22
マルクス主義理論家　173
マルサス主義　270

南アフリカ　90, 110, 171, 262, 265
　——・トランスバールのランド金鉱
　　316
ミュンヘン会談　275, 289, 304, 305
民間資本市場　303
民間退蔵金　287
民主党（アメリカ）　247, 254

民生事業局　215

メイ・レポート　165, 166
メキシコ　252, 264
　——の新関税制定　132
綿花　75, 82, 83, 100, 120, 148, 149, 264,
　　284, 292, 299, 300, 305

門戸開放政策　310

や 行

ヤング案／公債　20, 69, 72-74, 107, 111,
　　126, 140-142, 171, 185, 186, 322

ユーゴスラビア　26, 27, 90
油脂　299
輸出　123, 148, 202, 203, 262
　——産業　316
　——割当　300
輸出信用保証庁（イギリス）　262, 304
輸出入銀行（アメリカ）　304
ユナイテッド・スチール社　109
輸入　120, 123, 178, 202
　——課徴金（フランス）　222
　——規制　265
　——競争　316
　——制限（ドイツ）　141
　——代替政策（ブラジル）　264
　——割当機構　300
　——割当制　77, 99, 149, 182, 196, 310
輸入関税法（1932年2月イギリス）　191
ユーロカレンシー銀行　27

羊毛　79, 82, 85, 88, 89, 96, 149, 151, 284,
　　299, 300
ヨーロッパ　4, 6, 15, 24, 87, 149, 151, 204,
　　300
　——産原材料　299
　——に対する貸付　43
　——の銀行危機　145
　——の再軍備　300
　——の不況（1840年代）　3
　——の輸入価額　299

事項索引 | 383

ら　行

ライヒスネーアシュタント（ドイツ食糧生産職階級）　256
ライヒスバンク　29, 54, 70, 71, 152, 156, 159, 160, 182, 256, 321
　——の割引率引上げ　159
ライヒスマルク　29
　——の通貨切下げ　171
ライン・ウェストファーレン鉄鋼業　111
ラインラント進駐（ドイツの）　273, 304, 306, 307
ラインラント占領　69
ラテンアメリカ　24, 87, 126, 258, 263, 264, 304
　——に対する貸付　43
　——の金喪失　94
ラテン通貨同盟　267
ラード　79, 89, 100

リクスバンク　196
リー・ヒギンスン商会　126, 142
流動性　205, 299
　——危機　101, 123
　——パニック　119
両大戦間期におけるフランスの地位　329
『両大戦間期の国際経済史』　331
両大戦間期の主要な教訓　331
リラ（イタリア）　40, 48, 144, 174, 258

ルクセンブルク　182
ルーマニア　90, 304
ルール占領（フランスとベルギーによる）　21, 22, 31, 72

連合国　26
レンテンマルク　29
『連邦準備月報』　287
連邦準備制度　4, 34, 50, 51, 57, 59, 64, 65, 108, 137, 166, 178, 197, 198, 200, 211, 286, 330

　——鉱工業生産指数　293
　——の自由金　197
　——理事会　39, 94, 104, 105, 114, 137, 158, 211, 286, 313
連邦農務委員会　83, 120

労働　15, 17
　アメリカの——　250, 251
　イギリスの——　17, 18
　イタリアの——　17
　ドイツの——　17, 18, 21, 256, 257
　フランスの——　7, 17, 273, 274
「労働者擁護的」経済　251
労働党（イギリス）　31-33, 68, 73, 108, 109, 134, 163, 165, 167
労働党（オーストラリア）　85
労働の組織化運動（アメリカ）　283
ローカ＝ランシマン協定（アルゼンチンとイギリス）　263
ローザンヌ会議　20, 185, 188, 207, 218, 219
ロシア　26
ロシア国立銀行　318
ロスチャイルド商会　155
ロッコ法人企業法（イタリア）　258
ロビゴ地方農業銀行　145
炉辺談話　295
ローマ行進　40
ロンドン　30, 34, 42, 108, 109
　——外債市場　43
　——金市場　280
　——金融市場　320
　——市場　43, 129
　——資本市場　150, 316, 320
　——短期金融市場　191
　——のシティ　30
『ロンバート街』　226

わ

ワイス関税（スペイン）　132
ワイマール共和国　186
ワイマール憲法　141
ワーグナー法（アメリカ）　283

割当　303
　——制限（フランスの）　220
割引率　109, 118, 162
割引率の引上げ
　アメリカの——　59, 106, 107, 178
　イギリスの——　107-110, 113, 166
　イタリアの——　107
　オーストリアの——　108
　オランダの——　108
　スウェーデンの——　110
　デンマークの——　110
　ドイツの——　159
　ノルウェーの——　110
　ハンガリーの——　108
　ベルギーの——　108
割引率の引下げ
　アメリカの——　59
　イギリスの——　118, 192
　オーストリアの——　118
　オランダの——　118
　スウェーデンの——　118
　デンマークの——　118
　ドイツの——　108, 118
　ノルウェーの——　118
　ハンガリーの——　118
　ベルギーの——　118

［著者紹介］
チャールズ P. キンドルバーガー（1910-2003年）
詳しくは「訳者あとがき」を参照．

［訳者紹介］
石崎昭彦
1928年生まれ．東京大学大学院社会科学研究科博士課程修了．経済学博士（東京大学）．神奈川大学経済学部教授を経て，現在同大学名誉教授．著書に『アメリカ金融資本の成立』（東京大学出版会，1962年），『新経済ナショナリズム』（同，1979年），『日米経済の逆転』（同，1990年），編著に『現代国際経済』（同，1984年），訳書に『インターネット不況』（M. J. マンデル，東洋経済新報社，2001年）などがある．

木村一朗
1940年生まれ．東京大学大学院社会科学研究科博士課程単位取得退学．2008年まで神奈川大学経済学部教授．共著書に『現代国際経済』（楊井・石崎編，東京大学出版会，1984年），訳書に『国際決済銀行年次報告書 第7巻』（日本経済評論社，1980年）などがある．

大不況下の世界 1929-1939 改訂増補版
　　　　　　　チャールズ P. キンドルバーガー

2009年8月27日　第1刷発行

訳　者　石崎昭彦　木村一朗
　　　　いしざきてるひこ　きむらいちろう

発行者　山口昭男

発行所　株式会社　岩波書店
　　　　〒101-8002　東京都千代田区一ツ橋2-5-5
　　　　電話案内　03-5210-4000
　　　　http://www.iwanami.co.jp/

印刷・精興社　製本・三水舎

ISBN 978-4-00-023782-6　Printed in Japan

平和を勝ち取る ――アメリカはどのように戦後秩序を築いたか	J.G.ラギー 小野塚・前田訳	四六判 406頁 定価 3990円
金融グローバル化の危機 ――国際金融規制の経済学	イートウェル・テイラー 岩本・伊豆訳	四六判 354頁 定価 3150円
〔岩波テキストブックス〕 アメリカの経済 第2版	春田 素夫 鈴木 直次	A5判 276頁 定価 2730円
〔岩波モダンクラシックス〕 ケインズ『一般理論』の形成	R.カーン 浅野・地主訳	四六判 406頁 定価 4095円
大恐慌のアメリカ	林 敏彦	岩波新書 定価 777円
カジノ資本主義	S.ストレンジ 小林襄治訳	岩波現代文庫 定価 1260円

―― 岩波書店刊 ――

定価は消費税5%込です
2009年8月現在